빌립보서에 반하다

세상에서 가장 위대한 기쁨

다함 도서출판 은

1. **다**윗과 아브라**함**의 자손
   아브라함과 다윗의 자손으로, 하나님 구원의 언약 안에 있는 택함 받은 하나님 나라 백성을 뜻합니다.

2. 마음과 뜻과 힘을 **다하여** 하나님을 사랑하라
   구약의 언약 백성 이스라엘에게 주신 명령(신 6:5)을 인용하여 예수님이 가르쳐 주신 새 계명
   (마 22:37, 막 12:30, 눅 10:27)대로 마음과 뜻과 힘을 다해 하나님을 사랑하겠노라는 결단과 고백입니다.

사명선언문
1. 성경을 영원불변하고 정확무오한 하나님의 말씀으로 믿으며, 모든 것의 기준이 되는 유일한 진리로 인정하겠습니다.
2. 수천 년 주님의 교회의 역사 가운데 찬란하게 드러난 하나님의 한결같은 다스림과 빛나는 영광을 드러내겠습니다.
3. 교회에 유익이 되고 성도에 덕을 끼치기 위해, 거룩한 진리를 사랑과 겸손에 담아 말하겠습니다.
4. 하나님 앞에서 부끄럽지 않도록 항상 정직하고 성실하겠습니다.

빌립보서에 반하다
세상에서 가장 위대한 기쁨

초판 1쇄 인쇄 2025년 11월 13일
초판 1쇄 발행 2025년 12월 01일

지은이 | 한병수

펴낸이 | 이웅석
펴낸곳 | 도서출판 다함
등 록 | 제402-2018-000005호
주 소 | 경기도 군포시 산본로 323번길 20-33, 701-3호(산본동, 대원프라자빌딩)
전 화 | 031-391-2137
팩 스 | 050-7593-3175
블로그 | https://blog.naver.com/dahambooks
이메일 | dahambooks@gmail.com

ISBN 979-11-994307-3-0 (04230) | 979-11-90584-17-3 (세트)

ⓒ한병수
※ 신저작권법에 의하여 한국 내에서 보호받는 저작물이므로 무단 전재와 무단 복제를 금합니다.
※ 책 값은 뒷표지에 있습니다.
※ 잘못된 책은 구입처에서 교환하여 드립니다.

빌립보서에 반하다
PHILIPPIANS

한병수 지음

Fall in love with philippians

세상에서 가장 위대한 기쁨

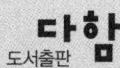
도서출판

목차

추천사 6
서론 9

1장. 복음 안에서의 기쁨 13
01 빌립보 교회 | 빌 1:1-2 | **15**
02 복음이 맺어준 관계 | 빌 1:3-7 | **31**
03 사랑의 기도 | 빌 1:8-11 | **47**
04 복음의 진보 | 빌 1:12-17 | **59**
05 기쁨의 근거 | 빌 1:18-21 | **71**
06 생사의 기로에서 | 빌 1:22-26 | **85**
07 복음에 합당한 삶 | 빌 1:27-30 | **97**

2장. 섬김 속에서의 기쁨 111
08 기쁨의 비결 | 빌 2:1-4 | **113**
09 낮아짐과 높이심 | 빌 2:5-11 | **131**
10 구원을 이루라 | 빌 2:12-16 | **153**
11 공동체의 기쁨 | 빌 2:17-24 | **171**
12 사랑의 화음 | 빌 2:25-30 | **189**

3장. 그리스도를 아는 기쁨 203

　13 주 안에서의 기쁨   빌 3:1-6   **205**

　14 자발적인 사로잡힘   빌 3:7-12   **223**

　15 푯대를 향하여   빌 3:13-17   **243**

　16 성도의 소속   빌 3:18-21   **257**

4장. 모든 상황에서 기쁨 271

　17 항상 기뻐하기   빌 4:1-5   **273**

　18 하나님의 평화   빌 4:6-9   **291**

　19 항상 크게 기뻐하기   빌 4:10-16   **311**

　20 더 위대한 기쁨   빌 4:17-23   **329**

부록: 빌립보서 사역   345

추천사

이 책은 정통신학을 사랑하는 교의학자가 쓴 참신한 성경주석입니다. 교의학자가 성경주석을 쓰는 것은 신학 분화의 시대에는 특이하게 보일 수 있었겠지만, 교회개혁자 칼뱅이 이미 오래전에 걸어간 새로운 옛길입니다. 그가 걸어간 발자취를 진지하게 따른다면, 교의학자로서 출발하더라도 주석들을 저술하는 것은 지극히 당연한 일일 것입니다.

여러 학문을 융복합하는 새로운 시대는 신학의 여러 분과를 통합하는 길로 신학자들을 부릅니다. 한병수 교수는 이 책을 통하여 이 부름에 응답하며 분업의 시대의 고정관념을 깨뜨리고, 융복합 신학의 길로 용기 있는 걸음을 내딛습니다. 이 주석에서 저자는 뛰어난 고전어 실력을 유감없이 발휘하여 16-17세기의 대표적인 주석들을 라틴어로 읽으며 과거와 현재와의 역사학적 대화를 시도하며 주해를 진행합니다.

교의학자로서 탁월한 경지에 도달한 신학자가 감당하기 쉽지 않은 삶의 아픔을 신앙으로 승화시키고, 목회 현장을 온몸으로 호흡하며, 사랑하는 성경 본문을 깊이 있게 연구하고 진실하게 묵상하여 알기 쉽게 설명하는 이 책은 성도들의 심금을 울리는 영적 감동을 진하게 전한다. 가장 의로우신 예수께서 당하신 사형수의 끔찍한 수치와 비참한 고난을 몸소 체험하기를 기뻐하며 걸어간 바울의 길, 복음과 함께 고난을 당하는 그 십자가의 도를 전달한다. 신학자 바울의 모습을 넘어서, 목회자 바울, 선교사 바울, 순교자 바울을 통하여 배우는 고난 중에서 기뻐하는 그 길로 우리를 안내한다. 누구나 감히 택할 수 있는 작고 낮은 겸허한 길이지만 찾는 사람이 적은 그 생명의 길, 그 높은 길, 그 위대한 길로 우리를 안내한다.

신현우 (총신대학교 신학과 신약학 교수)

빌립보서는 많은 성도에게 사랑받아 온 서신입니다. 어렵고 힘겨운 상황을 맞이할 때 이 서신을 읽으면 큰 위로를 받을 수 있습니다. 그래서 많은 주석가와 설교자가 빌립보서를 해석하고 설파했습니다.

이번에 한 권의 귀한 빌립보서 주해서가 출간되었습니다. 저자는 빌립보서를 정밀하게 관찰하고 분석하며 설명합니다. 헬라어 원문을 정확하게 번역(사역)한 후 해석을 시도하는데, 헬라어 자체의 용례를 살피고 권위 있는 주석들을 참고하여 정확도를 끌어올립니다. 본문이 주는 현대적 함의를 언급할 때는 성도와 교회에 주는 윤리적 지침과 이슈를 적실하게 전해줍니다. 그래서 이 책은 주해서이면서 설교집 같은 느낌을 지니게 합니다.

저는 빌립보서를 올바로 이해하고 적용하기를 원하는 분들에게 이 책을 꼭 참고하시라고 당부드리고자 합니다. 빌립보서 본문과 이 책을 함께 읽으신다면 빌립보서를 통해서 주시는 하나님의 따뜻한 위로와 격려와 조언을 경청할 수 있을 것입니다.

황원하 (대구산성교회 담임목사)

서론[1]

---

[1] 이 책에 사용된 문헌들은 다음과 같다. 이 책에서는 각주가 없으며 생각이나 표현을 인용할 때는 해당 구절에 대한 각 저자들의 해석을 참조했기 때문에 그 본문이 나오는 페이지를 찾아가면 원문을 확인할 수 있다. Graham Tomlin (ed.), *Reformation Commentary on Scripture: New Testament XI, Philippians, Colossians* (Downers Grove: IVP Academic, 2013); 제랄드 호돈, 『WBC 성경주석: 빌립보서』 (서울: 솔로몬, 1999); 존 칼빈, 『성경주석 19 권, 빌립보서』 (서울: 성서원, 2012); Gordon D. Fee, *Paul's Letter to the Philippians* (Grand Rapids: Eerdmans, 1995); John Eadie, *A commentary on the greek text of the epistle of Paul to the Philippians* (Minneapolis : James and Klock Pub, 1977); Wolfgang Musculus, *In Divi Pauli Epistolas ad Philippenses, Colossenses … ambas, et primam ad Timotheum, Commentarii* (Basileae: Officina Hervagiana, 1578); Henry Newland, *A Practical and Exegetical Commentary on the Epistle of St. Paul to the Philippians* (Oxford and London: Parker, 1860); Joseph H. Hellerman, *Exgetical Guide to the Greek New Testament: Philippians* (Nashville: B&H Academic, 2015); Mark J. Edwards (ed.), *Ancient Christian Commentary on Scripture: Philippians* (Downers Grove: IVP, 1999); Heinrich Bulliger, *In omnes Apostolicas epistolas* (Tiguri : apud Christophorum Froschouer, 1549); James Fergusson, *A brief exposition of the Epistles of Paul to the Philippians and Colossians* (Edinburgh: Printed by Christopher Higgins, 1656); Girolamo Zanchius, *In d. Pauli apostoli epistolas ad Philippenses, Colossenses, Thessalonicenses, Commentarij, in quibus & textus Apostoli accurate explicatur: & multi loci communes Theologiae solide pertractantur* (Neostadii : Harnisch, 1595); Philip Melanchthon, *Augumentum epistolae Pauli ad Philippenses, in Philippi Melanthonis Opera quae supersunt omnia*, Vol.XV (Apud C.A. Schwetschke et filium, Halis Saxonum, 1848); Henry Newland, *A practical and exegetical commentary on the Epistle of St. Paul to the Philippians : in which are exhibited the results of the most learned theological criticisms, from the age of the early Fathers down to the present time* (Oxford: J. H. and Jas. Parker, 1860); Richard Sibbes, *An exposition of the third chapter of the Epistle of St. Paul to the Philippians also two sermons of Christian watchfulnesse* (London :: Printed by T. Cotes [and John Dawson] for Peter Cole, 1639); Karl F. C. Braune, *The Epistle of Paul to the Philippians and Colossians in Lange's Commentary on the Holy Scripture* (Eugene, OR: Wipf & Stock, 2007); Jean Daille, *The Epistle of Saint Paul to the Philippians* (London, 1639); Charles H. Spurgeon, *Verse Expositions of the Bible, Philippians* (https://www.studylight.org/commentaries/eng/spe.html)

크리소스토무스의 말처럼, 이 서신은 바울이 성직자를 위해서만 쓴 것이 아니라 감독들과 집사들을 포함한 "거룩하고 신실하고 사랑받는 모든 이들에게 썼다." 그래서 이 서신은 화려하고 전문적인 용어가 아니라 쉽고 평범한 용어들과 무뚝뚝한 문체로 채색되어 있다. 그러나 쟝 달리(Jean Daille, 1594-1670)의 말처럼 "가장 맛있는 음식이 질그릇에 담겼다고 해서 맛이 달라지는 것"은 아니고 "신성한 생각의 황금이 언어의 질그릇에 담겼다고 해서 덜 귀하거나 덜 유익한 것은 아니라"고 생각한다. 이 서신에는 "글 자체의 장엄함과 신성한 저자의 고양된 생각에서 나오는 독창적인 단순미와 강렬한 아름다움이 곳곳에서 번뜩인다."

잔키우스(Girolamo Zanchi, 1516-1590)는 "이 서신이 특별하게 주된 어떤 주제를 가지고 있지 않다"고 평가한다. 마치 친구에게 보낸 편지처럼 "감사함, 활동들에 대한 이야기, 기쁨, 교훈, 훈계, 칭찬" 등이 담겼다고 한다. 그런데 이 모든 것들이 "하나의 같은 목적, 즉 빌립보 공동체가 참된 기독론과 순수한 경건과 기독교적 삶에 대한 열정을 겨냥한 것"이라고 해석한다. 이와는 달리, 매이어(Georg Major, 1502-1574)는 "이 서신이 우리에게 더욱 소중한 이유"가 "바울과 빌립보 공동체 사이의 쌍방향적 사랑과 돌봄"에 있다고 주장한다. 내가 보기에도 4장으로 구성된 이 서신은 바울과 빌립보 교회 사이의 사랑을 촘촘하게 묘사한다. 이런 점에서 오리게네스는 이 서신을 "사랑의 편지"라고 했다. 사랑이 저술한 이 서신의 문장들은 유난히 따뜻하다.

다른 서신과는 달리, 빌립보서는 책망이나 논쟁보다 기쁨의 격려가 돋보인다. 사랑의 표제어는 기쁨이다. 아우구스티누스는 감옥에서 죄수의 신분으로 쓰인 글인데도 기쁨이 강조되고 있어서 예수님을 믿는 자들의 영적인 자유와 희망을 증거하는 편지라고 주장한다. 진실로 옥중의 바울은 자신의 형편에 근거하지 않고 예수님의 사랑에 근거하여 감사와 기쁨을 아주 밝은 어조로 노래한다. 이는 빌립보 감옥에서 실라와 함께 부른 노래의 문서화가 아닌지 모르겠다. 가장 절망적인 곳에서도 위대한 기쁨을 퍼 올리는 바울의 비결은 예수님께 있다. 죄가 하나도 없으신 예수님은 이 땅과 종의 형체라는 감옥에 스스로 갇히셨다. 지극히 의로우신 분이 지극히 불의한 죄인의 자리에 서서 아버지께 역설적인 기쁨의 노래를 자신의 죽음으로 연주한 분이시다.

빌립보서 안에는 이런 예수님의 심장이 박동한다. 바울은 빌립보 교회의 모든 구성원을 자신의 심장이 아니라 그분의 심장으로 사모한다. 그래서 서신을 펼칠 때마다 자신의 심장을 서로에게 꺼내 주고 예수님의 심장으로 사는 아가페의 화음이 독자의 귀에 쟁쟁하다. 그런데도 손해나 억울함의 저음이 아니라 기쁨의 고음이 1장부터 4장까지 점점 고조된다. 기쁨의 정점에 이르기 위해 우리는 1장의 사랑, 2장의 겸손, 3장의 소망을 지나와야 한다. 즉 복음이 전파되는 사랑의 결실 때문에 기뻐하고 또 기뻐하는 1장을 지나고, 죽기까지 순종하신 예수님의 낮아짐을 따라 공동체의 전부를 전제로 드리는 섬김 때문에 나만이 아니라 공동체와 더불어 기뻐하는 2장을 지나고, 그리스도 예수를 얻고 그분 안에서 발견되는 삶의 소망 때문에 주 안에서 기뻐하는 3장을 지나고, 우리의 이름이 생명책에 기록되어 있고 평강의 하나님이 영원히 우리와 함께 거하시는 샬롬 때문에 우리는 주 안에서 항상 기뻐하고 크게 기뻐하는 4장까지 이르러야 한다.

다른 무엇과도 바꿀 수 없는 바울의 이 위대한 기쁨은 화려한 궁전의 형통한 삶에서 나오지 않고 지극히 열악한 감옥의 고단한 삶에서 나왔기 때문에 더욱 순수하고 진실하다. 그것은 세상의 조건과 상황에 기대지 않는, 오직 주님 안에서 솟아나는 기쁨이다. 이런 기쁨은 여호와를 기뻐하는 것이 인생의 힘이라는 성경의 가르침(느 8:10)을 증거한다. 바울이 보여준 기쁨은 단순한 감정이 아니라 기독교적 삶을 해석하는 가장 깊고도 밝은 언어였다. 그 기쁨은 감사로 옷 입고 인내로 숨 쉬며 믿음으로 서고 소망으로 달려가는 삶의 물증이다. 이 책은 그 기쁨의 비밀을 엿보고자 하는 이들을 향한 초대장에 불과하다.

1장. 복음 안에서의 기쁨

빌 1:1-2

¹그리스도 예수의 종 바울과 디모데는 그리스도 예수 안에서 빌립보에 사는 모든 성도와 또한 감독들과 집사들에게 편지하노니 ²하나님 우리 아버지와 주 예수 그리스도로부터 은혜와 평강이 너희에게 있을지어다

¹그리스도 예수의 종들인 바울과 디모데는 그리스도 예수 안에서 빌립보에 있는 감독들 및 집사들과 더불어 모든 성도에게 [서신을 보냅니다] ²하나님 우리 아버지와 주 예수 그리스도로부터 은혜와 평화가 여러분께!

01 빌립보 교회

¹그리스도 예수의 종들인 바울과 디모데는 그리스도 예수 안에서 빌립보에 있는 감독들 및 집사들과 더불어 모든 성도에게 [서신을 보냅니다]
²하나님 우리 아버지와 주 예수 그리스도로부터 은혜와 평화가 여러분께!

마게도냐 지방의 동쪽과 에게해 북쪽에 위치한 빌립보는 아시아 지역에서 유럽으로 진입하는 관문과 같은 대단히 중요한 도시이고, 알렉산더 대왕의 아버지인 마게도냐 왕 빌립 2세가 기원전 365년에 점령하고 자신의 이름을 붙인 성읍이다. 이곳은 기원전 167년에 로마의 식민지가 되었고 로마의 퇴역 군인들의 주거지로 지정되어 교통과 군사의 요충지로 여겨졌다. 사도행전 저자에 의하면, 빌립보는 "마게도냐 지방의 첫 성이요 또 로마의 식민지"(행 16:12)다. 황제가 파견한 집정관이 직접 통치하는 황제 직할 도시를 의미하는 이 로마의 "식민지"(κολωνία)는 마게도냐 지방의 빌립보를 가리키기 위해 성경에서 유일하게 사용된 낱말이다.

빌립보는 "이탈리아 시민이 누리는 권한"을 의미하는 "이우스 이탈리

쿰"(ius Italicum), 즉 로마의 속국에게 주어지는 최고의 영예를 받았으며 다양한 특권들이 그 성읍의 주민에게 주어졌다. 로마의 축소판 같은 빌립보의 시민들은 땅을 소유하고 양도할 수 있었으며, 그곳에서 출생한 대부분의 시민들은 자동으로 로마의 시민권을 취득했고, 로마법이 보증하는 모든 권리를 누렸으며 무거운 공물납부 의무도 면제된 곳이었다. 또한 바울의 말에서 확인된 것처럼 시민의 자격으로 공정한 법의 판결을 받을 권한이 주어졌고, 재판 이전에는 태형이 금지되는 혜택도 주어졌고, 실형을 받아도 불복하고 황제에게 직접 항소할 수 있는 혜택도 주어졌다. 빌립보가 경제적인 면에서는 상업을 중심으로 번영한 도시였고 종교적인 면에서는 종교 다원주의 속에서 특별히 황제 숭배와 다산과 풍요의 여신 다이아나 숭배가 만연한 곳이었다. 빌립보 시민들의 문화적, 정치적, 종교적 자부심과 로마의 황제에 대한 충성심은 실로 대단했다. 그러나 제국의 특혜가 큰 만큼 세속의 유혹도 막대했다. 육의 유익을 위해 영의 비용을 지불해야 한다. 부할수록 천국에 들어갈 가능성은 작아지는 것(마 19:24)과 일반이다. 빌립보는 이 비밀이 현실인 곳이었다.

    기독교의 시각에서 빌립보 성읍이 의미가 된 것은 바울에 의해 복음이 들어갔기 때문이다. 원래 바울은 더베와 루스드라 지역에서 복음을 증거하며 아시아 선교에 집중했다. 그런데 바울이 그곳에서 복음 증거하는 것을 성령께서 막으셨다. 브루기아, 갈라디아 땅을 지나 무시아 앞에 이르렀을 때 비두니아 지역으로 가고자 하였으나 "예수의 영"이 허락하지 않으셨다(행 16:6-7). "밤에 환성이 바울에게 보이니 마게도냐 사람 하나가 서서 그에게 청하"였다. 그는 마게도냐 지역으로 건너와서 "우리를 도우라"고 했다(행 16:9). 결국 바울은 성령의 주권적인 개입으로 선교의 발걸음을 마게도냐 지역으로 옮겼으며 빌립보는 그 순종의 걸음이 닿은 유럽의 첫 도시였다. 그곳에서 바울은 기도할 처소가 필요했다. 이때 "두아디라 시에 있는 자색 옷감 장사로서 하나님을 섬기는 루디아라 하는 한 여자가 말을 듣고 있을 때 주께서 그 마음을 열어 바울의 말을 따르게 만드셨다"(행 16:14). 루디아와 그녀의 집은 예수님을 믿고 모두 세례를 받았으며 루디아는 자신의 집을 바울 일행에게 거처로 제공했고 그리하여 그 가정 자체는 빌립보교회의 모체가 되었다. 그 가정을 모판으로 삼아 바울이 A.D. 50년 경에 세운 빌립보 교회는 유럽 최초의 교회였다. 이는 희생과 헌신이 루디아 가정에게 되돌려준 영광이다. 이처럼 빌립보 공동체는 성령의 특별한 섭리와 한 여인의 아름다운 헌신 속에 세워진 교회였다. 바울이 개척한 다른 교회들도 비록 명시적인 언급은 없지만 성령의 인도와 누군가의 헌신으로 세워졌다. 주님의 모든 교회는 사람의 땀이 묻었다고 할지라도 성령이 세우신다.

바울은 성령의 인도를 받았지만 예기치 못한 사건도 경험했다. 그는 빌립보 지역에서 복음을 전하다가 기도하러 가는 중에 "귀신 들린 여종 하나"와 마주쳤다. 그런데 이 여종은 "점으로 그 주인들에게 큰 유익을 주는" 종이었다(행 16:16). 그 여종이 바울 일행을 따라가며 "이 사람들은 지극히 높은 하나님의 종으로서 구원의 길을 너희에게 전하는 자라"고 소리 질러 말하였다(행 16:17). 이것은 바울의 선교를 돕기 위함이 아니라 오히려 훼방하는 일이었다. 그러나 하나님의 섭리 속에서는 바울을 홍보해 준 셈이기는 하였으나 바울은 심한 괴로움을 참다가 돌이켜 그리스도 예수의 이름으로 그 귀신에게 명하여 "그에게서 나오라"고 하자 귀신이 즉시 떠나갔다(행 16:18). 바울은 여종을 귀신의 권세에서 해방시켜 주는 선을 행했으나 "여종의 주인들은 자기 수익의 소망이 끊어진 것을 보고" 바울과 실라의 선행이 심히 불쾌했다(행 16:19).

그 주인들은 바울과 실라의 "유대인" 신분을 언급하며 "우리 성을 심히 요란하게 하여 로마 사람인 우리가 받지도 못하고 행하지도 못할 풍속을 전한다"는 이유로 고발했다(행 16:20-21). 빌립보 시민들은 호돈의 지적처럼 기독교와 유대교를 구분하지 못하였고 유대인의 외모에 근거하여 바울

일행에게 인종적인 차별을 가하였다. 비열한 인종차별 언급도 불사할 정도로 그들은 세속적 신분과 이득에 집착했다. 그리고 로마인이 받지 못하고 행하지 못할 풍속은 무조건 불법인가? 세속의 특권과 특혜가 오히려 그들로 하여금 자신들의 유익에 더 집착하게 만들어 결국 하늘의 신분과 영원한 유익을 제공할 복음도 거부하게 되는 현실이 안타깝다. 나아가 그들은 복음을 증거하는 하나님의 사람들을 박해했다. 여종의 주인들이 작성한 고발장을 접수한 상관들은 "옷을 찢어 벗기고 매로 치라 하여 많이 친 후에 옥에 가두고 간수에게 명하여 든든히 지키라"고 명하였다(행 16:22-23). 이는 당시 빌립보의 정경유착 의혹이 드러나는 대목이다.

이에 간수는 어떤 절차도 거치지 않고 곧바로 "그들을 깊은 옥에 가두고 그 발을 차꼬에 든든히 채"우며 상관의 명령을 수행했다(행 16:24). 상관들의 명령에도 없던 "차꼬" 채우기는 간수의 과잉충성 경쟁을 암시한다. 이것이 사실이면, 빌립보의 정치적인 풍토는 하급자가 상관에게 잘 보이려고 알아서 기거나 지나친 충성으로 경쟁해야 하는 후진성 의혹에서 자유롭지 않다. 지금 바울과 실라는 매를 "많이"(πολλάς) 맞아서 온몸이 피투성이 상태가 되어 서 있을 힘조차도 없는데 일반 옥에 배정되지 않고 "깊은"(ἐσώτερος) 옥에 갇혀 있으며 심지어 간수가 그들의 발까지 차꼬에 "확실히 채웠고"(ἠσφαλίσατο) "철저히"(ἀσφαλῶς) 감시하는 대단히 절망적인 상황에 처하였다. 이때 로마의 시민권을 가진 바울은 얼마든지 이런 상황을 모면할 수 있었지만 묵묵히 수용했다. 왜 그랬을까? 나의 추정은 이러하다. 첫째, 바울의 일행 중에 시민권이 없는 유대인이 많아서 자신은 위기를 모면하고 실라를 포함한 다른 일행이 고난을 당하도록 놔둘 수 없었기 때문이다. 둘째, 바울은 로마의 시민권을 자랑하는 빌립보 시민들과 동류가 아니라 하늘의 시민권을 가진 자의 더욱 고결한 면모를 고난 속에서도 증거하기 위함이다.

이러한 전도자의 고결한 처신에 따르는 고난은 혹독했다. 절망의 상황이 "한밤중에" 이르렀다. 나 같으면 탄식하며 하나님께 불평하고 원망했다.

"아시아 선교의 발걸음을 유럽으로 꺾었으면 책임을 지셔야지! 비단길을 깔아 주지는 못할망정 어쩌자고 가시밭길, 아니 가시 돋친 십자가의 혹독한 길, 끝이 보이지 않는 이 캄캄하고 쓰라리고 답답하고 무기력한 절망의 감옥으로 인도해 주셨냐고!" 그러나 바울과 실라는 오히려 "기도하고 하나님을 찬송"했다(행 16:25). 기도는 믿음의 표현이고 찬송은 기쁨의 표출이다. 상황이 절박하기 때문에 기도할 수는 있겠지만 찬양은 어떻게 가능할 수 있었을까! 어떤 사람은 바울과 실라에게 감옥 안에서도 공개되지 않은 특혜가 있었을 것이라고 의심한다. 그러나 바울은 그때를 기억하며 특혜가 아니라 "고난과 능욕을 당했다"고 고백한다(살전 2:2). 이는 그때가 바울에게 기쁨의 근거가 완전히 제로인 때였음을 나타낸다. 바울의 찬송은 땅에서 마련된 것이 아니라 하늘에서 주어진 곡조였다. 과연 바울은 다른 문법을 가지고 살아간다. 로마의 시민권이 아니라 천국의 시민권을 가지고 살아가는 완전히 다른 인생이다.

나는 여기에서 빌립보 교회의 정체성과 이 서신의 주제 파악에 있어 대단히 중요한 단서를 발견한다. 이곳에서 바울은 최악의 절망 속에서도 위대한 신앙과 위대한 기쁨을 빌립보에 보였고 선물했다. 바울의 상황과 처신 사이에는 이 세상에 설명할 문법이 없을 정도로 극단적인 대조가 포착된다. 난세가 영웅을 만들듯이 과연 절망도 위대한 신앙과 기쁨을 산출한다. 오히려 더 강하게 드러낸다. 뾰족한 채찍과 캄캄하고 깊은 감옥과 찢어진 살점과 쏟아지는 피와 답답한 족쇄도 없애지 못한 신앙과 기쁨이다. 이것은 빌립보의 풍요와 특혜에서 나온 것이 아니었다. 하늘에서 주어지는 것이었다. 빌립보 지역과 교회가 개척 초기부터 바울과 실라의 복음 증거를 통하여 신앙과 더불어 받은 하나님의 특별한 선물은 기쁨이다. 그 누구도 빼앗지 못하고 그 무엇에 의해서도 취소될 수 없는 위대한 기쁨이다. 이 편지를 읽는 빌립보 성도들은 바울이 말하는 기쁨이 빌립보 교회의 개척 당시부터 경험한 것이어서 종교적인 허세가 아님을 알기에 그의 진실한 기쁨 앞에 고개를 끄덕이며 수긍한다. 우리도 이 편지를 읽으면 기막힌 기쁨을 경험하고 어떠한 상황 속에서도 기뻐진다. 우리가 빠진 절망이 클수록 그 기쁨도 증대된다. 우리의 온 존재가 하늘의 위대한 기쁨으로 채워진다. 가는 곳마다 기쁨의 전도사가 될 것 같은 기대감도 든다.

바울과 실라의 찬양은 감옥을 흔들었고 옥문과 족쇄를 해체했다. 주님의 은혜가 움직였다. 자다가 깬 간수는 "옥문들이 열린 것을 보고 죄수들이 도망한 줄 생각하고 칼을 빼어 자결하려" 했다(행 16:27). 이에 바울은 "네 몸을 상하게 말라 우리가 다 여기 있노라"고 말하며 간수의 자살을 저지했다. 투옥될 당시에도 피하지 않았고 투옥된 이후에 옥문이 열려도 도망치지 않은 바울과 실라를 보며 간수는 두려움에 떨며 두 사람 앞에 엎드렸다. 그리고 구원의 방법을 질문했다. 인생의 성공을 위한 처세술이 아니라 다른 세상을 사는 듯한 그들에게 구원의 비밀이 있을 것이라는 기대감 때문이다. 이때 바울의 입에서 그 유명한 문장이 빚어졌다. "주 예수를 믿으라 그리하면 너와 네 집이 구원을 받으리라"(행 16:31). 바울은 간수와 그의 온 집에 복음을 증거했고 그들은 다 세례를 받고 "하나님을 믿음으로 크게 기뻐"했다(행 16:33-34). 빌립보 교회는 하늘에서 주어진 위대한 기쁨의 자식이다. 이처럼 빌립보 교회의 시작 이야기는 독특하다. 성령의 인도와 한 여인의 헌신과 절망 속에서의 찬양과 간수의 극적인 회심과 기쁨이 연출한 이야기다.

이 편지에 대해 나는 고든 피가 밝힌 것과 비슷하게 여러 문헌의 다양한 주장들 중에 바울이 로마의 어느 감옥에서 61-63년 경에 썼고 여러 편의 글들이 편집된 것이 아니라 하나의 단일한 편지라는 입장을 고수한다. 이러한 전제 위에 빌립보서 텍스트를 절별로 해석하려 한다.

¹그리스도 예수의 종들인 바울과 디모데는 그리스도 예수 안에서 빌립보에 있는 감독들 및 집사들과 더불어 모든 성도에게 [서신을 보냅니다]

본문은 1세기 서신의 전형적인 패턴을 따라 발신자와 수신자와 인사말로 구성되어 있다. 1절에서 편지의 발신자는 다른 두 서신(골 1:1; 고후 1:1)과 동일하게 "바울과 디모데"로 표기되어 있다. 바울(Παῦλος)은 "작음"을 의미한다. 자신을 작은 자로 여긴 겸손한 바울은 사도들 중에서 자신을 "가장 작은 자"라고 고백한다(고전 15:9). "모든 성도 중에"서는 자신을 "지극히 작은 자보다 더 작은" 자로 이해한다(엡 3:8). 일반 사람들 중에서는 "죄인 중에 내가 괴수"라고 자신을 평가한다(딤전 1:15). 하나님은 작고 겸손한 사람을 반드시 높이신다. 토마스 아퀴나스는 이사야의 다음 기록이 바울의 겸손함과 하나님의 높이심을 잘 나타내는 말이라고 한다. 즉 "그 작은 자가 천 명을 이루겠고 그 약한 자가 강국을 이룰 것이라 때가 되면 나 여호와가 속히 이루리라"(사 60:22). 자신의 약함만 자랑하며 겸손히 자신을 낮춘 바울은 실제로 대단히 많은 사람들을 주님의 품으로 이끌었고 거대한 하나님의 나라를 이루었다. 물론 다른 "모든 사도보다 더 많이 수고"하고 열매를 거둔 것은 "내가 아니요 오직 나와 함께하신 하나님의 은혜"라고 바울은 고백한다(고전 15:10).

디모데(Τιμόθεος)는 이름의 뜻 그대로 "하나님을 경외하는 사람"이다. 두 사람의 이름은 자신을 드러내지 않고 하나님을 드러내고 영화롭게 하는 인생의 목적을 잘 보여준다. 지극히 겸손하고 하나님을 지극히 경외하는 두 사람의 이름이 발신자로 표기된 서신은 어떤 내용일까? 지극히 은혜롭고 아름다운 내용이 예상된다. 그런데 여기에서 바울과 디모데가 이 서신의 공동 저자라고 볼 수 있는지에 대해서는 약간의 설명이 필요하다. 이 편지의 저자는 단독이고 바울이다. 이는 제랄드 호돈이 잘 분석한 것처럼 바울이 1인칭 표현들을 빌립보서 전체에서 51회나 사용하고 있다는 사실에서 확인된다. 내가 보기에 바울이 자신의 이름과 나란히 디모데를 거명한 이유는 바울이 차세대 지도자인 디모데의 권위를 적절하게 높이려는 의도와 더불어 디모데가 빌립보 교회의 개척에 동역했기 때문이다. 조셉 헬러만이 잘 요약한 것처럼, 디모데는 바울에게 "공저자도 아니고 바울의 비서나 대필자도 아니었다." 그러나 데이빗 딕슨의 말처럼 신명기의 증인법을 따라 동일한 진리를 증언하는 "사역자들 사이의 하나 됨과 조화는 그들이 전하는 것에 청중들의 존경 속에서 무게를 실어주기" 때문에 바울과 디모데가 발신자로 언급되는 것은 유익하다.

바울은 먼저 자신과 디모데를 "그리스도 예수의 종들"(δοῦλοι)로 소개한다. 다른 서신들의 발신자 표기와는 달리, 자신을 "사도"로 소개하지 않은 것이 특이하다. 사실 "그리스도 예수의 종"이라는 표현이 로마 황제의 특별한 혜택을 받는 빌립보 사람들의 귀에는 대단히 도발적인 말이었다. 그 표현은 바울과 디모데가 황제를 자신들의 주인으로 여기지 않는다는 말이었고 당시 최고의 권력자요 지배자인 황제라 할지라도 자신을 지배하지 못한다는 불온한 말이었기 때문이다.

그러나 "종"은 자신을 낮추는 겸손한 자와 하나님을 경외하는 자에게 대단히 잘 어울리는 호칭이다. 게다가 바울은 복음을 전파함에 있어서 자신을 드러내지 않고 언제나 "그리스도 예수의 주 되신 것과 또 예수를 위하여 우리가 너희의 종 된 것을 전파"하려 했다(고후 4:5). 자신을 종으로 규정한 것은 바울의 이러한 의도를 잘 드러낸다. 이 구절에서 나는 바울이 자신을 디모데의 동료로 여긴다는 사실도 주목하고 싶다. 자신은 사도이고 디모데는 사도가 아니었기 때문에 고린도 교회에 보낸 편지의 경우(고후 1:1)처럼 자신을 "사도"로 표기하고 디모데를 "우리의 형제"로 표기하며 소개할 수도 있었지만 디모데의 눈높이에 맞추어서 자신과 디모데를 "종"이라는 신분으로 묶어서 소개한다. 이는 바울의 사도성을 의심한 고린도 교회의 경우와는 달리 빌립보 교회는 바울의 사도성을 확신하고 존중했기 때문이다. 바울은 하나님의 일을 함에 있어서의 긴급한 필요성이 없다면 자신을 사도로 밝혀 종교적 우월성을 드러내는 일에 아무런 관심이 없는 사도였다. 평소에 바울은 직분에 서열을 매기지 않고 후배인 아볼로를 자신과 동일한 하나님의 동역자로 여기듯이(고전 3:9) 믿음의 아들 디모데도 "나의 동역자"(ὁ συνεργός μου, 롬 16:21)로 간주했다. 후배나 아들이라 할지라도 함부로 대하지 않는 바울의 태도가 향기롭다.

"종"(δοῦλος)은 당시에 자치권이 없는 노예를 가리키는 불쾌한 말이었다. 그런데 순종하는 대상에게 종이 된다는 바울의 원리에 의하면(롬 6:16), 모든 사람들이 이 세상에서 누군가의, 혹은 무언가의 종으로 살아간다. 그 양태는 자신의 종, 타인의 종, 사물의 종, 이념의 종, 우상의 종 등 다양하다. 어떤 사람은 돈이나 학위나 출신 지역과 학교나 스펙을 자신의 주인처럼 따르고 맴돌며 살아간다. 물론 자신은 누군가의 종이 되어본 적이 없다고 주장하는 사람들이 많다. 이는 "진리가 너희를 자유롭게 하리라"는 예수님의 말씀에 "남의 종이 된 적이 없다"(요 8:32-33)고 반응하는 유대인의 모습과 유사하다. 종이어도 종인 줄 알지 못하는 것은 더욱 안타깝다. "누구든지 무엇을 아는 줄로 생각하면 아직도 마땅히 알 것을 알지 못하는 것"이라고 한 바울의 심정과 자신의 무지를 모르고 안다고 착각하는 아테네 시민들의 안타까운 모습에 탄식하는 소크라테스의 비슷한 심정이 이해된다.

더 안타까운 일은 자신이 종인 줄 알더라도 그 신분에서 벗어날 수 없다는 사실이다. 그러나 그리스도 예수께 속한 종이라면 지극히 불쾌하고 괴로운 신분도 최고의 신분으로 변화된다. 그리스도 예수에 대해서는 종의 세속적인 신분에서 벗어나지 않고서도 자유로운 종이 되는 것이 가능하다. 그래서 바울은 다른 곳에서 "주 안에서 부르심을 받은 자는 종이라도 주께 속한 자유인"이라고 가르친다(고전 7:22). 바울은 기쁘고 뿌듯한 마음으로 자신을 "그리스도 예수의 종"이라고 소개한다. 사람들은 올바른 주인을 만나지 못하였고 행복한 종이 되어본 적이 없기 때문에 "예수의 종"이라는 말의 기막힌 의미에 둔감하다. "종"이라는 헬라어는 히브리어 성경을 헬라어로 번역한 70인경에서 하나님의 특별한 사람들을 가리킬 때 사용된 낱말이다. 그래서 호돈은 바울이 자신을 "지도자나 예언자"로 이해했을 가능성도 언급한다. "예수의 종"은 수치가 아니라 자랑이다. 모든 성도가 흠모해야 할 최고의 신분이다. 예수님은 바울의 고백처럼 "모든 통치와 권세와 능력과 주권과 이 세상뿐 아니라 오는 세상에 일컫는 모든 이름 위에 뛰어"난 분이시기 때문이다(엡 1:21). 이러한 예수의 종이라는 말은 다른 누구의 종도 아니라는 완전한 자유와 해방의 선언이다. 지극히 높고 위대하신 예수의 종을 건드리는 자가 과연 무사할 수 있겠는가!

최고의 권세를 가진 하나님의 아들로서 예수님은 "아들이 너희를 자유롭게 하면 너희가 참으로 자유"롭게 되리라고 말하신다(요 8:36). 이 말씀을 정확히 이해한 바울은 주님께서 "우리를 자유롭게 하려고 자유를 주셨으니 그러므로 굳건하게 서서 다시는 종의 멍에를 매지 말라"고 당부한다(갈 5:1). 동시에 바울은 자유의 용도에 대해서도 언급한다. "그 자유로 육체의 기회를 삼지 말고 오직 사랑으로 서로 종 노릇하라"(갈 5:13). 사랑은 어떠한 것에도 얽매이지 않는 자유를 전제한다. 진정한 사랑은 마치 주님께서 우리를 사랑하신 것처럼 어떠한 조건이나 자격의 얽매임도 없이 사랑하는 것이며 심지어 원수라는 정반대의 조건과 자격을 갖춘 사람조차 사랑하는 것을 의미한다. 이런 사랑을 가능하게 하는 자유는 그리스도 안에서만 주어진다. 그러므로 그리스도 밖에는 진정한 사랑이 없다는 말이 합당하다. 물론 어떤 조건부 사랑은 가능하다.

예수의 종이 된다는 것은 이처럼 사랑을 가능하게 하는 놀라운 은총이다. 이보다 더 놀라운 것은 종이 주인의 전부를 닮는다는 사실이다. 종의 가장 중요한 특징은 순종이다. 종은 주인의 뜻에 순종하고, 주인의 계획에 순종하고, 주인의 말에 순종하고, 주인의 행동을 본받는다. 그렇게 함으로써 종은 주인을 온전히 닮아간다. 즉 순종은 순종하는 대상을 순종하는 주체에게 닮아감의 방식으로 선물한다. 예수는 하나님의 아들이며 그 아들의 형상을 온전히 본받는 것은 경건의 절정이다. 인간이 추구하고 도달해야 하는 인생의 목적이다. 그런데 하나님의 형상을 따라 지음을 받은 인간은 죄와 타락으로 자기 자신을 상실했다. 정녕 사망했다. 마귀와 죄와 죽음과 절망과 저주의 권세에 사로잡혀 있어서 짐승보다 못한 최악의 피조물로 전락했다. 이 문제는 사람들이 협력의 손을 잡는다고 해결되는 게 아니며 돈이나 권력이나 건강이나 인기가 해결해 주지도 못하며 다른 어떠한 시도에 의해서도 풀지 못한 온 인류의 항구적인 숙제였다. 유일한 해결책은 신적인 형상의 회복이다. 그런데 그 형상의 본체이신 예수께서 사람의 형상을 입으시고 오셨으며 순종의 방식으로 그 형상을 우리에게 베푸신다. 그래서 그리스도 예수의 종이 된다는 것은 하나님의 형상 의존적인 인간의 진정한 회복이다. 인간이 인간답게 되는 비결이다. 그래서 그리스도 예수의 종은 이 땅에서의 어떠한 종들과도 비교할 수 없는 최고의 신분이다.

자신을 예수의 종이라고 밝힌 바울은 이 편지의 수신자에 대해 "그리스도 예수 안에서 빌립보에 있는 감독들 및 집사들과 더불어 모든 성도"라고 표현한다. 여기에서 우리는 빌립보 교회가 조직을 갖춘 교회임을 확인한다. 나는 유럽 최초의 교회로서 유럽을 향한 기독교 선교의 교두보인 빌립보 교회가 앞으로 세워질 다른 교회들의 모범이 될 필요성이 있기에 주님의 특별한 은총으로 제도적인 규모까지 갖춘 교회로 성장했을 것이라고 추정한다. 수신자의 목록에 교회의 구체적인 직분을 거명한 서신은 이것이 유일하다. 거명한 이유에 대해 크리소스토무스는 감독들과 집사들이 에바브로디도를 바울에게 보내기로 결정한 자들이기 때문에 고마움을 표현하기 위한 것이라고 한다. 이 구절에서 바울이 언급한 "감독들"(ἐπισκόποις)은 한 지역에 여러 주교나 감독이 있을 수 없기 때문에 "장로들" 혹은 목자들을 가리키는 말이라는 크리소스토무스와 테오도레티우스와 히에로니무스의 견해에 나는 동의한다. "집사들"(διακόνοις)은 주로 구제를 전담한 공적

직분자를 가리키는 용어로 이해해도 좋다.

바울의 언급에서 수신자의 소속에 대한 표현도 특이하다. 마치 이중적인 국적을 가진 것처럼, 그들은 "그리스도 예수" 안에서 사는 동시에 "빌립보" 안에 거하는 자들이다. "거룩한 자 즉 성도"(ἅγιος)는 그가 빌립보에 주소지를 두었기 때문이 아니라 그리스도 안에 거하기 때문에 붙여진 이름이다. 이런 식으로 우리를 표현하면, 우리는 그리스도 예수 안에서 전주시에 사는 성도이다. 모든 하나님의 사람들은 이중적인 공간 즉 천국과 세상에서 동시에 살아간다. 삶의 구체적인 방식은 천국의 빛을 세상에 전달하는 세상의 빛으로서 살아간다. 우리는 세상의 영향을 받아 부패한 천국의 시민이 아니라 부패한 이 세상에 천국의 맛을 전달하는 세상의 소금이다. 마트에 맛보기가 있듯이 우리는 천국의 맛보기와 같다. 특정한 지역에 거하는 것은 어렵지가 않다. 그러나 그리스도 안에 거하는 것은 성경의 고유한 가르침을 따르고 성령의 은밀한 이끄심을 받을 때만 가능하다. 요한의 가르침에 의하면, 우리가 예수를 하나님의 아들이라 시인하고(요일 4:15) 처음부터 들은 말씀을 우리 안에 거하게 하고(요일 2:24) 주님의 계명을 지키면(요일 3:24) 우리가 그 안에 거한다고 한다. 요약하면 우리가 그리스도 안에 거하고 그가 우리 안에 거하시는 비결은 믿음과 순종이다.

바울은 지금 하나님의 감동으로 쓰여진 이 서신 즉 하나님의 말씀을 감독이나 집사만이 아니라 성도들도 포함된 "모두에게"(πᾶσιν) 발송하고 있다. 딕슨의 말처럼, 당시의 교회는 성도만이 아니라 모든 직분자도 사도의 가르침을 받아야만 했다. 그러나 이 서신의 수신자가 빌립보 성도들이 아니라 그 교회의 목자라는 크리소스토무스의 주장에 근거하여 하나님의 말씀을 교황이나 사제나 목회자가 독점하는 것은 사도의 가르침과 무관하다. 하나님의 말씀은 목회자의 전유물이 아니라 모든 성도에게 주어진 선물이다. 성경을 가진다는 것, 듣는다는 것, 읽는다는 것, 묵상하고 지킨다는 것은 수백 년간 성도의 누림이 금지된 너무나도 소중한 특권인데, 북한을 비롯한 비기독교 지역에서 목숨을 걸고라도 취하려는 최고의 특권인데, 오늘날 교회는 이 특권의 소중함을 상실했다.

> ²하나님 우리 아버지와 주 예수 그리스도로부터 은혜와 평화가 여러분께!

예수의 종으로서 바울은 빌립보 교회에 "은혜와 평강"이 있기를 기원한다. 이는 바울이 대부분의 서신에서 사용하는 전형적인 인사말로, 호돈이 잘 정리한 것처럼 1세기 서구의 인사말인 "인사"라는 말을 "은혜"로 바꾸고 "유대나 동방의 규격화된 인사"였던 "평강"을 더하여 만들었다. 교회의 가장 절실하고 우선적인 필요는 돈이나 조직이 아니라 은혜와 평강이다. 믿음의 사람들이 서로에게 나누고 빌어야 할 것도 하나님의 은혜와 평강이다. 이것만이 교회를 교회답게 한다.

"은혜"(χάρις)의 의미는 하나님의 호의와 그 호의에서 "주어지는 선물"을 포괄한다. 은혜를 기원하는 것은 우리에게 있는 것 중에 스스로 가진 것이 하나도 없고 모든 것이 주로부터 받은 것이라는 선언인 동시에 은혜 없이는 교회가 한 순간도 존속할 수 없다는 고백인 동시에 주님께 교회의 존재와 존속을 가능하게 해 달라는 요청이다.

"평강"(εἰρήνη)은 공동체의 화목, 안정, 복된 상태 등을 의미한다. 넓게 본다면 하나님이 창조의 때에 정하신 질서를 따라 만물이 제자리에 있으면서 우주적인 조화를 이룬 상태를 가리킨다. 평강을 기원하는 것은 신약의 새로운 시도가 아니라 구약의 전례를 따른 것이었다. 구약에서 평강의 대표적인 기원은 "여호와는 그의 얼굴을 네게로 향하여 드사 평강 주시기를 원한다"(민 6:26)는 아론의 기도에서 확인된다. 이러한 기도를 따라 바울이 평강을 구하는 더욱 구체적인 형태는 4장에서 소개된다. 즉 "너희는 내게 배우고 받고 듣고 본 바를 행하라 그리하면 평강의 하나님이 너희와 함께 계시리라"(빌 4:9). 다른 서신에도 발견된다. "평강의 주께서 친히 때마다 일마다 너희에게 평강을 주시고 주께서 너희 모든 사람과 함께 하시기를 원하노라(살후 3:16). 두 사례에서 확인되는 것처럼, 공동체의 평강은 사람들 사이의 화목이 아니라 평강의 하나님이 함께 계시면서 공동체의 머리가 되시고 모든 구성원은 그 머리에 연결된 동등한 지체들이 될 때만 가능하다.

 은혜와 평강의 출처는 인간이 아니며 물질이 아니며 건물이나 장소가 아니며 아버지 하나님과 그리스도 예수시다. 혹시 나를 통하여 은혜와 평강이 공동체에 주어졌다 할지라도 자랑하지 말고 교만하지 않도록 주의해야 한다. 은혜와 평강이 인간에게 속했다면 그에게서 나올 수 있겠지만 예수님의 말씀처럼 "사람의 마음에서 나오는 것은 악한 생각 곧 음란과 도둑질과 살인과 간음과 탐욕과 악독과 속임과 음탕과 질투와 비방과 교만과 우매함" 등이며 "이 모든 악한 것이 다 속에서 나와서 사람을 더럽"힌다(막 7:21-23). 그러나 아버지 하나님과 예수께는 완전한 은혜와 평강이 무한히 충만하다. 주실 은혜 즉 선물이 너무나도 많아서 무엇을 구해도 주신다고 한다(막 6:22). 평강도 주님은 주기를 원하신다. 예수님의 말씀에 의하면, 이 평강도 사람이나 이 땅에서는 주어지지 않는 하늘의 것이라고 한다(요 14:27). 그래서 바울은 은혜와 평강을 제공하지 않고 아버지 하나님과 그리스도 예수께 기원했다. 그러므로 우리도 은혜와 평강을 원한다면 기도해야 한다. 은혜와 평강을 누린다면 하나님께 감사해야 한다.

 그런데 우리는 평소에 교회에서 서로를 향해 무엇이 있기를 구하는가? 겉으로는 바울처럼 주님의 은혜와 평강을 구하지만 속으로는 타인의 고통과 불안을 바라고 조장하고 있지는 않은가? 내가 공동체 안에 있음으로 인해 은혜와 평강이 거기에 임하는가? 아니면 고통과 불안의 원흉으로 거기에 머무는가? 은혜와 평강을 구해도 나에게 유익한 사람들만 골라서 구하지는 않고 모든 성도를 위해 구하는가? 온 교회의 온 성도가 하나님의 은혜와 평강을 공동체의 모든 지체에게 있기를 구한다면 그 교회는 분명 천국이고 천국의 모습을 온 세상에 드러낸다. 은혜와 평강은 천국의 표지이기 때문이다.

빌 1:3-7

³내가 너희를 생각할 때마다 나의 하나님께 감사하며 ⁴간구할 때마다 너희 무리를 위하여 기쁨으로 항상 간구함은 ⁵너희가 첫날부터 이제까지 복음을 위한 일에 참여하고 있기 때문이라 ⁶너희 안에서 착한 일을 시작하신 이가 그리스도 예수의 날까지 이루실 줄을 우리는 확신하노라 ⁷내가 너희 무리를 위하여 이와 같이 생각하는 것이 마땅하니 이는 너희가 내 마음에 있음이며 나의 매임과 복음을 변명함과 확정함에 너희가 다 나와 함께 은혜에 참여한 자가 됨이라

³나는 여러분에 대한 모든 기억으로 인하여 하나님께 감사를 드립니다 ⁴여러분 모두를 위한 나의 모든 기도에서 항상 기쁨으로 기도를 드림은 ⁵첫날부터 현재까지 복음을 향한 여러분의 참여 때문입니다 ⁶내가 확신하는 바로 이것은 여러분 안에서 선한 일을 시작하신 이가 그리스도 예수의 날까지 이루어 주신다는 것입니다 ⁷내가 여러분 모두를 위하여 이것을 생각하는 것은 내가 마음에 여러분을 가졌고 여러분 모두가 나의 매임과 복음을 변론함과 확정함에 있어서 나와 함께 은혜에 참여한 자들이 되었기 때문에 합당한 것입니다

02 복음이 맺어준 관계

³나는 여러분에 대한 모든 기억으로 인하여 하나님께 감사를 드립니다

바울은 빌립보 성도들을 생각할 때마다 하나님께 감사를 드린다고 한다. 이 감사는 일회성이 아니라 지속성과 반복성이 있는 항구적인 감사를 의미한다. 이런 감사의 비결은 무엇일까? 내적인 비결은 빌립보 교회에 대한 바울의 "모든 기억"(πάσῃ τῇ μνείᾳ)이 감사의 항목으로 분류되어 있기 때문이다. 기억의 창고에서 무엇을 꺼내도 입에서는 감사가 쏟아지는 사람이 바울이다. 기억은 관계의 밑천인데, 불평과 원망과 분노와 미움을 촉발하는 기억이 하나도 없다는 사실이 신기하다. 불편한 기억이 있는데도 억지로 감사하면 그 감사가 아름답지 않고 고맙지도 않다. 당연히 상대방의 마음에 가 닿지도 않고 연출로 느껴져서 오히려 불쾌하다. 그러나 바울의 감사는 꾸며지지 않고 마음의 기억에서 우러나온 것이어서 향기롭고 아름답다.

감사는 외적인 환경보다 마음의 태도에 더 근거한다. 범사에 감사의 사람이 되기 위해서는 바울처럼 기억을 관리하면 된다. 누군가를 만나고 무언

가를 경험하면 그것을 어떤 기억의 범주로 분류할 것인지를 우리는 매번 선택해야 한다. 바울은 범사에 그리스도 예수 안에서 발견되고 싶어서 범사에 주님을 인정하는 사람이다. 주님 때문에 범사를 감사의 서랍에 저장한다. 그래서 범사에 감사하는 것이 당연하게 여겨졌다. 슬프고 아프고 억울하고 불의한 경험도 그 자체로는 괴롭지만 감당할 만큼의 시험만 허락하신 주님의 섭리가 그 배후에 있음을 믿는다면 그런 경험의 순간에도 감사가 가능하다. 이는 감사의 기준을 내가 아니라 하나님께 두기 때문이다. 지독하게 나쁜 사고가 발생해도 주님께서 허락하신 일이요 지독하게 불쾌한 사람과의 만남도 주님께서 허락하신 일임을 인정하면 감사하게 된다.

왜 우리는 감사하기 위해 기억까지 관리해야 하나? 바울은 이렇게 대답한다. "모든 것에(ἐν παντὶ) 감사하라 이것이 그리스도 예수 안에서 너희를 향하신 하나님의 뜻이니라"(살전 5:18). 바울은 하나님의 뜻이라면 목숨과 마음과 뜻과 힘을 하나도 아끼지 않고 다 기꺼이 소진하는 사람이다. 그런 그에게 기억을 관리하는 것은 전혀 어렵지 않은 일이었다. 바울은 자신의 대답에 이처럼 충실하다. 이 대답은 어쩌면 자신의 일상적인 삶을 언어로 바꾼 것인지도 모르겠다. 성령의 감동으로 기록한 그의 서신들은 그의 삶이었다. 우리 개개인의 인생도 문서화를 하면 한 권의 성경 해설서와 같다. 성경을 왜곡하지 않고 바울처럼 성경적 진리의 보이는 물증이 되도록 모든 것을 관리해야 한다.

바울이 감사한 외적인 이유는 빌립보 교회의 사랑과 섬김 때문이다. 앞으로 살펴볼 것이지만, 이 교회는 바울에게 많은 도움을 주어서 그에게는 감사할 수밖에 없는 공동체다. 생각만 해도 감사가 쏟아지는 믿음과 사랑의 가족이다. 누군가가 우리를 기억으로 떠올릴 때마다 우리는 과연 빌립보 교회처럼 그에게 감사의 원인인가, 아니면 기분을 상하게 하는 분노와 증오의 원흉인가? 우리가 범사에 감사하는 것은 훌륭한 일이지만 타인으로 하여금 범사에 감사하게 만드는 것은 더 훌륭하다. 우리가 만나는 모든 사람들은 어떤 종류의 기억으로 우리를 저장한다. 나 자신을 나쁘게 기억하는 타인에 대해 불평하지 말고 나 자신을 관리하고 돌아보는 게 우선이다. 어떻게 하면 나를 만나는 모든 사람에게 좋은 기억을 선물처럼 남겨줄지에 대해 고민하며 자신의 변화와 성숙을 도모하는 것이 합당하다. 만나는 모든 사람에게 최선을 다하는 건 기본이다. 그러나 그 최선의 기준이 내가 아닌 타인이 되도록 기준점을 조율해야 한다. 어떠한 만남이든, 타인에게 인생의 만남이 되도록 최고의 예를 갖추어서 존대해야 한다. 가장 인간다운 대접을 나에게서 받도록, 그래서 평생 잊지 못할 기억이 되도록, 만남의 모든 순간에 최고 순도의 진정성을 유지해야 한다.

바울에게 궁극적인 감사의 대상은 빌립보 교회가 아니었다. 그는 "나의 하나님께" 감사를 드린다고 한다. 물론 사람에게 감사해야 한다. 그러나 궁극적인 감사를 하나님께 돌리지 않은 인간적인 감사에 머물면 그 사람을 통해 도움을 베푸신 하나님의 은총을 필히 무시하게 된다. 눈에 보이는 가시적인 인과율만 보고 보이지 않는 신적인 섭리에 무지하게 된다. 바울은 보이지 않는 하나님의 섭리를 범사에 존중했다. 그래서 로마의 성도들에 대해서도 "너희 모든 사람에 관하여 내 하나님께 감사"했고(롬 1:8), 한 개인인 빌레몬에 대해서도 "내가 항상 내 하나님께 감사하고 기도할 때에 너를 말"한다고 고백했다(몬 1:4). 이처럼 범사에 하나님을 감사의 궁극적인 대상으로 여겼기 때문에 유통기한 없는 항구적인 감사가 가능했다. 그리고 바울은 "나의"(μου) 하나님을 언급한다. 바울과 하나님 사이의 거룩한 친밀감이 느껴진다. 이는 다른 어떠한 것에도 근거하지 않고 오로지 하나님께 근거한 감사가 형성한 관계성을 잘 보여준다. 빚진 마음으로 자신보다 타인을 위하는 감사가 공동체를 아름답게 한다. 손해 본 마음으로 서로를 해하는 불평이나 원망은 공동체의 관계성을 좀먹는다. 가정이든 직장이든 천국 공동체로 바꾸는 비결은 감사의 관계성을 날마다 확대함에 있다.

> ⁴여러분 모두를 위한 나의 모든 기도에서 항상 기쁨으로 기도를 드림은
> ⁵첫날부터 현재까지 복음을 향한 여러분의 참여 때문입니다

바울은 빌립보 교회 "모두를" 위해 기도한다. 기도에서 바울은 빌립보 성도들 중에 원수나 불필요한 사람이나 서먹한 사람을 솎아내지 않고 "모두"(pa/j)를 포용한다. 빌립보 교회에는 바울에게 호의적인 사람들도 있지만 그를 시기하고 죽도록 괴롭히는 사람들도 있다(빌 1:15, 17). 그런데 이렇게 고약한 사람들도 바울의 기도 목록에는 포함되어 있다. 바울은 예수님의 가르침에 충실하다. "너희 원수를 사랑하며 너희를 박해하는 자를 위하여 기도하라"(마 5:44). 원수 사랑의 실천 여부가 여실히 드러나는 현장은 우리의 기도 목록이다. 그러나 우리는 기도할 때 나에게 유익한 사람, 나에게 도움을 준 사람, 내가 좋아하는 사람들만 거명한다. 그러나 자신의 옆구리를 찔러 피와 물을 다 쏟아내게 만든 원수를 향해 저들의 죄를 알지 못한다며 용서해 주시라고 변호하는 기도를 아버지께 드리신 예수님의 기도와 그를 본받은 바울의 기도는 우리에게 기도의 모델이다.

여기에서 바울의 기도는 다양한 종류 중에서도 "간구"(δέησις)였다. "간구"는 결핍이나 결여나 부족과 관련된 말이며 그것을 채워 달라는 구체적인 상황에서 드리는 간절한 기도, 요구, 간청 혹은 탄원을 의미한다. 그런데 누가 누굴 채우는가? 지금 바울의 신분은 죄수이고 거처는 감옥이다. 타인의 필요를 파악하고 수습할 심적인 여유가 전무한 상황이다. 자신의 앞가림도 다급한데, 바울의 관심은 빌립보의 필요 쪽으로 기울어져 있다. 팔이 안으로 굽지 않고 하나님의 나라 쪽으로 휘어진 사람이다. 이웃이 늘 부족해서 나에게 기대며 나에게 종속시켜 지배하길 원하는 음흉한 사람들도 있다. 그러나 바울은 다른 사람이다. 그의 현실은 다른 사람이 의지하고 종속될 상황이 아니기도 하고 그런 마음도 없는 사람이다. 오히려 빌립보 교회가 바울의 필요를 채워 주었기 때문에 감사의 마음과 함께 주님께서 교

회의 필요도 채워 주시라고 그는 기도한다.

그리고 바울은 빌립보 교회 모두를 위해 기도하되 "기쁨으로"(μετὰ χαρᾶς) 한다. 바울 자신과 관련된 현실에는 기뻐할 조건이나 이유가 전무한 상황이다. 그런데도 항상 기뻐하며 기도하는 것은 바울의 중심에 빌립보 교회의 행복을 간절히 바라는 소원이 자신의 출옥보다 더 소중하게 여겨야 가능하다. 빌립보 교회를 위한 바울의 기도는 억지로 수행하는 숙제가 아니라 줄기찬 기쁨이다. 바울은 타인을 위해 기도를 드리는데 기도자 자신이 기쁨의 수혜자가 되는 사람이다. 우리는 지금 자신이 감옥에 계속 있더라도 빌립보 교회가 행복하면 그것으로 족하다는 이타심의 끝판왕을 본다. 나보다 남이 유익한 것을 더 기뻐하는 사람, 주님께서 자신보다 타인을 더 챙기시는 것을 질투하지 않고 오히려 기뻐하는 사람은 진정 자신보다 이웃을 더 사랑하는 사람이다. 바울은 빌립보 교회를 위해 기도할 때마다 억지로 몇 번 기뻐하지 않고 "항상"(πάντοτε) 기뻐한다. 남이 나보다 더 잘되는 것을 항상 기뻐하고 즐기는 사람의 마음은 이미 그리고 항상 천국이다. 타인의 유익과 기쁨을 위한 기도는 바울에게 감옥도 천국으로 바꾸는 비결이다. 비결인 이유는 그런 기도자가 주님의 마음을 닮았기 때문이다. 이런 면에서도 바울은 "자기를 기쁘게 하지 아니하"신 주님을 본받았다(롬 15:3).

3절과 4절의 언어적 특징은 호돈이 잘 관찰한 것처럼 파이(Π)를 첫 글자로 한 단어들(πάσῃ, πάντοτε, πάσῃ, πάντων)을 촘촘하게 나열하여 독자들의 귀에 격한 리듬을 집어넣어 집중력을 강화하고 있다는 사실이다. 그 이유에 대해 호돈은 기도의 개인적 성격, 기도의 항구성, 기도의 포괄성, 그리고 기도의 자발성을 빌립보 교회로 하여금 알게 하려는 바울의 의도가 반영된 것이라고 설명한다. 강조할 것을 강조할 줄 알고 가볍게 지나가야 할 것에 대해서는 가볍게 지나가듯 말하는 지혜로운 언어 구사력도 때로는 필요하다. 그러나 현실에는 본질적인 사안을 가볍게 취급하고 비본질적 사안의 강조에 실핏줄을 세우는 사람들이 많다.

⁵첫날부터 현재까지 복음을 향한 여러분의 참여 때문입니다

여기에는 바울이 하나님께 항상 감사하고 기쁨으로 간구하는 구체적인 이유가 소개되어 있다. 즉 하나님의 복음을 위한 일에 빌립보 교회가 "첫날부터 현재까지" 참여했기 때문이다. 빌립보 교회는 바울에 의해 A.D. 50년경에 개척되어 10년이 넘도록 협력한 교회였다. 물론 교회가 하나님의 진리를 가르쳐준 바울에게 감사를 표하며 협력하는 것이 처음에는 어렵지가 않다. 그러나 처음부터 계속해서 협력하는 것은 선한 동기의 지속적인 공급이 필요하다. 심지어 놀라운 수고의 땀을 흘린 에베소 교회도 첫사랑을 유지하지 못하고 버려서 책망을 받아야만 했다(계 2:4). 연인의 관계를 봐도, 첫눈에 반하는 것은 쉽지만 그 관계를 유지하는 것은 사랑의 내공이 필요하다.

실제로 복음을 위한 일에의 참여는 문이 좁고 길은 협착하여 찾는 이가 희박하다. 그러나 "복음을 위한 일"은 우리가 일평생 참여해도 아깝지 않을 최고의 사명이다. 복음을 제대로 경험하면 복음을 위해 일평생 살아가게 된다. 특히 빌립보 교회는 앞에서 밝힌 것처럼 절망의 감옥에서 기쁨의 찬송을 드리며 하나님의 영광을 드러낸 사건을 경험했다. 땅이 흔들리고 옥문이 열리고 족쇄가 풀리는 기적보다 그 기적이 일어나기 전에 바울 일행의 입에서 나온 찬송에 더 감격했다. 기적도 세상의 질서를 벗어난 희귀한 일이지만 찬송은 세상의 어떠한 문법도 설명할 수 없는 더더욱 신비로운 일이었다.

여기에 사용된 "코이노니아"(κοινωνία)는 "참여, 교제, 동역, 나눔, 혹은 공유" 등을 의미한다. 이 단어를 바울은 "예루살렘 성도 중 가난한 자들을

위하여 기쁘게 얼마를" 나누는 "연보"의 의미로 사용했다(롬 15:26; 참조, 고후 9:5, 11, 13). 이와 같은 맥락에서 쓰인 빌립보 교회의 "코이노니아"는 목적과 관련하여 "복음을 향한"(εἰς τὸ εὐαγγέλιον) 것이었다. 열정보다 방향이 중요하다. 이 교회는 바울의 사역에 참여했고 교제를 나누었고 힘을 제공하되 자연인 바울의 매력에 빠졌기 때문이 아니라 "복음을 향한" 것이었다. 즉 복음 때문에 바울에게 호의를 베풀었다. 그러므로 바울과 협력한 빌립보 교회는 복음에 참여했고 복음과 교제를 나누었고 복음에 물질과 재능과 에너지와 시간을 기부했다. 우리의 경우에는 과연 우리를 돕는 분들이 복음을 위한 일이도록 복음의 일에 얼마나 충실한가?

오늘날 선교지나 목회 현장에서 복음의 일꾼을 지원하는 이유와 원리도 이와 동일해야 한다. 특정한 사람과의 친분 때문이 아니라 복음 때문에 후원해야 한다. 교회는 복음을 위하는 일에 협력하고 복음의 사람과 교제해야 한다. 이를 위해서는 바른 복음을 알아야 하고 거짓된 복음을 지원하지 않도록 주의해야 한다. 그러지 않으면 일꾼이 참 복음과 무관하게 살아도 괜찮다는 도덕적 해이를 유발한다. 자신을 무조건 믿고 지지해 주면 사람이 변질되어 후원금의 용도를 바꾸거나 횡령할 가능성도 있다. 바울이 빌립보 교회를 위하여 항상 기쁨으로 기도하는 이유도 이 구절에서 확인된다. 즉 그 교회가 자신을 후원하며 협력했기 때문이 아니었다. 복음을 후원하고 복음에 참여했기 때문이다. 이처럼 사역자도 교회가 자신의 매력 때문에 좋아하는 것보다 복음 때문에 자신을 좋아하는 것을 기뻐해야 한다. 그러지 않으면 다양한 부작용이 발생한다.

"코이노니아"는 또한 "교제"를 의미한다. "빛과 어둠이 어찌 사귀"냐고 말할 때 바울은 이 단어를 재정적인 지원이 아니라 "교제"의 의미로 사용했다(고후 6:14). 사실 바울은 수많은 죽음의 위협 속에서 살았으며 죄수의 신분과 감옥의 출입도 빈번했다. 빌립보 교회가 그런 바울과 교제를 처음부터 지금까지 유지한 것은 동류로 여겨져서 당할지 모르는 불이익도 감수한 진정한 우정과 신앙을 증거한다. 대부분의 교회는 하나님의 사람을 돕더라도 불이익이 시작되는 선은 넘지 않으려고 한다. 그러나 진실한 하나님의 사람에 대해서는 손해가 뻔히 보여도 그와의 교제를 지속한다. 빌립보 교회는 바울을 하나님의 참 사람으로 알아보는 안목을 가진 교회였다.

복음을 위하여 바울과의 '위험한' 교제를 지속한 빌립보 교회는 베드로의 말처럼 장차 "나타날 영광에 참여할 자"(벧전 5:1)임에 분명하다. 그러나 바울은 우리가 참여하지 말고 오히려 책망하고 피해야 할 영역도 있음을 경고한다. "너희는 열매 없는 어둠의 일에 참여하지 말고 도리어 책망하라"(엡 5:11). 썩을 양식이 아니라 영생의 양식을 위하여 일하라(요 6:27)는 예수님의 말씀에 근거할 때, 열매 없는 어둠의 일은 영원한 생명과 무관한 모든 일들이다. 복음을 위한 일은 어둠의 일과 구별되는 영원한 열매가 있는 사역이다. 영원한 가치와 의미를 남기는 것과 무관한 시간의 낭비를 경계하라! 이처럼 빌립보 교회는 바울에게 영원한 양식을 위해 함께 수고한 복음의 동역자다.

> ⁶내가 확신하는 바로 이것은 여러분 안에서 선한 일을 시작하신 이가
> 그리스도 예수의 날까지 이루어 주신다는 것입니다

바울은 자신이 빌립보 교회에 대해 확신하는 바를 언급하며 "바로 이것"(αὐτὸ τοῦτο)이라 한다. 이는 확신의 내용이 너무도 중요해서 강조하기 위한 표현이다. 즉 주님께서 그 교회 안에서 선한 일을 시작하고 이루실 것이라는 확신이다. 이 구절에서 "너희"(ὑμῖν)는 모든 성도와 감독들과 집사들을 가리킨다. 주님은 특정한 개인 안에서 일을 시작하는 경우도 있으나 빌립보의 경우에는 교회 공동체 안에서 시작한다. 더 아름답다. 교회는 주님의 선한 일에 같은 뜻과 마음과 생각을 가져야 평화로운 추진력이 발동

된다. 각자의 소견에 옳은 일에 몰두하면 공동체가 갈라지고 대립한다. 바울은 복음을 위한 빌립보 교회의 일이 착한 일이라고 평가한다. 빌립보 교회는 그 뜻과 생각과 마음이 복음에서 일치했다. 가난한 자를 구제하는 것, 나그네를 대접하는 것, 사회법을 준수하는 것, 양보하고 배려하는 것, 대립과 갈등을 해소하는 것 등도 다 착한 일의 범주로 분류된다. 그러나 바울이 말하는 선한 일은 바울 개인에게 유익을 주는 일이 아니라 주님의 말씀처럼(마 19:16-17) 영원한 생명을 얻게 하는 복음 전파를 위한 일이었다. 기독교의 모든 것은 이 일을 지향한다. 우리에게 하나님의 말씀이 주어진 목적과 직분이 주어진 목적도 종교적인 장신구 취득이 아니라 선한 일을 도모하기 위함이다(딤후 3:17; 딤전 3:1). 빌립보 교회의 직분자인 감독들과 집사들이 특별히 주의해야 하는 말씀이다.

바울은 이 선한 일을 자신이 시작한 것도 아니고 다른 위대한 사도들이 시작한 것도 아니며 오직 주님께서 친히 시작하신 것이라고 가르친다. 시작만 주님께서 하신 것이 아니라 마지막 성취도 주님께서 이루실 것이라고 확신한다. 이는 "나를 떠나서는 너희가 아무것도 할 수 없다"(요 15:5)는 예수님의 말씀에 대한 바울의 설명이다. 과연 주님은 모든 선행의 알파와 오메가, 처음과 나중, 그리고 시작과 끝이시다. 그래서 바울은 하나님을 선 성취의 주체로 이해하고 하나님께 모든 것은 그 성취의 도구라고 고백한다(롬 8:28). 그러므로 어떠한 성취에 대해서도 바울은 자신의 공로인 것처럼 생색을 내거나 자신의 지분을 요구함이 없다. 우리도 혹시 선한 일을 시작하고 이룬다면 자신을 자랑하지 말고 그 일의 시작과 마침을 주관하신 주님께 감사해야 한다. 바울의 고백(고전 15:10)처럼, 자신의 땀이 흥건하게 묻은 일이라도 인간의 공로는 한 조각도 없기 때문이다(그 이유에 대해서는 빌립보서 2장 13절을 참조하라). 시작과 성취의 주체가 주님이기 때문에 우리를 통한 일의 성취는 주님이 주권자로 우리 안에 거하셔야 가능하다. 그래서 우리는 주님을 범사에 의지해야 한다.

바울은 주께서 선한 일을 "그리스도 예수의 날까지"(ἄχρι ἡμέρας Χριστοῦ Ἰησοῦ) 이루실 것이라고 고백한다(참조. 고전 1:8; 빌 1:10; 2:16; 살전 5:2-4). 이 말은 성취의 시점이 우리가 원하는 때가 아니라 예수께서 원하시는 날임을 의미하고 인내하며 선한 일의 성취를 기다려야 함을 가르친다. 그런데 우리는 우리가 희망하는 때에 성취되지 않으면 낙심하고 포기한다. 그러나 바울은 갈라디아 교회를 향해 "우리가 선을 행하되 낙심하지 말지니 포기하지 아니하면 때가 이르매 거둘 것이라"고 권면한다(갈 6:9). 여기에서 바울이 말하는 "때"(καιρός)는 빌립보 교회에 행한 어법으로 보면 사람이 정한 사람의 날이 아니라 하나님이 정하신 "그리스도 예수의 날"을 의미한다. 선을 행하면서 포기하지 않는 이유는 그 선행이 사람의 일이 아니라 주님의 일이며 사람의 때가 아니라 주님의 때에 열매를 거두기 때문이다. 포기하지 않고 기다리는 중에 우리는 선행이 주님의 일임을 깨닫는다. 사람은 자신의 계획대로 무언가가 성취되면 사람의 일인 것처럼 자랑한다. 모든 선행의 시작과 성취가 유일하게 선하신 하나님의 일임을 확신하는 것은 우리의 낙심과 자랑을 동시에 방지하는 최고의 방법이다.

바울은 주님께서 선한 일의 시작과 끝이심을 "확신한다"(πείθω). 선한 일들의 시작과 성취에 대한 확신은 인간의 뛰어난 능력이나 좋은 상황에 근거하지 않고 변함 없으신 하나님께 근거한다. 이 세상에서 내일 일에 대하여 확신할 수 있는 일들은 과연 무엇일까? 세상은 확신과 어울리지 않고 친하지도 않다. 모든 피조물은 변하고 심지어 모든 피조물이 거하는 하늘과 땅도 체질이 녹아 없어지기 때문이다. 변동적인 것들의 관찰과 실험에 근거한 규칙과 질서도 엄밀하게 말하면 늘 변하기에 확실하지 않다. 무언가를 확정하는 일에 수학도 주저하는 이유는 만물의 변화 때문이다. 그래서 사람들은 아예 변화 자체를 질서로 규정한다. 이는 규정이 아닌, 규정일 수 없는 규정이다. 이런 걸 억지라고 한다. 이런 규정에 따르면, 만물은 진화한다. 진화하는 만물을 연구하는 진화론도 진화한다. 만물이 변한다는 사실 외에 우리에게 확실한 것은 이 세상 어디에도 없다고 주장한다.

그런데 만물에는 인간도 포함되어 있다. 변동적인 만물을 연구하는 인간도 변하는데 어찌 확실한 것을 기대할 수 있겠는가? 그런데 바울은 "배우고 확신한 일에 거하라"고 말하면서 성경을 언급한다(딤후 3:14). 꽃은 시들고 풀은 마르지만 하나님의 말씀은 변하지 않기 때문이다. 성경은 첫 번째 책인 창세기에 하나님의 불변적인 선하심을 소개한다. 그 선하신 하나님은 모든 것을 통하여 선을 이루신다. 성경은 그 모든 선한 일의 불변적인 청사진과 같다. 성경의 지시에 순응하면 "모든 선한 일을 행할 능력을 갖추게" 된다고 바울이 가르친다(딤후 3:17). 이 능력은 성령의 능력을 의미한다. 주님은 선한 일의 시작과 끝이시고 성령을 통하여 성경에 계시된 선한 일을 처음부터 끝까지 행하신다. 우리의 확신은 여기에 머물러야 한다. 바울은 이런 확신을 빌립보 교회에 적용하고 있다.

> 7내가 여러분 모두를 위하여 이것을 생각하는 것은 내가 마음에 여러분을 가졌고 여러분 모두가 나의 매임과 복음을 변론함과 확정함에 있어서 나와 함께 은혜에 참여한 자들이 되었기 때문에 합당한 것입니다

여기에서 바울은 빌립보 교회 안에서 주님에 의한 선의 시작과 성취를 확신하는 일에 정당성을 부여한다. 그리고 추정이나 바람이나 가능성이 아니라 확신을 가진 두 가지의 이유를 제시한다. 첫째, 바울의 마음에는 복음의 일에 참여한 성도들이 있기 때문이다. 바울은 "내가 마음에 여러분을 가졌다"(ἔχειν με ἐν τῇ καρδίᾳ ὑμᾶς)고 고백한다. "너희가 마음에 나를 가졌다"는 번역도 가능하다. 그러나 나는 조셉 헬러만이 잘 분석한 것처럼 크리소스토무스를 비롯한 동방 교부들의 이해를 따라 단어들이 배열된 순서를 존중하며 "나"를 주어로 이해한다. 그리고 여기에서 "마음"(καρδία)은 모든 의

식적인 활동의 중추이며 삶의 중심 혹은 인간 전체를 대변하는 낱말이다.

이 고백에 대해 칼뱅은 "바울이 마음의 가장 깊은 애정을 가지고(intimo cordis affectu) 그들을 생각하는 것"이라고 이해한다. 바울은 자신의 심장을 타인에게 주거지로 내어주는 사람이다. 빌립보 교회는 가장 소중한 존재의 노른자요 심장을 뛰게 만드는 인생의 활력소다. 그런 빌립보 성도들이 없다면 바울은 심장에 구멍 난 인생을 살아가게 된다. 살아도 사는 것 같지 않은 인생, 맥박이 떠난 인생이다. 그런 관계이기 때문에 바울은 그들을 자기 자신처럼 정확하게 이해한다. 그들의 현실만이 아니라 앞으로의 향방도 간파한다. 자신의 인간적인 관점이 아니라 그들을 이끄시는 주님의 관점으로 그들을 해석하고 있다. 그래서 확신했다.

우리의 마음에는 누가 머무는가? 대체로 사람의 마음에는 지극히 사랑하는 사람이나 지독하게 미워하는 사람이 출입한다. 돈을 사랑하고 이익에 눈이 어두우면 나의 유익에 보탬이 되는 사람들이 출입한다. 보복의 마음이 있으면 나에게 손해를 끼치고 상처를 준 원수들이 마음을 장악한다. 미운 사람, 음란한 사람, 악하고 거짓된 사람을 마음에 두면 그 자체로 지옥이다. 선한 일이 아니라 악한 일만 생각하고 확신하게 된다. 내 안에 누가 있느냐를 보면 평소의 생각과 관심사가 파악된다. 우리가 복음에 사로잡혀 있으면 우리의 마음은 복음의 일에 참여하는 사람들로 가득하다. 바울은 처음부터 지금까지 복음의 일에 참여하고 있는 빌립보 교회에게 자신의 가슴을 양도했다.

둘째, 바울의 매임에도 참여하고 복음의 변증과 확정에도 참여했기 때문이다. 이 두 가지의 참여는 빌립보 교회가 복음에 참여하는 구체적인 방법이다. 여기에서 "매임 혹은 사슬"(δεσμός)은 투옥의 은유로 사용된 낱말이다. 모든 사람은 "매임"을 싫어한다. 누군가의 매임에 연루되어 불이익을 당하는 것은 더욱 싫어한다. 빌립보 공동체도 당연히 싫어한다. 그러나 그들은 바울의 매임과 그 매임으로 인한 불이익에 대한 싫음보다 복음에 대한 사랑이 더 컸기 때문에 바울의 매임에 참여했다. 이는 사랑이 늘 이기기 때문에 나타나는 현상이다. 그들은 복음의 변증과 확정에도 참여했다. 여기에서 바울은 "변증"(ἀπολογία)과 "확정"(βεβαίωσις)이라는 당시의 법률적인 용어를 사용한다. 복음의 "변증"은 복음이 거짓이나 불의나 흉기가 아니라 진리이며 정의이며 인간에게 최고의 복이라는 사실을 인격과 삶으로 변호하는 행위를 의미한다. 복음의 "확증"은 개인이나 공동체로 하여금 복음의 진실을 인정하게 만드는 변증의 결과를 의미한다. 복음을 변증하고 확정하는 일은 바울의 핵심적인 사명이다. 그런 일에 빌립보 교회는 적극 가담했다. 직접적인 변론과 확증은 바울의 일이지만 교회가 거기에 참여를 했다면 그들의 일로도 간주된다. 이는 "선지자의 이름으로 선지자를 영접하는 자"는 그가 마치 선지자인 것처럼 "선지자의 상을 받을 것"(마 10:41)이라는 예수님의 말씀 때문이다. 빌립보 교회는 변증의 지적인 실력과 확증의 실천적인 열매도 구비한 교회였다.

바울은 자신의 매임에 참여하고 복음의 변론과 확정에 참여한 빌립보 교회를 "은혜에 참여한 자들"(συγκοινωνούς μου τῆς χάριτος)로 규정한다. 바울은 자신의 매임을 은혜로 간주하고 복음의 변론과 확정도 은혜로 해석한다. 그러나 "매임"은 자유의 상실이고 인권의 말살이다. 그런데도 이렇게 부정적인 "매임"을 어떻게 지극히 자비하신 하나님의 은혜로 여기는가? 이는 바울이 "나로 말미암아 너희를 욕하고 박해하고 거짓으로 너희를 거슬러 모든 악한 말을 할 때에는 너희에게 복이 있나니 … 하늘에서 너희의 상이 큼이라"(마 5:11)는 예수님의 말씀을 알았고 믿었기 때문이다. 그는 예수라는 복음을 위해 자신의 목숨도 얼마든지 수단으로 삼았고 조금도 귀한 것으로 여기지 않았고 기꺼이 내놓을 정도였다(행 20:24). 자신은 쇠하여야 하고 주님은 흥하여야 한다고 고백한 세례 요한처럼, 바울도 자아가 매이고 복음이 풀리는 것을 인생의 낙으로 여긴 사람이다. "나는 날마다 죽노라"(고전 15:31)며 죽음도 자랑으로 여긴 바울이 자신의 "매임"을 하나님의 은혜로 여긴 것은 더더욱 이상하지 않다.

그리고 복음을 변증하고 확증하는 일은 바울이 감옥에 매이게 된 이유였다. 매임을 은혜가 아니라 형벌이나 저주로 여겼다면 그 매임의 원인도 대단히 불쾌한 것으로 여겼어야 했다. 그러나 매임을 은혜로 여겼기 때문에 그는 그 매임의 원인도 은총으로 분류했다. 뒤집어서 생각하면, 매임도 은혜라고 해석하게 정도로 복음의 변증과 확증은 바울에게 대단한 은혜였다. 복음을 사랑하면 인생관과 세계관이 달라진다. 선과 악도, 정의와 불의도, 진리와 거짓도, 빛과 어둠도 맹목적인 대립만 보이지 않고 그 사이의 기막힌 관계와 역학이 읽어진다.

끝으로, 바울의 이 은혜에 "여러분 모두가"(πάντας ὑμᾶς) 참여한 것을 주목하고 싶다. 과장법일 가능성도 있지만, 바울의 매임이나 복음의 변증과 확증에 참여한 사람들은 빌립보 교회의 일부가 아니라 전부였다. 바울은 그런 취지로 말하였다. 이 얼마나 놀라운 사건인가! 유럽 최초의 교회인 빌립보 공동체는 고린도 교회처럼 바울파나 게바파로 분열되지 않고 복음을 중심으로 똘똘 뭉친 교회이다. 하나 됨은 거룩함과 더불어 예수님이 제자들을 위한 대제사장 기도의 핵심적인 요소였다. 그런데 빌립보 교회는 그 기도가 응답된 곳이었다. 이런 하나 됨을 보았기 때문에 빌립보 공동체 안에서 선한 일의 성취를 바울이 확신한 것은 너무도 당연하다.

빌 1:8-11

⁸내가 예수 그리스도의 심장으로 너희 무리를 얼마나 사모하는지 하나님이 내 증인이시니라 ⁹내가 기도하노라 너희 사랑을 지식과 모든 총명으로 점점 더 풍성하게 하사 ¹⁰너희로 지극히 선한 것을 분별하며 또 진실하여 허물 없이 그리스도의 날까지 이르고 ¹¹예수 그리스도로 말미암아 의의 열매가 가득하여 하나님의 영광과 찬송이 되기를 원하노라

⁸내가 그리스도 예수의 심장으로 여러분 모두를 얼마나 사모하고 있는지는 하나님이 나의 증인이 되십니다 ⁹내가 기도하는 이것은 여러분의 사랑이 모든 지식과 총명으로 심지어 더욱더 풍성하여 ¹⁰[여러분이] 지극히 좋은 것을 분별하고 그리스도의 날까지 진실하고 허물이 없는 것이며 ¹¹예수 그리스도로 말미암아 의의 열매가 가득하여 하나님의 영광과 찬송에 이르는 것입니다

03 사랑의 기도

⁸내가 그리스도 예수의 심장으로 여러분 모두를 얼마나 사모하고 있는지는
하나님이 나의 증인이 되십니다

바울은 빌립보 교회의 모든 구성원을 사랑한다. 자신을 괴롭게 하는 사람들도 "모두"(πάντας)에 포함되어 있다. 바울을 실시간으로 괴롭히는 현재 진행형 원수도 포함된 공동체 전부를 사랑하는 것이 어떻게 가능할까? 바울의 사랑이 "그리스도 예수의 심장으로"(ἐν σπλάγχνοις Χριστοῦ Ἰησοῦ) 하는 사랑이기 때문이다. 이것이 참된 사랑이고 최고의 사랑이다. 구약에서 가장 아름다운 사랑은 솔로몬과 술람미 여인 사이의 사랑이다. 그들은 서로를 향해 "나의 영혼이"(נַפְשִׁי) 사랑하는 자라고 고백했다. 그런데 바울은 이보다 더 아름다운 사랑을 고백한다. 즉 빌립보 공동체를 "그리스도 예수의 심장으로" 사모하고 있다는 고백이다. 물론 육체가 사랑하는 것도 아름답다. 그러나 육체의 사랑보다 더 아름다운 것은 영혼의 사랑이다. 그런데 인간적인 영혼의 사랑보다 더 아름다운 것은 사람의 심장이 아니라 그리스

도 예수의 심장으로 하는 사랑이다. 이것은 기독교적 사랑의 정석이다. 성경에서 이런 종류의 사랑은 바울의 글에서만 발견된다. 일반적인 이해에 따르면, 복음의 사도는 바울이고 사랑의 사도는 요한이다. 그런데 바울도 요한 못지않은 사랑의 사도였다. 주님의 사랑으로 사랑하기 위해서는 사랑의 무한한 공급이 필요하다. 예수님의 심장을 내 가슴에 장착하고 사랑의 무한한 펌프질이 있어야 가능하다.

우리의 사랑은 어떠한가? 그리스도 예수의 심장으로 하는 사랑인가? 그 심장은 어디에 두었는가? 주님은 우리에게 당신의 심장을 주셨는데 우리는 그것을 사용하지 않고 어디에 있는지도 모르고 심장을 주셨다는 사실도 망각한 채 살아간다. 그런 방식으로 최고의 선물을 무시한다. 그리고 온전한 사랑은 주님의 심장이 우리 가슴에서 박동해야 가능한데, 내가 사랑하려 하니까 사랑에도 인간적인 냄새만 풀풀 나고 사랑의 동력도 급하게 고갈된다. 그러니 쥐어 짜내서 사랑하게 되고 이웃에게 부담을 주는 인위적인 사랑이 수시로 참사랑을 대체한다. 그러면 사랑의 체력은 쉽게 고갈된다.

주님의 심장이 도구가 된 사랑은 어떻게 가능할까? 바울은 사랑함에 있어서 자신의 심장을 신뢰하지 않고 주님의 심장을 신뢰하고 그 심장으로 사랑한다. 갈리디아 교회를 향해 바울은 "내가 육체 가운데서 사는 것"은 그리스도 예수를 믿는 믿음으로 사는 것이라고 고백했다(갈 2:20). 이는 바울 자신이 아니라 그리스도 예수께서 자신 안에 사신다는 고백이다. 사랑도 주님께서 우리 안에 계셔야 가능하다. 주님의 심장으로 하는 사랑은 내가 원하는 사람이 아니라 주님께서 원하시는 사람을 사모하는 사랑이다. 나의 뜻이 아니라 주님의 뜻 성취에 유익한 사람이 이런 사랑의 대상이다. 그리고 사랑할 때 내 심장이 뛰면 나를 싫어하고 박해하는 원수는 사랑에서 필히 배제된다. 그러나 주님의 심장이 뛰면 창으로 인생의 옆구리를 찌르는 원수도 용서하고 사랑하게 된다.

그리고 예수님의 심장으로 하는 사랑은 어떤 사랑일까? 예수님 자신이 우리에게 자신의 생명을 조금도 아끼지 않는 사랑을 친히 보이셨다. 그것은 "우리가 아직 죄인 되었을 때에"(롬 5:8), "우리가 원수 되었을 때에"(롬 5:10) 이루어진 사랑이다. 자신의 죽으심이 이 사랑의 방식이다. 예수님이 우리를 사랑하신 것은 과시용 혹은 전시용이 아니라 우리에게 사랑의 본보기를 보이신 것이라고 한다(요 13:34). 우리가 주님처럼 원수나 죄인을 사랑하되 생명을 수단으로 삼는 이 사랑이 예수님의 심장이 아니면 무슨 심장으로 가능할 수 있겠는가! 바울은 예수님이 주신 사랑의 계명에 너무나도 충실한 학생이다. 데살로니가 교회를 위해서는 생명도 아끼지 않겠다는 사랑을 고백한다. "우리가 이같이 너희를 사모하여 하나님의 복음뿐 아니라 우리의 목숨도 너희에게 주기를 기뻐함은 너희가 우리의 사랑하는 자 됨이라"(살전 2:8). 이처럼 목숨을 주는 사랑을 행하는 것이 바울은 아까운 일이 아니라 기쁜 일이라고 강조한다. 주님을 따라 목숨을 주는 것도 기뻐한 바울을 볼 때, 그의 스승이신 예수님이 우리를 위하여 죽으신 것도 억지로 슬프게 죽으신 것이 아니라 기꺼이 기쁘게 죽으신 것임이 확인된다. 누군가가 나를 위하여 억지로 죽는다면 그것은 사랑이 아니라 부담이다.

어떤 사람들은 목숨을 줄 정도로 사모하고 있다는 바울의 고백을 그의 수사학적 습관성 멘트로 오해한다. 그러나 실제로 바울은 사람들을 너무도 사랑하여 죽음의 위험을 수차례 감수했다. 목숨을 건 사랑의 삶을 문장으로 바꾼 그의 표현이다. "강의 위험과 강도의 위험과 동족의 위험과 이방인의 위험과 시내의 위험과 광야의 위험과 바다의 위험과 거짓 형제 중의 위험을 당하고 또 수고하며 애쓰고 여러 번 자지 못하고 주리며 목마르고 여러 번 굶고 춥고 헐벗었다"(고후 11:26-27). 영원한 생명을 땅끝까지 배달하기 위해 목숨을 건 바울의 이 사랑은 예수님의 심장이 시킨 일이었다.

그런데도 사람들은 사랑이 아니라 바울이 위험을 자초한 결과라고 오해한다. 그러나 바울은 세상의 모든 사람들이 오해하고 본인이 개척한 교회가 오해해도 불안함이 없다. 뭇사람의 마음을 살피시는 하나님이 그의 "증인"(μάρτυς)이 되시기 때문이다. 이는 하나님의 기준으로 볼 때도 바울이 진실하게 사랑하고 있음을 증거한다. 아니, 바울은 애초부터 사람들의 시선을 의식하며 사랑하지 않고 하나님 앞에서 사랑했다. 이처럼 빌립보 교회를 향한 바울의 사랑은 신적인 수준이다. 경건을 이익의 방편으로 악용하는 사람들은 사랑도 사사로운 유익의 도구로 활용한다. 그러나 바울의 사랑은 사람들의 감정샘을 자극하여 자신의 신뢰도를 높이고 은밀한 욕망을 조용히 성취하는 세속적인 도구가 아니었다. 하나님 앞에서 드려지는 예배였다. 사랑에 있어서도 바울은 사람의 영광을 구하지 않고(살전 2:6) 예수님의 십자가 희생을 보여주는 아가페 사랑의 증인이 되어 하나님을 영화롭게 한다. 하나님이 우리의 사랑에 증인이 되신다는 하나의 사실 때문에 우리는 사람들이 전혀 알아주지 않아도 기꺼이 기쁘게 계속해서 사랑한다.

⁹내가 기도하는 이것은 여러분의 사랑이
모든 지식과 총명으로 심지어 더욱더 풍성하여

이제 바울은 자신이 너무도 사랑하는 빌립보 교회의 모든 성도를 위해서 기도한다. 그런데 기도는 단순히 입술의 언어적인 움직임이 아니라 8절에서 언급된 주님의 심장으로 행하는 사랑을 전제한다. 이런 의미에서 기도는 사랑의 표현이고 실천이다. 당연히 바울은 사랑처럼 기도도 주님의 심장으로 한다. 대체로 우리는 타인을 위해 기도해 주겠다는 말을 예의 차원에서 건성으로 한다. 실제로 비용이 들지 않으니까 기도해 준다는 약속을 막 던져도 된다고 생각하는 사람들이 많다. 그러나 진정한 기도는 상대방을 위해 심장을 꺼내 주는 사랑이 무릎을 조아리지 않으면 가능하지 않다. 진정한 기도의 모범은 아버지의 보좌 우편에서 우리를 위해 간구해 주시는 예수님이 보여주셨는데, 그는 우리를 위하여 "죽으셨을 뿐 아니라 다시 살아나신 분"이시다(롬 8:34). 즉 주님은 우리에게 심장을 주신 자로서 우리를 위해 아버지 하나님께 늘 구하신다. 바울도 이런 주님의 기도를 추구한다.

바울이 빌립보 성도들을 위해 드리는 기도의 첫 번째 내용은 사랑의 지속적인 성장이다. 여기에서 우리는 사랑의 점진적인 풍성함을 위해 가장 먼저 기도하는 바울의 가치관을 주목해야 한다. 진실로 최고의 인생을 위해 구비해야 할 가장 우선적인 덕목은 사랑이다. 당연히 사랑의 성장에 가장 우선적인 관심을 기울여야 한다. 그런데 사랑의 성장은 거의 모든 사람에게 가장 무관심한 영역이다. 부의 증대나 건강의 증진이나 인기의 상승이나 지위의 높아짐을 앞다투어 추구하는 현대인의 의식에 사랑이 자라야 한다는 당위성과 필요성 주장은 마치 외국어와 같다. 그러나 사랑은 본질상 성장해야 한다. 사랑은 일회성 행위가 아니라 지속적인 상태이다. 단순한 상태를 넘어서 성향이다. 요한은 하나님을 사랑으로 규정한다. 사랑은 존재 자체를 가리킨다. 여기에서 사랑의 크기는 존재의 크기이며 인생의 크기라는 원리가 성립한다. 한국에서 사랑의 거인인 손양원 목사님은 사랑의 폭탄으로 불리는 존재였다. 그분의 인생은 참으로 거대하다. 우리도 한 사람을 사랑하면 2인분의 인생을 살아간다. 온 인류를 사랑하면 우주적인 거인의 인생을 살아간다. 사랑은 생물이다. 그래서 "더욱더"($\mu\hat{\alpha}\lambda\lambda o\nu$ καὶ μᾶλλον) 자라가야 한다. 성장은 사랑의 속성이다. 우리는 사랑 안에서 거룩하고 흠 없게 되는 성화가 일어나고 그리스도 예수에게까지 성장한다(엡 1:4; 4:15). 그러므로 사랑이 자라면 거룩함과 예수님의 형상도 자라난다. 사랑과 존재가 이렇게 결부되어 있다.

바울의 기도에 따르면, 사랑이 더욱더 풍성하게 되는 비결은 지식과 총명이다. "지식"(ἐπίγνωσις)은 "직접적인 관계를 통해 얻는 경험적인 앎"을 의미한다. 사랑은 하나님과 이웃을 아는 만큼 풍성하게 된다. 성경 전체는 하나님과 이웃 사랑 이야기다. 그러므로 성경을 공부하면 사랑의 대상인 하나님과 사람을 아는 지식에서 자라가고 사랑도 더 풍성하게 된다. 빌립보 교회와 유사하게 에베소 교회를 위해서도 바울은 "지식에 넘치는 그리스도의 사랑을 알고 그 너비와 길이와 높이와 깊이가 어떠함을 깨달아 하나님의 모든 충만하신 것으로 너희에게 충만하게 하시기를" 기도한다(엡 3:18-19). 이는 사랑에도 차원이 있음을 보여준다. 그리고 사랑의 성장이 지식의 넘침과 관계되어 있고 그 지식은 너비와 길이와 높이와 깊이라는 사중적인 차원이 있음을 강조한다.

그리고 "총명"(αἴσθησις)은 "어떤 사안에 대하여 분별하고 판단하는 정신적인 활동"을 의미한다. 사랑은 체험적 지식의 분량에도 비례하고 분별과 판단의 능력에도 비례한다. 모든 사랑은 각 대상에 어울려야 한다. 상황에도 맞고 시기에도 부합해야 한다. 매 순간 사랑의 온도도 조절해야 하고 완급도 조절해야 한다. 사랑의 방식도 적절해야 한다. 이것에 실패하면 사랑이 아니라 오히려 공포를 조성하는 부작용을 일으킨다. 시기를 잘 맞추지 못하고 적절한 방식을 몰라서 "이른 아침에 큰 소리로 자기 이웃을 축복하면 도리어 저주같이 여기게 되리라"(잠 27:14)는 지혜자의 충고를 명심해야 한다. 모든 범주에서 최적화된 사랑을 위해 분별하고 선택하다 보면 사랑은 더욱더 정교하게 실현된다.

10[여러분이] 지극히 좋은 것을 분별하고
그리스도의 날까지 진실하고 허물이 없는 것이며

바울의 두 번째 기도는 지극히 선한 것에 대한 분별이다. 지식과 명철에 있어서 사랑이 더욱더 자라면 "지극히 선한 것"(τὰ διαφέροντα)에 대한 분별이 가능하게 된다. "지극히 선한 것"은 가치와 의미에 있어서 다른 모든 것들을 능가하는 선을 의미한다. 모든 사람은 각자의 기준을 따라 좋은 것을 분별하려 한다. 각자의 기준은 참으로 다양하다. 건강, 부, 장수, 편리, 출세, 명예, 관계를 기준으로 선의 여부를 분별한다. 즉 사람들은 건강에 이롭고, 돈을 많이 벌고, 오래 살고, 편하고, 승진하고, 존경을 받는 방향으로 사물과 사태의 선악을 분별한다. 나이가 들어도 사람들의 분별력은 그러한 기준들을 맴돌며 살아간다. 엄밀하게 말하면, 분별의 기준은 사랑과 관계되어 있다. 사랑이 어릴 때는 맛있는 것을 좋아하고 재미있는 것을 좋아하고 높아지는 것을 좋아하고 많아지는 것을 좋아한다. 쾌락이나 맛집이나 출세나 재물에 민감하게 반응하며 그러한 것들과 관련된 분별력을 흠모한다. 그러한 것들에 근거하여 무엇을 하고 말고를, 어디를 가고 말고를 결정한다.

그러나 사랑이 자라면 분별의 차원이 달라진다. 예수님의 심장으로 사랑하는 사랑의 절정, 즉 지식과 총명으로 사랑의 지극한 풍성함에 이르면, 더욱 선한 것에 대한 분별을 넘어 "지극히 선한 것"에 대한 분별에 도달한다. 사랑의 절정은 하나님과 이웃 사랑이다. 이런 사랑은 "지극히 선한 것"에 대한 분별의 기준이다. 이런 기준을 가진 사람은 하나님과 이웃을 더 사랑하는 방향을 따라 어디로 갈지, 누구를 만날지, 어떤 말을 할지, 무엇을 행할지를 결정한다. 그런데 "지극히 선한 것"은 과연 무엇인가? "하나님 한 분 외에는 선한 이가 없다"(눅 18:19)는 예수님의 가르침에 의하면, 최고의 선은 하나님 자신이다. 이런 가르침을 따라 바울은 하나님을 분별해야 한다는 차원에서 하나님의 온전하고 선하고 기뻐하신 뜻 분별을 지시한다(롬 12:2). 동시에 "지극히 선한 것을 분간하"지 못하는 유대인을 책망한다(롬 2:18). 그는 하나님의 뜻에 따라 말과 생각과 행위의 여부를 결정한다. 하나님의 뜻은 눈에 보이지 않으시기 때문에 매 순간 분별이 필요하다.

그런데 그런 분을 사랑 없이도 분별할 수 있겠는가? 요한은 "사랑하지 아니하는 자는 하나님을 알지 못"한다고 했다(요일 4:8). 사랑하는 만큼 분별한다. 지극히 선한 것은 사랑의 지극한 풍성함에 의해서만 분별된다. 예수님의 심장으로 사랑하면 최고의 선이신 하나님을 분별하기 때문에 그분을 범사에 인정하게 된다. 분별은 기준이 내 안에 있지 않고 밖에 있으면 가능하지 않다. 분별의 기준인 하나님과 이웃 사랑으로 가득 채워져야 최고의 분별자가 된다. 분별의 대상을 선택하는 것은 실력이다. 지극히 선한 것을 분별의 대상으로 삼은 인생은 지극히 위대하다. 사소한 것의 분별에 목숨을 걸고 그것의 유무에 따라 불평과 만족이 춤추는 인생은 불쌍하다. 날마다 주변적인 비본질에 휘둘린다. 인생의 대부분이 비본질에 대한 논쟁에 소비된다.

바울의 세 번째 기도는 거룩함과 관계되어 있다. 바울은 빌립보 교회가 그리스도 예수의 날까지 진실하고 허물이 없기를 기도한다. 풍성한 사랑으로 지극히 선한 것을 분별하며 살면, 진실과 흠 없음이 그리스도 예수의 날까지 보존되고 지속된다. 진실함과 흠 없음, 즉 거룩함은 새 사람의 본질이다. 그래서 바울은 에베소 교회를 향하여 진리와 거룩함을 따라 지음 받는 새사람을 입으라고 했다(엡 4:24). 데살로니가 교회에 대해서는 온 영과 혼과 육이 그리스도 예수께서 강림하실 때까지 "흠 없게 보전"되길 간구했다(살전 5:23). 구원을 받았다는 이유로, 그리고 그 구원의 불변성 때문에, 안심하고 세상에서 함부로 불순하게 살아가는 교인들이 있다. 지속적인 거룩함을 추구한 바울의 기도를 모르는 자들이다. 거룩함은 개인적인 면에서는 죽을 때까지, 역사적인 면에서는 그리스도 예수께서 다시 오실 때까지 믿음의 사람들 모두에게 인생의 방향이고 기도의 내용이다. 거룩함이 아니라 부요함과 건강함과 장수함을 인생의 목적으로 설정하고 그 목적을 위해서는 아무리 불의하고 거짓되고 불결한 수단도 기꺼이 동원하는 사람들은 비록 교회에 등록되어 있고 한 번도 예배에 결석하지 않는다고 할지라도 보지 못하는 것을 바라는 믿음의 사람이 아닐 가능성이 높다.

<blockquote>
11예수 그리스도로 말미암아 의의 열매가 가득하여

하나님의 영광과 찬송에 이르는 것입니다
</blockquote>

바울의 네 번째 기도는 인생의 궁극적인 목적과 관계되어 있다. 즉 바울은 빌립보 교회가 그리스도 예수로 말미암아 의의 열매가 가득하여 하나님의 영광과 찬송에 이르게 해 달라고 기도한다. "의의 열매"는 무엇인가? 그 답은 이사야의 기록에서 확인된다. "공의의 열매는 화평이요 공의의 결과는 영원한 평안과 안전이라"(사 32:17). 즉 의의 열매는 "영원한 평안과 안전"이다. 의로움은 온전한 순종의 열매이다(신 6:25). 온전한 순종은 하나님의 법을 나의 존재와 인생의 질서로 수용함에 있다. 즉 하나님의 법을 따라 생각하고 느끼고 의지하고 말하고 행동하며 살아간다. 하나님의 법에 순종하면 창조의 본래적인 질서가 회복된다. 그것이 우주적인 샬롬이다. 샬롬은 피조물 모두에게 불안함이 없는 가장 완벽한 안전이다. 바울은 그런 샬롬이 교회에 가득해야 한다고 주장한다.

의로움의 열매가 풍성하게 맺어지는 방법은 무엇인가? "무릇 징계가 당시에는 즐거워 보이지 않고 슬퍼 보이나 후에 그로 말미암아 연단 받은 자들은 의와 평강의 열매를 맺느니라"(히 12:11). 히브리서 저자의 말처럼, 징계와 고난을 지나가야 의의 열매가 맺어진다. 불의한 세상에서 의로움의 열매가 맺어지기 위해서는 세상을 통째로 거슬러야 하는 저항을 감수해야 한다. 불화의 세상에서 평화의 열매를 맺기 위해서는 긍휼의 마음으로 용서하고 인내하고 기다리는 피눈물의 비용을 누군가는 지불해야 한다. 의와 평화의 열매는 의로우신 평화의 왕 예수께서 맺으시나 동시에 우리가 고난의 연단을 받아야 우리에게 맺어진다.

연단을 받은 이후에 경건의 우람한 근육을 자랑하는 것은 바울에게 기도의 종착지가 아니었다. 하나님의 영광과 찬송에 이르는 것이 바울의 마지막 기도였다. 이는 하나님의 영광과 찬송에 이르는 것이 인간에게 최고의 복이기 때문이다. 지극히 위대하신 하나님의 영광과 찬송에 이르는 것은 창조의 목적이며 기독교의 궁극적인 소망이기 때문이다. 바울에게 기도는 욕망의 분출이 아니라 하나님의 큰 그림 속에 인생의 닻을 내리는 일이었다. 바울은 자신의 기도에 기독교 전체를 담아낸다. 즉 우리의 바람은 1) 지식과 명철로 사랑이 더 풍성하게 성장하고 2) 지극히 선한 것을 분별하고 3) 진실하고 무흠하게 그리스도 날까지 이르고 4) 그리스도 안에서 의의 열매를 맺고 5) 하나님의 영광과 찬송에 이르는 것이어야 한다. 주님의 교회는 사랑, 분별, 거룩, 평화, 찬송 순으로 자라가야 한다.

빌 1:12-17

¹²형제들아 내가 당한 일이 도리어 복음 전파에 진전이 된 줄을 너희가 알기를 원하노라 ¹³이러므로 나의 매임이 그리스도 안에서 모든 시위대 안과 그 밖의 모든 사람에게 나타났으니 ¹⁴형제 중 다수가 나의 매임으로 말미암아 주 안에서 신뢰함으로 겁 없이 하나님의 말씀을 더욱 담대히 전하게 되었느니라 ¹⁵어떤 이들은 투기와 분쟁으로, 어떤 이들은 착한 뜻으로 그리스도를 전파하나니 ¹⁶이들은 내가 복음을 변증하기 위하여 세우심을 받은 줄 알고 사랑으로 하나 ¹⁷그들은 나의 매임에 괴로움을 더하게 할 줄로 생각하여 순수하지 못하게 다툼으로 그리스도를 전파하느니라

¹²그러나 형제들이여 나에게 [일어난] 것들이 도리어 복음의 진보가 되었다는 것을 여러분이 알기를 원합니다 ¹³즉 내가 그리스도 안에서 매였음이 시위대 전체와 다른 모두에게 명확하게 되었으며 ¹⁴주 안에서 확신을 가진 형제들 중 다수가 나의 매임으로 말미암아 두려움 없이 더욱 왕성하게 말씀을 담대히 말하게 되었다는 것입니다 ¹⁵어떤 이들은 시기와 다툼으로, 어떤 이들은 착한 뜻으로 그리스도를 전합니다 ¹⁶이들은 내가 복음의 변증을 위하여 세워진 것을 알고 사랑으로 하지만 ¹⁷저들은 사사로운 야망으로 그리스도를 전하되 나의 매임에 괴로움을 더하게 한다고 생각하며 순수하지 못하게 [전합니다]

04 복음의 진보

12그러나 형제들이여 나에게 [일어난] 것들이
도리어 복음의 진보가 되었다는 것을 여러분이 알기를 원합니다

바울은 자신이 쇠사슬에 매여 옥에 갇힌 것이 복음 전파의 진전에 유익이 되었다고 한다. 즉 자신의 매임과 복음의 진전을 인과율로 설명한다. 순교의 피가 교회 부흥의 씨앗이 된다는 테르툴리아누스의 고백이 바울의 이 설명과 무관하지 않다고 나는 추정한다. 바울과 교부의 인과율이 기이하다. 우리는 대체로 우리가 형통해야 복음 전파에도 진보가 있을 것이라고 생각한다. 부자가 되고 높은 지위와 강한 권력을 가지면 복음이 더 왕성하게 증거될 것이라는 생각으로 부와 출세와 권력을 흠모하며 기도한다. 그러나 우리의 형통이 복음의 형통으로 이어지는 것은 아니라고 바울은 강조한다. 오히려 우리의 고난과 복음의 진보를 연결한다. 세례 요한의 경우에는, 예수님은 흥하여야 하고 자신은 쇠하여야 한다고 가르친다(요 3:30). 예수님의 흥함과 관련하여 자신의 쇠함에 당위성을 부여한다. 맥락이 조금

다르지만 맹인으로 태어난 사람의 이야기도 그 교훈이 유사하다. 제자들이 자신의 죄나 부모의 죄 때문에 태생적인 맹인이 출생한 것이냐고 묻자, 예수님은 하나님의 영광을 위한 일이라고 답하셨다(요 9:2-3). 하나님의 영광을 드러내기 위해서는 건강하게 태어나야 한다는 세상의 상식에 찬물을 붓는 답변이다. 같은 취지에서 바울은 자신이 감옥에 갇힌 것만이 아니라 주님의 강함이 드러날 수 있도록 자신의 약한 것만 자랑한 사람이다(고후 11:30). 우리 개개인과 공동체에 고난과 위기가 닥쳤을 때도 바울처럼 복음의 진보를 기대하며 기뻐하자.

이 구절에서 나는 바울의 관심사가 자신의 투옥이나 출소 문제가 아니라 복음의 진보와 퇴보의 여부에 기울어져 있음을 주목한다. 그는 자신의 유익과 유해의 여부를 기준으로 사태를 파악하지 않고 복음의 진퇴를 기준으로 해석한다. 그래서 자신의 투옥을 슬퍼하지 않고 복음의 진보를 기뻐한다. 바울은 이러한 진실을 빌립보 성도들이 알기를 "소원한다"(βούλομαι). 그들은 복음을 증거해 준 바울을 영적인 부모처럼 사랑한다. 바울이 아프면 그들도 아파한다. 그런 사람들을 보는 바울은 그들이 아프지 않도록 자신이 감옥에 갇힌 것의 역설적인 진실을 알리고자 한다. 이 진실의 구체적인 내용을 14절에서 설명한다. 믿음의 공동체가 근심하지 않도록 그들의 감정까지 관리하는 바울의 세심한 배려가 아름답다. 바울은 복음의 진보를 위한 일이라면 자신이 결박되고 투옥되는 일도 기쁘게 감수한다. 동시에 죄수의 신분으로 감옥에 갇혀 있는 절망도 복음의 진보에 유용한 도구로 쓰인다는 사실을 증거한다. 교회는 바울의 소원처럼 이 사실을 반드시 알아야 하고, 이 사실을 아는 믿음의 사람들은 바울처럼 결박과 투옥을 두려움의 대상으로 여기지 않고 기꺼이 감수한다.

바울은 자신이 처한 최악의 상황 속에서도 교회에 진리를 가르친다. 참으로 위대한 스승이다. 삶의 희로애락 전체가 그에게는 진리가 다양하게 드러나는 교실이다. 억울한 분노와 부당한 슬픔이 가득한 상황은 세상이 파악하지 못하는 진리의 역설적인 측면까지 드러내는 특별한 수업이다. 교회에는 이런 역설을 읽어내는 해석학이 필요하다. 복음을 대적하는 자들이 아무리 기독교를 세상에서 지우려고 해도 바울의 해석학에 의하면 기독교의 진보만 촉진한다. 이는 사람들의 뇌리에 익숙한 결말이 아니라 예상하지 못한 반전이다. 이런 현상에서 우리는 상식적인 인과율에 대한 하나님의 섭리적 개입을 감지한다. 하나님은 교회의 숨통을 조이는 "환난이나 곤고나 박해나 기근이나 적신이나 위험이나 칼"이라는 모든 부정적인 것들로도 얼마든지 선을 이루시는 분이시다.

<blockquote>
13즉 내가 그리스도 안에서 매였음이
시위대 전체와 다른 모두에게 명확하게 되었으며
</blockquote>

바울은 자신의 매임이 "그리스도 안에서" 이루어진 일이라고 설명한다. 즉 바울의 사법적인 매임은 사회적인 범죄 때문이 아니라 그리스도 때문이다. 실제로 바울이 고발을 당하고 구속되어 재판을 받는 이유는 바울 자신의 말처럼 예수님의 부활에 대하여 증거했기 때문이다(행 24:21). 그가 그리스도 때문에 감옥에 갇혔다는 사실은 모든 시위대 안에서나 밖에서나 모든 사람에게 "명확하게" 알려졌다. 칼뱅은 "시위대"(πραιτώριον)를 "네로의 저택과 궁전"으로 이해한다. 이 단어가 전시에는 지휘관의 막사를 뜻하지만 도시 안에서는 군주의 처소를 가리키기 때문이다.

바울은 당시의 로마법 하에서 어떠한 사회적 범죄의 혐의도 없는 사도였다. 바울 자신의 주장이 아니라 재판관의 공적인 선고였다. 즉 베스도는 자신의 법정에서 바울에 대하여 "내가 살피건대 죽일 죄를 범한 일이 없다"고 선언했다(행 25:25). 바울을 취조한 아그립바 왕도 베스도의 판정과 동일하게 "이 사람은 사형이나 결박을 당할 만한 행위가 없다"고 증거했다(행

26:31). 심지어 고발자인 유대인들 또한 "여러 가지 중대한 사건으로 [바울을] 고발하되 능히 증거를 대지 못"했다고 누가는 기록한다(행 25:7). 이처럼 바울은 당시의 사법부와 주민들이 똘똘 뭉쳐서 구속하고 먼지떨이 수사를 해도 먼지 한 톨 나오지 않는 사도였다. 하나님은 모든 시대에 법 없이도 살아갈 정도의 도덕성을 구비해야 한다.

이런 사람으로 구약의 시대에는 다니엘이 있다. 다니엘의 시대에 정계를 장악하고 있던 "총리들과 고관들이 국사에 대하여 다니엘을 고발할 근거를 찾고자 하였으나 아무 근거, 아무 허물도 찾지 못하였"다. "이는 그가 충성되어 아무 그릇됨도 없고 아무 허물도 없"었기 때문이다(단 6:4). 그들이 도달한 결론은 이것이다. "이 다니엘은 그 하나님의 율법에서 근거를 찾지 못하면 그를 고발할 수 없으리라"(단 6:4). 이들은 결국 다니엘이 예루살렘 향한 창문을 열고 "하루 세 번씩 무릎을 꿇고 기도하며 그의 하나님께 감사"(단 6:10)를 드린다는 그의 경건을 문제 삼아 왕에게 다니엘을 사자굴에 넣도록 간청했다. 이처럼 경건을 고발의 방편으로 삼아 다니엘을 제거하려 한 바벨론의 정치 모리배와 예수님의 부활 선포를 물증으로 제시하며 바울을 제거하려 한 유대 사람들의 처신은 너무도 유사하다. 동시에 그런 자들의 음모와 모함에 어떠한 두려움과 걱정도 느끼지 않는 다니엘과 바울의 깨끗한 삶은 성도의 사회적인 생활에 최고의 모델이다.

동시에 그들은 예수님의 아름다운 증인이다. 예수님도 세속의 법정에서 어떠한 흠결도 없으셨다. 재판관은 항상 예수님에 대해 무죄를 선고했다. 빌라도는 그에게서 어떠한 죄도 찾지 못하였고 헤롯도 예수님의 행위에서 사형에 합당한 죄를 하나도 발견하지 못하였다(눅 23:14-15). 죄의 그림자도 없으신 분이 사형을 선고받아 최악의 수치와 최고의 고통을 당하셨다. 그런데도 예수님은 목숨을 구걸하지 않고 분노의 이빨을 갈지도 않으셨다. 자기 백성의 죄를 사하시려 기꺼이 기쁘게 죽음의 잔을 받으셨다. 이런 예수님을 선지자들 및 사도들은 본받았다.

주님처럼 바울도 아무런 잘못이 없었지만 죄수가 되어 교도소에 있다. 크리소스토무스는 로마의 폭군 네로에 의해 수감된 것이라고 해석한다. 이 상황이 너무도 억울해야 하고 분통이 터져야 하고 따끔한 민원도 넣어야 마땅한데 바울은 어떠한 흥분이나 조급함도 없다. 마치 "불 시험을 이상한 일 당하는 것 같이 이상히 여기지 말"라(벧전 4:12)는 베드로의 조언을 시연하는 듯한 모습이다. 이는 자신의 신속한 출옥보다 복음의 진보가 그에게는 더 중요했기 때문이다.

¹⁴주 안에서 확신을 가진 형제들 중 다수가 나의 매임으로 말미암아 두려움 없이 더욱 왕성하게 말씀을 담대히 말하게 되었다는 것입니다

여기에서 바울은 복음의 진보가 어떠한 것인지에 대한 구체적인 양상을 설명한다. 즉 많은 형제들이 두려움 없이 복음을 대범하고 왕성하게 전하였다. 이로 보건대, 당시에 복음을 선포하는 것은 바울처럼 감옥에서 죄수로 일평생 썩을 수도 있는 두려운 일이었다. 게다가 복음의 스승이 체포되어 옥살이를 한다. 이런 상황이면 빌립보 교회가 남은 용기마저 상실하고 복음 전파는 위축되는 게 정상이다. 그러나 실제로 그 두려운 일에 대해 두려움의 기미도 보이지 않는 바울을 보고 형제들의 마음에는 두려움이 사라졌다. 더욱 담대하게, 더욱 왕성하게 복음을 증거한다. 다수의 형제들이 증거하기 때문에 전파의 효율성에 있어서는 바울 혼자보다 월등하게 좋다. 양적인 면만 보더라도 복음의 진보는 사실이다. 질적인 면에서는 복음을 증거하는 증인들의 마음과 태도가 변하였다. 예수의 이름만 입 밖으로 내도 출교의 날벼락이 떨어지는 응징에 대한 두려움이 사라졌기 때문이다.

빌립보 교회가 담대히 더욱 왕성하게 복음을 증거하게 된 이유에 대해 바울은 주 안에서의 신뢰(ἐν κυρίῳ πεποιθότας)를 지적한다. 그들은 감옥 속

에서도 흔들리지 않는 바울의 경건을 경험했다. 그러나 그것은 빌립보 교회를 움직이는 근거가 아니라 하나의 계기였다. 바울은 주님의 집 안에서 섬기는 하나의 사환이다. 빌립보 교회에 회복의 근거가 아니라 회복의 매개물에 불과하다. 빌립보 교회의 가슴에서 세상의 두려움을 제거하고 증인의 용기를 제공한 근거는 주님에 대한 신뢰였다. 바울은 이 사실을 정확하게 간파했고 자신이 그들에게 신뢰의 근거가 되지 않도록 지혜롭게 처신했다. 그리고 그 사실을 이 서신에서 명확하게 적시했다. 바울은 겸손하고 정직하다.

바울은 확신한다. 자신은 비록 정죄를 받고 죄수가 되고 투옥을 당하고 고난을 받더라도 하나님의 말씀은 결코 매이지 않는다는 것을(딤후 2:9)! 여기에서 바울은 자신의 앞가림도 못하는 절망적인 상황 속에서 인생의 문제가 아니라 하나님의 말씀을 의식한다. 우리는 바울의 관심이 자신의 매임보다 말씀의 매이지 않음과 복음의 진보 쪽으로 기울어져 있음을 확인한다. 자신은 결박되어 있어도 하나님의 말씀은 매이지 않는다는 생각에 안도의 미소가 바울의 얼굴에 번지는 모습, 그 진실한 신앙을 우리는 읽어내야 한다. 우리의 감옥은 어디인가? 건강이 무너지고 사업이 파산하고 관계가 깨어지고 계획이 무산되는 것이 감옥인가? 우리의 수족을 묶는 감옥에 결박되는 일이 있더라도 말씀의 매이지 않음 때문에 우리의 얼굴에도 바울의 미소가 깃들어야 한다.

¹⁵어떤 이들은 시기와 다툼으로, 어떤 이들은 착한 뜻으로 그리스도를 전합니다

하나님의 말씀을 겁 없이 더욱 담대하고 왕성하게 전파하는 자들을 바울은 그 의도에 따라 두 부류로 구분한다. 모든 행위들은 의도가 저지르는 일들이다. 말 한 마디도 화자의 의도와 무관하지 않다. 발걸음 하나에도, 시

선의 방향 설정에도 의도가 개입한다. 그래서 어떤 사람은 인간을 의지라고 규정한다. 인간은 의지 덩어리요, 인생은 의지의 몸통이다. 그리스도 예수 전파에도 의도가 개입한다. 의도를 따라 분류하면, 첫째는 "시기와 다툼으로," 둘째는 "착한 뜻으로" 그리스도 예수를 증거하는 자들이다. 증거의 외모는 동일하나 증거의 동기 혹은 의도는 동일하지 않다. 바울은 외모가 아니라 마음의 동기라는 중심을 따라 사람들을 분류한다.

¹⁶이들은 내가 복음의 변증을 위하여 세워진 것을 알고 사랑으로 하지만

여기에서 바울은 "착한 뜻으로" 복음을 전파하는 자들을 설명한다. 그들은 복음을 "사랑으로"(ἐξ ἀγάπης) 증거한다. 이들은 바울을 정확히 이해하고 있다. 1) 바울이 "복음의 변증"을 위한 사람임을 인정한다. 빌립보 교회의 안목이 건강하다. 인간은 독립적인 존재나 중립적인 존재가 아니라 무언가를 위한 존재이다. 자신을 위하든, 타인을 위하든, 세상을 위하든, 하늘을 위하든, 무언가를 위한다는 성향은 모든 사람에게 적용된다. 그런데 바울은 그리스도 전파를 위한 사람이다. 그리스도 전파는 그에게 존재의 이유이며 인생의 목적이다. 이것을 빌립보 공동체가 안다. 나는 누구를, 혹은 무엇을 위한 존재인가? 나에게 인생의 목적은 무엇이고 사람들의 눈에는 어떻게 알려지고 있나? 모든 사람은 비록 발설하지 않더라도 항상 타인을 관찰하고 있고 평가하고 있다. 주변의 사람들은 우리가 복음을 위한 사람인지 아닌지를 안다.

그리고 빌립보 교회는 2) 바울의 사도성을 인정한다. 바울은 스스로 사도가 된 사람이 아니라 하나님의 특별한 부르심과 세우심을 받은 사람이다. 주님의 말씀이다. "이 사람은 내 이름을 이방인과 임금들과 이스라엘 자손들에게 전하기 위하여 택한 나의 그릇이라"(행 9:15). 주님의 증언을 보더라도, 나아가 교회가 보기에도 바울은 복음을 변증하기 위해 세우심을 받은 구별된 사람이다. 그리스도 전파는 바울에게 하나님의 부르심과 세우심에 부합한 인생이다. 즉 그리스도 전파는 자신도 기쁘지만 무엇보다 하나님을 기쁘시게 한다. 바울은 지금 자신의 사도적 권위를 존중하는 것이 "착한 뜻"이니까 자신을 존중해 달라고 교회에 요구하는 게 아니다. "착한 뜻"이라고 말하는 이유는 복음을 전파하는 이들의 의도가 하나님의 뜻에 부합하기 때문이다. 바울은 자신을 알아봐 주는 것보다 자신을 세우신 하나님의 뜻 알아봐 주는 것을 더 기뻐하고 더 민감하게 반응한다. 그러나 어떤 직분자는 자신을 세우신 하나님의 뜻보다 자신이 하나님의 세우심을 받았다는 사실에 더 집착한다. 이런 태도에서 아주 고약한 권위주의 문화가 발생한다.

그리고 이들은 3) 사랑으로 복음을 전파한다. 이는 바울이 복음의 변증을 위하여 하나님에 의해 세우심을 받은 사도라는 사실을 알기 때문이다. 다시 말하면, 이들은 하나님 때문에 바울을 사랑한다. 이는 대단히 중요하다. 기독교 공동체 안에서 어떤 지도자의 인간적인 매력 때문에 그를 사랑하면 스캔들이 발생하기 쉽다. 그러나 하나님 자신에게 근거를 둔 지도자 사랑은 안전하다. 사랑은 하나님 때문에 서로를 위하는 마음이다. 복음을 전하면서 서로에게 위로와 격려가 되는 동역자를 만나 곁에 있으면 행복하다. 그리스도 전파의 의도가 일치하고 마음의 코드가 맞아 인격적인 교류와 공감이 가능한 사랑의 동역자와 더불어 복음을 증거하면 더더욱 행복하다.

사랑은 가장 위대한 선물인 복음을 담아 전달하는 최고의 그릇이다. 그런 사랑으로 복음을 전파하면 타인에게 이단이 아니라는 신뢰감을 준다. 예수님은 제자들을 향해 "너희가 서로 사랑하면 이로써 모든 사람이 너희가 내 제자인 줄 알리라"고 말하셨다(요 13:35). 이는 모든 사람이 사랑하는 공동체에 속한 사람을 예수님의 제자로 인식한다. 그러나 사랑 없는 공동체의 구성원은 이단으로 간주하고 경계한다. 사랑은 복음의 가장 위대하고 필연적인 열매이기 때문이다.

¹⁷저들은 사사로운 야망으로 그리스도를 전하되
나의 매임에 괴로움을 더하게 한다고 생각하며 순수하지 못하게 [전합니다]

이제 바울은 "시기와 다툼으로" 복음을 전파하는 자들을 설명한다. 믿음의 공동체 안에도 존재 자체로 눈엣가시처럼, 손톱에 바늘처럼, 옆구리에 창처럼 아프게 찌르는 사람들이 있다. 이들은 비록 예수님을 전파하나 그들의 의도는 불순하다. 그리스도 예수를 위하지 않는 모든 의도는 불순하다. 의도의 불순물은 다양하다. 주로 자신과 관계된 것들이다. 나를 부인하지 않으면 그리스도 전파의 순수성 확보는 결코 가능하지 않다. 시기와 다툼으로 복음을 전파하는 이들은 바울에 대한 시기심 때문에, 나아가 그와 대결할 목적으로 복음을 전파한다. 칼뱅은 "위선적인 자들이 선하고 경건한 목자들을 괴롭히기 위해 복음의 무기를 빼앗는 것은 결코 놀라운 일이 아니라"고 한다. 시기하고 다투는 자들을 박윤선은 "그들의 복음이 바울의 것과 같으면서 다만 인간적으로 그를 좋아하지 않고 투기하는 자들"로 이해한다. 나도 그들이 거짓된 복음의 증거자는 아니라고 생각한다. 그러나 올바른 복음 증거자도 아니라고 생각한다. 결코 본받지 말아야 할 자들이다.

지금 바울은 감옥에 결박되어 있다. 바울을 시기하던 자들은 그의 괴로운 투옥을 기뻐한다. 말 그대로 시기심 때문이다. 그러나 시기심은 무저갱과 같아서 시기의 대상이 사라질 때까지 만족함이 없다. 투옥으로 인한 바울의 현재 괴로움에 만족하지 못하여 그들은 그에게 괴로움의 증대를 도모한다. 참으로 잔인한 자들이다. 형제의 아픔에 공감과 위로를 주지는 못해도 상처에 소금을 뿌리지는 말아야 하지 않겠는가! 상대가 얼마나 더 아파야 시기와 다툼을 멈추는가! 이처럼 "시기와 다툼"이 괴물을 잉태한다. 최초의 그런 괴물인 가인은 예배와 관련된 종교적인 시기와 다툼 때문에 동생을 돌로 죽이기도 했다. 시기와 다툼은 이처럼 죄로 말미암은 인간의 타락 이후에 본성 밖으로 표출된 최초의 감정이다. 근원으로 소급하면, 최초의 인간인 아담과 하와가 감히 하나님과 같아지려 했던 시기와 다툼이 먼저였다. 하나님을 시기하고 하나님에 대해 경쟁심을 가지는 것 자체가 얼마나 큰 불경인가! 그런 불경의 사회화가 시기와 다툼으로 말미암은 아벨의 죽음이다. 우리가 사는 21세기도 그런 사실에서 자유롭지 않다.

바울을 시기와 다툼의 대상으로 삼은 자들도 그리스도 예수를 전파한다. 그러나 "사사로운 야망"(ἐριθεία)의 표출이다. 그들에게 그리스도 전파는 하나님의 나라와 의를 구함이 아니라 바울을 더 괴롭게 만드는 요긴한 전략이다. 바울에게 물리적인 괴로움을 주는 것은 자유를 박탈한 투옥이 최상이다. 그러나 이들은 바울의 마음도 송곳으로 쑤시려고 한다. 바울에게 가장 치명적인 내상을 입히는 방법은 그들이 보기에 바울을 사랑하는 교회 공동체의 마음을 회수하여 자신들이 늑탈하는 것이었다. 교회의 마음을 빼앗는 최고의 방법은 교회의 목적인 복음의 증인 됨에 있어서 모델이 되는 것이었다. 참으로 기발하다. 그들은 있는 힘껏 복음을 증거한다. 그래서 바울에 대한 교회 공동체의 기억과 기대를 지우려고 한다. 가장 무서운 건 잊혀지는 것이다. 바울을 기다리며 그리워할 사람들이 교회에 하나도 없다면 바울은 잊혀진다. 잊혀지는 망각은 그 자체로 유명한 자들에겐 지옥의 옆집이다. 시기심에 사로잡힌 자들은 바울을 그런 망각의 지옥에 빠뜨리기 위해 복음에 대한 경쟁심을 불태운다. 이런 복음 전파는 순수하지 않다고 바울은 평가한다.

우리도 복음을 전파하다 보면 경쟁의식 가진 자들의 까칠한 도전에 직면한다. 그들은 헌금도 하고 찬양도 하고 전도도 하고 성도들도 돌아보고 봉사도 하지만 그 모든 것들은 의도가 순수하지 않은 경쟁의 일환이다. 우리는 그 의도의 불순함도 안다. 그러나 복음은 하나님과 죄인의 화목을 위함인데, 이렇게 다툼으로 전한다는 게 가당키나 한가! 우리가 그들을 어떻게 대하면 합당할까? 그들에게 밀리지 않도록 각을 세우며 전투력을 강화하는 것이 해답일까? 이는 모든 시대의 모든 교회가 던지는 질문이다. 그런데 놀라운 건, 주님께서 그렇게 불순하고 잔인한 사람들의 입도 그리스도 전파의 도구로 쓰신다는 사실이다. 그분은 이처럼 악도 선으로 바꾸신다.

빌 1:18-21

¹⁸그러면 무엇이냐 겉치레로 하나 참으로 하나 무슨 방도로 하든지 전파되는 것은 그리스도니 이로써 나는 기뻐하고 또한 기뻐하리라 ¹⁹이것이 너희의 간구와 예수 그리스도의 성령의 도우심으로 나를 구원에 이르게 할 줄 아는 고로 ²⁰나의 간절한 기대와 소망을 따라 아무 일에든지 부끄러워하지 아니하고 지금도 전과 같이 온전히 담대하여 살든지 죽든지 내 몸에서 그리스도가 존귀하게 되게 하려 하나니 ²⁰이는 내게 사는 것이 그리스도니 죽는 것도 유익함이라

¹⁸그래서 어떻습니까? 겉치레로 하나 진실하게 하나 모든 방식으로 그리스도가 전파되기 때문에 이로써 나는 기뻐하고 또 기뻐할 것입니다 ¹⁹이는 이것이 여러분의 간구와 예수 그리스도의 영의 도우심을 통하여 나를 구원에 이르게 할 것을 알기 때문이고 ²⁰아무 일에든지 내가 부끄러움 없이 언제나 그렇듯이 지금도 온전한 담대함을 가지고 삶을 통해서든 죽음을 통해서든 그리스도가 내 몸에서 위대하게 되리라는 나의 간절한 기대와 소망에 따른 것입니다 ²¹이는 나에게 사는 것은 그리스도이고 죽는 것은 유익이기 때문입니다

05 기쁨의 근거

기쁨과 웃음은 구별해야 한다. 기쁨은 내면에서 우러나온 감정의 상태이고 웃음은 외부에서 촉발된 감정의 표현이다. 개그나 예능은 기쁨이 아니라 웃음을 만드는 유용한 수단이다. 웃음과 희락에 대한 전도자의 평가는 야박하다. "내가 웃음에 관하여 이르기를 그것은 미친 것이라"고 말하였다(전 2:2). 이는 아마도 웃음을 기쁨의 위장으로 여긴 탓이라고 나는 생각한다. 웃음은 기쁨 없이도 연출이 가능하다. 심지어 마음이 슬퍼도 입에서는 마치 실성한 사람처럼 웃음이 눈치 없이 쏟아진다. 그래서 지혜자는 "웃을 때에도 마음에 슬픔이 있고 즐거움의 끝에도 근심이 있다"고 가르친다(잠 14:13). 세상에서 즐거움과 기쁨으로 간주되는 것들의 배후에는 정반대의 감정이 웅크리고 있다. 웃음은 슬픔과 근심 가득한 현실에 대한 신경의 일시적인 마비를 가져오는 마취제와 같다. 마취제의 과도한 사용은 우리의 의식과 삶을 현실에서 멀어지게 하기 때문에 웃음을 미친 것이라고 한 전도자의 규정은 과도하지 않다.

성경이 말하는 참 기쁨은 무엇인가? 그것은 시인의 고백에서 발견된다.

"주의 앞에는 충만한 기쁨이 있고 주의 우편에는 영원한 즐거움이 있나이다"(시 16:11). 기쁨은 조작이 불가능한 감정의 상태이며 최고의 기쁨은 주님께서 베푸신다. 그 기쁨은 얼마나 최고인가? 시인은 "주께서 내 마음에 두신 기쁨은 그들의 곡식과 새 포도주가 풍성할 때보다 더하다"(시 4:7)고 고백한다. 영화나 인터넷이 없던 고대에 땅에서 주어지는 기쁨의 대표적인 출처는 곡식과 새 포도주 같은 음식과 음료였다. 그런데 그러한 땅의 열매가 제공하는 어떠한 기쁨과도 비교할 수 없는 초월적인 기쁨을 주님께서 주신다고 시인은 노래한다. 바울은 기쁨에 대한 시인의 이해를 계승한다. 본문은 바울이 경험하고 규정한 기쁨의 설명이다.

> 18그래서 어떻습니까? 겉치레로 하나 진실하게 하나 모든 방식으로 그리스도가 전파되기 때문에 이로써 나는 기뻐하고 또 기뻐할 것입니다

바울은 자신을 괴롭게 하려고 복음을 증거하는 사람들의 악한 의도를 알고 있지만 그게 "뭐가 문제냐"고 질문한다. 선한 의도이든 악한 의도이든 바울은 기꺼이 기뻐하고 또 기뻐할 것이라고 한다. 악한 의도를 모른다면 모르니까 착오나 실수로 기뻐할 수 있겠지만 악한 의도를 알면서도 기뻐할 수 있다는 것은 대단한 내공이다. 이는 사람의 의도 따위가 바울의 기쁨을 변경하지 못한다는 대단히 경건한 선언이다. 바울이 이렇게 흔들림 없이 기뻐하는 이유는 어떤 식으로든 그리스도 예수가 전파되는 것 때문이다. 사실 하나님은 시기심과 경쟁심도 선을 이루시는 도구로 삼으신다. 시기심과 경쟁심이 눈에 거슬릴 때 우리는 하나님의 이러한 섭리를 생각해야 한다.

복음을 얼마나 사랑하면 타인의 악한 의도와 괴롭힘 속에서도 그리스도 예수의 전파를 기뻐하고 또 기뻐할까! 바울은 진실로 복음에 미친 사람이

다. 복음에 미치면 "겉치레로 하나 참으로 하나"라는 타인의 동기 문제는 비본질적 사안으로 가볍게 여기고 거뜬히 지나간다. 물론 바울은 그냥 지나가도, 중심을 살피시는 하나님은 그냥 지나가지 않으시고 행한 대로 각자에게 갚으신다. 겉치레로 한 자에게는 가식의 형벌을, 참으로 한 자에게는 진심의 상급을 베푸신다. 복음이 전파되어 한 영혼이 주께로 돌아오는 것의 중요성 때문에 자신의 이해득실 문제를 초연하게 지나가는 바울의 태도 배후에는 주님의 가르침이 있다. "죄인 한 사람이 회개하면 하늘에서는 회개할 것 없는 의인 아흔아홉으로 말미암아 기뻐하는 것보다 더하리라"(눅 15:7). 한 영혼이 주께로 돌아오는 그리스도 전파의 결과가 바울에게 기쁜 이유는 그런 결과에 대한 아버지 하나님의 기뻐하신 때문이다. 바울의 기호는 예수님을 따라 아버지의 기호에 맞추어져 있다. 우리는 과연 주님께서 가르치지 않으신 방법으로, 사도들이 권하지 않은 방법으로 복음을 증거하는 사람들이 공동체 안에 있더라도, 심지어 우리를 괴롭힌다 할지라도, 복음이 증거되는 기쁨이 너무나도 커서 갑절로 기뻐할 수 있겠는가?

바울이 자신을 괴롭히는 사람들의 고약한 의도를 극복할 수 있었던 비결은 무엇일까? 복음을 자신의 생명보다 더 사랑했기 때문이다. 실제로 바울은 복음이 전파되는 것의 중요성 때문에 죽음의 채찍질과 투옥도 마다하지 않고 온갖 위험들도 기꺼이 감수했다. "바울을 죽이기 전에는 아무것도 먹지 않기로 굳게 맹세"(행 23:12-13)까지 한 사람들도 40명이나 있었던 것을 보면, 바울의 인생은 무수한 괴롭힘의 원흉들로 포위된 삶이었다. 날마다 당하는 괴로움이 얼마나 심했을까? 날마다 성전에서 섬기며 하나님을 예배한 아삽이 "종일 재난을 당하며 아침마다 징벌을 받"은 심정과 같지 않았을까(시 73:14)?

괴로움의 수위가 상상을 초월하는 이런 바울에게 교회 안에서 자신을 폭력이 아니라 복음 전파로 괴롭히는 자들을 용납하는 것은 식은 죽 먹기였다. "겉치레로" 복음을 전파하는 사람들, 즉 종교적인 허영심에 취해서,

진정성 없이 겉으로만 보이도록 전도를 하되 우리가 아프도록 복음을 전파하는 사람들은 우리 주변에도 있다. 이때 바울은 우리의 모델이다. 진정한 사도는 하나님의 복음이 담대히 전파되는 것을 기쁨의 출처로 삼는 사람이다. 그리스도 전파로 말미암은 기쁨의 크기가 극도로 커진 괴로움의 크기를 훨씬 능가하는 사람이다. 그래서 이 땅의 모든 괴로움이 뭉쳐 떼거지로 덤벼도 기쁨을 빼앗기지 않는 사람이다.

> [19]이는 이것이 여러분의 간구와 예수 그리스도의 영의 도우심을 통하여 나를 구원에 이르게 할 것을 알기 때문이고

바울은 그리스도 예수의 전파가 자신에게 최상의 기쁨이 되는 이유를 설명한다. 즉 주님의 전파됨이 바울을 구원으로 인도하기 때문이다. 바울은 주님의 전파됨과 자신의 구원을 결부시켜 이해한다. 이는 그리스도 예수께 자신의 운명을 건 사람의 인식이다. 그리고 주님을 땅끝까지 전파하고 하나님을 아는 지식이 온 세상에 가득하여 하나님께 영광을 돌리는 것이 자신의 기호이지 않으면 불가능한 인식이다. 이런 맥락에서 19절을 보면 바울이 원수들의 질시와 겉치레와 다툼 속에서도 어떻게 기뻐하고 또 기뻐할 수 있었는지 이해하게 된다. 그리스도 전파를 자신의 목숨보다 더 중요하게 여기는 바울이 복음 전파를 끝마치기 위한 일에 목숨을 조금도 귀한 것으로 여기지 않는 것도 전혀 이상하지 않다. 자신의 목숨을 자신이 스스로 챙기지 않고 그리스도 예수의 전파에 맡기는 바울의 신앙은 경이롭다.

바울을 괴롭게 하려는 악한 의도로 시기하고 질투하며 복음을 전파하는 고약한 자들에 대해서도 보복의 칼을 갈지 않고 기뻐하고 또 기뻐하는 반응의 디딤돌로 삼는 바울의 처신에서 우리는 하나님의 오묘한 섭리를 생

각해야 한다. 즉 나 자신에 대해서는 고통을 가하지만 주님의 복음에 대해서는 전파의 진보를 가져오는 악한 자들의 이중적인 역할을 우리는 숙고해야 한다. 구약의 지혜자는 "온갖 것을 그 쓰임에 적당하게 지으"신 하나님은 "악인도 악한 날에 적당하게 하셨"다고 가르친다(잠 16:4). "그 쓰임"의 목적은 우리의 세속적인 유익이 아니라 하나님의 영광이다. 악하고 불의한 자라도 우리가 함부로 대하거나 멸절하지 않는 이유를 여기에서 발견한다. 모든 것으로 선을 이루시는 하나님은 악한 자들을 통해서도 선을 이루신다(롬 8:28). 자신의 호불호나 손익을 기준으로 악한 자들을 대하지 않고 하나님의 섭리를 기준으로 대하는 바울은 믿음의 거인이다.

바울이 여기에서 말하는 "구원"(σωτηρία)은 무엇인가? 감옥에서 벗어나는 출소인가? 아니면 사형이나 형벌에서 벗어나는 무죄인가? 박윤선은 바울의 구원이 "그의 구원에 관련된 영적 축복이 더욱 두터워 짐"이라고 한다. 실제로 앞 구절과의 맥락에서 볼 때, "구원"은 구원의 누림과 관계된 것으로서 주님을 기쁘시게 하고 그 기쁨을 기뻐하는 것과 관계되어 있다. 그 놀라운 구원에 도달하면 기쁘지 않겠는가! 우리의 구원이신 주님으로 말미암고 주님을 통하여 주님께로 나아가는 기쁨은 바울에게 최고의 누림이다. 그래서 감옥에서 벗어나지 않더라도, 유죄 판결이 내려져 큰 형벌을 받거나 심지어 사형을 당한다고 할지라도 바울의 구원은 전혀 훼손되지 않고 보존된다.

"이것이 … 나를 구원에 이르게 한다"는 바울의 말은 욥의 표현과 유사하다. "경건하지 않은 자는 그 앞에 이르지 못하나니 이것이 나의 구원이 되리라"(욥 13:16). 이 구절은 절망 가운데에 있는 욥의 발언이다. 그런데 의미가 특이하다. 경건하지 않는 자가 하나님 앞에 이르지 못하는 것이 욥에게는 "나의 구원"이 된다는 내용이다. 이는 욥이 지금 하나님 앞에 있으며 자신을 괴롭히는 불경한 자가 그곳으로 오지 못하면 더 이상 괴롭힘을 당하지 않으니까 구원이 됨을 암시한다. 이런 맥락과는 달리, 바울은 자신을 실컷 괴롭히는 자들이 있고 여전히 그들이 괴롭히고 있는 중인데도 그것이 자신을 구원에 이르도록 떠민다고 고백한다. 그러나 조금만 심층으로 들어가면, 악한 자들이 아무리 괴롭혀도 자신의 생명보다 소중한 그리스도 전파가 제공하는 기쁨은 그에게서 사라지지 않기 때문임을 확인한다. 악한 자들이 주님 앞으로는 나오지 못한다고 본다면, 바울의 고백은 욥의 고백과 유사하다.

나아가 그리스도 예수의 전파가 자신을 구원에 이르게 한다는 말 자체만 보면, 복음의 전파를 받은 사람들이 믿음으로 말미암아 구원을 얻는다는 것과 바울의 구원은 결부되어 있다. 바울은 타인의 구원을 자신의 구원으로 간주한다. 이는 바울이 보편교회 의식을 가지고 있기 때문이다. 실제로 모든 믿음의 사람들은 그리스도 예수라는 머리의 한 몸으로서 각 지체들은 서로에게 연결되어 있다. 다른 지체는 나 자신의 확대된 자아이기 때문에 그 지체의 구원을 나의 구원으로 여겨도 무방하다. 아니 그렇게 여기는 것이 마땅하다. 바울은 자신을 독립된 개체로 간주하며 구원을 언급하지 않고 우주적인 교회라는 공동체적 자아 즉 보편교회 의식을 가진 자아로 인식한다. 그래서 그리스도 예수의 전파로 말미암은 다른 지체의 구원을 자신의 구원으로 여기며 기뻐하고 또 기뻐한다.

바울은 자신을 구원에 이르게 하는 방편도 언급한다. 하나는 빌립보 성도들의 기도이고 다른 하나는 성령의 도움이다. 칼뱅의 해석에 따르면, "성령의 도움은 유효적인 원인(causa efficiens)이고, 기도는 더욱 낮은 도움(inferius adminiculum)이다." 우리의 기도와 성령의 도우심은 병행하며 기도로써 우리는 성령의 도우심을 확실하게 체험한다. 기도할 때, 하나님의 뜻을 깨닫고 세상의 역사 속에 펼쳐지는 것을 보고 하나님의 이루심을 아는 섭리의 누림이 가능하다. 기독교 최초의 공의회라 할 예루살렘 공의회의 결의가 이와 유사하다. 사도행전 15장을 보면 "성령과 우리"가 온 교회가 따라야 할 교훈을 가결한 이야기가 언급되어 있다. 여기에서 "성령"이 "우리"보다 먼저 언급되어 있다. 이런 순서에는 성령의 선행성과 주도성이 나타난다. 진실로 그리스도 예수라는 진리의 전파는 진리의 영이신 성령의 생각나게 함과 가르침에 의해서만 가능하다. 우리는 약하지만 우리의 아버지 하나님은 강하시다. 연약한 우리는 그냥 두지 않으신다. 성령을 우리에게 보내시고 놀라운 역사를 이루신다. 아버지는 자녀를 도우신다. 기도는 그 도우심을 부르는 호각이다. 교회의 기도와 성령의 도우심 때문에 바울은 자신에게 어떠한 일이 일어나도 그것이 결국에는 자신을 구원에 이르게 할 계기와 수단일 뿐이라고 확신한다.

"성령의 도우심"을 따라 바울이 구원에 이르기 때문에 스스로는 자랑할 것이 없으며 오직 하나님께 감사와 찬송을 돌림이 마땅하다. 그리고 목회자의 모든 사역에는 교회의 기도가 필요하다. 그러면 성령의 도우심을 통한 역사가 일어난다. 일어난 역사에 대해서 목회자는 자기의 공로로 여기지 말아야 하고 성도들과 함께 성령의 도우심을 따라 이루어진 일임을 명시해야 하고 그런 바탕 위에 성도를 동등한 동역자로 존중하며 함께 기뻐해야 한다.

[20]아무 일에든지 내가 부끄러움 없이 언제나 그렇듯이 지금도 온전한 담대함을 가지고 삶을 통해서든 죽음을 통해서든 그리스도가 내 몸에서 위대하게 되리라는 나의 간절한 기대와 소망에 따른 것입니다

구원을 기쁨의 이유로 밝힌 바울은 여기에서 기쁨의 근거를 제시한다. 즉 그의 간절한 기대와 소망이다. 바울이 무엇을 기대하고 바라길래 감옥에 갇히고 원수가 괴롭혀도 그리스도 예수만 전파될 수 있다면 기뻐하고 또 기뻐할 수 있었을까? 바울의 간절한 기대와 소망은 영원히 사는 구원이 아니었다. 살든지 죽든지 그리스도 예수가 자신의 몸에서 존귀하게 되는

것이었다. 그렇게만 된다면 어떠한 상황 속에서도 "부끄러움 없이" 복음을 전파했다. 예수님만 존귀하게 된다면 어떠한 수치와 고난을 겪더라도 피하지 않겠다는 결의가 이 구절에서 느껴진다. 이런 결의는 기대와 소망이 발휘하는 위력이다.

이것도 예수님의 본을 따르는 바울의 모습이다. 예수님은 "앞에 있는 기쁨을 위하여 십자가를 참으"셨다. 십자가 위에서 당하신 벌거벗은 수치를 전혀 개의치 않으시고 "하나님 보좌 우편에 앉으셨"다(히 12:2). 하늘의 기쁨에 이르려면 수치의 강을 건너야만 한다. 예수님은 아버지 하나님과 함께 나란히 앉는 영광과 기쁨만 가질 수 있다면 수백 개의 부끄러운 강도 얼마든지 건너신다. 이러한 예수님을 만나는 영광과 기쁨을 체험한 사마리아 여인도 생계를 내던지고 부끄러움 없이 마을로 달려가서 모든 주민에게 복음을 전파했다. 그리스도 예수의 전파가 그녀에게 과거의 수치보다 더 큰 기쁨이 되었기 때문이다.

그리고 바울은 "온전한 담대함을 가지고"(ἐν πάσῃ παρρησίᾳ) 예수님을 증거했다. 그리스도 예수만 전파될 수 있다면 사람들의 눈치를 보거나 자신의 몸을 사리거나 손익을 따지지 않고 온전히 담대했다. 성령의 도우심을 따라 이렇게 온전히 담대한 바울의 그리스도 전파를 목격한 빌립보 공동체도 바울이 앞에서 밝힌 것처럼 "두려움 없이 더욱 왕성하게" 그리스도 예수를 증거했다. 제자들을 보면 스승의 됨됨이가 확인된다. 그 제자에 그 스승이다. 진실로 복음은 지극히 위대하고 지극히 유익하고 지극히 아름답고 지극히 선하기 때문에 어떠한 망설임과 의심과 걱정도 없이 전파에 온전히 담대해도 된다. 있는 힘껏 담대하여 복음을 증거하라!

우리는 과연 무엇에 간절한가? 수치심도 걸림돌이 되지 않을 정도로 간절한가? 도대체 무엇이 그렇게도 간절해서 그것의 유무 때문에 사선도 기꺼이 오가는가? 주님의 이름이 존귀하게 되는 것이 기대와 소망인 사람은 행복하다. 이 세상에서 행복과 불행을 가늠하는 요소는 기호의 선택이다.

주님께서 원하시는 것을 원하고 주님께서 기쁘게 여기시는 것을 나도 기쁘게 여기는 기호의 조율이 행복의 첩경이다. 바울은 자신의 간절한 소망 혹은 교회가 품어야 할 소망을 다른 곳에서 이렇게 풀어서 표현한다. "우리가 살아도 주를 위하여 살고 죽어도 주를 위하여 죽나니 그러므로 사나 죽으나 우리가 주의 것이로다"(롬 14:8). "삶을 통해서든 죽음을 통해서든" 우리가 간절히 고대하는 구원의 본질은 무엇인가? 바울의 고백에 의하면, 오래오래 건강하고 유명하게 사는 게 아니었다. 그리스도 예수께서 우리의 몸에서, 우리의 인생에서, 우리의 삶과 죽음에서 존귀하게 되시는 것이었다. 진실로 바울은 "먹든지 마시든지 무엇을 하든지 다 하나님의 영광을 위하여" 행한 사람이다(고전 10:31).

우리가 살고 죽는 것은 그런 구원의 수단(διά)이다. 삶과 죽음이 수단일 정도로 그 목적인 구원은 놀랍고 위대하다. 우리의 생명이 상대화될 정도로 더욱 우선적인, 더욱 우월한 인생의 목적이다. 이 세상의 모든 것은 지나간다. 우리의 인생도 지나간다. 하늘과 땅도 지나가고 이 땅에 사는 자들이 천년을 살더라도 하나님의 눈에는 하루살이같이 신속하게 지나간다. 하루살이 같은 인생에게 삶과 죽음은 차이가 거의 없지만 그리스도 예수께서 우리 안에 영원히 사신다면 이야기가 달라진다. 그는 영원한 생명이며 모든 이름 위에 뛰어난 이름이기 때문이다. "모든 통치와 권세와 능력과 주권과 이 세상뿐 아니라 오는 세상에 일컫는 모든 이름 위에 뛰어나"신 분이시다(엡 1:21). 삶과 죽음을 통해 나 자신이 살고 기념되는 것보다 지극히 위대하신 예수님이 내 안에서 영원히 살고 영원히 기념되는 것이 더 위대한 인생이다. 이토록 위대하신 주님께서 우리 안에서 존귀하게 되는 것보다 더 존귀한 인생은 없기 때문에 바울은 자신의 몸에서 그분이 존귀하게 되기를 간절히 소원한다. 우리의 몸에서, 우리의 말과 행실에서, 우리의 생각과 계획에서, 우리의 삶과 죽음에서 존귀하게 기념되는 존재는 누구인가? 자신인가 아니면 주님인가? 지독하게 나 자신이다. 주님은 나의 시중을 드시고 뒷바라지하시느라 분주하신 모습으로 기념이 아니라 수치를 당하신다. 기념의 방향이 대놓고 자신을 향하는 사이비 교주들도 있지만 교회 내에서는 대부분이 종교적인 체면 때문에 주님을 향하는 듯하다가 결국에는 휘어져 자신에게 돌아온다. 어쩌면 더 은밀하고 교묘하다.

바울이 그리스도 예수께서 자신의 몸에서 존귀하게 되는 것을 간절히 기대하고 소망한 이유는 조상들의 실패와 무관하지 않다. 바울은 자신의 조상들이 저지른 일로서 "하나님의 이름이 너희 때문에 이방인 중에서 모독을 받는다"(롬 2:24)는 과거의 실패를 뼈저리게 아파한다. 하나님은 이스라엘 백성의 본고장인 예루살렘 성읍에 대하여 "이 성읍이 세계 열방 앞에서 나의 기쁜 이름이 될 것이며 찬송과 영광이 될 것"이라고 말하셨다(렘 33:9). 마치 이스라엘 백성에게 자신의 전부를 거신 듯한 하나님의 말씀이다. 그러나 바울의 조상들은 하나님의 기대를 보란듯이 져버렸다. 태초에는 아담과 하와에게 영광과 존귀로 관을 씌우고 만물을 그 발 아래에서 다스리며 하나님의 권위와 위엄을 드러내라 하셨으나 그 둘은 배신했다. 하나님을 자신의 동류인 것처럼 맞먹으려 했다. 그런데 하나님의 택하심을 받은 이스라엘 백성도 첫 사람의 전철을 밟으며 하나님의 이름이 온 세계에서 모독을 당하게 만들었다. 그러나 그리스도 예수로 말미암아 하나님의 이름이 영광을 받으셨다. 이에 바울도 그 영광을 위하여 그리스도 예수께서 자신의 몸에서 위대하게 여겨지는 것을 간절히 기대하고 소망했다. 이는 인류 최초의 실패를 회복하고 이스라엘 백성의 실패도 회복하는 바울의 역사적인 처신이다. 동시에 우리에게 그런 기대와 소망을 일생의 과제로 삼으라고 가르친다.

바울이 자신의 몸에서 예수님이 존귀하게 되리라는 간절한 기대와 소망은 "언제나 그랬듯이 지금도"(ὡς πάντοτε καὶ νῦν) 그러는 것이라고 한다. 그의 기대와 소망은 돌발적인 것이 아니었고, 어떤 이득의 방편으로 특별한 시기에만 잠시 동원된 것도 아니었다. 바울은 다메섹 도상에서 예수님을 만나고 난 이후로 변함없이 자신의 몸에서 예수님의 존귀하게 되심을 기대하고 소망했다. 이런 기대와 소망은 일회적인 이벤트가 아니라 일상적인 삶이었다. 어디를 가든지 복음을 선포할 때마다 바울이 가슴에 품은 동기와 목적은 오직 하나, 즉 그리스도 예수의 존귀하게 되심이다. 이것도 예수님의 가르침을 따름이다. 예수님은 불치의 태생적인 병에 걸리는 것도 "하나님의 아들이 이로 말미암아 영광을 받게 하려 함이라"고 말하셨다(요 11:4). 예수님의 가르침을 따라 바울은 범사에 언제나 그의 영광에 집중한다. 바울은 자신만이 아니라 타인을 위하여 기도할 때도 "예수의 이름이 너희 가운데서 영광을 받으시고 너희도 그 안에서 영광을 받게 하려 함이라"고 증거한다(살후 1:12). 특정한 사안에 관한 기도만이 아니라 기도할 때마다 "항상" 그렇다고 한다.

바울은 "삶을 통해서든 죽음을 통해서든" 예수님의 존귀하게 되심을 갈망한다. 여기에서 우리는 우리의 삶만이 아니라 "죽음을 통해"(διὰ θανάτου)서도 예수께서 존귀하게 되신다는 것을 발견한다. 죽음을 근심과 두려움의 대상으로 여기지 않아도 될 이유는 그것이 예수님의 존귀하게 되는 기대와 소망의 수단이기 때문이다. 죽음도 존귀의 도구로 쓰일 수 있다면 뭔들 도구로 쓰이지 않겠는가! 죽음보다 덜한 "환난이나 곤고나 박해나 기근이나 적신이나 위험이나 칼"(롬 8:35)도 당연히 동일한 용도의 도구로 사용되는 것이 얼마든지 가능하다. 그래서 삶과 죽음을 도구로 삼은 바울은 이 세상에 존재하는 어떠한 위험과 위협도 기꺼이 감수하며 두려움과 부끄러움 없이 그리스도 전파에 매진했다.

²¹이는 나에게 사는 것은 그리스도이고 죽는 것은 유익이기 때문입니다

이 구절에서 바울은 감옥과 괴롭힘의 고통 속에서도 그리스도 예수의

위대하게 되심을 살든지 죽든지 간절히 기대하고 소망하는 이유를 설명한다. 즉 자신이 산다면 자신에게 그리스도 예수께서 사시기 때문이고 자신이 죽는다면 자신에게 유익이기 때문이다. 이것의 의미를 더 잘 이해하기 위해 갈라디아 교회에 보내는 편지에서 바울은 고백한 내용을 주목하자. "이제는 내가 사는 것이 아니요 오직 내 안에 그리스도께서 사시는 것이라"(갈 2:20). 바울은 자신을 그리스도 예수와 함께 못 박힌 자로 이해한다. 그러하기 때문에 "이제는" 삶의 주체가 달라졌다. 주체가 바뀌니까 인생이 완전히 달라졌다. 이는 예수님을 믿는다는 신앙의 실질적인 내용이다. 이제 바울에게 "사는 것"은 자신이 아니라 그리스도 예수시다. 그러므로 예수님이 위대하게 되시면 바울은 그런 위대하게 되심에 참여한다.

오늘날 교회에는 예수님을 믿는다고 하면서도 자신이 여전히 자기 생명의 주인이 되고 인생의 왕이 되어 자신의 건강과 재물과 장수와 출세와 명예의 관리자로 하나님 아버지를 고용하는 무례한 사람들이 있다. 인생의 주도권을 스스로 거머쥐고 자신의 영광을 구하고 자신의 행복을 추구하며 자신의 소견에 옳은 대로 살아가는 사람은 어리석다. 기뻐하고 또 기뻐할 수 있는 행복의 비결은 우리가 그리스도 예수를 생명의 주인으로, 인생의 왕으로 모시고 그분께서 우리 안에서 사시는 것이라고 바울은 가르친다. 실제로 그렇게 한 바울은 자신의 영광이 아니라 그리스도 예수의 영광을 추구한다. 그분의 위대하게 되심을 행복의 근거로, 인생의 목적으로 설정한다.

이런 바울에게 "죽음"은 "유익"이다. 이러한 이해의 뿌리는 자신의 죽음을 "인자가 영광을 얻을 때"(요 12:23)라고 해석하신 예수님께 있다. 예수님께 죽음은 영광의 얻음이다. 바울도 죽음을 예수님과 동일하게 해석한다. 바울에게 죽음은 손해가 아니라 유익이고 불행이 아니라 행복이고 슬픔이 아니라 기쁨이고 수치가 아니라 영광이다. 그래서 하루도 거르지 않고 "나는 날마다 죽노라"고 했다(고전 15:31). 예수님은 자신의 형제들이 오해한 것처럼 자신을 드러내기 위함이나 세상의 대접을 받으시기 위해 오신 것이 아니라 아버지의 뜻을 이루시기 위해, 즉 아버지 하나님을 아는 지식이 온 땅에 가득하게 되기를 위해 임하셨다. 예수님께 죽음은 그 모든 일의 완성이다. 바울도 예수님의 죽으심을 본받으려 한다(빌 3:10). 그래서 바울도 자신의 몸에서 자신을 드러내기 위함이 아니라 예수님의 존귀하게 되심을 위하여 살아간다. 그에게도 죽음은 이러한 삶의 완성이다. 이런 맥락에서 보면, 감옥에서 죽은 자처럼 사는 바울에게 괴로움을 더하게 하려고 시기와 다툼으로 열심을 내는 사람들이 바울을 죽음의 벼랑, 즉 온전한 삶의 완성으로 더 떠미니 어찌 기뻐하지 않을 수 있겠는가! 자신을 제대로 죽게 만들어서 예수님의 위대하게 되심이 더 잘 드러나게 만들어 주니 바울은 그저 기뻐하고 또 기뻐한다.

빌 1:22-26

²²그러나 만일 육신으로 사는 이것이 내 일의 열매일진대 무엇을 택해야 할 는지 나는 알지 못하노라 ²³내가 그 둘 사이에 끼었으니 차라리 세상을 떠나서 그리스도와 함께 있는 것이 훨씬 더 좋은 일이라 그렇게 하고 싶으나 ²⁴내가 육신으로 있는 것이 너희를 위하여 더 유익하리라 ²⁵내가 살 것과 너희 믿음의 진보와 기쁨을 위하여 너희 무리와 함께 거할 이것을 확실히 아노니 ²⁶내가 다시 너희와 같이 있음으로 그리스도 예수 안에서 너희 자랑이 나로 말미암아 풍성하게 하려 함이라

²²그러나 만일 육신에서 사는 이것이 나에게 일의 열매라면 나는 무엇을 더 원하는지 알지 못합니다 ²³그런데 나는 둘 모두에게 사로잡혀 있습니다 나는 떠나서 그리스도와 함께 있으려는 소원을 가지고 있는데 이는 그것이 훨씬 더더욱 좋은 것이기 때문입니다 ²⁴그러나 내가 육신으로 있는 것이 여러분을 위해서는 더 필요한 일입니다 ²⁵이것을 확신하며 내가 아는 것은 여러분의 믿음의 진보와 기쁨을 위하여 남아서 여러분 모두의 곁에 있는다는 것입니다 ²⁶이는 내가 여러분께 다시 옴으로써 내 안에 [계신] 그리스도 예수 안에서 여러분의 자랑이 더 풍성하게 되기 위한 것입니다

06 생사의 기로에서

삶과 죽음에 대한 성경의 평가는 특이하다. 특별히 전도자는 복에 서열을 매기는데, 사는 자보다 죽은 지 오래된 자가 복되다고 한다. 그런데 사는 자와 죽은 자보다 아직 태어나지 않은 자가 더 복되다고 한다(전 4:2-3). 삶보다 죽음을 더 높이 평가하는 이유는 이 세상의 죄와 부패 때문이다. 이러한 성경의 가르침을 읽었을지 모르는 소크라테스는 감옥에 갇혀 있을 때 탈옥에 대한 친구 크리톤의 권유를 사양하며 "나는 철학하는 자유를 포기하는 것보다 차라리 죽는 것이 내 이성의 명령"이라 했다. 그에게는 자유가 죽음보다 고귀하다. 그래서 사형 선고가 내려진 때는 배심원을 향해 "나는 기꺼이 죽으러 가야 하고, 당신들은 살아야 할 시간이다. 그러나 우리 중에 어느 쪽이 더 좋은 것을 향해 가고 있는지는 신만 안다"고 훈계했다.

죽느냐 사느냐의 여부보다 더 높은 가치가 있음을 암시하기 때문이다. 햄릿의 3막 1장에 나오는 소절이다. "To be or not to be! 죽느냐 사느냐 이것이 문제로다. 가혹한 운명의 돌팔매와 화살이 꽂히는 고통을 인내하는 것이 더 고상한가? 아니면 고통의 물결에 맞서기 위해 무장하는 것이 더 고상한가?" 헴릿은 삶과 죽음의 기로에서 오래 사는 비결이 아니라 더 고상한 것이 어떤 것인지에 대해 고민한다. 청년의 때에 삶과 죽음의 의미를 깊이 고민하는 것은 너무도 중요하다. 죽음을 모르면 삶의 의미도 모르고 삶을 모르면 죽음의 의미에도 무지하다. 죽음에 비추어진 삶과 삶에 비추어진 죽음을 동시에 고려할 때 인생의 본질이 이해된다. 바울은 본문에서 인생의 갈등을 소개하는 동시에 인생의 본질을 가르친다. 삶과 죽음의 기로에서 인생에 대한 바울의 독특한 이해와 그 선택의 틈새에서 고민하고 있는 그의 모습이 경이롭다. 특별히 본문은 "사는 것이 그리스도, 죽음도 유익" 언급의 구체적인 설명이다.

> 22그러나 만일 육신에서 사는 이것이 나에게 일의 열매라면
> 나는 무엇을 더 원하는지 알지 못합니다

바울은 생과 사의 기로에서 무엇이 더 좋은지를 모르는 기호의 불명확한 상태를 고백한다. 바울은 이 세상에서 육신으로 사는 것이 자신에게 주어진 생의 길인지를 묻고 그것이 맞다는 가정으로 인해 기호의 갈등이 발생하는 사람이다. 이 대목에서 이생의 삶이 바울의 본래적인 선호가 아니라는 것은 분명하다. 그러나 이생의 삶이 자신에게 주어진 운명 혹은 사명이라 한다면 그것을 자신은 외면하지 못한다는 입장을 표명한다. 자기 스스로는 이 땅에서의 삶이 길어지는 것을 원하지 않지만 아직 떠날 때가 아니라면 원해야 하는 게 아닐까를 고민한다. 원하지 않는다면 억지로 사는 것이기 때문에 생명의 보존을 붙들고 계신 하나님께 결례라는 그의 인식이 이 구절에서 감지된다.

여기에서 "일의 열매"(καρπὸς ἔργου)라는 말의 의미는 분명하지 않다. 나는 "일"이 바울의 수고이며 "열매"는 그 수고의 결과를 뜻한다고 생각한다.

같은 맥락에서 4세기의 신학자 빅토리누스는 "일"이 이 땅에서 바울이 복음을 전파하는 것이며, "열매"는 "생명과 구원의 소망"을 많은 이들에게 전달하여 그들로 하여금 그리스도 예수에게 소망을 두고 복음에 대한 믿음을 가지는 것이라고 옳게 해석했다. 바울은 자신이 이 땅에서 더 사는 것이 복음을 전파하는 수고로 인하여 하나님의 나라가 확장되는 결과를 거두는 것이라면 사는 의미가 있기 때문에 떠나는 것을 주저하게 된다. 바울은 지금 삶의 유익과 죽음의 유익 사이에서 신중한 저울질을 한다.

바울은 사느냐 죽느냐의 문제 앞에서 오래 사는 것 자체를 기준이나 목적으로 삼지 않고 삶의 가치와 죽음의 가치를 근거로 선택하려 한다. 바울의 관점에서, 사는 것은 타인에게 유익하고 죽는 것은 자신에게 유익하다. 바울은 자신의 삶이 타인에게 유익이 된다면 그것이 살아야 할 이유라고 생각한다. 그러므로 타인에게 유익한 열매를 맺지 못한다면 살 이유도 사라진다. 바울의 이런 이타적인 생각은 자신의 정체성에 대한 인식, 즉 자신이 공인 혹은 공공재의 신분을 가졌다는 사실을 전제한다. 그런데 열매와 삶의 이유 사이의 긴밀한 연관성은 바울의 고유한 생각이 아니라 예수님의 말씀에 근거한다. 즉 하나님은 "열매를 맺지 아니하는 가지"를 제거해 버리신다(요 15:2). 여기에서 "열매"는 가지를 위함이 아니라 타인을 위함이다. 태초부터 나무의 열매는 나무가 아니라 사람을 위하여 맺어졌다. 열매 맺지 않는 "가지"의 제거는 이 세상에서 떠나는 죽음을 말하기도 하고 공적인 직무를 수행하는 직위의 은퇴 혹은 박탈을 뜻하기도 한다. 그러나 죽음을 뜻한다고 할지라도 기호는 우리가 가지고 있지만 생명은 하나님께 속한 것이기 때문에 죽음의 결정과 실행의 권한은 하나님께 있다. 자살은 부당하다.

²³그런데 나는 둘 모두에게 사로잡혀 있습니다
나는 떠나서 그리스도와 함께 있으려는 소원을 가지고 있는데
이는 그것이 훨씬 더더욱 좋은 것이기 때문입니다

바울은 자신이 사는 것과 죽는 것 사이에 끼어 있는 신세라고 고백한다. 그런데 그런 상태를 삶과 죽음 모두에게 "사로잡혀 있다"(συνέχομαι)고 표현한다. 삶도 자신을 붙들고 죽음도 자신을 붙들고 있는 상황이다. 이는 삶도 바울을 거부하고 죽음도 그를 거부하는 배척의 상황이 아니라 둘 다 자신을 선택해 달라고 바울에게 애원하고 있는 상황이다. 삶이 괴로워서 죽으려는 것도 아니고 죽음이 두려워서 살려고 애걸하는 것도 아닌 상황이다. 사나 죽으나 바울은 초연하다. 삶에 연연하지 않고 죽음에 대해서도 두려움이 없다. 생사와 무관하게 그는 행복하다. 사도라는 직함의 세속적인 고수에 대해서도 초연하다. 바울만이 아니라 모든 사람이 삶과 죽음 사이에 낀 채 살아간다. 그런데 바울과는 달리 많은 사람들이 죽고 싶어도 죽지 못해 살아가고 살았어도 죽은 것처럼 살아간다. 그들은 자신의 직위나 유명세나 재물이나 생명을 잃을까봐 그것들에 매여 살아간다.

바울은 이 세상을 "떠난다"(ἀναλύω)는 표현을 사용한다. 이 동사는 "매인 것에서 다시 느슨하게 풀려나는 것"을 의미한다. 즉 육체에 매여 있던 영혼이 육체에서 다시 느슨하게 풀려나는 죽음을 가리킨다. 이처럼 죽음은 사람의 소멸이 아니라 영혼과 육체의 나뉨이다. 더 좋게 본다면 몸에서의 해방이다. 이런 맥락에서 칼뱅은 "바울이 여기에서 죽음은 육체에서 영혼이 놓여나는 것이라고 우리를 깨우치고 있다"고 해석한다.

바울은 이 세상을 떠나서 그리스도 예수와 함께 있는 것이 "훨씬 더더욱 좋은 것"(πολλῷ μᾶλλον κρεῖσσον) 즉 최고의 기호라고 고백한다. 바울의 이러한 기호 때문에 크리소스토무스는 "죽은 자들을 위해 단순히 슬퍼하지 말고 산다고 해서 단순히 기뻐하지 않도록 하자"고 권면한다. 이는 무의미

한 삶은 죽음보다 못하고 유의미한 죽음은 삶보다 낫다는 역설에 근거한 권면이다. 바울의 간절한 소원은 예수와의 동거와 동행이다. 이는 고린도 교회를 향해서도 고백한 내용이다. "우리가 담대하여 원하는 바는 차라리 몸을 떠나 주와 함께 있는 그것이라 그런즉 우리는 몸으로 있든지 떠나든지 주를 기쁘시게 하는 자가 되기를 힘쓰노라"(고후 5:8-9). 바울은 몸으로 있는 것보다 몸을 떠나는 것을 선호하며 그 두 가지보다 주님을 기쁘시게 하는 것을 더 선호한다. 주님을 기쁘시게 하면 몸으로 있든지 떠나든지 영혼이 주님과 함께 있기 때문이다. 이러한 바울의 기호는 아버지 하나님을 기쁘시게 하기 때문에 자신을 혼자 두시지 않는다는 예수님의 가르침(요 8:29)에 근거한다.

예수와의 동행은 그가 자신과 함께 있게 하시려고 제자들을 부르신 이유였다(막 3:14). 바울은 진실로 최고의 제자도를 갖춘 사람이다. 무언가를 소유하는 것은 함께 있음을 의미한다. 예수는 바울이 소유하고 싶은, 이 세상의 무엇과도 바꿀 수 없는 가장 소중한 분이시다. 예수를 소유하는 구별된 방식은 주머니에 저장하는 방식이 아니라 그가 내 안에 거하시고 내가 그 안에 거함이다. 이는 가장 확실한 소유의 방식인 동시에 궁극적인 누림의 방식이다. 다른 모든 소유물은 특정한 시간과 공간을 차지하고 있으나 나의 영혼을 차지하는 소유는 예수 밖에 없으시다. 바울의 이러한 기호는 그가 이 세상에 전혀 미련이 없으며 이생의 자랑이나 육신의 정욕이나 안목의 정욕이 그에게는 없음을 의미한다. 진실로 바울은 자신의 모든 것을 배설물로 여기고 자신에게 유익하던 것조차도 해로운 것으로 여긴 사람이다(빌 3:7-8).

그리스도 예수와 함께 있는 것이 이 땅에서의 삶보다 훨씬 더 좋다는 것은 그에 대한 대체물이 이 세상에 없음을 의미한다. 바울에게 예수는 이 세상의 무엇과도 바꿀 수 없는 분이시다. 즉 최고의 선물이다. 이는 믿음의 조상이 가진 하나님 지식과 동일하다. 그는 하나님을 "지극히 큰 상급"(창

15:1)으로 이해했다. 이는 하나님이 친히 자신의 정체성을 그렇게 밝히셨기 때문이다. 교부들과 종교개혁 인물들은 이 구절에서 "최고의 선"(summum bonum)이라는 개념을 산출했다. 하나님은 "최고의 선"이시다. 이는 하나님 자신보다 더 고귀하고, 더 위대하고, 더 아름답고, 더 공의롭고, 더 선하고, 더 거룩하고, 더 자비롭고, 더 향기롭고, 더 지혜롭고, 더 행복하고, 더 기쁘고, 더 좋은 것이 없음을 의미한다. 바울은 하나님과 인간 되신 그리스도 예수를 "최고의 선"으로 간주한다. 그에게는 믿음으로 얻은 영원한 생명보다 예수님이 더 고귀한 분이시다.

이러한 "최고의 선" 개념을 가진 사람들은 아삽의 탁견처럼 최고의 선이신 "하나님께 가까이 함이 내게 복이라"(시 73:28)는 사실을 확신한다. 이런 사람들은 "하늘에는 주 외에 누가 내게 있으리요 땅에서는 주 밖에 내가 사모할 이 없"다(시 73:25)고 생각한다. 하늘과 땅 모두에서 하나님만 추구하고 다른 모든 것들에 대해서는 욕구가 작동하지 않는 사람들 사이에 어찌 싸움이 있겠는가? 재물과 자리와 권력과 명예를 두고 누가 피 터지는 경쟁을 하며 비루한 술수를 쓰겠는가? 상대방을 비방하고 헐뜯을 무슨 이유가 있겠는가? 하나님 이외에는 모든 것을 양보하고 베푸는데 무슨 헤게모니 경쟁이 있을 것이며 무슨 세속적인 비교가 있겠는가? 타인의 소유를 훔치거나 빼앗을 생각의 씨앗조차 없지 않겠는가? 예수를 믿는 모든 사람들은 "최고의 선" 개념으로 무장하고, 이 땅에 썩어 없어지는 모든 변동적인 것들에 대해서는 아삽과 바울처럼 초연해야 한다.

24그러나 내가 육신으로 있는 것이 여러분을 위해서는 더 필요한 일입니다

여기에서 바울은 다른 무엇과도 바꿀 수 없는 가장 좋은 기호, 즉 그리스도 예수와의 영원한 동거에 대한 기대와 소망에 제동을 거는 요인을 소

개한다. 즉 바울이 떠나서 주와 함께 거하는 것보다 "육신으로 있는 것"이 "더 필요한"(ἀναγκαιότερον) 사람들이 이 땅에 있다는 사실이다. 바울은 개인의 유익보다 공동체의 유익을 더 중요하게 여기는 사람이다. 자신보다 타인의 필요에 민감하게 반응하는 사람이다. 물론 세상에는 떠나는 것보다 육신으로 이 땅에 머무는 것 자체로써 공동체를 해롭게 하는 사람들도 있다. 이런 자들이 떠나고자 한다면 말리는 사람들이 아무도 없겠지만 바울은 그들과 다른 사람이다. 그는 떠나는 것이 공동체에 민폐이고 머무는 것이 공동체에 유익인 사람이다. 이런 바울을 보고 있으면 등골에서 식은땀이 미끄럼을 탄다. 살아온 세월이 나를 민폐의 원흉으로 고발할 것 같아서다. 나는 타인에게 필요한 사람인가, 아니면 해로운 사람인가?

> ²⁵이것을 확신하며 내가 아는 것은 여러분의 믿음의 진보와
> 기쁨을 위하여 남아서 여러분 모두의 곁에 있다는 것입니다

바울은 교회의 유익을 위한 자신의 필요성을 확신한다(πείθω). 이는 단순한 느낌이나 주관적인 판단이 아니라 어떤 수단이나 증거를 통하여 가지는 확신이다. 고린도 교회에 보낸 편지에서 확인되는 것처럼, 바울은 실제로 "모든 일에 모든 사람을 기쁘게 하여 자신의 유익을 구하지 아니하고 많은 사람의 유익을 구하여 그들로 구원을 받게 하"는 사람이다(고전 10:33). 특정한 때만 특정한 사람에게 유익을 도모하지 않고 모든 사람에게 항상 그러했다. 타인을 위한 자신의 필요성 확신은 바울에게 일상적인 삶이었다. 이런 확신을 따라 바울은 자신을 필요로 하는 사람들의 유익을 위해 떠나지 않고 땅에 남기로 결정한다. 그리고 그 유익의 구체적인 내용으로 "믿음의 진보와 기쁨"을 언급한다.

바울과는 달리, 교회에는 공동체의 믿음에 진보가 아니라 정체나 퇴보

를, 기쁨이 아니라 증오나 분노를 초래하는 사람들도 있다. 모세의 12 정탐꾼 중에 10명은 약속의 땅에 거하는 네피림 후손인 아낙 자손의 거인들을 보았고 그들에 비하면 자신들이 메뚜기와 같다는 부정적인 보고로 이스라엘 백성으로 하여금 모세와 아론을 원망하며 밤새도록 통곡하게 만들었다(민 13:31-14:3). 아간은 자신의 세속적인 유익을 탐하여 하나님의 진노를 촉발했고 이스라엘 백성으로 하여금 아이라는 조그마한 마을과의 전쟁에서 패하게 만들어 "백성의 마음이 녹아 물같이" 되는 믿음의 퇴보를 초래했다(수 7:5). 구약만이 아니라 신약에도 그런 사람들이 있다. 베드로는 백성 가운데에 다수의 "거짓 선지자"와 "거짓 선생"이 일어날 것이라고 했다. 그들은 공동체에 믿음의 진보와 기쁨이 아니라 "멸망하게 할 이단을 가만히 끌어들여 자기들을 사신 주를 부인하고 임박한 멸망을 스스로 취하는 자들"이다(벧후 2:1).

공동체에 유익을 주는 바울이 땅에 머무는 것은 교회로 하여금 부자가 되게 하거나 세력이 커지게 하는 세속적인 유익이 아니라 영적인 유익을 위함이다. 첫째, 바울이 떠나지 않으면 빌립보 교회에 믿음의 진보를 제공한다. 믿음의 보편적인 의미는 하나님을 아는 올바른 지식(notitia)이고 그 지식에 대한 전적인 동의(assensus)이고 전적으로 받아들인 진리에 자신의 인생을 맡기는 전적인 의존(fiducia)이다. 그리고 믿음의 "진보"(προκοπή)는 믿음의 성장을 의미한다. 이 진보는 성경을 "읽는 것과 권하는 것과 가르치는 것에 전념하"고 "이 모든 일에 전심 전력하"면 나타나는 결과라고 한다(딤전 4:13-15). 타인에게 믿음의 진보를 제공하기 위해서는 나 자신이 먼저 공동체의 믿음보다 더 성숙한 믿음을 소유해야 한다. 바울은 믿음의 이 세 가지의 요소에서 다른 누구보다 뛰어나다. 그는 믿음의 발목을 잡고 공동체의 영적 진보를 가로막는 장애물이 아니라 공동체의 믿음을 더 깊고 더 단단하게 만드는 사람이다. 바울은 뭘 해도 진보를 가져오는 사람이다. 감옥에 매여 있으면 복음의 진보를, 교회 공동체와 함께 있으면 믿음의 진보를 가져온다.

둘째, 바울은 지상의 교회에 "기쁨"도 공급한다. "기쁨"은 세속적인 욕구의 충족에서 오는 즐거운 마음이나 느낌이 아니라 믿음과 관계된 영혼의 기쁨이다. 믿음의 진보가 일어나면 영혼이 기뻐한다. 믿음의 질적인 진보로서 장성한 믿음에 이르면 내 영혼이 기뻐하고 믿음의 질적인 진보로서 더 많은 사람들이 믿음을 가지면 하나님의 백성이 함께 기뻐한다. 이 기쁨은 빌립보서 문맥에서 복음의 전파로 말미암아 하나님의 나라와 의가 성취되는 것과 관계되어 있다. 하늘만이 아니라 이 땅에서도 그의 나라와 의가 성취되면 우리의 영혼에 참된 즐거움과 희락이 가득하게 된다. 이는 바울의 말처럼 기쁨이 하나님의 나라를 구성하는 세 가지 요소 중 하나이기 때문이다(롬 14:17).

> [26]이는 내가 여러분께 다시 옴으로써 내 안에 [계신] 그리스도 예수 안에서 여러분의 자랑이 더 풍성하게 되기 위한 것입니다

바울은 유익 하나를 추가한다. 즉 바울이 공동체와 함께 머무는 것은 "그리스도 예수 안에서 여러분의 자랑이 나로 말미암아 더 풍성하게 되기 위한 것"이라고 한다. 고든 피는 여기에 사용된 단어 "자랑"(καύχημα)이 "자랑의 근거"를 강조하는 말이라고 생각한다. 그래서 "허풍을 떨거나 자만하는 것을 의미하지 않고 어떤 것 혹은 어떤 이에게 온전한 신뢰 혹은 확신을 두는 것과 관계된 것"이라고 해석한다. 바울이 빌립보 교회로 다시 옴으로써 가지는 자랑의 궁극적인 근거는 예수시다. 즉 빌립보 교회의 자랑은 그리스도 예수께서 최고의 신뢰를 둔 뿌듯함 혹은 자랑이다. 이 자랑은 부의 증대나 인기의 상승이나 권력의 강화나 직위의 상승 때문이 아니라 그리스도 안에서 생기는 자부심 혹은 자랑이다. 하나님은 우리의 이런 자랑

이 자신 안에서 풍성하게 되기를 원하신다. 바울은 그런 자랑을 공동체의 유익으로 간주한다. 그런데 자신이 공동체에 가까이에 있을수록 그들의 자랑이 더 풍성하게 된다고 확신한다.

공동체 안에서 이런 자랑의 풍성함을 초래하기 위해서는 바울 자신이 그리스도 자신을 전적으로 신뢰하며 그분만을 자랑해야 한다. 바울의 표현처럼 "내 안에"(ἐν ἐμοί) 주님께서 충만하게 거하셔야 한다. 하나의 개인이든 공동체의 형태이든 교회는 "만물 안에서 만물을 충만하게 하시는 이의 충만"이다(엡 1:23). 예수로 충만한 사람이 교회를 예수로 충만하게 한다. 이런 차원에서 바울은 자신에게 신뢰와 자랑을 두지 않고 오히려 자신의 약한 것들과 날마다 죽는다는 사실만 자랑한다. 이는 그리스도 예수께서 자기 안에 사시고 그의 능력이 자신 안에 머물게 하기 위함이다(고후 12:9; 갈 2:20). 하나님은 당신을 자랑하는 자들을 자랑으로 여기신다. C. S. 루이스(C.S. Lewis)는 이렇게 주장한다. "우리가 하나님 안에서 가장 큰 만족을 누릴 때, 하나님은 우리 안에서 가장 큰 영광을 받으신다." 이러한 주장의 진실성은 욥에게서 확인된다. 욥은 "온전하고 정직하여 하나님을 경외하며 악에서 떠난" 사람이다(욥 1:1). 자신만이 아니라 자녀들에 대해서도 범죄하지 않고 하나님 앞에서의 성결함을 항상 유지하게 지도한 가장이다(욥 1:5). 이런 욥에 대하여 하나님은 사탄에게 욥을 자랑하며 말하신다. "내 종 욥을 주의하여 보았느냐 그와 같이 온전하고 정직하여 하나님을 경외하며 악에서 떠난 자는 세상에 없느니라"(욥 1:8). 우리도 하나님만 신뢰하고 그분만을 자랑하며 하나님은 우리를 자랑의 대상으로 삼으시고 우리를 통해 영광을 받으신다.

"더 풍성하게 된다"(περισσεύω)는 말은 "초과하다, 너무도 많다, 넘치다" 등을 의미한다. 내 안에서 예수님에 대한 자랑이 넘치면 그 자랑이 내가 속한 교회에도 풍성하게 된다. 바울은 자신에게 그리스도 예수가 전부인 사람이다. 바울은 그리스도 예수에 대한 신뢰와 자랑을 빼면 남는 게 하나도 없는 사람이다. 예수님이 계시면 자신도 있고 예수님이 없으시면 자신도 없어지는 사람이다. 자신의 인생과 운명이 예수님께 온전히 맡겨진 사람이다. 그래서 그가 빌립보 교회로 돌아오면 그리스도 안에서의 자랑이 측량할 수 없을 정도로 교회에 넘치게 만드는 사람이다. 그리스도 예수로 얼마나 충만하면, 그를 얼마나 신뢰하고 자랑하면 이런 사람이 될 수 있겠는가? 바울은 "만일 미쳤어도 하나님을 위한 것이요 정신이 온전해도 너희를 위한 것"(고후 5:13)이라고 말할 정도로 하나님의 사람이며 교회의 사람이다. 그에게서 다윗의 실루엣이 보이는 건 우연인가? 다윗은 하나님의 말씀이 담긴 법궤가 자신에게 다가오자 임금의 체통도 내던지고 옷이 벗겨지는 줄도 모르고 경박하게 춤을 추다가 아내의 비웃음과 조롱까지 받은 사람이다. 다윗처럼 바울도 하나님의 그 말씀이 육신이 되어 우리 가운데에 거하시는 예수님의 충만하심 때문에 정신이 오락가락하여 때로는 자신이 몸 안에 있는지 밖에 있는지도 모른 정도였다. 나는 어떤 사람인가? 바울과는 달리, 하나님과 그의 말씀이 아니라 자신과 세상에 대한 자랑으로 정신이 오락가락하며 미쳤어도 세속적인 쾌락을 위하고 온전해도 자신의 사사로운 이득을 위하는 사람은 아닌가?

빌 1:27-30

²⁷오직 너희는 그리스도의 복음에 합당하게 생활하라 이는 내가 너희에게 가 보나 떠나 있으나 너희가 한마음으로 서서 한 뜻으로 복음의 신앙을 위하여 협력하는 것과 ²⁸무슨 일에든지 대적하는 자들 때문에 두려워하지 아니하는 이 일을 듣고자 함이라 이것이 그들에게는 멸망의 증거요 너희에게는 구원의 증거니 이는 하나님께로부터 난 것이라 ²⁹그리스도를 위하여 너희에게 은혜를 주신 것은 다만 그를 믿을 뿐 아니라 또한 그를 위하여 고난도 받게 하려 하심이라 ³⁰너희에게도 그와 같은 싸움이 있으니 너희가 내 안에서 본 바요 이제도 내 안에서 듣는 바니라

²⁷오직 여러분은 그리스도 복음에 합당하게 사십시오 그래서 내가 와서 여러분을 보든지 떠나 있든지 여러분에 대하여 듣고 싶은 것은 여러분이 복음의 신앙을 위하여 하나의 마음으로 협력하며 하나의 영으로 굳건하게 서 있되 ²⁸어떠한 일에도 대적들로 인해 두려움에 빠지지 않는다는 것입니다 이것이 그들에게는 멸망의 표징이지만 여러분께는 구원의 표징이며 이는 하나님으로부터 난 것입니다 ²⁹그리스도를 위하여 여러분께 은혜롭게 주어진 것은 그를 믿는 것만이 아니라 그를 위하여 고난도 받는 것입니다 ³⁰지금도 여러분이 내 안에서 보고 내 안에서 듣는 그러한 싸움을 여러분도 가지고 있습니다

07 복음에 합당한 삶

²⁷오직 여러분은 그리스도 복음에 합당하게 사십시오
그래서 내가 와서 여러분을 보든지 떠나 있든지 여러분에 대하여
듣고 싶은 것은 여러분이 복음의 신앙을 위하여 하나의 마음으로 협력하며
하나의 영으로 굳건하게 서 있되

바울은 이 세상을 떠나 주님과 함께 거하는 것과 이 땅에 머물러 교회와 함께 거하는 것, 그 선택의 기로에서 후자를 택하였다. 그렇다면 육신으로 이 세상에 머물면서 살아가는 방식은 무엇인가? 복음에 합당한 생활이다. 복음은 종교적인 장신구가 아니라 구원의 근거인 동시에 삶의 실천적인 규범이다. 인간의 삶은 합당한 기준이 없으면 본능인 것처럼 타락과 부패 쪽으로 휘어진다. 바울은 인생의 기준으로 그리스도 예수의 복음을 제시한다. 이 기준을 바울은 특정한 목회자가 아니라 모든 성도에게 제시한다. 방황하는 모든 인생의 북극성은 그리스도 예수의 복음이다. 성도의 삶이 아무리 화려해도 복음과 무관하면 결국 헛되고 무익한 인생이다.

성도의 삶은 복잡하지 않다. 복음을 위하느냐 마느냐에 의해 행복과 불행이 갈라진다. 크리소스토무스는 바울이 말하고자 하는 모든 것의 목적은 복음에 합당한 삶이라고 주장한다. 이와 유사하게 복음에 합당한 삶을 빅토리누스는 "성도를 위한 인생 전체의 총화"라고 한다. 그런 삶을 풀어서 "그리스도 복음을 따라 자신이 살아가는 것, 그의 은총을 자신과 타인 모두에게 꾸준히 알리는 것, 그에게 소망을 두는 것, 그의 명령을 따라 모든 것을 행하는 것"이라고 설명한다. 이는 정직하고 성실하게 사는 것과는 구별된다. 왜냐하면 도덕에 합당한 삶이 아니라 주님과의 인격적인 관계성 속에서 진실하게 살아가는 것이 성도의 삶이기 때문이다. 주님께서 원하시고 기뻐하신 일을 행하는 삶만이 복음에 합당하다. 물론 이런 삶은 도덕에 합당한 삶도 거뜬히 포괄한다.

바울은 빌립보 교회와 함께 있든지 떠나 있든지 그들에 대해 듣고 싶은 것이 있다고 고백한다. 바울의 입장에서 보면, 곁에서 들으면 더 생생하기 때문에 멀리서 듣는 것보다 선호된다. 그러나 빌립보 교회의 입장에서 보면, 바울이 곁에서 듣는 것과 멀리서 듣는 것의 가치는 동일하다. 바울은 자신의 입장이 아니라 교회의 입장에서 늘 생각한다. 그래서 듣는 위치의 원근보다 듣는 내용을 중요하게 생각한다. 빌립보 교회의 곁으로 아직 가지 못한 사도가 감옥에서 그들에 대해 듣고 싶은 진술이나 소문의 내용은 무엇인가? 당연히 교회가 복음에 합당한 삶을 살아가고 있다는 내용이다. 여기에서 "생활하다 혹은 살다"로 번역된 헬라어 단어(πολιτεύομαι)는 "시민이 되다"를 의미한다. 시민은 자신이 속한 사회의 질서를 준수해야 시민답게 된다. 복음에 합당한 시민이 되는 것도 복음을 존재의 질서와 인생의 규범으로 삼을 때만 가능하다. 바울이 듣고 싶은 것으로서, 복음의 시민이 되는 구체적인 요건들에 대해 그는 다음과 같이 제시한다.

첫째, 교회가 "복음의 신앙"(πίστις τοῦ εὐαγγελίου)을 추구해야 한다. 복음은 적극적인 신앙의 대상이다. 가만히 있으면 평소에 신뢰하던 복음도 의

심하게 된다. 본성의 부패 때문이다. 즉 우리를 위하여 아버지 하나님이 아들을 주시고, 창조자가 피조물이 되시고, 전능하신 하나님이 마른 막대기와 같은 인간의 손에 죽임을 당하고, 죄 없으신 하나님의 아들이 죄 많은 인간을 위해 스스로 목숨을 버리시고, 죽에서 흙으로 돌아가야 할 인간이 부활하여 하늘로 올라가신 이 복음은 부패한 인간의 이성으로 이해할 수도 없고 받아들일 수도 없기 때문이다. 복음을 믿는다는 것은 사람의 지혜와 능력이 아니라 하나님의 기적이다. 하나님의 은총이다. 그래서 우리는 복음을 온전히 계속해서 믿기 위하여 하나님의 지속적인 은총을 구하며 전적으로 의지해야 한다.

둘째, 교회가 복음의 신앙을 추구하는 일에 "하나의 마음으로($\mu\iota\hat{q}\ \psi\nu\chi\hat{\eta}$) 협력해야 한다." "하나의 마음"을 "협력하다"가 아닌 "서다"는 동사와 연결하는 크리소스토무스의 입장을 나는 반대한다. 하나의 마음이 협력을 가능하게 한다. 마음이 분산되면 협력도 무산된다. "협력하다"($\sigma\upsilon\nu\alpha\theta\lambda\acute{\epsilon}\omega$) 라는 말은 "함께 추구하다, 경쟁하다, 혹은 겨루다"를 의미한다. 루터와 베자의 주장처럼 이 동사의 접두사로 언급된 "쉰"($\sigma\upsilon\nu$)은 바울과 빌립보 교회의 협력이 아니라 그들 내에서의 협력을 암시한다. 복음의 신앙은 모든 성도 개개인이 경주하는 것인 동시에 세상에 대하여 함께 합력하여 싸워야 하는 내용이다. 복음을 향한 신앙은 특정한 소수의 전유물이 아니라 공동체의 구성원 모두가 동일한 마음으로 추구해야 한다. 복음을 제대로 알면 모든 마음은 하나로 단단하게 연합한다.

믿음은 진실로 "선한 싸움"(딤전 6:12)이다. 재물이나 명예나 지위나 권력을 추구하는 세속적인 경쟁이 아니라 복음에 담긴 하나님의 나라와 의를 함께 추구하는 영적인 경쟁, 즉 믿음의 선한 싸움에 모든 개개인이 한결같이 참여해야 한다. 믿음에 있어서는 가족이라 할지라도 대신 믿어주는 일이 없을 정도로 각자가 하나님 앞에서 홀로 직면해야 한다. 개개인의 믿음은 하나님과 타인의 관계 속에 슬그머니 묻어가지 못하고 하나님과 자신의 직접적인 관계를 요구한다. 예레미야 선지자의 기록처럼 신앙만이 아니라 죄에 대해서도 그러하다. "신 포도를 먹는 자마다 그의 이가 신 것 같이 누구나 자기의 죄악으로 말미암아 죽으리라"(렘 31:30). "아비가 신 포도를 먹었기 때문에 아들의 이가 시다"라는 이스라엘 속담을 "이스라엘 가운데서 다시는 … 쓰지 못하게 되리라"는 에스겔 선지자의 예언(겔 18:2-3)은 복음의 신앙에 있어서도 유효하다.

셋째, 교회가 "하나의 영으로"(ἐν ἑνὶ πνεύματι) 굳건하게 세워져야 한다. 복음에 대한 신앙은 결코 개인주의 병폐로 빠지지 않고 공동체의 하나 됨을 구축한다. 교회가 분열하면 복음에 대한 신앙도 퇴보한다. 고린도 교회처럼 육신적인 공동체로 전락한다(고전 3:3). 이 사실을 잘 아는 마귀는 기발하고 사악한 이간질로 지금도 교회의 분열을 힘써 도모하고 있다. 모든 분열은 교회가 복음이 아닌 이념, 사상, 재물, 정욕, 명예, 지위, 권력, 자존심 같은 다른 무언가를 기준으로 삼거나 거기에 더 큰 의미를 부여할 때 발생한다. 그런 식으로 복음이 홀대를 당하면 개인이 무너지고 공동체가 무너지고 한 시대가 무너진다. 반면에 공동체의 마음과 뜻과 생각이 복음으로 일치하면 교회의 신앙도 성장한다. 이는 주님께서 정하신 불변적인 원리라고 나는 생각한다.

바울은 자신과 원수(엡 2:14), 남자와 여자, 이방인과 유대인, 부자와 가난한 자, 상전과 종이 복음 되신 그리스도 안에서는 분열 없는 하나(갈 3:28)라고 가르친다. 복음의 이러한 속성 때문에 복음에 합당한 삶도 하나 됨을 요구하고 성취한다. 하나 됨은 복음이 일으키는 기적이다. 심지어 그리스도 안에서는 하늘에 있는 것들과 땅에 있는 것들도 통일된다(엡 1:10). 하늘과 땅의 차이도 하늘과 땅의 모든 권세를 가지신 그리스도 안에서 해소된다. 이는 하늘과 땅이 합하여도 그리스도 자신보다 작기 때문이다. 이는 또한 우리 모두가 "한 성령으로 세례를 받아 한 몸이 되었고 또 다 한 성령을 마시게 하셨"다는 사실에 근거한다(고전 12:13). 진실로 "몸이 하나요 성령도 한 분이시"고 우리가 "부르심의 한 소망 안에서 부르심을 받았"으며 "주도 한 분이시요 믿음도 하나요 세례도 하나요 하나님도 한 분"이시다.

이러한 복음은 이 세상에 존재하는 어떠한 종류의 기준이나 범주에 의해서도 분류되지 않고 이 세상의 모든 범주와 기준을 능가하는 초월적인 차원이다. 그러므로 이념이나 성별이나 민족이나 언어나 문화나 빈부나 지식이나 신분이나 시간이나 지리라는 범주에 근거한 이 세상의 어떠한 차이도 복음 안에서는 무색하게 된다. 기독교 복음과 교회의 하나 됨은 연동되어 있다. 모든 분열의 배후에는 교회가 아버지의 뜻을 추구하지 않고 예수님을 머리로 인정하지 않고 성령을 따라 살아가지 않는 복음의 불신앙이 있다. 이를 방지하기 위해 예수님은 지금도 온 교회가 삼위일체 하나님의 하나 되심 같은 하나 됨을 이루어 주시라고 아버지께 기도를 드리신다(요 17:11).

바울은 여기에서 "영"과 "마음"을 구분하여 사용한다. 두 단어는 동일한 의미의 다른 표현인가? 아니면 다른 의미인가? 애이디(John Eadie, 1810-1876)는 마음(ψυχή)이 "카르디아"(καρδία)와 연결되어 있고 영(πνεῦμα)은 "누스"(νοῦς)과 연결되어 있으며 마음은 영의 하위라고 해석한다. 그리고 신앙은 잠잠하지 않고 존재의 가장 깊은 곳에서 의지와 공감과 뜨거운 협력을 일으켜야 한다고 강조한다. 칼뱅은 "하나의 영으로"와 "하나의 마음으로" 문구가 각각 이해(intellectus)와 의지(voluntas)를 가리키고 있기에 바울이 "영과 혼의 이중적인 연합(duplicem unitatem spiritus et animae)을 요구하고 있다"고 해석한다. "순서에 있어서는 [이해가] 먼저 일치하면 거기에서 의지의 연합이 나온다"고 설명한다. 이것이 바울의 의도에 맞는 해석과 설명인지, 나는 잘 모르겠다. 그러나 칼뱅의 말처럼, 교회는 가장 아름다운 복음의 깃발 아래에서 연대할 때 가장 견고하게 된다. 전체적인 면에서는 이 구절이 "너희가 복음 신앙으로 화합하고 특별히 같은 대적을 향해 공동으로 갑옷을 취하라"는 뜻이라고 칼뱅은 해석한다. 나도 동의한다. 그의 말처럼, "믿음은 우리의 갑옷인 동시에 우리의 승리"이다. 나아가 칼뱅은 "악인들이 죄악으로 함께 연합하나 우리는 믿음의 깃발 아래에서 한마음으로 싸우자"고 권면한다. 죄의 하나 됨이 교회의 하나 됨과 맞서고 있기 때문이다. 교회 내에서나 외에서나 개인이나 공동체나 다른 사안이 아니라 오직 복음에 대한 믿음의 선한 싸움을 하나의 영과 마음으로 싸울 때, 교회는 죄의 연대를 꺾고 필히 승리한다.

우리는 어떠한 목적을 위해 한마음과 한뜻으로 뭉치는가? 복음 이외의 다른 목적으로 하나 됨을 추구하면 반드시 문제가 발생한다. 이 세상에는 다른 어떠한 하나 됨도 없고 오직 그리스도 안에서만 온전한 하나 됨이 있기 때문이다. 이 하나 됨의 역사적인 실현은 오순절의 성령강림 이후의 교회였다. 성령으로 충만한 교회는 복음에 합당한 하나 됨의 실천적인 모습을 최초로 구현했다. 그 구체적인 양상은 "믿는 무리가 한마음과 한뜻이 되어 모든 물건을 서로 통용하고 자기 재물을 조금도 자기 것이라 하는 이가 하나도 없"을 정도였다(행 4:32). 그리스도 복음에 대한 믿음에서 마음과 뜻의 하나 됨이 나왔고 물질적인 나눔에 의한 하나 됨의 삶이 이어졌다. 복음은 그것에 합당한 삶을 요구하기 때문에 신앙 공동체는 생활 공동체로 필히 이어진다. 이러한 공동체의 향기를 통해 "주께서 구원받는 사람을 날마다 더하게 하"셨다고 누가는 증언한다(행 2:47). 복음이 언어로만 있지 않고 거기에 합당한 삶이 되었을 때 하나님의 나라는 성장한다. 하나님 나라의 확장, 교회의 성장, 기독교 발전의 원리와 비결은 복음에 합당한 생활이다.

> ²⁸어떠한 일에도 대적들로 인해 두려움에 빠지지 않는다는 것입니다 이것이 그들에게는 멸망의 표징이지만 여러분께는 구원의 표징이며 이는 하나님으로부터 난 것입니다

바울이 듣고 싶은 빌립보 교회의 네 번째 소문은 두려움과 관계되어 있다. 하나의 영과 마음으로 연합되어 있지 않은 교회에는 두려움이 침투한다. 두려움은 다투는 영과 갈라진 마음이 일으키는 감정이다. 그러나 바울은 어떠한 문제가 발생해도 교회가 하나로 뭉쳐 대적들 때문에 두려움에 빠지지 않는다는 소문 듣기를 기대한다. 주님의 교회를 대적하는 자들(ἀντικειμένων)은 다양하다. 인간 대적들도 있고 영적 대적들도 있다. 교회 안에도 있고 교회 바깥에도 있다. 마귀는 그 모든 대적들의 대장이다. 그런데 주님은 십자가의 죽음으로 마귀의 머리를 부수셨다. "마귀에게 눌린 모든 사람을 고치"시며 (행 10:38) 모든 "마귀의 일"도 멸하셨다(요일 3:8). 이로써 주님은 세상을 이기셨다. 우리가 환란을 당하여도 주님의 이 승리는 변하지 않는 항구적인 복음의 진실이다. 주님께서 복음을 완성하신 이후에는 우리가 두려워할 모든 이유가 사라졌다.

그런데도 여전히 두려움에 빠진다면 이는 주님과 주님의 십자가에 나타난 그리스도 복음에 대한 불신의 반증이다. 그러므로 두려움은 이유를 불문하고 복음에 합당하지 않은 삶의 명확한 내증이다. 부활의 복음은 인간에게 마지막 두려움인 죽음도 능히 극복한다. 이는 사람이 죽어도 살아나면 죽음의 권위가 상실되기 때문이다. 이런 복음을 믿는다면 모든 종류의 두려움과 영원히 결별한다(ἐν μηδενί). 어떠한 위협에도 초연하고 오히려 기뻐한 사도들이 이에 대한 증인이다. "사도들은 그 이름을 위하여 능욕 받는 일에 합당한 자로 여기심을 기뻐하며 공회 앞을 떠나니라"(행 5:41). 나아가 바울은 복음에 합당한 삶을 위해서는 목숨의 상실도 두렵지 않다고 고백한다(행 20:24).

대적들의 어떠한 위협에도 교회가 두려움에 빠지지 않는 것은 두 가지의 동시적인 "표징 혹은 증거"(ἔνδειξις)로 작용한다. 대적들이 교회를 두려움에 빠뜨리기 위해 위협하는 것은 "멸망의 표징"이고 그런 대적들이 일으키는 두려움에 교회가 빠지지 않는 것은 "구원의 표징"이다. 하나님의 백성을 위협하는 것은 마귀의 일이기 때문에 대적들이 마귀에게 속했음을 증거한다. 교회가 두려움에 빠지지 않는다는 것은 복음에 대한 신앙으로 인해 절대로 죽지 않는 영원한 생명의 구원에 이른 자임을 증거한다. 하나의 사태에 두 종류의 증거가 공존한다. 인생의 모든 대소사가 그러하다. 불의가 정의를, 거짓이 진리를, 미움이 사랑을, 어둠이 빛을 괴롭히는 세상의 모든 일들은 전자와 후자에게 각각 멸망과 구원의 표징이다.

바울은 이러한 이중적인 표징이 "하나님으로부터 난 것"(ἀπὸ Θεοῦ)이라고 한다. 우리는 사회에서 불의한 자가 의로운 자를 억압하고 부한 자가 가난한 자를 멸시하고 거짓된 자가 진실한 자를 모함하는 것을 보면 세상에 대한 하나님의 공의로운 섭리를 의심한다. 불의가 군림하고 거짓이 활보하고 폭력이 난무하고 음행이 창궐하면 마치 하나님이 이 세상을 버리신 것 같고 사탄에게 양도한 것처럼 보이기 때문이다. 그러나 바울은 그런 현상을 "증거"라는 색다른 관점으로 해석하며 하나님의 섭리에 의한 것이라고 규정한다. 이 모든 현상의 출처가 하나님께 있다면 그 모든 것들을 하나님의 시각에서 해석해야 한다. 지극히 선하신 하나님은 악으로 선을 이루시고 악 자체도 선으로 바꾸실 수 있는 분이시다. 인간 문맥 안에서는 아무리 불의하고 부당해 보여도 하나님은 그러한 범주 너머에서 선을 이루시고 의를 이루신다. 이중적인 표징도 그중의 하나라고 바울은 확신한다. 그래서 칼뱅의 말처럼 "욕을 당하거나 옥에 갇히거나 불행을 당하거나 고통을 당하거나 심지어 죽임을 당하는 것도 하나님의 가장 고귀한 은총"이다. 그렇기 때문에 바울은 아무리 지독한 대적들이 아무리 끔찍한 위협을 가하여도, 그 위협의 수위가 목까지 차올라도, 자신이 두려움에 빠지지 않은 것처럼 주님의 교회도 두려움에 빠지지 않았다는 소식 듣기를 소원한다.

<blockquote>

²⁹그리스도를 위하여 여러분께 은혜롭게 주어진 것은
그를 믿는 것만이 아니라 그를 위하여 고난도 받는 것입니다

</blockquote>

바울은 하나님이 주시는 은혜의 목적에 대해 설명한다. 즉 은혜는 그리스도 예수를 위하여(ὑπέρ Χριστοῦ) 주어졌다. 공동체나 개인이나 은혜가 주어진 궁극적인 목적은 그리스도 예수를 위함이다. 그런데 이 목적이 오늘날 거부되고 있다. 대부분의 성도는 주님을 위함이 아니라 자신의 유익을 위해 하나님의 은총을 소비한다. 이는 주어진 은혜의 소유권과 처분권도 자신에게 이양된 것이라고 생각하기 때문이다. 그러나 은혜의 용도가 정해져 있다는 바울의 설명에 따르면, 그런 이기적인 소비는 은총의 오용이다. 은혜의 수여자가 정하신 은혜의 용도를 함부로 변경하는 것은 불법이다. 바울은 자신에게 주어진 은혜의 용도를 분명하게 인지했다. 자신에게 주어진 "하나님의 그 은혜의 경륜"에 대해 바울은 이방인이 그리스도 안에서 신실한 유대인과 동일한 상속자가 되고 하나님의 약속에 참여한 자가 되게 만드는 직무와 결부되어 있다고 에베소 교회에 설명한다(엡 3:2-8). 로마의 교회에도 자신에게 하나님의 은혜가 주어진 것은 "이방인을 위하여 그리스도 예수의 일꾼이 되어 하나님의 복음의 제사장 직분"의 수행을 위한 것이라고 설명한다(롬 15:16). 모든 은혜는 지정된 목적에 맞는 사용을 요구한다.

예수님을 위하여 "은혜롭게 혹은 값없이 주어지는 것"(ἐχαρίσθη)은 믿음과 고난이다. 기독교의 진리에서 믿음은 상식적인 은총이고 고난은 역설적인 은총이다.

바울은 먼저 믿음이 하나님에 의해서 값없이 주어지는 것이라고 한다. 칼뱅은 이 구절에서 "바울이 모든 공로의 개념을 배제하고 있다"고 해석한

다. 믿음으로 말미암아 의롭다 하심을 얻고 영원한 생명을 얻은 것은 은혜라고 하면서도 그 은혜를 가능하게 한 믿음은 자신의 공로라고 생각하는 사람들이 많다. 그러나 믿음 자체도 나의 실력에 의하지 않고 그래서 나의 공로일 수 없으며 오직 하나님의 전적인 은총으로 주어진 선물이다. 이는 빌립보 교회만이 아니라 에베소 교회에도 가르친 내용이다. 거기에는 더욱 분명하게 "너희는 그 은혜에 의하여 믿음으로 말미암아 구원을 받았으니 이것은 너희에게서 난 것이 아니요 하나님의 선물이라" 했다(엡 2:8).

예수님을 믿기 위해서는 하나님의 전적인 은혜가 필요하다. 그리고 우리가 은혜를 더 많이 받았다면 그것은 자랑을 위함이 아니라 예수님을 더 잘 믿도록 하기 위함이다. 은혜가 더 주어지면 믿음의 진보가 다 많이 일어난다. 믿음의 진보는 경건의 진보를 가져온다. 경건의 진보는 하나님을 더욱 영화롭게 한다. 의인은 믿음으로 구원을 온전히 이루고, 믿음으로 주님을 그 마음에 온전히 모시고, 믿음으로 보이지 않는 진리를 더 잘 알고, 믿음으로 더 잘 살기 때문이다. 바울은 그 자체로 공동체의 믿음과 경건의 진보를 이루도록 택하심을 받아 교회에 주어진 하나님의 선물인 사람이다. 나는 과연 어떤 개인이나 공동체에 믿음의 진보를 이루기 위해 주어진 하나님의 은총인가? 아니면 개인이나 교회를 벌하는 하나님의 진노인가?

그리고 바울은 하나님에 의해 은혜롭게 주어진 것이 믿음 "만은 아니라"(οὐ μόνον)고 한다. 이로 보건대, 당시에는 대부분의 교회가 믿음만이 하나님의 은혜라고 여겼을 가능성이 높다. 그러나 바울은 고난도 하나님의 은혜로 주어진 것이라고 설명한다. 이 고난은 그리스도 예수, 바로 "그를 위해"(ὑπὲρ αὐτοῦ) 값없이 주어진 은혜라고 명시한다. 그런 식으로 바울은 예수님을 위한 고난이 은혜라는 사실을 더 강조한다. 여기에서 고난은 생계의 유지나 성공의 비용으로 지불하는 고난이 아니라 주님의 나라와 의를 구하다가 당하는 고난을 의미한다. 복음에 합당한 삶을 살아가면 반드시 고난과 마주친다. 복음과 고난은 단짝이기 때문이다. 그래서 바울은 다른 곳에서 아예 "복음과 함께 고난을 받으라"고 권면한다(딤후 1:8). 그는 고난이 은총이고 유익임을 확신했고 그 고난을 환대했다. 골로새 교회를 향하여 "나는 이제 너희를 위하여 받는 괴로움을 기뻐하고" 있다는 고백까지 했다(골 1:24). 바울은 제자를 사지에 몰아넣는 잔인한 스승이 아니었다. 바울이 고난을 제자에게 권한 것은 고난도 하나님의 은혜라는 확신이 촉발한 사랑의 권면이다.

예수님을 위한 고난과 그의 몸인 교회를 위한 고난은 동일하다. 그런 의미에서 감옥에 매인 바울의 고난은 교회에 믿음과 기쁨의 진보를 주었기에 교회를 위한 고난, 즉 예수님을 위한 고난이다. 골로새 교회에 보내는 편지에서 바울은 그리스도 예수의 "남은 고난을 그의 몸된 교회를 위하여 내 육체에 채"운다고 다짐했다(골 1:24). 그런데 이런 고난은 사도의 전유물이 아니라 교회도 공유해야 한다. 그래서 바울은 빌립보 교회에 이 사실을 가르친다. 사실 고난은 누구든지 그리스도 안에서 복음에 합당한 경건의 삶을 추구하는 모든 자에게 주어진다. 경건에 고난이 따르는 이유는 세상이 하나님께 본성적인 적대감을 가지고 있으며 예수님을 미워하기 때문이다. 개인이나 공동체가 예수님을 위하여 고난을 당한다면 예수님께 속하여 경건하게 살아가고 있다는 사실이 입증되기 때문에 앞 절에서 언급된 것처럼 고난은 은혜의 한 표징이다. 베드로는 주님을 위하여 "선을 행함으로 고난을 받고 참으면 이는 하나님 앞에 아름다"운 것이라고 가르친다(벧전 2:20). 나아가 이러한 고난은 주님께서 "너희를 위하여 고난을 받으사 너희에게 본을 끼쳐" 따라오게 하신 주님의 "자취"라고 해석한다(벧전 2:21). 심지어 그 자취를 따르는 성도라는 사실의 확인 때문에 고난을 받으면 "도리어 그 이름으로 하나님께 영광을 돌리라"고 베드로는 권면한다(벧전 4:16).

이처럼 사도들의 의견에 따르면, 주님을 위하여 고난당하는 것은 은혜와 영광이다. 그러나 이것은 바울과 베드로의 새로운 주장이 아니라 구약에 이미 소개된 사상이다. 구약은 의인이 많은 고난을 당한다고 가르치고

(시 34:19), 하나님의 법을 깨닫기 위해 고난당하는 것을 유익으로 분류한다(시 119:71). 고난을 당하면 기도하게 되고 기도하면 하나님을 가까이 하고 더 친밀하게 되고 하나님은 그를 환란에서 건지시고 건짐을 받은 우리는 하나님을 영화롭게 하기 때문이다(시 91:15). 이러한 맥을 이어 신약에서 예수님은 고난으로 말미암아 하나님의 법을 깨닫는 것만이 아니라 "받으신 고난으로 순종함"도 배우셨다(히 5:8). 예수님의 이런 가르침을 받은 바울은 죽음도 유익이며 죽음을 포함한 모든 고난이 하나님의 은혜로 주어진 것이라고 가르친다. 바울은 날마다 죽는다고 자랑한다. 왜? 그 죽음이 은총이기 때문이다. 고난의 절정인 죽음에 이르는 것은 결코 쉽지 않고 간단하지 않다. 사람의 실력으로 쉽게 성취되는 경지가 아니라 하나님의 도우심에 의해서만 도달하는 은총이다.

고난의 유익은 실로 대단하다. 이처럼 구약이든 신약이든 어떠한 핍박이나 능욕도 주님께서 주시는 은혜의 한 조각이다. 사람은 핍박과 능욕의 상황에 처할 때마다 땅의 상황을 주목할 것인지, 신의 섭리를 주목할 것인지를 결정해야 한다. 장성한 사람은 십자가의 고난을 "단단한 음식"으로 여기며 성숙의 발판으로 활용한다. 몸에 근육을 키우려면 근육이 찢어지는 고통의 필연적인 과정을 감수해야 한다. 가시에 찔림을 감수하지 않고서야 어찌 아름다운 장미를 차지할 수 있겠는가! 영혼의 크고 단단한 근육도 인생의 생살이 찢어지는 고통 이후에만 주어진다. 고난은 종착지가 아니라 과정이기 때문에 은혜를 배달한 이후에는 반드시 지나간다.

고난 앞에서 인격과 신앙은 본색을 드러내고 동시에 단단하게 단련된다. 이는 고난을 통해 진짜 나를 발견하면 하나님께 도움을 요청하게 되고 그 도움을 받기 때문이다. 빌립보 교회를 향한 바울의 가르침은 깊다. 모든 고난과 죽음도 영적 성장의 은혜로 해석할 수 있는 안목을 길러 주기 때문이다. 믿음은 하나님이 베푸신 은혜의 절반이고 다른 절반은 고난이다. 그래서 바울은 데살로니가 교회에 대하여 "너희가 견디고 있는 모든 박해와 환난 중에서 너희 인내와 믿음으로 말미암아 하나님의 여러 교회에서" 자랑한다(살후 1:4). 교회가 이렇게 고난을 받는 것은 "하나님의 공의로운 심판의 표요 너희로 하여금 하나님의 나라에 합당한 자로 여김을 받게 하려 함"이라고 설명한다(살후 1:5). 이는 하나님이 "나를 단련하신 후에는 내가 순금 같이 되"기 때문이다(욥 23:10). 이처럼 믿음과 고난은 하나님의 나라를 위하여 협업한다. 고난을 피하면 전력의 절반이 상실된다. 교회가 강하기 위해서는 믿음의 강화만이 아니라 고난을 하나님의 은혜로서 환대하는 의식의 전환이 필요하다.

> 30지금도 여러분이 내 안에서 보고 내 안에서 듣는 그러한 싸움을
> 여러분도 가지고 있습니다

그리스도 예수를 믿는 것이 은혜라는 사실을 인정하는 것만이 아니라 고난도 은혜로 맞이하는 것은 단순한 놀이가 아니라 일종의 싸움이다. 바울은 그런 싸움을 자신과 빌립보 교회가 동일하게 싸우는 중이라고 증거한다. 여기에서 바울은 "지금도"(νῦν) 자신은 싸운다고 고백한다. 믿음과 고난의 길은 지나간 과거가 아니라 항구적인 현실이다. 멀고도 험하고 고단하다. 무덤에 들어갈 때까지 종료되지 않는 싸움이다. 이쯤 되면 고난도 친구로 여기며 사이좋게 오래 지내는 방안을 모색함이 좋다. 이 싸움은 바울이 몰래 혼자서만 싸우지 않고 빌립보 교회에 보이고 들리도록 싸우는 공개적인 싸움이다. 고난을 은혜로 승화시켜 이해하고 믿음으로 인내하는 싸움은 하나님이 보시기에 향기로운 일이어서 타인의 눈에도 발견된다. 고난은 불법도 아니고 부끄러운 것도 아니고 하나님의 버리심을 받았다는 증거는 더더욱 아닌 은혜의 한 형식이다.

빌립보 교회는 바울의 "그러한 싸움"을 마치 시청각 교재처럼 보고 들으

며 학습한다. 바울은 영적 전쟁터의 전방으로 나가 싸우라고 공동체의 등을 떠밀고 그 뒤에 숨는 비겁하고 야비한 사령관이 아니라 앞장서서 영적인 싸움의 실상을 가르치고 싸움의 기술을 전수하는 좋은 모델이다. 실제로 바울은 빌립보 지역에서 "고난과 능욕을 당하였으나 우리 하나님을 힘입어 많은 싸움 중에 하나님의 복음을 너희에게 전하였"다(살전 2:2). 복음이 빌립보에 도착한 첫 순간부터 빌립보 교회는 영적 싸움의 실상과 기술을 그렇게 목격했다. 바울은 그 싸움의 분량을 다 채우고 휴가를 떠나거나 은퇴하지 않고 목숨이 바닥날 때까지 다른 누구보다 더 빠르게 더 정확하게 더 오래 더 앞에서 싸우려고 한다. 끝날 때까지 끝난 게 아니라는 영적 거인의 결기가 느껴진다. 이런 바울과 동역하는 빌립보 교회는 결코 잠잠할 수 없으며 바울이 감옥에 가더라도 끝까지 그의 곁을 지키며 조력한다. 그래서 바울은 감옥에 갇힌 "지금도" 동일한 싸움을 함께 싸운다고 증언한다.

2장. 섬김 속에서의 기쁨

빌 2:1-4

¹그러므로 그리스도 안에 무슨 권면이나 사랑의 무슨 위로나 성령의 무슨 교제나 긍휼이나 자비가 있거든 ²마음을 같이하여 같은 사랑을 가지고 뜻을 합하며 한마음을 품어 ³아무 일에든지 다툼이나 허영으로 하지 말고 오직 겸손한 마음으로 각각 자기보다 남을 낫게 여기고 ⁴각각 자기 일을 돌볼뿐더러 또한 각각 다른 사람들의 일을 돌보아 나의 기쁨을 충만하게 하라

¹그러므로 그리스도 안에 어떤 권면이나 사랑의 어떤 위로나 성령의 어떤 교제나 긍휼이나 자비가 있다면 ²동일한 사랑을 가지고 뜻을 합하고 하나를 생각하는 여러분은 동일한 것을 생각하여 나의 기쁨을 충만하게 하십시오 ³이기적인 야심을 따라서는 어떠한 것도, 허영을 따라서는 어떠한 것도 하지 말고 겸손한 마음으로 서로를 자신보다 낫게 여기고 ⁴각자는 자신의 것들만이 아니라 다른 이의 것들도 각각 돌아보며!

08 기쁨의 비결

바울은 자신이 빌립보 교회에게 듣고 싶은 것이 있다고 언급한 이후에 자신의 기쁨을 충만하게 하라고 요청하며 충만한 기쁨의 비결을 설명한다. 이 요청은 자연인 바울의 즐거움을 위해 교회가 전념해야 한다는 요청이 아니라 사도 바울에게 성령의 감동을 주신 하나님의 기쁨을 충만하게 하라는 요청이다. 우리의 기쁨은 과연 어디에서 나오는가? 대체로 나에게서 나오는 기쁨이다. 내가 건강하고 내가 풍요롭고 내가 유명하고 내가 형통하고 내가 성취해야 비로소 기뻐한다. 그러나 바울에게 기쁨의 원천은 무엇인가? 바울의 충만한 기쁨은 스스로 마련되지 않고 교회가 하나님 앞에서 교회답게 될 때 마련된다. 이처럼 바울은 기쁨의 코드가 하나님과 교회에 맞추어진 사람이다.

¹그러므로 그리스도 안에 어떤 권면이나 사랑의 어떤 위로나
성령의 어떤 교제나 긍휼이나 자비가 있다면

　바울은 "그러므로"(ou=n) 라는 접속사로 1장과 2장을 연결한다. 바울의 듣기와 기쁨은 연결되어 있다. 듣기의 내용은 복음에 합당한 삶을 위한 치열한 싸움이고 기쁨은 그런 싸움의 승리이기 때문이다. 논의의 초점은 복음의 신앙과 삶을 고수하기 위한 싸움의 구체적인 내용과 승리의 비결에 맞추어져 있다. 본문은 전체가 하나의 문장이다. 주동사는 "기쁨을 충만하게 하라"이다. 싸움의 승리에서 오는 기쁨의 충만은 교회의 하나 됨에 있다. 하나님은 교회의 하나 됨을 간절히 원하신다. 당연히 하나 됨의 파괴는 사탄의 집요한 목적이다. 그래서 교회에는 하나 됨을 둘러싼 치열한 싸움이 발생한다. 하나 됨이 파괴되는 현상의 원인은 큼직하고 중요한 사안이 아니라 가볍고 사소한 일들이다. 작은 일이 터지면 가볍게 생각하고 무장을 해제하나 큰 일이 터지면 교회가 각성하고 연대하고 대응하며 단단한 하나로 뭉치기 때문이다. 그러므로 우리는 사소하고 하찮게 보이는 일들로 인해 관계의 틈이 벌어지지 않도록 특별히 주의해야 한다. 하나 됨을 위해 바울이 제시하는 방법의 세세한 항목들이 본문에 열거되어 있다.

　바울은 그리스도 안에서 어떤 권면이나 사랑의 위로나 영적인 교제나 긍휼이나 자비가 있다면 그 자체로도 하나 됨에 큰 유익을 끼치지만 각각의 사안에 있어서도 하나 됨을 이루고 또한 이루어야 한다고 가르친다. 첫째, 그리스도 안에서 권면이 있으면 교회는 하나가 되고 분열을 겨냥한 마귀의 공격을 능히 방어한다. "권면"(παράκλησις)은 무엇인가? 연약함을 보이거나 실수를 범한 사람을 잘 타일러서 강하게 하고 선한 일을 힘쓰도록 돕는 사랑의 가벼운 훈계나 격려를 의미한다. 권면은 모든 성도에게 가능하다. 바울의 말처럼 "너희는 다 모든 사람으로 배우게 하고 모든 사람으로 권면을 받게 하기 위하여 하나씩 하나씩 예언할 수 있"기 때문이다(고전

14:31). 이는 권면의 제공에 있어서는 어느 누구도 예외가 없다는 발언이다. 이는 또한 누구라도 권면하지 않는다면 게으름과 무관심에 대해 핑계할 수 없음도 가르친다.

그런데 그리스도 안에서의 권면은 태도가 중요함을 바울은 이렇게 강조한다. "원수와 같이 생각하지 말고 형제같이 권면하라"(살후 3:15). 이는 그리스도 안에서의 권면이라 하더라도 상대방을 원수로 여기기 쉬움을 암시한다. 상대방을 누구로 보느냐에 따라 권면의 질과 결과가 달라진다. 원수처럼 대하면 상대방과 권면의 주체 사이에는 인격적인 교감과 정서적인 공감이 없기에 권면은 차가운 훈계나 야단치는 행위로 전락한다. 실제로 권면을 앞세운 갑질은 교회 곳곳에서 목격된다. 그러나 형제로 대하면 같은 부모를 가졌다는 강한 연대감 속에서 따뜻한 언어의 교환이 가능하고 인격적인 교류로 말미암아 인격적인 치유와 회복의 가능성이 높아진다. 게다가 권면을 하더라도 형제의 동등성이 유지된다. 바울 자신은 형제의 권면에 머물지 않고 더 나아가 "아버지가 자기 자녀에게 하듯 권면하고 위로하고 경계"했다(살전 2:11). 자녀의 문제를 책임지는 아비의 심정으로 권면하면 공격적인 혹은 파괴적인 결과가 아니라 건설적인 회복이 일어난다. 이처럼 권면할 때 상대방을 형제나 자녀로 대하면 권면은 공동체를 단단하게 묶어주는 하나 됨의 끈으로 작용한다.

둘째, "사랑의 어떤 위로"(τι παραμύθιον ἀγάπης)가 있으면 교회는 하나가 되고 마귀의 분탕질을 능히 극복한다. "위로"는 "누군가의 곁으로 다가가 말을 건다"는 것이 어원적인 개념이다. 사람은 가까운 사이에 언어의 교환으로 상태가 좋아지는 기질을 가지고 있어서 대화를 통해 서로를 위로한다. 그런데 그리스도 안에서의 위로는 어떠한 것이든지 사랑이 주관한다. 사랑은 위로가 필요한 사람을 감지하고 그에게로 다가가고 몇 마디의 말로도 신속하게 위로한다. 사랑의 위로를 받은 사람은 근심이나 걱정 혹은 무기력과 두려움에 빠져 있더라도 속히 일어난다. 사랑이 주도하는 위로는 근심 자체로 하여금 오히려 근심하게 만들고 절망 자체를 절망의 늪에 능히 빠뜨린다. 그러나 사랑이 아닌 동정심과 우월감이 주도하는 위로는 타인에게 그의 연약함을 부끄럽게 하고 불쾌한 모멸감을 일으킨다.

사랑의 위로는 아무나 실행하지 못하고 하나님의 위로를 경험한 사람만 실행한다. 바울은 이 사실을 경험한 후 하나님에 대해 이렇게 고백한다. "우리의 모든 환난 중에서 우리를 위로하사 우리로 하여금 하나님께 받는 위로로써 모든 환난 중에 있는 자들을 능히 위로하게 하시는 이시로다"(고후 1:4). 환난은 위로로의 초청이다. 바울의 고백처럼, 환난에 빠질 때 우리는 하나님의 위로를 경험하기 때문이다. 이 하나님의 위로는 동일한 환난에 빠진 자들을 능히 위로할 밑천으로 작용한다. 이처럼 환난은 위로의 사역을 준비하는 도구이며 과정이다. 그래서 환난을 당할 때마다 우리는 주님께서 타인에게 주실 위로를 우리에게 저장해 두시고 섬김의 기회를 주신다고 생각하며 기뻐하고 감사해야 한다. 환난 자체가 아니라 환난의 거룩한 용도 때문에 환난 중에서도 기뻐하고 감사하는 게 가능하다. 하나님이 환난 가운데서 우리에게 위로를 주시는 방법에 대해서는 하나님의 말씀이 "나의 고난 중에 위로"가 되었다(시 119:50)는 시인의 고백에서 확인된다. 우리가 환난을 당한다고 무조건 진실한 위로자가 되는 것은 아님도 확인한다. 하나님의 말씀으로 위로해야 상처 입은 치유자, 말씀을 통한 사랑의 위로자가 된다. 그러므로 말씀이신 예수님은 위로의 근원이다.

셋째, "성령의 교제"(κοινωνία πνεύματος)가 교회의 하나 됨을 가능하게 한다. "성령" 대신에 "영 혹은 마음"으로 대체하는 학자들도 있다. 그러나 무스쿨루스(Wolfgang Musculus, 1497-1563)의 말처럼 우리는 "동일한 성령 이외에 다른 어떠한 것에 의해서도 동일"해질 수 없기 때문에 성령의 교제로 보는 게 합당하다. 그리고 "성령의"에 사용된 속격의 의미에 대해서는 호돈의 해석처럼 나도 목적격적 속격이 아니라 주격적 속격으로 해석한다. 즉 우리의 온전한 사귐은 성령의 주도적인 능력에 의해서만 가능하다. 사람과 사람 사이의 끼리끼리 연합이 아니라 그리스도 안에 그의 지체로서 참여하는 방식으로 지체들의 교제가 일어나기 때문에 그런 영적 참여를 가능하게 하는 성령만이 공동체를 하나 되게 하는 교제의 유일한 비결이다. 성령은 "너희를 불러 그의 아들 예수 그리스도 우리 주와 더불어 교제하게 하시는" 분이시다(고전 1:9). 하나님과 우리 사이를 부모와 자녀의 관계로 묶어주는 양자의 영이시기 때문이다(롬 8:15).

그런데 하나님과 사람 사이만이 아니라 사람과 사람 사이의 거룩한 교제도 성령으로 말미암아 가능하다. 성령으로 말미암아 하나님의 양자가 된 모든 사람들 사이에만 형제의 사귐이 가능하기 때문이다. 성령이 배제된 교제는 교회의 하나 됨이 아니라 다툼과 분열의 불씨로 작용하기 쉽다. 때로는 간통이나 쿠데타와 같이 도덕과 공동체를 어지럽게 하는 불미스런 일들도 발생한다. 더 심하게는 연합하여 "여호와와 그의 기름 부음 받은 자를 대적"한다(시 2:2). 그러나 우리 가운데에 성령께서 계시면 온전한 소통이 가능하게 된다. 바벨탑 사건에서 벌어진 언어의 흩으심 이후로 인류의 소통은 지금까지 진통을 겪고 있는데 유일하게 "성령의 충만함을 받고 성령이 말하게 하심을 따라" 말하면 전혀 통하지 않을 것 같은 사람들 사이에도 원활한 소통이 일어난다(행 2:4). 이러한 성령의 교제는 마귀의 교활한 이간질도 능히 극복한다.

넷째, "긍휼과 자비"가 교회의 하나 됨을 구축한다. 하나의 공동체 안에는 다양한 기준과 관점을 가진 사람들이 살아간다. 각자의 질서가 달라서 개개인은 하나의 우주처럼 각자의 궤도를 따라 움직인다. 그런 우주들이 충돌하지 않고 원수의 대립각을 세우지 않고 공존하는 비결은 서로의 고유성을 존중하고 서로의 약점을 용납하고 충분한 공감이 형성될 때까지 기꺼이 기다리는 자비와 긍휼이다. 이런 자비와 긍휼이 교회의 하나 됨을 이루는 이유는 그것들이 우주에 질서를 세우시고 지키시는 하나님의 성품이기 때문이다. 시인의 고백처럼, 하나님은 "모든 것을 선하게 대하시며 그 지으신 모든 것에 긍휼을 베푸신다"(시 145:9). 이 세상에 이런 하나님의 선대와 긍휼에서 벗어난 피조물은 없다. 자연이 아니라 사람에게 베푸시는 그의 자비와 긍휼은 더욱 위대하다. 하나님의 성품에 인격과 삶의 결을 맞추면 평화의 하나 됨이 형성되고, 그 성품에서 어긋나면 그 하나 됨이 깨어진다. 우리 아버지의 자비하심같이 우리도 자비로운 자가 되라는 예수님의 명령은 이와 무관하지 않다(눅 6:36). 특별히 원수에 대해서도 긍휼과 자비를 포기하지 말아야 하는 이유를 이사야는 이렇게 기록한다. "내가 넘치는 진노로 내 얼굴을 네게서 잠시 가렸으나 영원한 자비로 너를 긍휼히 여기리라"(사 54:8). 우리는 하나님의 넘치는 진노가 합당한 원수였다. 그럼에도 불구하고 하나님은 자신의 영광을 잠시 거두신 이후에 영원한 자비와 긍휼을 베푸신다. 자비와 긍휼은 인간의 실력으로 구현하지 못하고 바울의 말처럼 그리스도 안에서만 가능하다. 자비와 긍휼은 원수를 위한 것이지만 우리 자신은 자비와 긍휼의 더 큰 수혜자다. 이는 자비의 마음으로 긍휼을 베풀지 않으면 그냥 실천하지 못한 것으로 끝나지 않고 "긍휼 없는 심판"이 주어질 것이라는 야고보의 무서운 경고에서 확인된다(약 2:13). 즉 자비와 긍휼의 실천은 심판에서 해방되는 비결이다. 나아가 자비와 긍휼을 베푸는 "인자한 자는 자기의 영혼을 이롭게 하"(잠 11:17)기 때문에 최고의 수혜자가 된다. 즉 심판이 주어지지 않는 것만이 아니라 하나님은 자비로운 자에게 자신의 자비까지 보이시고 긍휼히 여기는 자에게 자신의 긍휼까지 베푸시니(시 18:25-26) 이 얼마나 큰 유익인가!

²동일한 사랑을 가지고 뜻을 합하고 하나를 생각하는 여러분은
동일한 것을 생각하여 나의 기쁨을 충만하게 하십시오

그리스도 안에서의 권면이나 사랑의 위로나 영적인 교제나 긍휼이나 자

비가 공동체 안에서 발생하면 동일한 사랑과 뜻과 생각을 가져야 한다고 바울은 가르친다. 그리스도 안에서 좋은 일어나도 공동체가 하나 되지 않는 경우가 빈번하기 때문이다. 시기와 다툼이 있는 공동체는 권면이 발생할 경우 괜히 시비를 걸고 사랑의 위로가 발생하면 미움으로 저지하고 영적인 사귐이 보이면 육신적인 사귐으로 대응하고 긍휼이나 자비가 공동체의 공기를 차지하면 차가운 정의를 명분으로 싸늘한 분위기를 조성한다. 그래서 바울은 그러지 말라는 뉘앙스와 함께 더욱 적극적인 취지로 "동일한 사랑을 가지고 뜻을 합하고 하나를 생각"해야 한다는 해법을 제안한다. 칼뱅은 이 구문의 의미를 명확하게 하려고 다음과 같이 번역한다. "너희가 생각에 있어서 동일하기 위해서는 상호적인 사랑을 가지고 하나의 마음이 되고 하나를 인지해야 한다"(Ut eadem sitis cogitatione, mutuam habere caritatem, esse unanimes, unum sentire). 이는 관사(τὸ)가 이 문장에서 부정사를 대신하여 사용되고 있다는 칼뱅의 전제에서 나온 번역이다.

여기에서 칼뱅이 "쌍방의 사랑"으로 이해한 "동일한 사랑"(τὴν αὐτὴν ἀγάπην)은 무엇인가? 빅토리누스는 "타인이 당신을 위해 가진 동일한 사랑을 당신도 타인을 위해 가져야 한다"는 뜻이라고 해석한다. 박윤선은 그리스도 예수라는 "사랑의 대상"이 같다는 의미라고 해석한다. 고든 피는 "자신을 위한 하나님의 사랑에서 이미 경험했던 동일한 사랑을 서로 가져야 한다"는 뜻이라고 해석한다. 헬러만은 1절에서 언급된 "사랑의 위로" 즉 "하나님의 사랑이 제공하는 위로"를 가리키는 말이라고 설명한다. 이러한 해석들을 보면, "동일한 사랑"이 특정한 사랑이 개인이나 소수가 행하는 외로운 실천이 아니라 공동체의 문화여야 함을 강조하는 말임에는 분명하다. 나는 "동일한 사랑"이 예수님의 말씀에 근거한 것이라고 생각한다. "내가 너희를 사랑한 것 같이 너희도 서로 사랑하라"(요 13:34). 이는 제자들의 일부가 아니라 전부가 예수님의 동일한 사랑을 서로에게 실천하는 것을 의미한다. 사랑의 구체적인 양태는 앞 절에서 언급된 그리스도 안에서의 권면이나 사랑의 위로나 성령의 교제나 긍휼이나 자비일 것이라고 나는 생각한다.

"뜻을 합하다"는 헬라어(σύμψυχος)는 "함께"(σύν)와 "생명 혹은 영"(ψυχή)의 합성어로 신약에서 이곳에 유일하게 사용된 낱말이다. 이 단어는 공동체가 하나의 생명을 가지고 있는 상태를 의미한다. 하나의 생명을 가진 교회는 서로를 미워하고 공격하고 멸시하는 자해가 아니라 뜻과 열정과 의지의 연합을 이루어야 한다. 바울은 빌립보 교회가 그런 생명의 연합을 이룬 상태라고 생각한다. 나아가 "하나를 생각하는"(τὸ ἓν φρονοῦντες) 교회라고 인식한다. "하나를 생각하는" 것은 공동체의 동일한 관심사와 집중력과 추진력과 결속력을 강화한다. 각자가 다른 것을 생각하면 관심이 분산되고 힘도 분산되어 하나님 나라의 공동체적 특성도 약화된다.

뜻을 합하고 하나를 생각하는 공동체는 "동일한 것"을 생각해야 한다. 생각해야 할 "동일한 것"(τὸ αὐτὸ)은 또 무엇인가? 이것도 가까운 문맥에서 보면 권면이나 사랑의 위로나 성령의 교제나 긍휼이나 자비를 가리키는 말이라고 나는 생각한다. 바울은 동일한 사랑을 가지는 것, 뜻을 합하는 것, 하나를 생각하는 것을 언급할 때는 동사의 분사형을 사용한다. 그런데 동일한 것을 생각함에 있어서는 동사형을 유지한다. 이렇게 함으로써 바울은 동일한 것을 생각하는 것에 특별한 의미를 부여하고 있는지도 모르겠다. 동일한 생각의 중요성에 대해 칼뱅은 "사랑의 시작은 생각에 있어서의 조화"(initium caritatis est in sententiis convenire)라고 간주한다. 물론 "마음이 쌍방의 사랑으로 하나 되지 않으면 그 [시작]은 충분하지 않다"는 점도 그는 인지한다.

바울이 교회에게 동일한 사랑과 뜻과 생각 가지기를 기대하고 권면하는 것은 그런 하나 됨이 너무도 어려운 일이기 때문이다. 같은 장소, 같은 시간, 같은 활동은 교회의 겉모양을 하나 되게 만드는 일에 유용하다. 그러나 교회의 진정한 하나 됨은 같은 마음, 같은 사랑, 같은 뜻을 가질 때 성취된다. 교회의 모든 구성원은 다 같이 권면하고 같이 교제하고 같이 위로하고 같이 긍휼히 여기고 같이 자비를 베풀어야 한다. 그런데 사람들은 친밀감의 정도에 따라 사랑에 등급을 매기고 각자 소견에 옳다고 여기는 뜻을 내세우고 하늘의 동일한 것이 아니라 땅의 다양한 일들에 생각이 사로잡혀 있다. 마음과 사랑과 뜻이 하나 되지 못한 공동체의 미래는 마음의 갈등에 빠지고 사상의 대립에 직면하고 공동체의 정서적 분열이 일어나고 물리적인 분리가 발생한다. 이는 마음과 사랑과 뜻이 갈라진 교회의 빈틈이 갈등과 미움과 불의로 채워지기 때문이다. 예수님의 몸에는 분쟁이 없어야 하는데 분쟁이 있다는 것은 교회가 육체에 속해 있음을 증거한다(고전 3:3). 왜냐하면 주님께서 "몸 가운데서 분쟁이 없고 오직 여러 지체가 서로 같이 돌보게 하셨"다는 사실과 상충되기 때문이다(고전 12:25).

그래서 바울은 교회가 먹고 마시고 입고 거주하는 땅의 일들이 아니라 그리스도 안에서 성령의 이끄심을 따라 주님의 사랑으로 서로를 사랑하며 하나님의 나라와 의라는 동일한 것을 생각해야 한다고 가르친다. 여기에서 바울은 그런 하나 됨을 통해 자신의 기쁨을 "충만하게 하라"(πληρώσατέ)는 명령문을 사용한다. 그런데 문제는 바울이 자기는 사람에게 기쁨을 구하지 않았다(갈 1:10)고 말했고 "우리는 … 자기를 기쁘게 하지 아니할 것이라"고 말했다는 사실이다(롬 15:1). 이렇게 말한 이유는 주님께서 "자기를 기쁘게 하지" 않으셨기 때문이다(롬 15:3). 그래서 빌립보서 2장 2절과 4절에서 두 번이나 자신의 기쁨을 충만하게 하라는 바울의 명령은 마치 자기모순 같다.

이에 우리는 바울의 명령을 빌립보 교회로 하여금 바울의 기쁨조가 되라는 명령이 아님을 주의해야 한다. 바울의 명령은 자신의 기쁨이 교회의 상태에 의해 좌우됨을 보여준다. 바울은 자신의 운명을 교회와 묶은 사람이다. 그래서 교회가 사랑과 뜻과 생각의 하나 됨 속에서 교회다울 때 그는 온전히 기뻐한다. 분열하면 슬퍼한다. 바울과 교회는 그런 식으로 연동되어 있다. 그런데 바울의 기쁨은 그 자신의 독립적인 기쁨이 아니라 예수님의 말씀처럼 "주인의 기쁨"에 참여하는 종의 파생적인 기쁨이다(마 25:21). 빌립보 교회에 내린 바울의 명령은 주님의 종 바울 안에 거하시는 주님의 기쁨을 충만하게 하라는 명령이다. 즉 교회의 하나 됨을 위해 기도하신 주님(요 17:11)의 기쁨은 교회의 하나 됨에 있고 바울의 기쁨은 주님의 기쁨에 있기 때문에 내려진 명령이다.

³이기적인 야심을 따라서는 어떠한 것도, 허영을 따라서는
어떠한 것도 하지 말고 겸손한 마음으로 서로를 자신보다 낫게 여기고

권면, 교제, 위로, 긍휼, 자비는 교회 안에서 지극히 아름다운 현상이다. 그러나 이러한 활동에도 마귀의 고약한 개입과 방해가 있음을 기억해야 한다. 이를 예방하기 위해 바울은 교회가 이기적인 야심이나 허영을 따라서는 어떠한 것도 행하지 말아야 한다고 강조한다. 칼뱅은 야심과 허영이 "교회의 평화를 깨뜨리는 가장 위험한 두 개의 독소"라고 평가한다.

"이기적인 야심 혹은 다툼"(ἐριθεία)은 자신을 향하고 자신을 위하는 동시에 타인을 향해서는 꺾고 파괴하고 이기려는 성향을 의미한다. 다툼이 차지한 마음은 친절과 배려가 아니라 전투적인 모드로 전환된다. 이기기 위해서는 타인보다 높아야 하고 강해야 하고 많아야 하기 때문에 늘 교만을 지향하게 된다. 만약 패배할 것이라고 예측되면 상대방의 존재를 지우려는 폭력성도 드러낸다. 누구든지 이런 성향을 가지면 타인이나 교회 공동체를 목적이 아니라 이익의 방편으로 간주한다.

크리소스토무스는 이런 "다툼"을 "모든 종류의 악들의 원인"으로 본다. 이는 공동체의 유익을 고려하지 않고 타인을 희생시켜 가면서도 자신만의 욕구 충족을 추구하기 때문에 갈등과 분쟁을 일으키고 분열의 죄를 잉태한다. 이기적인 이해관계 때문에 무언가를 행하면 하나님의 나라와 의는

후순위로 밀려난다. 타인과의 모든 관계도 야심을 이루는 수단으로 변질된다. 미덕으로 여겨지는 성실이나 열정도 야심의 종으로 전락한다. 물론 바울은 앞에서 "이기적인 야심"으로 복음을 전파해도 기뻐할 것이라고 했다(빌 1:17). 그러나 교회가 지향할 바는 아니라는 차원에서 그 발언의 의도를 밝히고 독자들의 의식을 교정한다. 앞에서 설명한 것처럼, 하나님은 심지어 악을 통해서도 선을 이루시는 분이지만 사사로운 야심으로 무언가를 행한 당사자는 그 불순한 동기에 상응하는 심판을 받을 것이기 때문이다. 주님께서 쓰신다고 해서 추구할 바는 아니라는 이야기다.

"허영"(κενοδοξία)은 칼뱅의 문자적인 번역처럼 "텅 빈 영광"(inanem gloriam)을 의미한다. 야심과 허영은 병든 마음의 사촌이다. 허영은 야심이 걸려드는 함정이다. 인간의 이기적인 야심은 언제나 세속의 덧없는 영광을 추구하기 때문이다. "허영"은 죽음과 함께 소멸되는 헛된 영광이다. 하나님과 무관한 육신적인 영광이고 영원하지 않은 일시적인 영광이다. 하늘에서 비롯되지 않은 땅과 육신의 모든 영광은 다 공허하다. 다 소멸하고 지나가기 때문이다. 그럼에도 불구하고 사람들은 그런 허영에 코를 박고 조금 더 가지려고 서로 다투고 비방하고 짓밟으며 공동체의 하나 됨과 평화를 깨뜨린다. 이는 "빈대 잡으려다 초가삼간 다 태운다"는 속담과 유사하다. 빌립보는 황제의 직할 도시라는 자부심이 대단하다. 황제의 총애를 받고 특혜를 누리려는 야심과 허영이 교회 안에서도 활보했을 가능성이 높다. 이에 바울은 이 구절에서 그런 도시교회 문제를 간파하고 그 문제의 배후에 있는 부패한 본성의 명치를 가격한다.

이기적인 야심과 허영을 꺾을 대안은 "겸손한 마음"(ταπεινοφροσύνη)이다. 어원적인 풀이를 하자면 이것은 "내적인 관점에 의해 이끌려진 낮아짐의 자율적인 조절"을 의미한다. 바울은 내적으로 진실하지 않고 외적으로 "꾸며낸 겸손"(골 2:18)도 있음을 감지하고 있다. 사람들의 눈에 일부러 들켜서 이득을 보려는 마음으로 말투나 표정이나 몸짓이나 눈빛에 겸손의 거

죽을 덮은 것이 꾸며진 겸손이다. 꾸며지지 않은 "겸손한 마음"은 사람과 사람 사이의 비교 이전에 언제나 변함이 없으신 하나님 앞에서 자신이 얼마나 작고 초라하고 무지하고 연약하고 악하고 거짓된 자인지를 범사에 의식하고 인정하는 마음이다. 진실한 겸손은 타인과 자신의 어중간한 차이에 대한 인정이 아니라 하나님과 자신 사이의 절대적인 격차에 대한 깨달음에 근거한다. 그러면 타인이 아무리 나보다 무지하고 가난하고 연약하고 작고 부족해도 하나님 때문에 그 앞에서 겸손하게 된다.

이러한 겸손의 개념은 "여호와 앞에서 스스로 겸손하지 아니하고 더욱 범죄"한 아몬에 대한 구약의 언급(대하 33:23)에서 확인된다. 즉 겸손은 타인과의 관계성 이전에 "여호와 앞에서 스스로" 가져야 할 자세이며 미덕이다. 이 언급은 겸손이 범죄를 방지하고 겸손의 부재는 범죄로 이어짐을 가르친다. 스바냐 선지자는 "여호와를 찾으며 공의와 겸손을 구하라"고 지시하고 "세상의 모든 겸손한 자들"은 "여호와의 규례를 지키는" 자임을 명시한다(습 2:3). 교만한 자는 말씀을 무시하고 그 말씀의 주어이신 하나님도 무시한다. 이런 맥락에서 이사야는 장차 오실 말씀의 성육신, 즉 예수님이 신적인 "정직으로 세상의 겸손한 자를 판단할 것"이라고 예언한다(사 11:4). 이러한 구약의 가르침을 아는 베드로는 "하나님의 능하신 손 아래에서 겸손"할 것을 가르친다(벧전 5:6).

사람들 사이에서 겸손은 "서로를 자신보다 낫게(ὑπερέχοντας) 여기"는 것이라고 바울은 가르친다. 이 대목에서 칼뱅은 "모든 사람이 자기 마음을 임금으로 삼고 자신을 위해 모든 것을 명한다"는 인간의 부패한 본성을 지적한다. 이러한 본성으로 인해 "우월하게 됨을 원하지 않는 사람이 하나도 없기 때문에 우리는 다른 사람이 누구라도 자신과 동일하게 여겨지는 것을 참지 못한다"는 사실을 꼬집는다. 그래서 타인을 높이는 것보다 자신을 낮추는 방식으로 자신보다 타인을 낮게 여기는 것이 진정한 겸손이다. 자신에 대한 처신이 중요한 이유는 타인을 높인다고 해서 타인이 높아지는 게 아니지만 자신을 낮추면 자신이 낮아지기 때문이다. 그래서 바울은 타인에 대해서가 아니라 "자신에 대하여 마땅히 생각해야 할 그것 이상으로 과도하게 생각하지" 말라고 주문한다(롬 12:3).

타인을 높이는 것은 쉽지만 자신을 낮추는 것은 어렵다. 재물과 건강과 지위와 권력과 인기와 권위가 있는 사람들의 경우에는 더욱 그러하다. 그래서 칼뱅은 "실제로는 다른 사람보다 뛰어난 사람이 자신이 알기에 자기보다 훨씬 못한 사람들을 자신보다 우월한 존재라고 여기는 게 어떻게 가능한지" 질문한다. 이에 대한 답변으로 그는 "하나님의 선물과 우리 자신의 연약함에 대한 올바른 평가"의 필요성을 제기한다. 즉 남들보다 뛰어난 자신의 모든 것은 하나님의 선물이며 나 자신은 여전히 연약한 존재일 뿐이라는 사실을 인정하면 자신에게 주어진 지위나 부나 권력이나 실력이 남들보다 뛰어나도 얼마든지 타인을 자신보다 높이면서 자신은 겸손히 낮아질 수 있다고 대답한다. 존재 자체와 주어진 것의 구분이 우리를 겸손하게 한다. 우리에게 있는 것 중에 받지 아니한 게 하나도 없기 때문에 자기 자신을 뛰어난 존재라고 여길 근거는 전무하다. 남들보다 뛰어나고 많고 좋고 아름다운 모든 것은 타인을 위해 쓰라고 맡기신 섬김의 수단이다. 그래서 바울은 다음 구절에서 자신만이 아니라 타인의 일들도 돌보라고 가르친다.

교회 안에서도 나타나는 현상은 세상의 것과 유사하다. 즉 교회에서 우리가 권면과 사랑의 위로와 성령의 교제와 긍휼과 자비를 행하면 그것들을 수용하는 타인보다 우리가 더 크다고 생각한다. 그러나 크다는 게 사실인가? 권면과 위로를 주는 자와 받는 자 사이에, 긍휼과 자비를 주는 자와 받는 자 사이에 은사의 차이는 있지만 존재의 가치나 존엄성에 서열을 매기는 것은 부당하다. 물론 주는 자가 받는 자보다 복되다는 것은 사실이다. 그러나 복의 크기와 존재의 크기는 별개의 사안이기 때문에 구별해서 평가해야 한다. 인간은 존재의 측면에서 모두가 하나님의 형상을 따라 지음을 받았기 때문에 모두가 동등하다. 그리고 그 형상의 본체이신 그리스도 예수를 믿고 하나님의 자녀가 된 모든 성도도 존재에 있어서는 모두가 동등하다.

⁴각자는 자신의 것들만이 아니라 다른 이의 것들도 각각 돌아보며!

이 구절은 완성된 문장이 아니라 분사구다. 그래서 칼뱅과 무스쿨루스는 4절을 3절의 설명으로 이해한다. 그러나 나는 1절과 2절이 바울의 기쁨을 충만하게 하는 방법의 보편적인 내용을 언급했고 3절과 4절은 그 방법의 구체적인 내용을 언급한 것이라고 생각한다. 4절에서 바울은 자신에게 충만한 기쁨을 주는 것으로서 관심사의 지경을 넓히라고 가르친다. 대부분의 사람들은 "다른 이의 것들"(τὰ ἑτέρων)에는 관심이 없고 "자신의 것들"(τὰ ἑαυτῶν)만 돌아본다. 이따금씩 남의 것들에 관심을 가지는 경우에도 그 이유는 그런 관심이 자신에게 유익이 되기 때문이다. 이것은 타인의 유익을 구하는 순수한 사랑이 아니라 자신의 유익을 은밀하게 구하는 계산된 관심이다. 타인을 이익의 방편으로 여기는 이런 관심은 타인에게 아예 관심을 가지지 않는 것보다 더 음흉하다. 바울은 타인에게 관심사의 확대를 요구하기 이전에 자신이 먼저 "모든 일에 모든 사람을 기쁘게" 한 사람이다(고전 10:33). 바울의 관심사는 모든 사람이고 그들의 모든 사안이다.

자신의 것들을 추구하는 것은 늘 자신을 위하고 자신을 향하는 부패한 본성의 당연한 현상이다. 교육 없이도, 독촉하지 않아도 본능이 자신의 것들을 돌아보게 한다. 그러나 타인의 일들을 돌아보는 것은 낯설고 거북하다. 그래도 타인의 일들을 돌아보면 본성의 저항에 부딪친다. 그런데 만약 타인의 일들을 돌아보지 않으면 사람들은 자아 속으로 빠져 서서히 익사한다. 지금 바울은 그렇게 죽어가는 자아를 살리기 위하여 착한 오지랖을 타인에게 펼치라고 권고한다. 자신의 일들에 대한 본능적인 돌봄처럼 타인의 일들도 동일한 본능의 수준으로 돌아볼 것을 가르친다.

타인의 일들에 본성적인 관심을 가지고 돌아보는 사랑은 어떠한 의무로서 요구되는 것이 아니라 타인을 자신의 확대된 자아로 여길 때 저절로 일어난다. 이웃을 자신의 몸처럼 여기면 타인에 대하여 동일한 사랑과 뜻과 생각을 품게 되고 당연히 타인의 일들은 자신의 일들인 것처럼 소중하게 여겨진다. 만약 타인의 일을 돌아보지 않는다면 그는 공동체의 사랑과 뜻과 생각에서 멀어진 사람임에 분명하다. 사랑의 관심사가 자아의 테두리를 넘어 타인의 일에까지 넓어지지 않으면 타인 돌보기는 솟구치는 기쁨이 아니라 고단한 숙제에 불과하다. 나는 과연 타인의 일들을 돌아보는 사람인가? 그렇게 돌아보는 것이 숙제인 것처럼 느끼는 사람인가? 자신의 것들이 아니라 타인의 것들을 돌아보는 것은 바울에게 어둡고 더럽고 답답하고 차갑고 절망적인 감옥에 갇힌 죄수라 할지라도 자신의 그런 상황 때문에 좌절하지 않고 교회의 아름답고 평화로운 형편 때문에 기뻐할 수 있었던 비결이다. 자신의 일을 돌아보면 자신의 형편에 기쁨이 춤추지만 타인의 일을 돌아보면 타인의 형편에 기쁨이 좌우된다. 예수님이 친히 지키셔서 음부의 권세도 건드리지 못하는 교회에 우리의 관심을 두고 교회의 일을 돌아보면 우리가 항상 기뻐하는 것도 가능하다.

사실 바울은 타인을 향한 관심사에 있어서도 예수님의 발자취를 충실하게 따른 제자였다. 예수님은 남의 유익을 구하면서 자신의 유익을 다 포기하는 모습을 보였으며 그러한 삶 때문에 타인의 조롱이 뒤따랐던 분이시다(눅 23:35). 예수님은 자신이 십자가 위에서 죽을 위험 속에서도 자신의 회생을 돌아보지 않고 오히려 자신을 죽이는 자들의 죄 용서를 위해 기도까지 드리셨다. 그러니까, 사람들은 남을 구원하는 자가 자신은 구원하지 못한다고 조롱했다. 이 얼마나 아름답고 거룩한 조롱인가! 이는 우리가 이런 조롱을 받았다면 그것은 우리가 예수님의 제자라는 사실의 확실한 검증이기 때문이다. 그러므로 조롱을 환대하라. 이러한 조롱의 주인공이 된다는 것은 성도에게 최고의 영광이다. 나아가 죽음을 영광으로 여기신 주님을 위하여 날마다 죽는 사람은 날마다 최고의 영광이 수여되고 누리는 사람이다. 예수님과 바울은 교회에서 권면과 위로와 교제와 긍휼과 자비가 있고 하나의 마음과 사랑과 뜻을 가지는 것에서 기쁨의 충만을 경험한다. 바울의 신앙적인 체질이 건강하고 아름답다. 그러나 성향적인 면에서 타인에게 관심을 두지 않고 위로와 교제와 긍휼과 자비와는 무관하게 지내고 오히려 역방향을 도모하는 사람들도 교회에는 있다. 나의 체질은 어떠한가?

이 구절에서 번역을 어떻게 하느냐에 따라 타인의 일만 위하라는 것인지 아니면 자신의 일을 위해도 된다는 것인지가 결정된다. 칼뱅은 4절을 "~아니라 ~이다"(not~ but~) 식으로 번역했다. 그러나 나는 "~만이 아니라 ~도 ~이다" 식으로 번역했다. 사실 "자신의 것들만이 아니라"고 할 때 본문에서 "만"에 해당하는 헬라어는 없다. 그럼에도 불구하고 내가 "만"이라는 조사를 붙인 이유는 뒤에 나오는 "카이"(καὶ) 때문이다. 여기에서 "카이"는 "그리고"의 의미를 가지고 있지만 바로 앞에 "그러나"가 나오기 때문에 접속사로 보는 것보다 "또한"과 같은 부사로 보는 게 합당하다. 그래서 자신을 아예 돌보지 말라는 것이 아니라 자신만 돌보지는 말라는 의미로 나는 이해했다. 이렇게 이해한 이유는 "카이"의 의미와 더불어 예수님의 말씀 때문이다. 그는 베드로를 향해 "너는 돌이킨 후에 네 형제를 굳게 하라"고 명하셨다(눅 22:32). 자신을 먼저 돌아보지 않는 사람이 타인은 제대로 돌아볼 수 있겠는가? 하나님의 소유로서 혹은 하나님의 자녀로서 자신을 사랑하지 않는 자가 과연 이웃을 자기처럼 사랑할 수 있겠는가?

빌 2:5-11

⁵너희 안에 이 마음을 품으라 곧 그리스도 예수의 마음이니 ⁶그는 근본 하나님의 본체시나 하나님과 동등됨을 취할 것으로 여기지 아니하시고 ⁷오히려 자기를 비워 종의 형체를 가지사 사람들과 같이 되셨고 ⁸사람의 모양으로 나타나사 자기를 낮추시고 죽기까지 복종하셨으니 곧 십자가에 죽으심이라 ⁹이러므로 하나님이 그를 지극히 높여 모든 이름 위에 뛰어난 이름을 주사 ¹⁰하늘에 있는 자들과 땅에 있는 자들과 땅 아래에 있는 자들로 모든 무릎을 예수의 이름에 꿇게 하시고 ¹¹모든 입으로 예수 그리스도를 주라 시인하여 하나님 아버지께 영광을 돌리게 하셨느니라

⁵여러분은 그리스도 예수 안에 있는 이것을 여러분 안에도 품으십시오 ⁶그는 하나님의 형체 안에 계시지만 하나님과 동등됨을 취할 것으로 여기지 않으시고 ⁷오히려 자신을 비우시고 종의 형체를 입으시고 사람들의 유사성 안에 계시게 되어 사람 같은 모습으로 보였으며 ⁸자신을 낮추시고 죽음, 심지어 십자가의 죽음에 이르도록 순종하신 분입니다 ⁹이러므로 하나님은 그를 지극히 높이셨고 모든 이름보다 뛰어난 이름을 주셨으며 ¹⁰하늘에 있는 것들과 땅에 있는 것들과 땅 아래에 있는 것들의 모든 무릎이 예수의 이름에 꿇게 하셨으며 ¹¹모든 입이 예수 그리스도를 주라고 고백하여 하나님 아버지께 영광을 돌리게 하셨습니다

09 낮아짐과 높이심

바울은 앞에서 빌립보 교회에게 모든 것을 겸손한 마음으로 행하라고 했다. 바울의 이 명령을 접하면 겸손이 희귀한 세상에서 어찌 할 바를 몰라서 망망대해 속에 빠진 느낌이다. 그러나 이제 바울은 안심해도 될 겸손의 거룩한 발자취가 있다고 설명한다. 즉 그리스도 예수의 마음을 본받으면 된다고 권하면서 그의 겸손하신 마음의 실체를 간략하게 설명한다. 예수님은 우리의 구세주인 동시에 구원 이후의 삶을 위해 정해지신 규범이고 기독교적 삶을 구현하신 모델이다.

[5]여러분은 그리스도 예수 안에 있는 이것을 여러분 안에도 품으십시오

바울은 5절에서 그리스도 안에 있는 것을 교회 안에도 있어야 한다고 가르치고 6-8절에서 그것의 구체적인 내용을 설명한다. 바울은 "그리스도 예수 안에 있는 이것" 즉 겸손한 마음을 품으라고 지시한다. 어떤 보편적인

마음이 아니라 예수님의 마음 즉 그 마음에 담긴 구체적인 내용을 품으라는 차원에서 바울은 명확한 지시어(이것, τοῦτο)를 썼다. 예수님의 마음 품기는 그의 명령에 대한 순응이다. 예수님은 온유와 겸손이 자기 안에 있다고 스스로 밝히셨고 그 두 가지를 배우라고 명하셨다(마 11:29). 이는 우리가 품고자 하는 마음을 선택하는 것이 가능하기 때문에 주어진 명령이다. 다른 마음은 함부로 품으면 안 되지만 예수님의 마음은 실컷 품어도 되기 때문에 주저하지 말고 계산하지 말고 그대로 따르라는 명령이다. 바울은 예수님이 배우라고 친히 제시하신 겸손의 성품을 자신의 마음에 먼저 담고 우리의 마음에도 담으라고 한다. 예수 따라쟁이 사도의 집요한 본받기는 이런 면에서도 돋보인다.

이 구절에 대해 무스쿨루스는 "만약 우리가 그리스도의 것이고 성령께서 우리 안에 사신다면 우리는 이 세대의 자녀들을 특징짓는 생각들을 우리 가운데서 품지 말고 우리의 머리 되시는 예수 그리스도 안에 담긴 마음을 모방하고 새겨야 한다"고 해석한다. 어떠한 마음을 품고 사느냐가 인생의 흥망과 성쇠를 좌우한다. 그런데도 사람들은 외모에 쓰는 신경의 분량에 비해 마음 돌봄에 할애되는 관심의 분량이 너무도 빈약하다. 지혜자는 "모든 지킬 만한 것 중에 더욱 네 마음을 지키라"고 했다(잠 4:23). 모세도 하나님의 택하심과 함께 하심의 특권을 누리는 이스라엘 백성이 마땅히 해야 할 것으로서 "너는 스스로 삼가며 네 마음을 힘써 지키라"고 했다(신 4:9). 마음 지키기는 한 사람의 인생과 한 민족의 운명을 좌우할 정도로 중차대한 사안이다. 바울에 의하면, 마음을 지키는 비결은 겸손을 유지함에 있고, 겸손 유지의 비결은 말씀이신 예수님의 내면에 있는 것을 내 마음에 담고 보존함에 있다. 이는 죄인이 당연히 범죄하는 것도 제어할 수 있도록 주의 말씀을 마음에 두었다(시 119:11)는 시인의 비결과 유사하다.

마음을 제어하는 사람은 성을 정복하는 용사보다 위대하다(잠 16:32). 그러나 마음을 제어하지 못하면 성읍의 무너짐과 성벽의 없음과 같이 사나운 외부에 무방비로 노출된다(잠 25:28). 그러면 마음을 내가 다스리지 못하고 외부의 환경이 내 마음을 좌우한다. 마음을 자유롭게 제어하기 위해서는 근육이 필요하다. 그 근육의 단련은 주님께서 메라고 하신 "나의 멍에"(마 11:29)라는 고난의 십자가를 짊어질 때 가능하다. 형통은 마음의 밝기를 좋게 만들지만 고난은 마음의 강도를 높이는 최고의 교실이다. 이러한 사실을 잘 아는 욥은 지독한 고난 속에서도 "그가 나를 단련하신 후에는 내가 순금 같이 되어 나"올 것이라고 확신한다(욥 23:10). "순금 같이 되어 나"온 결과는 몸이 아니라 마음의 단단한 근육이다.

⁶그는 하나님의 형체 안에 계시지만
하나님과 동등됨을 취할 것으로 여기지 않으시고

바울은 우리의 모델이신 예수님의 내면에 있는 것, 즉 겸손의 구체적인 내용을 설명한다. 겸손의 방법과 관련하여, 예수님은 타인을 높이지 않고 자신을 낮추신다. 그런데 그 의미는 대단히 난해하다. 바울은 예수님이 "하나님의 형체 안에(ἐν μορφῇ Θεοῦ) 계신다"고 한다. 칼뱅은 이 구절이 "유사성(similium)이 아니라 더 위대함과 덜 위대함(maioris et minoris)의 비교"를 다루고 "하나님의 형체"는 하나님의 "위엄"(maiestas)을 뜻한다고 해석한다. 성육신 이전에 "아버지와 동일하게"(aequalem cum Patre) 취하신 이 위엄은 그리스도 예수의 "신적인 실체"를 증명한다. 성자는 성육신 이후에도 "하나님의 형체 안에" 계시기에 그는 여전히 하나님의 말씀이며 하나님 자신이다(요 1:1-2). 닛사의 그레고리(Gregory of Nyssa)는 예수께서 "하나님의 형상 안에 계시다"는 문구가 "아버지의 모든 것은 아들 안에도 있다"는 뜻이라고 해석한다. 불링거(Heinrich Bullinger)는 이 모든 것을 종합하듯 "하나님의 형체 안에 있는" 존재는 "다른 어떠한 것도 아닌, 모든 면에서 하나님과 동일하고 진실로 하나님 자신(ipsum Deum)임"을 강조한다.

그러나 칼뱅은 이 구절에서 바울의 본래 의도가 예수님의 신적 본질을 말하려는 것은 아님을 옳게 지적한다. 그럼에도 불구하고 그의 신성을 오해하는 이단들의 광기는 충분히 잠재울 수 있는 말이라고 한다. 에이디는 "형체"를 예수님의 "성육신 이후의 말씀"(λόγος ἔνσαρκος)이나 "인성을 취하시기 이전의 말씀"(λόγος ἄσαρκος)으로 여기는 주장들에 의문을 제기한다. 그는 여기에서 사용된 "형체"(μορφή)가 70인경에서 갈대아어 "지이브"(年歲)의 번역어로 쓰인 것에 착안하여 "본성이나 실체"(φύσις or οὐσία)가 아닌 "가시적인 형태"(visible form)을 뜻한다고 해석한다. 7절에 나오는 "종의 형체"에도 동일한 헬라어(μορφή)를 사용하기 있기 때문에 어느 정도 일리는 있으나 영이신 "하나님의 형체"라는 점을 고려할 때 인간의 육안으로 보이는 가시성을 거기에 부여하는 것은 주의해야 한다. 호돈이 잘 요약한 것처럼, 구약의 다양한 용례(출 16:10; 24:15; 레 9:6, 23; 민 12:8; 14:10)를 따라 하나님의 형체를 하나님의 영광으로 이해하는 것이 가장 무난하다.

바울은 "하나님의 형체 안에" 계신 그리스도 예수께서 "하나님과 동등됨(τὸ εἶναι ἴσα)을 취할 것으로 여"기는 것은 마땅한 것이라고 설명한다. 예수께서 존재에 있어서 하나님과 같다면 대우에 있어서도 하나님과 동등한 대우를 "취함"(ἁρπαγμός)이 마땅하기 때문이다. 그러나 예수님은 자신을 하나님의 형체로 보이지 않으셨고 그 형체에 합당한 대우도 받지 않으셨다. 이것은 신적인 영광의 취함을 마땅한 것으로 "여기지 않으신"(οὐχ ἡγήσατο) 예수님의 능동적인 선택에 따른 겸손이다. 이런 겸손의 한 사례는 한 사람이 예수님을 "선한 선생님"이라고 부를 때의 일이었다. 예수님은 "하나님 한 분 외에는 선한 이가 없"기 때문에 "나를 선하다"고 말하지 말라는 반응을 보이셨다(막 10:18). 이는 선하신 하나님과 동등한 분이지만 동등한 대우를 받지 않겠다는 겸손한 반응이다.

호돈이 잘 정리한 것처럼, 이 구절에서 첫째 아담과 둘째 아담의 태도가 절묘하게 대비된다. 쓰여진 헬라어가 다르지만, 첫째 아담은 하나님의 형체(εἰκών)와 모양(ὁμοίωσις)을 따라 지음을 받았으나 둘째 아담은 하나님의 형체(μορφή) 안에 거하셨다. 하나님과 같지 않은 첫째 아담은 하나님과 동등됨을 취하려고 교만의 길을 걸어간 반면, 하나님과 같으신 둘째 아담은 하나님과 동등됨을 스스로 거부하는 겸손의 길을 걸으셨다. 교만과 겸손의 두 세계가 이런 식으로 갈라진다.

여기에서 "하나님과 동등됨"을 취하지 않는다고 하여 예수님의 영원한 신성이 버려지는 것이라고 해석하는 것은 부당하다. 이는 "나는 양을 위하여 목숨을" "스스로 버리노라"(요 10:15, 18) 라는 예수님의 말씀에서 그가 신적인 생명을 버렸다고 해석하는 것의 부당함과 일반이다. 이러한 생각을 변호하기 위해 박윤선은 바울이 "동등됨"을 남성(ἴσος)으로 표기하지 않고 여성(ἴσα)으로 표기한 것을 지적한다. 말씀이 육신이 되신 예수님은 여전히 신적인 본성과 실체를 가지셨다. 성육신 이전에는 신적인 형체 안에 계셔서 신으로 보이셨고, 성육신 이후에는 종의 형체 안에 거하시며 사람의 형체로 보이셨다. 그러므로 성육신은 성자의 신성에 변경을 가한 사건이 아니라 그가 거하시는 형체의 변화와 관계된 사건임을 에이디는 강조한다. 여기에서 우리는 성자께서 겉으로만 사람으로 보이신 것이 아니라 실제로 사람이 되셨다(γενόμενος)는 언급을 간과하지 않도록 주의해야 한다. 성육신 이전에 예수는 성자로서 하나님의 신적인 본성과 실체를 가지시고 성육신 이후에는 이러한 신성의 상태를 유지하신 채 사람이 되셨기에 인간적인 본성과 실체를 가진 동시에 사람의 모양으로 보이셨다.

예수님이 "하나님과 동등됨"을 취하지 않으신 것은 최고의 겸손이다. 이는 겸손이 자신의 가장 소중한 것을 부인함에 있기 때문이다. 사장이라 할지라도 사장과 동등됨을 취하지 않고, 왕이라 할지라도 왕과 동등됨을 취하지 않고, 목사라 할지라도 목사와 동등됨을 취하지 않고, 총장이라 할지라도 총장과 동등됨을 취하지 않을 때 비로소 겸손하게 된다. 우리는 예수님을 믿어서 하나님의 자녀들이 되었지만 신적인 자녀와 동등됨을 취하지 않을 때 비로소 예수님의 겸손을 본받는다.

> ⁷오히려 자신을 비우시고 종의 형체를 입으시고
> 사람들의 유사성 안에 계시게 되어 사람 같은 모습으로 보였으며

하나님과 동등하신 예수님은 신적인 위엄에 합당한 영광과 예우를 취하지 않으시고 오히려 자신을 비우셨다. 여기에서 "비우다"(κενόω)는 말의 의미는 간단하지 않다. 이에 대한 대표적인 논쟁은 "자기"를 "하나님의 신성"으로 보느냐, "하나님의 영광"으로 보느냐, "하나님의 상대적인 속성"으로 보느냐의 여부와, "비우다"를 "비움 혹은 버림"(κένωσις)으로 보느냐, 아니면 "감춤" 혹은 "숨김"(κρύψις)으로 보느냐의 여부였다. 칼뱅은 문맥적 의미를 추구하며 "비우다"는 말을 "없애다"가 아니라 8절에 언급된 "낮추다"(ταπεινόω)의 다른 표현으로 이해한다. 게다가 "자신"(ἑαυτὸν)을 예수님 자신이 아니라 그의 영광으로 보았기 때문에, 칼뱅은 "자신을 비우다"를 "자신의 영광을 감소하는 방식(minuendo)이 아니라 억제하는 방식(supprimendo)으로 사람의 모습 속에 내려 놓으신 것이라"고 해석한다. 즉 "하나님의 아들이신 그가 실제로는(re ipsa) 하나님과 동등하신 분임에도 불구하고 육신 가운데서(in carne) 종의 모양을 취하실 때는 자신의 영광을 억제하신 것"이라고 한다. "형체"를 본성이 아니라 "본성이 스스로를 드러내는 것" 즉 "영광"으로 이해한 에이디도 예수님이 자신을 비우신 것은 하나님의 형체 즉 자신의 신적인 영광을 비우신 것이라고 해석한다. 바울이 말하는 "그리스도"를 "신성이 배제된 분"이라고 해석한 에라스무스와는 달리, 칼뱅은 "그리스도"가 "육체로 나타나신 하나님" 즉 "그리스도 전부에 대한"(de toto Christo) 칭호라고 주장한다.

세상은 사람의 영광을 취하고 자신에게 합당하지 않은 과분한 예우를 받기 위해 타인을 속이고 타인의 영광까지 탈취하려 한다. 그러나 예수님은 그런 세상의 흐름과는 완전히 다른 역방향 의도를 가지셨고 실제로 그렇게 행하셨다. 구약에도 예수님의 겸손을 예시한 사람들이 있다. 그들 중에 요셉만 언급하고 싶다. 야곱의 열한 번째 아들인 요셉은 17세쯤에 형들에게 배신을 당하고 미디안 상인에게 팔려 억울한 종살이와 옥살이를 했다. 스스로 낮추신 예수님의 경우와는 다르지만, 요셉도 그렇게 세상의 바닥까지 낮아졌다. 그러나 하나님의 은혜로 최대의 제국 애굽에서 2인자인 총리의 자리에서 막강한 권력의 소유자로 등극했다. "나는 바로라 애굽 온 땅에서 네 허락이 없이는 수족을 놀릴 자가 없으리라"라는 바로의 발언에 따르면, 요셉은 2인자가 아니라 당시 최고의 실세였다. 링컨은 "한 사람의 성품을 알려면 권력을 줘 보라"고 권하였다. 막강한 권력 때문에 외부의 제재를 받지 않으면 인간의 있는 그대로의 본색이 드러나기 때문이다. 그런데 요셉은 애굽에서 최고의 권력을 손아귀에 넣었지만 바로를 통해 하나님이 맡기신 권력이기 때문에 자신의 사적인 뜻을 이루는 용도로 씀으로써 자신이 "하나님을 대신"하게 되면 안 된다고 고백한다(창 50:19). 자신에게 주어진 힘의 궁극적인 출처를 알고 함부로 수여자가 정한 용도를 변경하여 사사로이 사용하지 않는 요셉의 태도가 바로 진정한 겸손이다.

검손한 요셉과 유사한 신약의 사람은 바울이다. 그는 하늘에서 주어진 권위와 교회의 기초를 세우는 권한이 막강한 사도였다. 사도들 중에서도 가장 위대한 노력과 업적을 보인 사도였다. 게다가 지적인 면에서나 종교적인 면에서나 혈통적인 면에서나 제도적인 면에서나 어떤 면에서도 그는 심히 유능해서 당시의 왕과 총독과 유대인의 공적인 인정을 받은 수재였다. 그러나 그럼에도 불구하고 바울은 이러한 권리만이 아니라 인간의 생존과 행복 추구권도 사사로이 사용하지 않았다고 한다(고전 9:15, 18). 그런 외적인 태도만이 아니라 자기 자신에 대해서는 "사도 중에 가장 작은 자"

이며 심지어 "사도라 칭함 받기를 감당하지 못할 자"라고 생각했다(고전 15:9). 성도 중에는 "지극히 작은 자보다 더 작은" 자라고 고백했다(엡 3:8). 세상의 모든 죄인들 중에는 자신이 "죄인 중에 내가 괴수"라고 했다(딤전 1:15). 이처럼 바울은 어떠한 공동체 안에서도 자신을 다른 누구보다 낮은 자로 여기는 겸손의 거인이다.

사람은 존재가 클수록 가리기가 어려운데, 어떠한 크기의 권력이 자신에게 주어져도 그 권력을 자신의 뜻대로 사용하지 않고 하나님께 사용권을 양도하는 겸손의 소유자가 바로 요셉과 바울이다. 우리에게 주어진 어떠한 권위와 권한도 맡겨진 것이기 때문에 사적인 용도가 아니라 하나님의 뜻을 위한 공적인 용도에 맞게 사용해야 한다. 권세에 휘둘리는 자는 권세보다 작고 휘둘리지 않는 자는 권세보다 크다. 주어진 권세가 아무리 커도 겸손이 크면 제어할 수 있기 때문에 하나님은 겸손한 자에게 큰 권세를 맡기신다.

아버지의 보좌 우편에 계신 예수님의 경우는 독특하다. 그는 요셉이 가진 총리의 권력이나 바울이 가진 사도의 권한과는 비교할 수 없도록 지극히 큰 권력을 가지신 하나님의 아들이다. 그런데도 하나님과 동등됨을 취할 것으로 여기지 않으셨다. 입김보다 가벼운 사람들이 함부로 자유롭게 조롱하고 핍박하고 멸시하고 급기야 죽음으로 내몰아도 안심이 될 정도로 자신을 철저히 가리셨다. 이것이 바로 신적인 겸손이다. 예수님은 하늘과 땅의 모든 권세를 가졌지만 그것으로 자신의 개인적인 뜻이 아니라 아버지의 공적인 뜻을 다 이루셨다. 요셉과 바울의 겸손은 사람들 사이에서 발생하는 미미한 낮아짐의 상대적인 겸손이다. 그러나 예수님의 겸손은 창조자가 피조물로 오심에서 발생하는 무한한 낮아짐의 절대적인 겸손이다.

자신을 비우신 예수님은 "종의 형체"($\mu o \rho \phi \grave{\eta} \nu \ \delta o \acute{u} \lambda o u$)를 입으셨다. 에이디는 이것을 "자기 비움이 성취된 양태"라고 설명한다. "하나님의 형체"와 "종의 형체"가 대비된다. 예수님은 지극히 높으신 이의 아들 자리에서 "종의 형체"라는 무한히 낮은 자리로 자신을 낮추셨다. 이는 칼뱅의 말처럼 "아버지의 종이 인간의 종도 되신" 사건이다. 예수님은 이사야가 예언한 고난의 의로운 종(사 53:11)이시다. 그는 아버지의 뜻을 이루시는 아버지의 종이시며 그 뜻을 이루기 위하여 사람의 가장 치욕적인 죄도 씻으시는 인간의 종 됨도 마다하지 않으셨다. 예수님의 모든 발자취를 따르고자 한 바울은 어떠한 이에게도 매이지 않았으나 "스스로 모든 사람에게 종이 되"기를 자청했다(고전 9:19). 무슨 수단을 써서라도 높아지고 싶어서 죄악도 불사하는 세상과는 달리, 바울은 더 많은 사람을 복음으로 얻기 위하여 모든 사람의 "종"이라는 낮아짐의 겸손을 목숨 걸고 추구했다. 예수께서 종의 형체를 입으심은 모든 교회가 바울처럼 따라야 할 기독교적 인생의 모델이다. 그래서 부쩌(Martin Bucer)는 지극히 위대하신 하나님의 아들께서 자신을 버리시고 비우시고 죽기까지 순종을 하셨다면 "아무것도 아니고 아무것도 할 수 없는" 우리는 더더욱 "우리 자신을 부인하고" "모든 고난과 불명예"가 담긴 "십자가를 어깨에 걸고 우리의 주인, 지도자, 왕, 구세주를 따라"야 하지 않느냐고 강조한다. 예수님의 비우심에 비하면 아무것도 아닌 우리의 비움은 얼마나 쉽겠는가!

예수님은 "사람들의 유사성 안에"(ἐν ὁμοιώματι ἀνθρώπων) 거하셨다. 그러기 때문에 "사람 같은 모습"(σχήματι ὡς ἄνθρωπος)으로 자신을 보이셨다. "유사성" 및 "같은"이라는 단어 때문에 예수님이 우리와 완벽하게 동일한 인간은 아니고 말시온의 주장처럼 "허영"(phantasma)일 뿐이라는 의구심이 일어난다. 칼뱅은 "상태의 유사성 때문에 본성의 실재를 부정하기 위한 논거를 산출하는 말시온 추종자"를 "지극히 유치한" 자라고 평가한다. 예수님은 완전한 사람이신 동시에 다른 사람과 일치하는 분은 아니셨다. 두 가지의 이유 때문이다. 첫째는 그가 성육신을 통해 완전한 사람이 되신 동시에 여전히 완전한 하나님도 되시기 때문이다. 둘째는 우리와 동일하게 사람이신 그가 죄는 없으시기 때문이다. 루터는 이 구절을 해석하며 예수님은 "우리의 피와 살이라는 인간의 본성을 취하셨을 뿐 아니라 그 "피와 살이 고통을 당할 수밖에 없는 우리의 연약함도" 다 취하시는 방식으로 하나님의 신적인 위엄을 "묻으시고 가리신 것"이라고 주장한다. 우리의 인간성과 연약함을 취하신 예수님은 "모든 일에 우리와 똑같이 시험을 받으신 분"이지만 죄를 범하지는 않으셨다(히 4:15).

⁸자신을 낮추시고 죽음, 심지어 십자가의 죽음에 이르도록 순종하신 분입니다

예수님은 "자신을 낮추셨다"(ἐταπείνωσεν ἑαυτὸν). 예수님의 경우에는 비우심 이후에 낮추심이 있다. 여기에서 우리는 자신을 비우지 않으면 낮아질 수 없음을 깨닫는다. 낮아지는 겸손의 자발성과 적극성도 여기에서 확인한다. "존귀의 길잡이"(잠 15:33)인 겸손은 외적인 요인에 의해 낮아진 상태를 마지못해 수용하는 것이 아니라 기꺼이 침노해야 하는 미덕의 천국이다. 겸손은 아무리 많이 오래 추구해도 부작용이 없다. 우리가 마음에 품어야 할 예수님의 무한한 겸손에는 넘어가지 말아야 할 선이나 임계점이 없기 때문이다. 예수님은 스스로 낮아지지 않으면 다른 누구나 무엇에 의해서도 낮추어질 수 없는 분이시다. 우리의 신분도 그러하다. 우리는 하나님 아버지의 보좌 우편에 앉으신 "그리스도 예수 안에서 함께 하늘에 앉혀" 있기 때문이다(엡 2:6). 우리도 스스로 낮출 때만 낮아진다.

낮아지는 겸손의 방향과 본질과 종착지는 무엇인가? 겸손은 타인의 비위를 맞추기 위한 저자세나 비굴한 말투나 온순한 눈빛이나 굽실댐이 아니라 하나님의 말씀에 대한 순종이다. 하나님께 순종하지 않는 사람은 겸손하지 않고 교만하다. 순종은 자신이 아니라 순종의 대상이신 하나님을 자신의 왕으로 경외하는 것이고 교만은 정반대다. 하나님을 왕으로 인정하지 않고 두려워할 줄도 모르고 오히려 자신을 왕으로 여기며 자신의 소견

에 옳은 대로 살아간다. 낮아지는 겸손 즉 순종의 끝은 어디인가? "십자가의 죽음"(θάνατος σταυροῦ)이다. 왜 죽기까지 순종해야 했나? 우리의 상태 때문이다. 아담이 하나님의 명령을 어기고 "정녕 죽으리라" 하신 선언 대로 정녕 죽었으며 그의 모든 후손도 죄로 말미암아 죽을 수밖에 없는 사멸의 운명을 가지고 태어났다. 죄의 형벌은 사망이기 때문에 죽음의 순종은 인간의 마지막 운명인 죽음을 회복하기 위해 필요하다.

    순종의 진정한 가치는 죽음으로 확인된다. 즉 순종의 가치는 죽음보다 크다. 그러므로 사도들이 증언한 것처럼, "하나님께 순종하는 것은 마땅하다"(행 5:29). 순종의 당위성은 생사의 문제보다 크다. 순종하지 않는다면 죽는 것이 마땅하다. 그렇기 때문에 죽더라도 순종해야 한다. 예수님은 죽기까지 순종하여 존귀와 영광을 받으신다. 순종의 끝인 죽음은 종착지가 아니라 영광에 이르는 준비와 과정이다. 십자가의 죽음이 임박한 때를 "인자가 영광을 얻을 때"라는 예수님의 해석을 바울은 이렇게 풀이한다. 하나님께 순종하여 그의 뜻을 이루는 것은 죽음보다 귀한 영광이기 때문이다. 그 영광의 구체적인 내용이 9절부터 11절까지 이어진다.

    예수님을 따르는 제자도의 두 기둥은 비우기와 낮추기다. 자신을 비우고 자신을 낮추는 것은 십자가의 죽음에 이르는 유일한 길목이다. 우리는 자신으로 너무도 많이 채워져 있기 때문에 죽도록 비워야 하고 스스로 너무도 높아져 있기 때문에 죽음까지 낮추어야 한다. 바울은 그리스도 예수와 그의 십자가만 알기로 작정했고 그것만 자랑한 사람이다. 예수님의 낮추시는 겸손과 그 끝자락에 있는 십자가의 죽음에 대해 다른 어떤 사도보다 더 깊고 종합적인 인식을 가진 사람이다. 그는 알기만 하지 않고 살아낸 사람이다. "나는 날마다 죽노라"(고전 15:31)는 바울의 말은 예수님의 십자가 죽음을 향하여 날마다 자신을 비우고 낮춘다는 것을 의미한다. 바울에게 죽음의 겸손은 일시적인 이벤트가 아니라 날마다의 삶이었다. 이는 예수님의 순종과 십자가 죽음을 구원의 근거만이 아니라 인생의 질서로도 삼은 자의 모습이다.

> 9이러므로 하나님은 그를 지극히 높이셨고
> 모든 이름보다 뛰어난 이름을 주셨으며

바울은 십자가의 죽음에 이르도록 비우시고 낮아지신 예수님의 순종을 언급한 이후에 예수님의 채우시고 높아지신 영광에 대해 설명한다. 낮아짐과 높아짐, 비움과 채움이 원인과 결과의 관계를 가지고 있음을 나타내기 위해 바울은 "디오"(dio.)라는 접속사를 사용한다. 즉 높아짐은 낮아짐의 결과이고 낮아짐은 높아짐의 원인이다. 채움은 비움의 결과이고 비움은 채움의 원인이다. 비움의 크기와 채움의 크기, 낮아짐의 크기와 높아짐의 크기는 비례한다. 그래서 비우지 않으면 채움이 없고 낮추지 않으면 높아짐이 없다. 그러나 더 많이 낮출수록 더 많이 높아지고 더 많이 비울수록 더 많이 채워진다.

예수님은 자신을 지극히 높은 곳에서 지극히 낮은 곳으로 낮추셨다. 측량할 수 없는 무한대의 크기로 자신을 낮추셨다. 그래서 "하나님은 그를 지극히 높이셨다." 지극한 낮추심과 지극한 높이심, 즉 극과 극이 원인과 결과의 필연적인 관계를 가진다는 것은 이 세상의 신비이며 하나님이 정하신 규정이다. 인생은 극에서 극으로 움직이는 극적인 반전이다. 세상사도 그러하다. 하나님은 한 사람을, 한 공동체를, 한 나라를, 한 시대를 지극히 낮추시고 다시 온전히 세우신다. 이는 예레미야 선지자의 글에서 확인된다. 하나님은 그에게 "보라 내가 오늘 너를 여러 나라와 여러 왕국 위에 세워 네가 그것들을 뽑고 파괴하며 파멸하고 넘어뜨리며 건설하고 심게 하였"다고 말하셨다(렘 1:10). 파멸이 선행하고 건설이 뒤따른다.

테오도레투스는 "신성은 어떠한 것도 부족함이 없다"는 점에 근거하여 하나님의 예수 높이심을 해석하되 예수께서 "이전에 가지고 있지 않은 것을 가진 것이 아니라 신으로서 소유하신 것을 사람으로서 가지게 되신 것이라"고 주장한다. 대단히 중요한 주장이다. 예수께서 신성의 지극히 높은 영광을 자신의 인성에 가지신 것은 우리에게 주어질 영광 즉 우리를 높이심과 연결되어 있기 때문이다. 요한은 우리가 하나님의 자녀로서 "장래에 어떻게 될지는 아직 나타나지 않았으나" 예수께서 부활의 형체를 가지신 영광의 모습으로 오시면 "우리가 그와 같을 줄을 안다"고 증거한다(요일 3:2). 이러한 증거의 의미는 하나님의 "신기한 능력으로 생명과 경건에 속한 모든 것을 우리에게" 주셔서 우리로 하여금 "신성한 성품에 참여하는 자가 되게 하려 하셨다"는 베드로의 증거와 유사하다. 같은 취지에서 바울은 미리 정하심의 결과로서 우리가 하나님의 "아들의 형상과 같게 형성되는 것"(συμμόρφους τῆς εἰκόνος τοῦ υἱοῦ)이라고 표현한다(롬 8:29).

예수께서 높아지신 것은 사람이 행한 것이 아니라 "하나님"이 높이셨고 그냥 높이신 것이 아니라 "지극히 높이셨다"(ὑπερύψωσεν). 겸손의 섭리에는 낮아짐의 능동태와 높이심의 수동태가 절묘하게 맞물린다. 여기에서 우리는 예수께서 자신을 낮추시는 일에 능동적인 태도를 취하시고 자신을 스스로 높이신 게 아님을 주목해야 한다. 그런데 대부분의 사람들은 자신을 높이는 일에 능동적인 태도를 취하며 막대한 심혈을 기울인다. 그러나 높이심의 주권은 전적으로 아버지 하나님께 있다. 높이심의 원리도 그가 정하셨다. 즉 하나님은 스스로 낮추는 겸손한 자를 높이신다. 야고보의 지침을 따라, 제멋대로 낮추는 것도 아니고 사람 앞에서 낮추는 것도 아닌, "주 앞에서 낮추라 그리하면 주께서 너희를 높이"신다(약 4:10). 주 앞에서의 낮춤은 주의 명령에 대한 순종이다. 순종하면 주를 닮아간다. 그의 온전하심 같이 온전하게 된다. 그러면 주께서는 그 온전한 자를 "말 아래에 두지 아니하고 등경 위에" 놓으신다(마 5:15). 온전히 순종하신 예수님은 온전한 등불의 모델이다. 아버지 하나님은 그를 말 아래에 두지 않으시고 등경 위에,

모든 이름 위에 뛰어난 이름을 베푸셨다. 이러한 원리를 무시하고 스스로 높아지는 자는 하나님의 정하심을 무시하는 교만한 자이기 때문에 반드시 낮아진다. 상식의 눈으로 보더라도, 등불이 어떻게 스스로 등경 위로 오르는가!

사람이 예수님을 높인 것이 아니라는 사실도 중요하다. 사람이 관여하지 않았기 때문에 사람들이 아무리 예수님을 낮추려고 해도 그렇게 되지 않는 것처럼, 사람들이 우리를 낮추려고 어떠한 비방을 하고 어떠한 술수를 써도 걱정하지 말라. 사람이 아무리 자신을 높이려고 해도 하나님이 그를 낮추시면 낮아지고, 하나님이 높이시면 사람이 아무리 낮추려고 해도 낮아지지 않기 때문이다. 이는 하나님이 높이신 것을 절대로 사람이 낮추거나 폐하거나 변경하지 못하기 때문이다. 어떤 사람들은 자신을 낮추어도 하나님이 자신을 높여 주시지 않는다고, 겸손의 원리가 작동하지 않는다고 불평한다. 이런 불평은 교만의 반증이다. 진실로 겸손한 사람은 낮아지는 것을 당연하게 여기고 자신이 높아질 자격도 없다고 생각하기 때문이다. 그리고 우리는 스스로 높아질 수 없는 것처럼, 높아지는 시점도 스스로 결정하지 못한다는 사실을 주목해야 한다. 그래서 베드로는 겸손한 자를 주님께서 "적시에"(ἐν καιρῷ) 높이실 것이라고 주장한다(벧전 5:6). 나아가 우리는 주님께서 우리를 높여주지 않으실지라도 감사하고 찬양하는 다니엘의 세 친구가 보여준 신앙(단 3:18)을 고수해야 한다.

하나님은 예수님을 높이시되 "모든 이름보다 뛰어난 이름을 주"시는 방식으로 지극히 높이셨다. 여기에서 "이름"(ὄψα)은 "권세나 위엄"을 나타낸다. "모든 이름보다 뛰어난 이름"이 예수님께 주어진 것은 "최고의 권세"(summam potestatem)가 그에게 주어졌고 이로써 그는 "영예의 최고 단계에"(in supremo honoris gradu) 거하게 되셨다는 칼뱅의 해석은 합당하다. 다른 곳에서 바울은 예수께서 "모든 통치와 권세와 능력과 주권과 이 세상뿐 아니라 오는 세상에 일컫는 모든 이름 위에 뛰어나게" 되셨다고 증거한다(엡 1:21). 이처럼 예수님은 권세나 영예만이 아니라 세상이 흠모하는 모든 것들보다 더 뛰어난 이름이다. 이로 보건대, 하나님의 종이 "높이 들려서 지극히 존귀하게 되리라"(사 52:13)는 이사야의 예언은 공수표가 아니었다.

이 사실을 너무도 잘 알기 때문에 다른 모든 유익한 것들을 배설물로 여기고 지극히 존귀하신 그리스도 예수만 얻기를 소원한 바울(빌 3:7-8)은 얼마나 지혜롭고 영적인 사람인가! 우리가 추구하는 것은 무엇이고, 우리가 무릎을 꿇어야 할 대상은 누구이고, 추구해야 할 것은 무엇인가? 통치나 권세나 능력이나 주권이나 명예나 건강이나 재물이 아니라 그 모든 것들을 합한 것보다 더 위대하신 그리스도 예수의 이름이다. 그의 이름만 있으면 믿음의 조상에게 "네 이름을 창대하게 하리라"(창 12:2)고 하신 하나님의 언약이 우리에게 성취된다. 이는 이름의 창대함이 예수의 이름 의존적인 창대함을 의미하기 때문이다. 그러나 만약 우리가 예수님의 이름을 다른 모든 것보다 더 높이지 않는다면 그렇게 높이신 아버지 하나님의 뜻과 상반된다. 이름의 창대함과 무관하게 된다. 그런 하나님의 언약을 무시하고 그 언약의 주체이신 하나님도 무시하게 된다.

> 10하늘에 있는 것들과 땅에 있는 것들과 땅 아래에 있는 것들의 모든 무릎이
> 예수의 이름에 꿇게 하셨으며

높이심의 내용을 설명한 바울은 이제 높이시는 하나님의 방식과 예수님의 이름에 대해 설명한다. 이것은 이사야서 45장 23절의 성취로서 10절과 11절에서 순서대로 언급된다.

먼저, 하나님은 "모든 무릎(πᾶν γόνυ)이 예수의 이름에 꿇게" 하시는 방식으로 예수님을 높이신다. 보냄을 받으신 예수님께 무릎을 꿇는다는 것은 보내신 아버지 하나님께 무릎을 꿇는 것으로 간주된다. 그리스도 예수를

통하여 "공의를 행하며 구원을 베푸는 하나님"은 이사야를 통해 "내게 모든 무릎이 꿇"을 것이라는 예언(사 45:21-23)을 남기셨고 "모든 무릎이 예수의 이름에 꿇게 하"심으로 그 예언을 이루셨다. 무릎을 꿇는다는 것은 무릎의 입장에서 보면 지극히 높으신 분에게 드리는 경배의 방식이다. 그래서 시인은 "오라 우리가 굽혀 경배하며 우리를 지으신 여호와 앞에 무릎을 꿇자"고 제안한다(시 95:6). 무릎의 가장 중요한 용도는 창조주와 구세주 되시는 하나님을 경배함에 있다. 그런데 무릎을 오용하는 사람들도 있다. 그들은 하나님이 아닌 우상에게 무릎을 꿇는 자들이다. 거의 모든 무릎이 우상에게 꿇더라도 하나님은 "내가 나를 위하여 바알에게 무릎을 꿇지 아니한 사람 칠천 명을 남겨 두었다"고 밝히신다(롬 11:4; 왕상 19:18). 최고의 영광이 합당하신 하나님은 "내 영광을 다른 자에게, 내 찬송을 우상에게 주지 아니할 것이라"는 말씀대로 행하신다(사 42:8). 다니엘은 민족과 신앙이 무너진 시대에 이방의 왕이나 우상에게 무릎 꿇지 않은 대표적인 인물이다. 오히려 그는 "하루 세 번씩 무릎을 꿇고 기도하며 그의 하나님께 감사"하여 고발을 당하기도 하였으나 그는 하나님을 끝까지 경배했다(단 6:10). 이는 그가 하나님의 이름을 하늘과 땅과 땅 아래의 다른 모든 이름이 무릎을 꿇어 마땅한 최고의 이름으로 여겼음을 보여준다.

    칼뱅의 시대에는 "내게 모든 무릎이 꿇"을 것이라는 이사야의 예언을 과도하게 적용하여 "그리스도라는 이름이 불려질 때마다 무릎 꿇고 경배해야 한다고 주장하는 소르본 학파의 궤변"이 난무했다. 이에 대해 칼뱅은 "그리스도 예수"라는 "그 발음(vox) 속에 모든 권세가 들어있는 마술적인 이름으로 생각하는 것"을 꾸짖고 "그 음절(syllabis)이 아닌 하나님의 아들에게 영광을 돌려야 한다"고 강조한다. 그렇다고 해서 예수님의 이름을 입으로 고백하는 경배의 언어적인 중요성을 부정하는 것은 아니며, 오히려 이 구절에 근거하여 하나님을 마음으로 경외하는 경배의 내적인 요소만이 아니라 몸을 굽히고 무릎을 꿇는 경배의 외적인 요소도 동일하게 중요함을 강조한다. 바울의 말처럼 우리의 몸을 하나님께 드림은 너무도 합당한 예배이기 때문이다(롬 12:1).

예수의 이름에 무릎을 꿇는 주체는 세 부류로 언급된다. 즉 "하늘에 있는 것들과 땅에 있는 것들과 땅 아래에 있는 것들"이다. 세상에서 아무리 높아진 사람도 하늘과 땅 아래에 있는 존재들의 무릎이 동원하는 것은 불가하다. 그러나 유일하게 예수께는 가능하다. 종교개혁 시대에 교황주의 학자들은 이러한 삼중적인 분류가 연옥을 지지하는 증거라고 주장했다. 이에 칼뱅은 천사들과 산 자들과 죽은 자들이 예수의 이름에 무릎을 꿇는다고 해서 죽은 자들의 구원 가능성을 뜻하는 것이 아님을 명시한다. 오리게네스는 이 분류가 "온 우주"(omnis universitas)를 가리키는 말이라고 주장한다. 구약에서 지구를 표현할 때 하늘의 새와 땅의 생물과 바다의 물고기로 구분한다. 하지만 오리게네스는 지구보다 더 큰 세계를 생각했다.

그러나 그보다도 더 큰 세계를 생각한 박윤선은 각 부류에 대해 천상적인 것들은 "성도들과 천사들"을 가리키고, 지상적인 것들은 "사람들과 피조물"을 가리키고, 지하적인 것들은 "바다와 땅 속에 있는 모든 피조물"을 가리키는 말이라고 한다. 그러나 나는 "땅 아래에 있는 것들",καταχθονίων: 신약에서 여기에만 사용된 헬라어)이 마귀와 악한 영들과 불신자의 영들도 포함하는 말이라고 주장한다. 이는 악한 존재들도 예수님을 경배할 것이라는 의미가 아니라 예수님의 절대적인 위대함과 우주적인 주권자 되심을 부정할 수 없다는 의미에 근거한 주장이다. 믿지 않고 죽은 자들은 구원을 받아 구세주 하나님의 자비와 긍휼을 드러내는 성도의 방식이 아니라 멸망을 당해 창조주와 심판주 되시는 하나님의 공의와 정의를 드러내는 방식으로 예수님께 무릎을 꿇는 것이라고 나는 생각한다.

시인은 "여호와의 이름에 합당한 영광"을 그에게 돌려야 한다고 강조한다(시 29:2; 96:8; 대상 16:29). 그러나 예수님의 지극히 위대한 이름에 합당한 경배를 드리기 위해서는 온 우주와 모든 존재를 다 동원해도 부족하지 않겠는가! 요한은 그리스도 예수의 죽음과 부활의 영원한 복음이 "모든 민족과 종족과 방언과 백성에게" 전해지기 때문에 "각 나라와 족속과 백성과 방언에서 아무도 능히 셀 수 없는 큰 무리가" 천사들과 함께 "보좌 앞에 엎드려 얼굴을 대고 하나님께 경배"하는 장면을 환상으로 목격했다(계 7:9-11; 14:6). 그러나 그렇게 경배해도 하나님의 위대한 이름에는 여전히 부족하다. "호흡이 있는 자마다" 찬양하고, "모든 천사"와 "모든 군대"와 "해와 달"과 "하늘의 하늘"과 "하늘 위에 있는 물들"과 "불과 우박과 눈과 안개"와 "광풍"과 "산들"과 "나무들"과 "풀들"과 "짐승과 모든 가축과 기는 것과 나는 것"(시 148:2-10)이 다 그의 이름을 찬송해도 여전히 충분하지 않다. 그래서 시인은 솔직하게 고백한다. "누가 능히 여호와의 권능을 다 말하며 주께서 받으실 찬양을 다 선포하랴"(시 106:2).

> 11모든 입이 예수 그리스도를 주라고 고백하여
> 하나님 아버지께 영광을 돌리게 하셨습니다

이사야의 예언에 나오는 모든 무릎의 꿇음이 성취된 것을 언급한 이후에 바울은 모든 혀의 고백에 대해 진술한다. 즉 그리스도 예수는 "주"(κύριος)라는 고백이다. 입술을 가진 모든 생물은 예수님을 주라고 고백함이 마땅하다. 이 고백도 당연히 하나님께 "모든 혀가 맹세"할 것(사 45:23)이라는 이사야의 예언과 관계되어 있다. 여기에 쓰인 히브리어 "맹세하다"(שׁבע)는 70인경에서 "고백하다"(ἐξομολογέω)로 번역된다. 그러므로 맹세를 고백으로 이해해도 무방하다. 여기에서 우리는 바울이 구약을 인용할 때 히브리어 성경과 더불어 70인경을 존중하고 있다는 사실을 확인한다.

모든 무릎의 꿇음 경우와 동일하게, 고백에 대해서도 이사야를 통해 모든 혀의 고백을 예언하신 하나님은 "모든 입이 예수 그리스도를 주라고 고백"하게 하심으로 그 예언을 이루셨다. 하나님은 우리를 부르시는 동시에 그 부르심의 목적도 다 이루시고(살전 5:24), 약속과 명령을 주시면서 그것을 또한 반드시 친히 이루신다(겔 12:25; 36:36). 앞서 언급된 것처럼, 시작하신 이가 이루신다(빌 1:6). 바울은 우리의 주님이 오직 "한 분"이라고 고백한다(엡 4:5). 그리스도 예수를 주라고 고백하는 것은 그가 하나님과 동일하신 분이라는 확증이다.

우리가 예수님을 주라고 고백하는 것은 성령으로 말미암아 가능하다(고전 12:3). 이것은 성령으로 말미암아 믿는 자들에게 예수께서 그들의 구세주 되심에 대한 고백이다. 그러나 고든 피가 잘 분석한 것처럼, 이사야서 기록의 성취로서 언급된 빌립보서 문맥 안에서의 의미는 "주"라는 예수님의 신적인 이름에 대한 고백이다. 이사야서 45장 문맥에서 "주"는 사람이 거주할 수 있도록 하늘과 땅을 질서 있게 지으신 하나님의 이름이다. 특별히 70인경의 이사야서 42장 8절에서 하나님은 "나는 주 하나님, 이것은 나의 이름이다"(ἐγὼ Κύριος ὁ Θεός τοῦτό μού ἐστι τὸ ὄνομα) 라고 밝히셨다. "주"는 하나님의 이름인데, 바울은 그 이름을 예수님께 적용한다. 당시에 고유한 의미에서 "주"라는 말은 황제에게 돌려지는 호칭이다. 게다가 로마의 식민지 자부심이 강한 빌립보의 시민들은 그 호칭에 다른 누구보다 더 예민하다. 그런데 바울은 황제의 호칭을 예수님께 적용할 뿐만 아니라 황제보다 더 위대한 자로서 하나님께 돌려지던 그 이름을 모든 입이 예수님께 돌려야 한다고 증거한다. 이는 호칭이 자기 주인을 제대로 찾은 것이라고 나는 생각한다. 호칭에게 자기 주인을 찾아 주기 전까지는 언어 유린이다.

예수님의 겸손히 낮추심은 아버지 하나님의 높이심을 목적으로 삼은 것이 아니었다. 그의 겸손의 목적은 아버지 하나님께 영광을 돌리는 것이었다. 만약 예수님이 자신의 높아짐을 위하여 낮추신 것이라면 계산된 겸손이다. 꾸며진 겸손이다. 연출된 겸손이다. 아버지 하나님의 높여 주심, 즉 자신의 종교적 우월성을 확보하기 위한 전략적 겸손은 결코 순수하지 않고 진정한 겸손이 아닌 자의적인 겸손이다. 그러나 예수님의 겸손은 참된 겸손이다. 겸손의 참됨은 하나님의 영광이 겸손의 종착지가 될 때 검증된다. 하나님의 영광에 이르지 않는 겸손은 그 영광을 가로채는 은밀한 범법이다.

바울은 우리에게 "하나님 아버지께 영광"(δόξαν Θεοῦ πατρός)을 돌리는 공식을 가르친다. 즉 그리스도 예수께 무릎을 꿇고 그를 주라고 고백해야 비로소 "하나님 아버지께 영광"을 돌리는 것이 가능하다. 뒤집어서 이해하면, 바울은 그리스도 예수께 무릎도 꿇지 않고 주라고 고백도 하지 않는다면 아버지 하나님께 영광을 돌리지 못한다고 증거한다. 그래서 하나님께 영원한 영광을 돌리고자 할 때 언제나 "그리스도 예수 안에서"나(엡 3:21) "그리스도 예수로 말미암아"(롬 16:27) 드린다고 고백한다. 이는 우리가 아담의 죄로 말미암아 "하나님의 영광에 이르지 못하"였고(롬 3:23) 그에게 영광을 스스로 돌릴 자격과 능력을 상실했기 때문이다. 그러나 예수님은 태어나실 때부터 "지극히 높은 곳에서는 하나님께 영광"이 되셨다고 천사들이 노래했다(눅 2:14). 사시는 동안에도 예수님은 "내게 하라고 주신 일을 내가 이루어 아버지를 이 세상에서 영화롭게 하였"다는 보고를 아버지께 드리셨다(요 17:4). 이러한 그리스도 예수를 통해 하나님 아버지는 우리에게 주신 창조의 본래 목적인 영광의 찬송, 즉 주님께서 "은혜의 영광을 찬송하게 하려는" 목적을 우리에게 친히 이루셨다.

예수님의 낮추심과 아버지의 높이심과 성령의 고백하게 하심과 하나님의 영광을 다 설명한 이후에 고든 피는 이것을 기독교 윤리학과 연결하여 다음과 같이 정리한다. "바울의 윤리학에 있어서 원리는 사랑, 유형은 그리스도, 능력은 성령, 그것들의 궁극적인 목적은 하나님의 영광이다. 이 모든 것은 그리스도의 죽음과 부활로 말미암아 제공된다."

빌 2:12-16

¹²그러므로 나의 사랑하는 자들아 너희가 나 있을 때뿐 아니라 더욱 지금 나 없을 때에도 항상 복종하여 두렵고 떨림으로 너희 구원을 이루라 ¹³너희 안에서 행하시는 이는 하나님이시니 자기의 기쁘신 뜻을 위하여 너희에게 소원을 두고 행하게 하시나니 ¹⁴모든 일을 원망과 시비가 없이 하라 ¹⁵이는 너희가 흠이 없고 순전하여 어그러지고 거스르는 세대 가운데서 하나님의 흠 없는 자녀로 세상에서 그들 가운데 빛들로 나타내며 ¹⁶생명의 말씀을 밝혀 나의 달음질이 헛되지 아니하고 수고도 헛되지 아니함으로 그리스도의 날에 내가 자랑할 것이 있게 하려 함이라

¹²그러므로 나의 사랑 받는 이들이여 여러분이 항상 청종한 것처럼 나의 임재만이 아니라 지금 나의 부재에도 더더욱 두려움과 떨림으로 자신들의 구원을 이루어 가십시오 ¹³하나님은 [자신의] 기뻐하신 뜻을 위하여 여러분 안에서 소원하는 것과 행하는 것을 모두 이루시는 분이시기 때문에 ¹⁴모든 일들을 원망과 시비가 없이 하십시오 ¹⁵그러면 여러분은 흠 없고 순수하여 뒤틀리고 망가진 사회 가운데서 하나님의 온전한 자녀들이 되고 세상에 별들처럼 빛나게 되는 것입니다 ¹⁶생명의 말씀을 붙들며 하십시오 이로써 나의 달음질이 헛되지 않고 수고도 헛되지 않아서 그리스도의 날에 나에게 자랑이 있을 것입니다

10   구원을 이루라

> 12그러므로 나의 사랑 받는 이들이여 여러분이 항상 청종한 것처럼
> 나의 임재만이 아니라 지금 나의 부재에도
> 더더욱 두려움과 떨림으로 자신들의 구원을 이루어 가십시오

바울은 "구원을 이루라"고 권고한다. 바울이 권고하는 빌립보 교회는 그에게 "나의 사랑 받는 이들"(ἀγαπητοί μου)이다. 즉 하나님의 사랑과 바울의 사랑을 받는 이들이다. 권고는 사랑의 표출이다. 권고의 효력은 사랑의 크기에 비례한다. 사랑 없는 권고는 건설적인 세움이 아니라 파괴적인 폭력이다. 이 구절에서 우리는 바울이 사랑하지 않는 자들에게 무책임한 충고나 비판을 쏟아내는 사도가 아님을 확인한다. 사랑하기 때문에 침묵할 수 없어서 권고한다. 그의 권고는 칭찬으로 시작된다. 즉 빌립보 교회는 바울의 권고를 "항상 청종했다"(πάντοτε ὑπηκούσατε). 그들의 경청과 순종은 일회성 이벤트가 아니라 일상적인 일이었다. 하나님의 뜻을 가르치고 지도하는 사도의 말을 "항상" 경청하고 따르는 것은 교회다운 교회의 전형적인 모습이

기 때문에 대단한 칭찬이다. 사실에 근거한 사도의 이러한 평가는 공동체의 정체성 확립에 꼭 필요하다. 자신들의 신앙과 삶에 대한 지도자의 객관적인 평가를 통해 빌립보 교회는 자신들이 누구이고 어떻게 처신했고 앞으로도 어떻게 살아야 할 것인지를 알게 되기 때문이다. 칼뱅은 사도의 이 칭찬이 더 어려운 환경 속에서도 더욱더 잘 견디도록 용기를 제공할 것이라고 해석한다. 자기 바깥에 공정하고 객관적인 눈 하나를 가지는 것은 빌립보 교회만이 아니라 모든 사람에게 필요하다.

이 구절에서 바울이 이루라고 한 "구원"(σωτηρία)은 예수님을 믿으면 "사망에서 생명으로 옮겼다(μεταβέβηκεν)"(요 5:24)는 완료형 구원이 아니라 마지막 날에 완성되는 온전한 구원을 의미한다. 그러므로 구원을 "이루라"(κατεργάζομαι)는 것은 사망에서 생명으로 아직 옮겨지지 않았음을 의미하지 않고 이미 옮겨져 있지만 아직 그 생명의 풍성한 절정에 이르지는 않았음을 의미한다. 영원한 생명과 그 생명의 풍성함은 구별된다. 이는 예수라는 문으로 들어가는 양이 "생명"을 얻고 "더 풍성히 얻게" 된다(요 10:10)는 요한의 구분과 유사하다. 이런 구분은 우리도 경험한다. 예수를 믿고 빛 가운데로 들어왔고 영원한 생명을 얻었으나 알지도 못하는 사람들도 있고 알아도 느끼지를 못하는 사람들도 있고 느껴도 누리지를 못하는 사람들이 있고 누려도 생명의 온전한 풍성함을 누리지는 못하는 사람들도 있다.

"구원"에 대해 부실한 이해를 가진 사람들도 있고 오해하는 사람들도 있다. 구원의 온전한 풍성함이 얼마나 놀라운 것인지를 아는 사람들은 없다. 일평생 구원을 이루어도 온전히 도달하지 못하는 차원의 영광과 기쁨과 행복이 구원이기 때문이다. 이 세상에는 설명할 비유가 없어서 바울은 이 세상의 그 무엇과도 족히 비교할 수 없다고 고백한다(롬 8:18). 구원은 영원한 생명을 얻는 인생의 무한한 길이만을 의미하지 않고, 하나님의 자녀가 된다는 신분의 상승만을 뜻하지도 않고, 천국에 입국할 영주권 혹은 시민권 같은 자격을 취득하는 것만을 뜻하지는 않음을 이해해야 한다. 바울이 강조하는 구원은 그리스도 예수께서 이 땅에서 보여주신 영광, 모든 이름 위에 뛰어난 이름의 영광, 아버지 하나님과 만세 전부터 함께 가지신 신적인 영광에 이르는 것까지도 포함한다. 그리스도 예수로 말미암아 아버지께 나아가되 그분의 보좌 우편까지 가까이 가서 그 아버지와 만나고 연합하고 교류하는 영광을 이 세상의 어떤 문법이 다 설명할 수 있겠는가! 그런데도 우리의 상당수는 구원의 이러한 절정이 아니라 구원의 여부에만 매달린다.

빌립보 교회에게 구원을 이루라고 바울이 말했다고 해서 그 구원의 완성이 인간의 노력에 달려 있다고 주장하는 것은 서신의 문맥을 벗어난 오석이다. 이는 그들 안에서 선한 일을 시작하신 주님께서 친히 이루실 것이라(빌 1:6)고 앞에서 바울이 명시했기 때문이다. 여기에서 "이루라"는 말의 구체적인 의미는 무엇인가? "그러므로"(Ὥστε) 라는 접속사가 이해의 실마리다. 즉 직전에 언급된 예수님의 낮추심과 그것에 따른 아버지 하나님의 높이심과 관련되어 있다. 누구든지 예수님의 낮추심을 본받아 자신을 부인하며 겸손의 길을 걸으면 주님께서 반드시 높이신다. 높이심의 끝은 모든 이름 위에 뛰어난 하나님의 보좌 우편이다. "구원을 이루라"는 것은 그런 구원의 궁극적인 영광에 이르라는 명령이다. 그런 영광에 이르지 못하는 구원도 있는데 이에 대해 바울은 이렇게 표현한다. "구원을 받되 불 가운데서 받은 것 같으리라"(고전 3:15). 대표적인 사례로서 바울은 아버지의 아내를 취하는 아들 이야기를 언급한다. 이런 자를 바울은 사탄에게 내어 주었는데 "이는 육신은 멸하고 영은 주 예수의 날에 구원을 받게 하려 함이라"고 설명한다(고전 5:5). 나아가 바울은 너무도 부끄러운 구원을 받는 사람들 중에 후메내오 및 알렉산더 같은 실명도 거론한다(딤전 1:20).

구원의 절정에 이르는 바울의 방식은 "두려움과 떨림"(φόβου καὶ τρόμου)이다. 두려움과 떨림은 바울이 에베소 교회에 보낸 편지에서 종이 상전을 대하는 태도로서 언급한 요건이다(엡 6:5). 칼뱅의 지적처럼 종이라는 "우리의 비참함과 선함의 전적인 결핍을 인정하는 것은 겸손의 원천(fons

10 구원을 이루라 155

humilitatis)이다." 두려움과 떨림은 하나님의 사람들로 하여금 겁쟁이가 되라는 말이 아니라 비천하고 악한 자신을 하나님 앞에 세운 자에게서 나오는 두 가지의 정상적인 반응이다. 떨림은 진실한 두려움 혹은 경외심의 필연적인 증상이다. 하나님 앞에서의 영적인 반응이다. 칼뱅에 의하면, 두려움의 반대는 "자신을 기쁘게 하고 하나님의 은혜에 기대는 것보다 우리 자신의 덕에 대한 신뢰로 더욱 부풀어 오를 때 맹목적인 자신감이 산출하는 확신에서 나온 오만"이다. 자신의 비참함과 악함에서 스스로 벗어나는 사람은 없기 때문에 하나님의 은총은 모든 사람에게 필요하다. 그 은총은 믿음으로 말미암아 영원한 생명으로 옮겨진 이후에도 여전히 필요하다.

어느 시인에 의하면, 두려움과 떨림은 사람의 분수를 파악한, 하나님 앞에서의 감정적인 현상인 동시에 섬김과 즐거움의 긍정적인 의미와도 연결되어 있다. 즉 그는 두려움 속에서 하나님을 섬기고 떨림 속에서 그를 즐기라고 노래한다(시 2:11). 여기에서 두려움과 떨림(70인경의 헬라어 번역문을 바울이 그대로 가져온 듯함)은 하나님을 섬기고 기뻐하는 방식이다. 하나님을 섬기는 것은 자신을 그의 종으로 여기는 두려움 속에서만 가능하다. 하나님을 기뻐하는 것도 그 기쁨이 너무나도 커서 존재가 떨려야 마땅하다. 유일하신 하나님 앞에서는 귀신도 믿고 떠는데 우리가 떨리지 않는다면 온전한 믿음의 여부를 의심해야 한다. 그런 미심쩍은 믿음의 소유자는 결코 하나님을 즐거워할 수 없다고 나는 생각한다. 구원의 절정은 영광이다. 이것은 최고의 희열이다. 하나님 우편에서 그분을 누리는 영광의 지극히 높은 자리는 방종이 아니라 떨림의 현장이다.

구원을 이루는 시점과 관련하여 바울은 자신의 "임재"(παρουσία)와 자신의 "부재"(ἀπουσία) 상황에 대해 언급한다. 바울이 빌립보 교회와 함께 있을 때는 그들이 항상 청종했다. 그런데 바울은 과거의 임재 상황보다 지금의 부재 상황에서 "더더욱"(πολλῷ μᾶλλον) 두려움과 떨림으로 구원을 이루어야 한다고 가르친다. 바울은 이러한 가르침을 통해 교회가 자연인 바울 의존적인 신앙이 아니라 하나님 의존적인 신앙을 가지도록 독려한다. 하나님에 대한 두려움과 떨림은 사람에게 보여주기 위한 전시용 겸손이 아니라 사람의 유무와 무관하게 하나님 앞에서의 항구적인 겸손이다. 바울이 없는 동안에는 더욱 큰 두려움과 떨림으로 구원을 이룬다면 겸손의 진정성은 확증되고 강화된다. 아무도 보지 않을 때 꾸며지지 않은 나는 누구인가? 하나님 앞에서 겸손한 사람인가?

> 13하나님은 [자신의] 기뻐하신 뜻을 위하여 여러분 안에서
> 소원하는 것과 행하는 것을 모두 이루시는 분이시기 때문에

두려움과 떨림으로 구원을 이루라는 말이 마치 빌립보 교회의 실력과 노력으로 가능한 일인 것처럼 오해하지 않도록 바울은 일을 이루시는 하나님의 독특한 섭리를 설명한다. 즉 우리가 구원을 이룸에 있어서 하나님은 "원하는 것과 행하는 것 모두"(καὶ τὸ θέλειν καὶ τὸ ἐνεργεῖν)를 우리 안에서 유효하게 만드시는 분이시다. 선한 소원과 선한 행위는 우리 안에서 자생적인 것이 아니라 하나님에 의해서만 생성되고 주어지는 선물이다. 그래서 멜란히톤(Philip Melanchthon, 1497-1560)은 하나님을 "우리가 의지하고 구원을 완성하는 이 모든 것을 우리 안에서 이루시는 분"이라고 고백한다. 혹시 선의나 선행이 나에게서 나온다면 그 이유는 내가 착하기 때문이 아니라 주님께서 그런 소원과 행위를 내 안에 두셨기 때문이다. 그래서 예수님은 나무와 가지의 관계처럼 "나를 떠나서는 너희가 아무것도 할 수 없"다고 밝히셨다(요 15:5). 이러한 예수님의 가르침을 의식한 것처럼 바울은 자신의 모든 됨됨이와 일에 관하여 "내가 나 된 것은 하나님의 은혜로 된 것"이며 "내가 모든 사도보다 더 많이 수고를 하였으나 내가 한 것이 아니요 오직 나와 함께 하신 하나님의 은혜"라고 고백한다(고전 15:10). 신약의

이러한 가르침은 구약에 근거한다. 하나님은 에스겔 선지자를 통해 "새 영을 너희 속에 두고 새 마음을 너희에게 주되 너희 육신에서 굳은 마음을 제거하고 부드러운 마음을 줄 것이며 또 내 영을 너희 속에 두어 너희로 내 율례를 행하게 하"리라고 말하셨다(겔 36:26-27). 이 예언을 보더라도 선한 마음(소원하는 것)과 순종(실행하는 것)은 하나님이 우리 안에서 이루시는 것이기에 선물이다. 예수님의 말씀과 바울의 증거는 에스겔이 기록한 이 예언의 완성이다.

칼뱅은 소원과 행위의 생성을 "중생의 영에게서 나오는 초자연적 은혜(gratiam supernaturalem)"라고 주장하며, 이 은혜를 바울이 아테네 강연에서 모든 인간이 존재하고 살고 활동하는 것이 하나님 안에서 일어나는 일(행 17:28)이라고 한 보편적인 은혜와는 구별한다. 나도 동의한다. 물론 자연적인 은혜를 통해서도 중생하지 않은 일반 사람들이 선을 원하거나 선을 행하는 것은 가능하다. 그러나 이때의 선은 세상이 생각하는 사회적인 선행을 의미한다. 그러나 바울이 빌립보서 안에서 말하는 소원과 행위는 "하나님의 기뻐하신 뜻을 위한" 것이라는 점에서 세상의 선과 구별된다. 선한 소원과 행위의 가치는 그 자체에 의함이 아니라 방향과 목적에 의해 좌우된다. 선한 소원과 행위를 이득의 방편으로 사용하는 사람들이 많다. 실제로 기업이 정직하면 신용이 올라가고 판매량이 증대하고 수익도 높아진다. 심지어 교회 안에서는 경건도 이익의 도구로 활용한다. 교회 안이든 밖이든 이런 방식으로 선한 소원과 행위가 농락을 당한다는 게 우리 시대의 현실이다.

칼뱅은 주님께서 우리 안에 두신 선한 소원과 선한 행위에 대해 우리가 동일한 비중으로 주님께 영광을 돌려야 한다고 주장한다. 이는 선물이 아니라 선물의 수여자에 근거한 주장이다. 이 주장이 옳은 이유는 선을 소원하는 것만이 아니라 그 소원을 행하는 것도 하나님의 동일한 은총이기 때문이다. 칼뱅은 소원을 행위보다 더 중요하게 여기거나 행위를 소원보다 더 중요하게 여기기는 해석과, 소원과 행위 중에 하나의 공로는 하나님께 돌리고 다른 하나의 공로는 인간에게 돌리는 해석을 모두 거부한다.

그리고 이 구절에서 확인되는 것처럼 소원과 행위가 그 자체로는 아무 것도 아니지만 하나님의 "기뻐하신 뜻을 위하여"(ὑπὲρ τῆς εὐδοκίας) 이루어 질 때는 의미가 부여된다. 소원과 행위가 선하려면 선하신 하나님을 향하여야 하고 선하신 하나님을 위하여야 한다. 겉으로는 선해 보이는 소원과 행위가 속으로는 자신을 향한다면 위선이다. 우리의 소원과 행위가 누구를 위하고 있느냐는 것은 우리 안에 소원과 행위가 주님께서 두신 것이냐의 여부를 판별하는 기준이다. 우리의 소원과 행위가 주님의 뜻을 위한다면 주님께서 두신 것들이고 우리의 뜻을 위한다면 우리 자신의 것들이다. 이 원리에 따르면, 우리가 선(즉 하나님의 뜻을 위하는 일)을 행한다면 하나님의 은혜로 여기며 그에게 영광을 돌리는 게 마땅하고, 우리가 악(즉 하나님의 뜻을 위하지 않는 일)을 행한다면 우리 스스로의 죄로 여기며 회개하는 게 마땅하다. 하나님의 뜻이 헷갈릴 때도 그것의 방향과 목적이 어디를 향하고 있는지를 보면 쉽게 파악된다. 즉 나를 향한다면 인간적인 뜻이고 하나님과 이웃을 향한다면 하나님의 뜻임에 분명하다. 아우구스티누스는 성경 해석과 삶에 있어서 무엇이 하나님의 뜻인지를 파악할 때 하나님과 이웃을 사랑하는 것인지의 여부에 따라 분별했다.

14모든 일들을 원망과 시비가 없이 하십시오

바울은 하나님의 섭리 때문에 모든 일에 원망과 시비가 없어야 한다고 가르친다. 이 가르침은 빌립보 교회에 원망과 시비가 심각한 문제임을 고발하지 않고 원망과 시비의 가능성을 예방한다. 한 교회가 10년이 넘도록 복음의 전방에서 싸우는 바울을 도우며 복음을 변명함과 확정함에 참여하다 보면 에너지가 고갈되고 공동체 내에서는 피곤이 서리고 의견이 갈라지고 서로에게 원망하며 책임의 소재를 따지는 말들이 마음을 찔러 분열의 조짐이 나타난다. 그런 현상이 나타날 때 교회에 소원을 두시고 행위를 이루시는 하나님의 섭리를 믿으므로 원망과 시비의 역습을 이기라는 주문이다. 여기에서 우리는 소원과 행위를 유효하게 하시는 하나님의 섭리가 특정한 사안만이 아니라 "모든 일들"(Πάντα)에 적용되고 있음을 확인한다. 우리가 선을 소원하고 행한다면 그게 다 하나님의 은혜라는 사실은 교회의 일만이 아니라 우리의 가정에도, 고단한 일터에도, 소소한 하루에도 적용된다. 범사에 하나님을 인정해야 한다(잠 3:6)는 지혜자의 말처럼, 우리는 어떠한 곳에서 어떠한 일을 하더라도 소원과 행위를 가능하게 하시는 하나님의 은밀한 일하심을 인정해야 한다.

하나님을 인정하면 모든 일에서 "원망과 시비"가 사라진다. 잔키우스(Girolamo Zanchius, 1516-1590)는 "원망"이 "돼지들의 꿀꿀대는 소리로 투덜대는 은밀한 원망들"을 가리키고 "시비"는 "공개적인 논쟁과 다툼"을 뜻한다고 설명한다. 퍼거슨(James Fergusson, 1621-1667)은 원망이 "사적인 뒷담화"로 흐르고, 시비는 "공적인 논쟁이나 다툼"으로 번진다고 한다. "구시렁댐 혹은 원망"(γογγυσμός)은 개인이 억울한 일을 당할 때 발생하고 "시비"(διαλογισμός)는 공동체 안에서 공정하지 않다고 느끼거나 각자의 이해가 충돌될 경우에 발생한다. 원망하지 말라는 말은 억울한 일을 당하라는 게 아니며, 시비하지 말라는 말은 불공정한 상황이나 자신의 손해를 군소리 없이 삼키라는 게 아니다. 우리 안에 소원을 두시고 행위를 이루시는 하나님의 섭리를 범사에 인정하고 사람의 어떠함을 의미와 반응의 기준으로 삼지 말라는 표현이다. 만약 하나님의 섭리를 알면서도 원망하고 시비하면 그것은 사람이 아니라 하나님에 대한 원망과 시비이기 때문에 더더욱 부당하다.

크리소스토무스는 원망은 하나님께 신성을 모독하는 것과 유사할 정도로 끔찍한 일이라고 한다. 그래서 원망하며 일하는 것보다 원망 없이 일하지 않는 것이 더 낫다고 평가한다. 헬라어 "원망"은 70인경에서 이스라엘 백성이 광야에서 하나님께 원망할 때 사용된 동사 "룬"(לון, 원망하다)의 번역어로 채택된다. 광야의 시대에 이스라엘 백성은 만나로 먹이시고 신발과 옷이 해어지지 않도록 지키신 하나님의 절대적인 은총 속에서도 원망했다. 원망의 이유는 그들이 약속의 땅에서 사는 원주민을 "신장이 장대한 자들"로 여기며 "거기서 네피림 후손인 아낙 자손의 거인들"을 보고 자신들을 메뚜기와 같다고 생각했기 때문이다(민 13:32-33). 그들은 하나님의 약속보다 사람의 상태를 주목했다. 이에 따른 원망의 내용은 "우리가 애굽 땅에서 죽었거나 이 광야에서 죽었으면 좋을 것을 어찌하여 여호와가 우리를 그 땅으로 인도하여 칼에 쓰러지게 하려 하는가"다(민 14:2-3). 심지어 그들은 차라리 "애굽으로 돌아가는 것이 낫"다고 선언했다. 원망의 결과는 참혹했다. 백성의 원망에 대하여 하나님은 "너희 말이 내 귀에 들린 대로 내가 너희에게 행"할 것이라고 하시면서 "나를 원망한 자 전부가 … [약속의 땅에] 결단코 들어가지 못"할 것이라는 판단을 내리셨다(민 14:29-30). 거꾸로, 이 끔찍한 결과를 통해 우리는 원망의 심각성을 확인한다.

예수님의 말씀에서 "시비"는 인간의 악한 마음에서 나오는 흉물들의 첫 번째 항목으로 언급된다(마 15:19; 막 7:21). 이 단어는 헬러만이 잘 분석한 것처럼 신약에서 하나님의 뜻에 대한 반론(마 15:19; 롬 1:21), 하나님의 약속에 대한 의심(눅 24:38), 그리고 사람들 사이의 언쟁(눅 9:46)을 가리킨다. 모든 인간은 시시비비 문제에 극도로 예민하다. '너 악한 놈이야'라는 말보다 '너 틀렸어'라는 말을 더 싫어한다. 자신은 거짓말을 밥 먹듯이 하면서도 자신이 틀렸다는 타인의 평가 듣기는 죽기보다 싫어한다. 그래서 자신의 옳음을 항변하고 공정성에 시비를 걸고 이해관계 속에서 늘 이득을 보려는 욕망을 언어나 몸짓으로 쏟아낸다. 시비는 또한 상대에게 지지 않으려는 마음의 버릇이다. 타인을 상생과 협력의 대상이 아니라 경쟁자로 보고 제거의 대상으로 여기는 인간의 성향이다. 더 깊이 파고들면 자신이 자신에게 왕이 되려는, 심지어 타인에게도 왕이 되려는 지독한 기질이다.

공동체 안에서는 때때로 원망의 말 하나가 칼처럼 관계를 긋고 지나간다. 소리 없는 비처럼 공동체의 기분을 적시고 수많은 구시렁을 양산한다. "나는 옳고 너는 틀리다"는 아주 작은 확신 하나가 다툼의 불씨가 되고 서운함과 억울함의 영양분이 된다. 그러면 공동체는 곧장 시비의 문턱으로 접어든다. 그러나 때로는 화목을 위한 침묵이 필요하고 사랑을 위한 자발적인 패배도 필요하다. 이런 침묵과 패배는 약함의 증표가 아니라 하나님에 대한 신뢰의 물증이다.

> 15그러면 여러분은 흠 없고 순수하여 뒤틀리고 망가진 사회 가운데서 하나님의 온전한 자녀들이 되고 세상에 별들처럼 빛나게 되는 것입니다

바울의 권고를 따라 원망과 시비가 없이 모든 일을 행하면 놀라운 은총이 주어진다. 즉 "흠 없고 결백한 하나님의 순전한 자녀들"이 된다. 바울은 빌립보 교회의 진실함과 흠 없음에 대해 1장 10절에서 기도했다. 이제 그는 응답의 구체적인 과정을 설명한다. 제롬은 "자녀다"가 아니라 "자녀가 될 것이다"는 미래형을 주목한다. 이는 앞으로 "수고와 전투가 있을 것"이고 그 이후에 하나님의 자녀다운 자녀라는 그것들의 "보상이 주어질 것"임을 뜻한다고 한다. 하나님의 자녀다운 상태는 본성에 새겨진 죄성과의 뼈아픈 결별 없이는 도달하지 못하는 응답이다.

우리가 매사에 원망과 시비가 없이 일하는 이유는 더 효과적인 돈벌이나 교세의 확장 같은 세속적인 보상이 아니라 하나님 앞에서의 올바른 됨됨이에 있다. 그런 됨됨이를 설명하기 위해 바울은 세 가지의 형용사를 사용한다. 첫째, "흠 없음"(ἄμεμπτος)이다. 하나님의 자녀는 비난하고 정죄할

도덕적 흠이 발견되지 않는 사람이다. 털어도 먼지가 나지 않는 사람, 즉 앞에서 언급된 다니엘의 도덕적 상태를 가진 사람이다. 둘째, "혼합의 없음"(ἀκέραιος)이다. 즉 하나님의 자녀는 세속적인 것들과 섞이지 않은 순수한 사람, 교회와 세상에 양다리를 걸치지 않는 사람이다. 셋째, "온전함 혹은 결 없음"(ἄμωμος)이다. 하나님의 자녀는 어떠한 결함이나 부족함도 없는 사람이다. 이는 "여호와는 내 목자시니 내가 부족함이 없"는 상태를 가리킨다(시 23:1). 여호와를 경외하는 자도 동일하게 부족함이 없다(시 34:9). 이처럼 무흠하고 순수하고 온전한 하나님의 자녀 되기가 하늘의 별 따기처럼 지난하다. 왜냐하면 세상이 그런 사람을 싫어하기 때문이다. 더 심각한 이유는 사람의 본성이 그런 사람 되기를 싫어하기 때문이다.

바울이 생각하는 지금의 세상은 "뒤틀리고 망가졌다." 사람의 본성이 먼저 뒤틀리고 망가졌고 이로 인하여 온 세상의 모든 것도 "뒤틀리고 망가졌다." 말라비틀어진 나무의 한 조각처럼 도덕과 질서가 뒤틀린 세상에서 우리는 살아간다. 정상적인 것이 하나도 없는 무너진 세상에서 살아간다. 그러면서 교회도 그 세상의 뒤틀림과 비정상을 닮아간다. 모세는 하나님의 특별한 은총을 받아 최고의 영광과 복을 누렸으나 그 하나님을 경외하지 않고 오히려 "여호와를 향하여 악"을 행하는 백성에 대하여 "하나님의 자녀가 아니요 흠이 있고 삐뚤어진 세대"라고 책망했다(신 32:5). 에이디가 잘 관찰한 것처럼, 바울은 이 문구의 70인경 번역문(γενεὰ σκολιὰ καὶ διεστραμμένη)을 그대로 가져와 "뒤틀리고 망가진 사회"로 묘사했다. 이런 세속에 물들지 않고 하나님께 구별된 자녀가 되는 것은 모든 시대의 과제였다. 빌립보 교회도 로마의 식민지를 자랑으로 여기며 세속 친화력을 과시하는 "뒤틀리고 망가진" 빌립보 성읍에서 반듯하고 온전한 하나님의 자녀가 되어야 하는 과제를 수행하고 있다. 바울은 그 수행을 응원한다.

우리가 경계해야 할 것은 뒤틀린 세상이 잠잠하지 않고 자신의 비정상을 정상인 것처럼 포장하고 그런 포장의 정당화를 위해 참된 정상을 없애려고 숨통을 조인다는 사실이다. 뒤틀린 세상은 흠 없는 사람이 아니라 흠 있는 사람을, 순수한 사람이 아니라 혼탁한 사람을, 온전한 사람이 아니라 부실한 사람을 선호한다. 정치계를 보더라도 권력자는 무흠하고 무결한 사람이 아니라 치명적인 흠결의 소유자를 기용한다. 이는 그의 약점을 쥐고 있으면 배신 가능성이 낮아지기 때문이다. 배신의 유익보다 그 배신이 초래할 후한이 더 크면 그는 주군이 부패해도 등 돌리지 않고 그에 대한 충성을 선택하기 때문이다. 흠결의 소유자가 요직에 발탁되는 뒤틀리고 망가진 세상 속에서도 반듯하게 산다는 것은 대단히 좁은 문이라는 사실을 인지해야 한다. 그 문으로 들어가는 자들은 당연히 불편함과 고단함과 답답함을 감수해야 한다. 그러나 그 너머에 영광이 기다리고 있다.

바울은 흠 없고 결백한 하나님의 순전한 자들이 "세상에 별들처럼 빛나게 될 것"이라는 희망을 증거한다. 여기에 사용된 "별들"($\phi\omega\sigma\tau\hat{\eta}\rho\epsilon\varsigma$)은 호돈의 설명처럼 "특히 하늘에서 빛을 발하는 물체들을 가리키는 데 사용된다." 그러므로 바울의 말은 빌립보 교회가 하늘에 속한 하나님의 자녀로서 어두운 땅에 하늘의 빛을 전달하는 존재가 될 것이라는 희망이다. 여기에서 "빛나다"($\phi\alpha\acute{\iota}\nu\epsilon\sigma\theta\epsilon$)는 동사를 명령(lucete)으로 이해한 칼뱅과는 달리 나는 지시형 동사라고 생각한다. 그래서 "빛나라"는 명령형이 아니라 "빛나게 된다"는 직설형으로 번역했다. 크리소스토무스는 "사악하고 부패한 사람들 가운데에" 있을 때 경이를 향유하는 비결은 분노를 부추기는 상황 속에서도 원망과 시비에 휩싸이지 않는 것이라고 한다. "별들은 어둠 속에서 그 자체의 우아함이 일말의 감소도 없이 오히려 훨씬 더 눈부시기 때문이다." 세상의 뒤틀림과 망가짐이 심할수록 하나님의 자녀들도 더욱 아름답게 드러난다. 칼뱅의 말처럼, 이 땅에서는 완전함 흠 없음과 순수함이 없다. 그럼에도 불구하고 바울이 그런 하나님의 온전한 자녀들이 될 것이라고 말한 이유는 삶의 방향성을 가르치기 위함이고 동시에 인생의 종착지가 실제로 그런 경지에 이를 것이기 때문이다.

> ¹⁶생명의 말씀을 붙들며 하십시오 이로써 나의 달음질이 헛되지 않고 수고도 헛되지 않아서 그리스도의 날에 나에게 자랑이 있을 것입니다

하나님의 온전한 자녀들이 되기 위해서는 모든 일을 원망과 시비 없이 행하는 소극적인 방법을 언급한 바울은 이제 적극적인 방법을 거론한다. 그것은 "생명의 말씀을 붙들라"는 거다. "생명의 말씀"(λόγον ζωῆς)은 요한의 표현처럼 "태초부터 있는 생명의 말씀"(요일 1:1)이고 베드로의 표현처럼 "영원한 생명의 말씀"(요 12:50)이기 때문에 그리스도 예수를 가리킨다. 조금 더 확대하면, 그를 가리켜 기록된 성경을 가리킨다. 복음이 "생명의 말씀"으로 불리는 이유는 제네바 바이블이 명시한 것처럼 "그것이 산출하는 효력 때문이다." 크리소스토무스의 말처럼, 누구든지 생명의 말씀을 "붙든다"(ἐπέχω)는 것은 그가 살아나고 구원을 받은 자들 중의 하나가 됨을 의미한다.

생명의 말씀을 붙드는 구체적인 방법은 마음으로 붙드는 경외와 몸으로 붙드는 순종이다. 생명의 말씀을 날마다 의식하고 거기에 관심이 사로잡혀 있고 거기에 몸이 머무는 것이 붙듦이다. 이는 빌립보 교회가 세상에 빛들이 되는 이유와도 연결되어 있다. 그들이 빛들인 이유는 어두운 타인에게 밝음을 제공하기 위함이며 악으로 오염된 자들을 소독하기 위함이며 추악한 것들을 불태우기 위함이며 하나님과 영원히 동행하는 영원한 생명을 땅 끝까지 수송하기 위함이다. 하늘의 빛은 주변만 비추지 않고 땅끝까지 간다. 그러나 생명의 말씀을 붙들지 않으면 우리는 세상의 빛이 될 수 없고 오히려 세상을 더욱 암울하게 만드는 일에 일조하게 된다. 생명을 일으키지 못하고 사망이 세상을 장악하게 한다. 하지만 우리는 비록 때때로 실패하나 하나님은 실패함이 없으시다.

바울은 빌립보 교회가 생명의 말씀을 붙든다면, 그래서 또 다른 이들에게 세상의 빛으로서 비춘다면 자신의 달음질과 수고가 헛되지 않을 것이

라고 한다. 나아가 그리스도 예수께서 다시 오시는 날에 자신에게 자랑이 있을 것이라고 한다. 어떤 이들은 바울의 이 말을 오해하여 결국 그의 모든 권면과 교훈과 책망과 명령이 돌고 돌아서 자기 자랑으로 수렴되는 것이라고 해석한다. 즉 빌립보 교회의 성공은 바울이 주님의 상급을 받을 자격이 있다는 물증일 뿐이라고, 하나님의 영광이나 빌립보 교회 자체의 유익보다 자신의 유익을 챙기기 위한 도구로 삼았을 뿐이라고 오해한다. 이에 대하여 칼뱅은 주님께 영광이 되고 빌립보 교회에게 유익이 되는 것 자체를 바울이 자신의 영광과 자랑으로 삼은 것이라고 지혜롭게 해명한다.

실제로 바울은 빌립보 교회를 "나의 기쁨이요 면류관인 사랑하는 자들"로 이해한다(빌 4:1). 빌립보 교회만이 아니라 데살로니가 교회에 대해서도 바울은 "소망과 기쁨과 자랑의 면류관"이 바로 그 교회라고 강조한다(살전 2:19). 바울은 주님의 교회와 자신을 운명 공동체로 인식하고 자신의 모든 것을 교회와 묶어서 생각한다. 이는 자신의 백성을 향하신 하나님의 생각과 유사하다. 하나님은 자신의 백성을 "내 이름과 명예와 영광이 되게 하려" 하셨다(렘 13:11)고 예레미야 선지자는 기록한다. 그러나 그 백성이 부패했다. 하지만 그들의 부패 이후에도 하나님은 포기하지 않으시고 그들의 성읍을 치료하고 평안과 진실이 풍성한 곳으로 바꾸신 이후에 "이 성읍이 세계 열방 앞에서 나의 기쁜 이름이 될 것이며 찬송과 영광이 될 것"이라고 밝히셨다(렘 33:6-9).

달음질과 수고가 헛되지 않는다는 것은 바울 개인에게 국한된 사실이 아니라 생명의 말씀을 붙드는 모든 자들에게 적용되는 사실이다. 이 구절에 대해 칼뱅은 "신실하게 일했지만 열매가 없는 사람들은 자신들의 수고에 대한 값어치와 보상을 잃을 것이라"는 취지에서 하는 말이 아니라고 주장한다. 그 이유는 "하나님의 고유한 은택(singularis Dei benedictio)이 우리가 행하는 섬김의 진정한 성공"이기 때문이다. 이 세상의 보상은 기독교적 성공의 여부를 가늠하는 기준이 아니기 때문에 칼뱅의 설명은 타당하다. 믿음의 조상에게 주신 하나님의 약속(창 15:1)처럼, 믿음의 사람에게 주어지는 최고의 복, 즉 성공의 여부를 결정하는 최고의 기준은 하나님 자신이다. 하나님만 얻는다면 이 세상의 모든 것을 마치 배설물과 해로움인 것처럼 여기며 다 상실해도 실패가 아니라 성공으로 간주된다.

물론 세상의 달음질과 수고에는 땅에서의 의미와 보상이 주어진다. 그러나 그 의미와 보상은 영원하지 않고 때가 되면 사라진다. 바울이 사용한 "헛되다"(κενός)는 말은 "텅 비어 있음"을 의미한다. 다르게 말하면 "영원한 것으로 채워져 있지 않음"이다. 일시적인 것은 필히 지나가고 결국에는 텅 비워진다. 그래서 영원한 생명과 영원한 보상을 위해서는 세상의 모든 달음질과 수고가 아무런 효력도 없고 헛되다고 바울은 가르친다(롬 9:16). 그러나 주의 일은 "주 안에서 헛되지 않"기 때문에 "주의 일에 더욱 힘쓰는 자들이 되라"고 권고한다(고전 15:58). "주의 일"이 이곳 16절에서는 생명의 말씀을 붙드는 것이라고 표현된다.

그리고 우리는 그리스도 예수의 "날"에 자랑이 바울에게 있을 것이라는 시점도 주목해야 한다. 이 시점에 대한 언급은 그 "날" 이전에는 바울에게 자랑이 없을 수도 있음을 암시한다. 그러므로 이 땅에서는 자랑이 주어지지 않을 수도 있음을 우리는 고려해야 한다. 우리가 생명의 말씀을 붙들고 세상의 빛으로서 타인에게 그 말씀을 전했으나 열매가 당장 보이지 않더라도 실망하지 말고 원망하지 말고 시비하지 말고 주님의 날을 묵묵히 기다리는 믿음의 인내가 우리에게 필요하다. 주님의 날에는 하늘이 두 쪽 나도 영광의 보상이 반드시 주어진다. 바울도 달음질이 끝날 때까지 믿음을 지켰기 때문에 "의의 면류관이 예비"되어 있다고 확신한다(딤후 4:8). 나아가 바울은 이런 믿음의 인내에 필연성을 부여하며 하나님은 "자기를 찾는 자들에게 상 주시는 이심을 믿어야 한다"고 강조한다(히 11:6). 그 사례로서 구름 같이 허다한 증인들을 열거한다. 특별히 나는 모세를 주목하고 싶다. 믿음의 조상에게 하나님 자신이 최고의 상급이 되신다는 사실을 기록한 창세기의 저자로서 모세가 자신도 세상의 모든 상급을 포기하고 오히려 "하나님의 백성과 함께 고난 받기"와 "그리스도를 위하여 받는 수모"를 선택한 이유는 "상 주심"을 확신하고 소망했기 때문이다(히 11:25-26).

빌 2:17-24

¹⁷만일 너희 믿음의 제물과 섬김 위에 내가 나를 전제로 드릴지라도 나는 기뻐하고 너희 무리와 함께 기뻐하리니 ¹⁸이와 같이 너희도 기뻐하고 나와 함께 기뻐하라 ¹⁹내가 디모데를 속히 너희에게 보내기를 주 안에서 바람은 너희의 사정을 앎으로 안위를 받으려 함이니 ²⁰이는 뜻을 같이하여 너희 사정을 진실히 생각할 자가 이밖에 내게 없음이라 ²¹그들이 다 자기 일을 구하고 그리스도 예수의 일을 구하지 아니하되 ²²디모데의 연단을 너희가 아나니 자식이 아버지에게 함같이 나와 함께 복음을 위하여 수고하였느니라 ²³그러므로 내가 내 일이 어떻게 될지를 보아서 곧 이 사람을 보내기를 바라고 ²⁴나도 속히 가게 될 것을 주 안에서 확신하노라

¹⁷그러나 만일 여러분의 믿음의 제물과 섬김 위에 내가 전제로 부어진다 할지라도 나는 기뻐하고 여러분 모두와 함께 기뻐할 것입니다 ¹⁸여러분도 동일한 것을 기뻐하고 나와 함께 기뻐하십시오 ¹⁹내가 디모데를 속히 여러분께 보내기를 주 예수 안에서 소망하는 것은 여러분에 대한 것들을 앎으로써 나도 안위를 받으려는 것입니다 ²⁰왜냐하면 여러분에 대한 것들을 진실하게 염려해 줄, 정신이 같은 어떠한 사람도 나에게는 없기 때문이고 ²¹모두가 예수 그리스도의 것들이 아니라 자신의 것들을 추구하기 때문입니다 ²²그러나 디모데의 연단은 여러분이 아십니다 아비에게 [행하는] 자식처럼 그는 복음을 위하여 나와 함께 섬겨 왔습니다 ²³그러므로 나는 나를 둘러싼 것들을 면밀히 살피면서 곧 이 사람을 보내고 싶습니다 ²⁴나 자신도 속히 가리라는 것을 주 안에서 확신하고 있습니다

11 공동체의 기쁨

> ¹그러나 만일 여러분의 믿음의 제물과 섬김 위에 내가 전제로
> 부어진다 할지라도 나는 기뻐하고 여러분 모두와 함께 기뻐할 것입니다

앞에서 바울은 빌립보 교회가 두렵고 떨림으로 구원을 이루고 생명의 말씀을 붙들어 구원의 풍성함에 이른다면 자신의 모든 달음질과 수고가 헛되지 않고 주님의 날에 자랑이 있을 것이라고 했다. 그러나 바울은 교회를 이용해서 자신의 자랑을 챙기는 이기적인 사도가 아님을 우리는 이 구절에서 확인한다. 바울은 오히려 자신이 교회를 위하여 전제로 드려지는 것을 각오하고 있다. 이는 복음전파 사명의 완성을 위해 목숨을 조금도 귀한 것으로 여기지 않겠다(행20:24)는 각오의 다른 표현이다. 여기에서 "전제를 드리다"(σπένδω)는 말은 헬러만이 잘 연구한 것처럼 성경 밖에서는 "신들, 영웅들, 혹은 사자들의 명예를 위하여 음식에 술을 뿌리는 행위나 공적인 종교 의식에서 신에게 제공하는 포도주나 기름 바치는 행위"를 가리키기 위해 사용되는 헬라어다. 동시에 이 단어는 70인경에서 여호와 하나님께

"전제를 드리다"(הַסֵּךְ נֶסֶךְ)는 말의 번역어로 사용된다(창 35:14; 삼하 23:16; 대상 11:18). 여기에서 "전제"는 제물 위에 포도주나 감람유 등을 붓는 제사를 가리킨다. 이 전제는 포도주나 감람유의 "반 힌"을 붓는 방식으로 그 제물을 "향기롭게" 한다(민 15:10). 전제의 실천적인 의미는 자신을 하나님께 전적으로 드리되 존재의 한 방울도 남기지 않고 온전히 자신을 드리는 헌신이다. 이러한 헌신이 부어진 몸의 산 제물은 온전하고 향기롭게 된다.

바울은 하나님께 자신을 전제로 드린 사도였다. 바울은 인생의 말년에 믿음의 아들에게 쓴 편지에서 "전제와 같이" 자신이 "벌써 부어졌다"(딤후 4:6). 벌써 부어진 전제는 "모든 일에 신중하여 고난을 받으며 전도자의 일을 하"는 것을 의미하고 실제로 바울은 그런 "선한 싸움을 싸우고 나의 달려갈 길을 마치고 믿음을 지켰다"고 고백한다(딤후 4:5, 7). 바울의 인생은 하나님의 백성을 위하여 드려지는 전제였다. 그는 빌립보 교회를 위해서도 자신이 하나님께 드려지는 전제임을 고백한다. 이러한 사도의 모습은 과거 조상의 실패를 고발하는 동시에 회복한다. 하나님께 드림이 마땅한 전제의 의미를 잘 아는 이스라엘 백성은 전제를 하나님이 아닌 다른 신에게 드리며 우상 숭배의 도구로 활용했다(렘 19:13; 44:17; 겔 20:28). 그들의 변질된 전제는 하나님께 향기가 아니라 악취였다. 이방 민족들을 향해서도 그들은 역겨운 냄새였다. 바울의 전제는 오늘날 교회의 지도자와 성도도 고발한다. 그리스도의 향기가 아니라 악취가 된 우리의 모습에 슬픈 탄식이 쏟아진다.

현실에서 전제와 같은 헌신은 어떠한가? 바울은 몽롱하고 관념적인 종교적 행위에 자신을 허비하지 않고 하나의 교회가 하나님께 거룩한 제물이 되도록 "믿음의 제물과 섬김"(θυσία καὶ λειτουργία τῆς πίστεως)에 자신을 전제로 쏟아부은 사도였다. 그런데 바울 자신이 드러나고 제물과 섬김의 주인공이 되는 전제가 아니었다. 빌립보 교회의 헌신과 사랑을 더욱 향기롭게 만드는 도구적인 전제였다. 남을 돋보이게 하는 들러리에 불과한 자신의 희생적인 역할을 바울은 기뻐한다. 로마서에 언급된 것처럼, 바울은 "복음의 제사장 직분"을 수행하는 그리스도 예수의 일꾼이며 "이방인을 제물로 드리는 일"을 수행했다(롬 15:16). 그러나 이 직무는 자신의 종교적인 업적을 위하여 이방인을 제물로 이용하는 것이 아니라 이방인이 하나님께 기쁨과 영광의 산 제물이 되도록 자신을 그 제물 위에 전제로 붓는 방식으로 고통과 희생을 당하는 일이었다.

그래서 바울의 "전제"에 대하여 무스쿨루스는 바울이 복음을 위하여 이방인의 손에 넘겨져 고난당하는 것을 의미하며 자신과 동일한 처지에 있는 모든 신실한 사람들을 위해 언급한 말이라고 해석한다. 데오도레투스는 바울의 전제를 "그의 순교"라고 해석한다. 실제로 바울은 나중에 네로의 광기로 인해 순교를 당하였다. 나아가 죽음만이 아니라 그의 삶도 일종의 순교였다. 날마다 죽는 게 그에게는 삶이었다(고전 15:31). 그는 복음을 위해 자신의 목숨을 바치되 에베소 교회의 경우에는 "삼 년이나 밤낮 쉬지 않고 눈물로 각 사람을 훈계하"는 살인적인 일정도 감행했다(행 20:31). 바울은 사나 죽으나 주님의 교회라는 산 제물에 부어진 전제였다.

빌립보 교회는 하나님께 자신을 "믿음의 제물"로 드렸으며 그 제물의 구체적인 내용인 "믿음의 섬김"을 중단하지 않은 교회였다. 그 사도에 그 교회였다. 제물은 하나님을 향한 사랑이고 섬김은 이웃을 향한 사랑이다. 이 둘은 연결되어 있다. 하나님께 산 제물로 드려짐이 없는 이웃 섬김은 가짜일 가능성이 높고 이웃을 섬기지도 않으면서 하나님께 자신을 드렸다는 헌신의 구호도 수상하다. 호돈의 지적처럼, "제물과 섬김"은 하나의 관사(τό)를 공유하고 있기 때문에 분리된 별개의 개념이 아니라 두 단어로 하나의 뜻을 나타내는 중언법이 쓰인 표현이다. 이는 다른 서신에서 섬김의 도구인 몸을 하나님께 거룩한 산 제물로 드리라는 바울의 말에서도 확인된다(롬 12:1). 이런 말을 한 바울은 교회의 제물과 섬김이 헛되지 않도록 감옥에서 피 묻은 형장의 이슬로 사라져도 기뻐할 것이라고 한다. 이것은 죽을 때만이 아니라 바울의 마음에서 지금 진행되고 있는 기쁨이다. 그래서 나는 칼뱅이 비판한 에라스무스의 현재형 번역(gaudetis: 너희는 기뻐한다)은 잘못되지 않았다고 생각한다.

전제로서 자신의 존재가 산화되는 것도 기뻐한 바울은 "너희가 여러 가지 시험을 당하거든 온전히 기쁘게 여기라"(약 1:2)는 야고보의 권고를 문자 그대로 수용하고 실현한 믿음의 모델이다. 바울의 감정은 일반적인 사람들의 것과 다르게 작용한다. 기쁨의 기준이 달랐기 때문이다. 바울은 기쁨이 전혀 어울리지 않는 고난의 맥락에서 기뻐한다. 이는 자신에게 유익하기 때문이 아니라 타인에게 복음의 유익을 주었기 때문에 작동하는 기쁨이다. 나아가 이 기쁨은 하나님에 대한 자신의 직접적인 경배를 목적으로 삼지 않고 타인의 경배가 온전하게 되도록 자신은 기꺼이 들러리가 되겠다는 사람의 자발적인 감정이다. 이런 식으로 바울은 주연이 아니라 조연의 길을 선택한다.

바울은 자신만 기뻐하는 것이 아니라 "여러분 모두와 함께 기뻐할 것"이라고 한다. 이 말에 대하여 크리소스토무스는 "의인의 죽음은 눈물이 아니라 기쁨이 합당하기 때문에" 한 말이라고 해석한다. 앞에서 바울은 자신이 이 세상을 떠나 주님과 함께 거하는 것을 훨씬 좋은 것이라고 평가했다. 이런 평가의 관점에서 보면, 실제로 그런 상황이 와서 바울이 힘껏 기뻐하는 것은 너무도 당연하다. 그러나 빌립보 성도의 온전한 제물과 섬김을 위해 자신이 소멸되는 일에는 사실 희비가 교차해야 정상이다. 그들은 기뻐하고 바울은 슬퍼해야 마땅하다. 그런데 바울은 자신의 슬픔에 반응하지 않고 그들의 기쁨에 반응할 것이라고 한다. 이는 교회를 자신보다 더 사랑해야 가능한 반응이다. 이는 바울이 우리를 자신보다 더 사랑하신 예수님을 배우고 본받은 대목이다. 만약 바울이 슬퍼하며 빌립보 교회를 위한 희생적인 전제가 되었다면 그 교회의 심기는 얼마나 불편하고 미안한 마음이 들었을까? 자신의 몸을 불사르며 내어주는 헌신도 사랑의 자발성이 없으면 아무것도 아니듯이(고전 13:3) 기쁨으로 기꺼이 섬기지 않으면 오히려 도움을 받은 상대방에 민폐의 원인으로 작용한다.

> 18여러분도 동일한 것을 기뻐하고 나와 함께 기뻐하십시오

바울은 온 존재가 전제로 쏟아부어져도 기뻐할 것이라고 했다. 이제는 빌립보 교회도 동일하게 기뻐할 것을 권면한다. 이에 대하여 칼뱅은 "믿는 자에게는 죽음이 아무런 해도 끼치지 못하기에 죽음을 기쁘고 담대하게 대하라"는 권면으로 이해한다. 그의 설명처럼, 죽음은 "죽음의 유익"을 깨닫기 전까지만 두려움의 대상이고 깨달으면 기쁨의 대상이다. 주님처럼 바울도 자기가 싫어하는 것을 남에게 시키지 않고 자신이 기뻐하는 일을 먼저 행한 이후에 타인에게 권유한다. 리더가 무엇을 기뻐할 것이냐는 공동체 전체에 영향을 미치기 때문에 기쁨의 대상을 선정하는 것은 중요하다. 리더의 기호는 공동체적 책임이 뒤따르기 때문에 리더가 말씀으로 관리해야 한다.

사실 빌립보 교회에는 기쁨의 근거가 아니라 근심의 근거로 작용할 어려움이 많다. 바울의 선교를 오랫동안 지원하여 경제적인 사정도 녹록하지 않다. 로마라는 세상의 문화를 극도로 추앙하며 황제의 심기 보호를 일순위 사명으로 여기는 빌립보 도시의 세속적인 공기 속에서도 굴하지 않고 오히려 하나님의 나라와 의를 추구하던 교회의 외로운 저항도 시간이 지나면서 기력이 떨어진다. 그런데 이러한 때 바울은 빌립보 교회에 역설적인 기쁨을 챙겨주려 한다. 극심한 환란과 고통 속에서는 감정이 무너지면 모든 게 무너지기 때문이다.

바울은 빌립보 교회에 기쁨을 명령한다(χαίρετε). 그러나 기쁨은 자발적인 감정이다. 기쁘기 때문에 기뻐하는 것이 정상이다. 기쁘기로 작정하고

그 기쁨에 힘쓰는 것은 인위적인 기쁨이다. 그런데도 바울이 기쁨을 명령하는 이유가 나는 궁금하다. 사실 자기가 기뻐하는 것은 자유지만 남의 감정에 명령을 내리는 것은 부당하다. 그러나 사도의 이 명령은 합당하다. 왜냐하면 인간의 감정은 죄로 말미암아 부패했기 때문이다. 인간의 고장난 감정은 하나님이 보시기에 마땅히 기뻐해야 할 것을 기뻐하지 않고 기뻐하지 말아야 할 것에 기뻐한다. 그래서 전도자는 변질된 "웃음"을 "미친 것"이라고 했고 "희락"도 무익한 것이라고 탄식했다(전 2:2). 지성과 의지만이 아니라 감정도 하나님의 말씀에 순종해야 한다. 목숨과 마음과 뜻과 힘을 다하여 하나님을 사랑해야 하듯이 감정도 하나님과 그의 모든 뜻을 힘써 기뻐해야 한다. 미친 웃음과 무익한 희락은 저절로 사라지지 않고 우리가 하나님과 그의 뜻을 기뻐할 때 제거된다. 바울의 명령에도 불구하고 기쁨이 내면에서 솟아나는 자발적인 감정인 이유는 바울이 앞에서 밝힌 것처럼 우리 안에 소원을 두시고 행하게 하시는 분이 계시기 때문이다.

바울은 우리에게 전제로 부어지는 자신의 희생과 사라짐을 따르라고 권면한다. 기쁨의 심장이 어느 맥락에서 뛰느냐고 질문한다. 주님의 화려하고 긍정적인 국면만 기뻐하고 주님의 고난과 죽음의 부정적인 국면은 외면하지 말라고, 혹시 자신에게 닥치면 슬퍼하고 도피하는 마음을 가지지 말고 당당하게 기뻐하고 또 기뻐할 것을 주문한다. 주님의 기쁨 코드가 우리의 기쁨과 일치할 수 있도록 마땅히 기뻐할 것을 기뻐하고 기뻐하지 말아야 할 미친 것, 무익한 것에 기쁨의 감정을 단 하나도 소비하지 말라고 가르친다.

> ¹⁹내가 디모데를 속히 여러분께 보내기를 주 예수 안에서 소망하는 것은
> 여러분에 대한 것들을 앎으로써 나도 안위를 받으려는 것입니다

바울은 자신과 교회의 기뻐함을 간절히 바라는 동시에 그 기쁨의 현실화 방안도 제시한다. 이처럼 바울은 계획만 제시하고 뒷수습은 남에게 떠넘기는 피곤한 지도자가 아니라 구체적인 전략 제시에도 민첩하다. 그 방안은 온전한 사귐, 즉 서로의 사정을 알고 이해하고 공감하고 마음과 영으로 교류함에 있다. 지금은 다양한 매체들이 있어서 언제든지 실시간 교류가 가능하다. 그러나 고대에는 친서나 전령을 통한 교류만 가능했다. 바울은 디모데를 전령으로 지명하고 보내는 교류를 소망한다. 이는 사사로운 기호의 반영이 아니라 "주 예수 안에서"(ἐν κυρίῳ Ἰησοῦ)의 소망이다. 주님께서 원하시지 않는다면, 주님의 뜻과 무관한 것이라면, 주님과 교회가 아닌 자기 자신의 유익을 위한 것이라면, 얼마든지 소망을 접겠다는 확고한 의지의 표현이다. 한 사람을 보낸다는 것은 하나의 우주를 교회에 보내는 것 같은 무게감이 있어서 신중해야 한다. 거짓 교사 하나를 교회에 보낸다는 것은 우주 하나가 무너지는 듯한 재앙을 초래하기 때문에 모든 파견은 당연히 교회의 머리이신 주님의 허락이 필요하고 주님 안에서 분별해야 할 사안이다. 바울은 디모데 파견만이 아니라 자신의 방문에 대해서도 주님의 주권을 존중한다. 예전에 로마로 가려고 오랫동안 많은 시도를 하였으나 막힐 때마다 주님께서 아직은 길을 열어주지 않으신 것으로 이해하고 인내하며 기다렸다(롬 1:10-13; 15:22, 32). 바울은 중차대한 사안만이 아니라 먹고 마시는 지극히 평범한 일에 대해서도 하나님을 인정하는 사람이다(고전 10:31).

나 대신 누군가를 보낸다는 것은 그가 나와 유사할 경우에 가능하다. 아버지 하나님은 우리에게 아들을 보내셨다. 이는 아버지와 아들이 단순한 유사성 이상으로 하나이기 때문이다. 그 아들은 제자들을 세상에 보내셨

다. 그러나 아들은 그들을 떠나지 않으시고 성령으로 그들 안에 거하셨기 때문에 그들과 분리되지 않으셨다. 그래서 "내가 보낸 자를 영접하는 자는 나를 영접하는 것이요 나를 영접하는 자는 나를 보내신 이를 영접하는 것"(요 13:20)이라는 유사성의 효력이 나타났다. 같은 맥락에서 바울은 디모데를 빌립보 교회에 파견하려 한다. 디모데는 바울을 가장 많이 닮았기 때문이다. 그는 바울이 보는 것처럼 보고, 바울이 느끼는 것처럼 느끼고, 바울이 행하는 것처럼 행하는 사람이다. 바울은 디모데가 자신과 빌립보 교회의 사정을 꾸미거나 가감하지 않고 있는 그대로의 사실을 양측에 전달해 줄 것이라고 확신한다. 그래서 바울은 자신과 더불어 디모데를 발신자로 명시했다. 우리는 과연 주님께서 어떤 공동체에 전령으로 보내도 괜찮은 사람인가? 주님의 편지인 동시에 공동의 발신자인 것처럼 여겨질 정도로 주님처럼 보고 듣고 말하고 행하는 사람인가?

바울이 디모데 파견을 소망하는 이유는 자신이 안위를 받기 위함이다. "안위를 받는다"(εὐψυχέω)는 단어는 "좋은 정신에 머물다 혹은 선한 용기를 가지다"를 의미한다. 이런 내용만 보면 자신의 안위를 챙기는 바울을 아주 꼼꼼하게 이기적인 사도라고 오해하기 쉽다. 그러나 표현을 자세히 보면 바울은 "나도"(kavgw.)라는 단어를 써서 빌립보 교회의 안위가 우선이고 자신도 덩달아 파생적인 안위를 받을 것이라고 말한 것이었다. 그는 평소에 믿음의 사람들 중에는 "자기를 위하여 사는 자가 없고 자기를 위하여 죽는 자도 없다"는 철학에 투철하다(롬 14:7). 그리고 바울이 안위를 받는 근거도 자신에게 있지 않고 빌립보 교회에게 있다.

칼뱅의 말처럼, 빌립보 교회의 위태로운 상황에 대해 신경이 곤두서 있는 바울은 "그들 모두의 안전을 확인할 때까지는 안심하지 못하는" 사람이다. 바울은 자신의 어떠함에 근거하지 않고 교회의 어떠함에 근거하여 평강의 여부가 결정되는 사람이다. 디모데는 빌립보 교회에 대한 바울의 애정이 이처럼 크기 때문에 엄선된 사람이다. 그러므로 이 구절은 바울의 자기애가 아니라 빌립보 교회를 향한 그의 이타적인 사랑을 더 강하게 증거한다. 이처럼 진실한 교류는 쌍방을 안위한다. 디모데를 통한 교류는 바울과 빌립보 교회 모두에게 기쁨을 선사한다. 교류의 쌍방적인 유익에 대하여 사도 요한도 우리가 빛 가운데에 거하면 "서로 사귐"이 있고 그러면 "예수의 피가 우리를 모든 죄에서 깨끗하게 하실 것"이라고 증거한다(요일 1:7).

> 20왜냐하면 여러분에 대한 것들을 진실하게 염려해 줄,
> 정신이 같은 어떠한 사람도 나에게는 없기 때문이고
> 21모두가 예수 그리스도의 것들이 아니라 자신의 것들을 추구하기 때문입니다

바울은 자신이 디모데를 전령으로 택한 이유 두 가지를 설명한다. 첫째, 디모데는 바울 곁에 있는 사람들 중에 빌립보 교회의 사정을 진실하게 염려해 줄 유일한 사람이기 때문이다. 이는 당시에 교회를 "진실하게"(γνησίως) 사랑하는 목회자가 대단히 적었음을 암시한다. 그러나 디모데는 교회를 하나님의 것으로 인정하고 주님만이 머리가 되심을 인정하고 주님의 양이라는 사실을 인정하고 교회가 거룩하고 흠 없는 하나님의 성전으로 지어지는 일에 목숨과 마음과 뜻과 힘을 다하여 헌신하는 사람이다. 이 정도로 디모데는 교회를 진실하게 "염려해 줄"(μεριμνήσει) 사람이다. 세상이 최대의 화력을 퍼부어 교회를 파괴하려 할 때 최고의 경건으로 능히 맞서서 교회를 지킬 사람이다.

여기에서 우리는 의식주에 대해 염려하지 말라는 예수님의 "염려" 금지령(마 6:25-34)과 아무것도 염려하지 말라는 바울의 교훈(빌 4:6)이 세속적인 사안과 우리 자신에 관한 것일 뿐이고 이웃에 대해서는 염려해도 됨을, 아름다운 염려도 있음을 확인한다. 이런 염려는 사랑의 실천이다. 그런데 바울에게 이런 디모데와 더불어 "정신이 같은"(ἰσόψυχος) 다른 동역자가 없

다. 즉 바울이 한 교회에 보내도 안심이 되는 사람은 자신과 정신이 같아야 하고 마음과 뜻과 의식이 일치해야 한다. 이러한 정신 공동체, 마음 공동체, 의식 공동체는 자신의 뜻을 내려놓고 자신의 정신과 의식도 부인하고 주님의 마음을 품어야 가능하다. 그런데 바울 주변에는 그런 정신의 소유자가 희박했다. 그러면 디모데와 같지 않은 다른 사람들의 정신은 어떠한가?

둘째, 디모데 외에는 모두가 그리스도 예수의 것들이 아니라 "자신의 것들"(τὰ ἑαυτῶν)을 추구하기 때문이다. 그들은 자아에 사로잡혀 있고 자신의 일에 매몰되어 있다. 자신의 것들을 추구하는 자들의 행태에 대해, 아우구스티누스는 시편 66편 9절을 해석하며 "그들은 자비와 진리를 전하지만 자비와 진리를 행하지는 않는다"고 꼬집는다. 그러나 자신이 아니라 "하나님을 사랑하는 자는 자비와 진리를 전하면서 동일한 그것을 스스로 실천하되 자신을 위하지 않고 그분을 위한다"고 설명한다. 자신의 것들과 주님의 것들을 동시에 추구하는 것은 가능하지 않다. 섬김의 대상에 있어서도 하나님과 재물 중에 이것을 사랑하면 저것을 미워해야 하는 필연적인 취사선택(마 6:24) 같이 무언가를 추구함에 있어도 주님의 것들과 자신의 것들 중에 택일해야 한다. 우리가 자신의 것을 추구하면 자신의 목숨도 잃을 것이지만(요 12:25) 주님의 것으로서 하나님의 나라와 의를 먼저 구하면 하나님은 다른 모든 것들도 더하여 베푸신다(마 6:33).

그런데 사람들은 교회를 비롯한 주님의 것들이 아니라 자신의 이익에만 골몰한다. 목회자가 되어서도 여전히 자신의 풍요로운 삶, 사회적인 명망, 더 큰 권위와 권력으로 눈이 돌아간다. 바울은 일부의 목회자가 아니라 "모두"(πάντες)가 그렇다고 한다. 그러나 칼뱅의 지적처럼 그 "모두"는 "하나의 예외도 허용되지 않는" 전부를 가리키는 것이 아님을 주의해야 한다. 디모데와 에바브로디도가 최소한의 예외이기 때문이다. 아퀴나스의 지적처럼, 어떤 일부의 심각한 문제를 지적하기 위해 전부의 문제인 것처럼 표현하는 것은 성경의 관습(consuetudo)이다. 그럼에도 불구하고 "모두"라는 말이 당시에 주님의 것들을 추구하는 헌신된 사역자가 거의 없었다는 심각성은 충분히 드러내는 낱말이다. 다른 서신에서 바울은 데마와 그레스게와 디도가 세속을 사랑하여 자신을 버리고 떠났다고 증언한다(딤후 4:10).

바울의 이 뽀족한 지적은 1세기의 기독교 풍경만이 아니라 모든 시대의 교회를 관통한다. 이 대목에서 바울이 암시하는 올바른 목회자는 자신의 사사로운 것들에 얽매이지 않고 주님과 관계된 모든 것을 추구하는 사람이다. 나아가 디모데 자신을 향해서는 자신을 기쁘게 하는 자가 아니라 "병사로 모집한 자를 기쁘게 하"는 자라는 조항도 추가한다(딤후 2:4). 디모데는 바울이 제시한 이 기준에 유일하게 부합한 사람이다. 그런데 칼뱅의 지적처럼, 너무도 유능한 사도인 바울의 주변에 유능한 믿음의 제자들이 거의 없었다는 사실이 특이하다. 이것은 바울의 제자양육 실패인가? 아니면 시대의 악함 때문인가? 만약 전자라면 12명의 제자들만 양육하신 예수님도 제자양육 실패자로 평가된다. 그래서 나는 후자에 비중을 두면서 예수님의 말씀을 떠올린다. "인자가 올 때에 세상에서 믿음을 보겠느냐"(눅 18:8). 믿음의 사람도 희귀하고 믿음직한 목회자도 희귀하다.

유능한 제자의 희귀성과 관련하여 또 하나 고려해야 할 요소는 바울의 높은 기준이다. 실제로 바울의 기대치에 부응하는 목회자가 어디에 있겠는가! 그보다 더 엄밀한 하나님의 기준으로 볼 때 어느 시대이든 합당한 신앙이 있고 주님의 양들을 맡겨도 될 목회자가 있겠는가? 우리의 시대에도 양상은 비슷하다. 친구처럼 친하게 교제하며 지낼 때는 괜찮아 보이는 사람도 막상 주님의 교회를 맡아서 섬길 목회자로 추천할 때는 주저하게 된다. 무익한 종으로서 마땅히 할 일을 하였을 뿐이라는 겸손은 보이지 않고 본전을 챙기고 보상을 기대한다. 중요한 결정의 결정적인 변수는 주님의 일들이 아니라 자신의 일들이다. 물론 하나님은 목회자의 성경적 기준에 부합하지 않은 사람들도 부르시고 세우신다. 그런 부족한 자들을 통해서도 하나님은 당신의 나라를 친히 세우신다.

자신의 사적인 일에 결박되어 있는 관심과 싸우는 일이 얼마나 고단한 일인지도 우리는 이 구절에서 확인한다. 칼뱅은 "자신과 싸우고 자기의 욕망을 억누르기" 위해서는 "스파르타 식으로" 투쟁해야 한다고 강조한다. 나도 동의한다. 모든 것이 자아 쪽으로 기우는 것은 본성적인 문제이기 때문에 단순한 땜질이나 편집 수준의 모양 바꾸기가 아니라 바울처럼 날마다 자신이 죽어야 해결된다. 이 문제가 해결되지 않은 채, 해결할 의욕과 노력도 없이, 신학교에 들어가고 목사가 되고 교회를 섬기는 사람들이 많다. 그들은 교회라는 공적인 영역에서 공적인 직함을 가지고 사적인 일을 도모한다. 이런 사람들이 많아지면 그것이 교회의 질서와 문화로 굳어지고 그렇게 목회하는 것을 문제로 여기지 않고 마땅한 것으로 여기는 지경까지 간다. 이런 문화에 저항하는 자는 오히려 개혁의 대상인 것처럼 종교적 기득권의 따돌림을 당하고 조용히 매장된다.

> ²²그러나 디모데의 연단은 여러분이 아닙니다 아비에게 [행하는] 자식처럼 그는 복음을 위하여 나와 함께 섬겨 왔습니다

시대가 어두워도 하나님은 언제나 희망의 그루터기, 새로운 미래의 씨는 남기신다. 지금 바울 곁에는 어느 교회에 내놓아도 부끄럽지 않은 디모데가 있다. 그는 "연단"(δοκιμή)을 받은 사람, 즉 검증된 사람이다. 로마서의 눈(롬 5:3-4)으로 보면, 연단은 오랜 고통을 참고 견딘 결과로 주어진다. 영혼의 근육이 단련된 사람에게 주어지는 하나님의 선물은 소망이다. 훈련되기 이전에는 전혀 이루어질 것 같지 않아서 대부분의 사람들이 난관에 부딪히면 쉽게 낙심한다. 나름대로 소망을 품더라도 대체로 망상이다. 그러나 연단을 받으면 마음 깊은 곳에서 소망이 차오른다. 그 소망은 순종할 소망이다. 이는 그림의 떡이 아니라 반드시 성취되는 소망이다. 왜냐하면 소

망 이후에는 "우리에게 주신 성령으로 말미암아 하나님의 사랑이 우리 마음에" 부어지기 때문이다(롬 5:5). 하나님의 사랑이 우리의 마음을 장악하면 필히 사랑하게 된다. 사랑은 하나님의 모든 명령에 대한 종합적인 순종이다. "받으신 고난으로 순종을 배"우신 주님처럼(히 5:8), 환란의 인내를 통해 연단을 받은 결과로서 주어지는 선물도 결국에는 사랑의 순종이다. 목회자는 주님의 종이기 때문에 주님의 말씀에 대한 순종은 직분의 생명이다. 디모데는 연단을 받아 이런 종의 면모를 제대로 갖추었다. 그런데 힘겨운 연단은 거부하고 달콤한 신학의 지적 습득에만 몰두하는 목회자가 많다. 부패한 본성이 깎이고 주님의 성품이 빚어지는 연단의 과정을 통과하지 않은 목회자가 오늘날 범람하고 있다.

디모데의 "연단"은 바울만 아는 게 아니라 빌립보 공동체도 아는(γινώσκετε) 내용이다. 디모데는 믿음의 아버지가 보기에만 괜찮은 정도가 아니라 교회 공동체도 인정하는 목회자다. 한 목회자의 선발은 특정한 지도자의 지명만이 아니라 공동체의 검증도 필요하다. 즉 개인의 연단, 지도자의 인정, 교회의 검증을 통과해야 한다. 세 가지의 요건 모두에서 디모데는 적격자다. 바울은 한 사람을 파견할 때 사도의 권위를 앞세우며 해당 공동체도 모르는 사람의 독단적인 낙하산 인사를 단행하지 않고 공동체의 인지와 동의 하에 진행한다.

바울은 디모데를 지명한 그 구체적인 증거도 명시한다. 이는 바울과 교회가 공동으로 아는 디모데의 면모를 더욱 확실하게 공감하기 위함이다. 즉 디모데는 "복음을 위하여"(εἰς τὸ εὐαγγέλιον) 바울과 함께 수고했다. 그는 대부분의 사람들이 추구하는 "자신의 것들"을 위하지 않고 주님의 것인 "복음"을 위하였다. 복음을 위한 디모데의 섬김이 거짓이나 조작이 아니라 사실임을 보증하는 증인은 바울이다. 섬김의 땀을 섞어보면 안다. 바울이 디모데의 자질을 자세하게 설명하는 이유는 그의 연소함 때문이다. 디모데는 다소 젊어서(딤전 4:12) '뭐, 이런 풋내기를 보내냐'며 공동체가 의문을 제기할 만한 젊은이다. 자칫하면 미숙한 사람을 파견하는 바울의 안목도 도마 위에 올라간다. 그러나 바울의 설명에 의하면 디모데가 비록 생물학적 연령은 짧아도 그의 생각과 섬김의 내용은 "나와 함께"(σὺν ἐμοί)라고 표현될 정도로 믿음직한 바울의 동료가 된 영적 어른이다. 다른 곳에서는 디모데를 "나도 그러는 것처럼(ὡς κἀγώ) 주의 일을 힘쓰는 자"라고 소개한다(고전 16:10). 크리소스토무스는 디모데를 자신과 동급으로 여기는 바울의 겸손이 잘 드러난 곳이라고 해석한다.

디모데가 복음의 준비된 일꾼임을 잘 보여주는 것은 디모데가 바울을 "자녀가 아버지를 [대하]듯이"(ὡς πατρὶ τέκνον) 대했다는 대목이다. 이는 디모데가 복음의 성숙한 일꾼임을 암시한다. 자녀가 부모를 닮는다는 것은 상식이다. 디모데는 복음을 위한 섬김에 있어서 바울을 닮은 믿음의 아들이다. 바울과 함께 복음을 위하고 복음과 함께 고난을 받으며 복음에 합당한 삶을 살아가는 사람이다. 나아가 디모데는 겸손한 일꾼이다. 디모데는 선임자인 바울과 동등한 복음의 종으로서 섬겼으나 종의 동등성을 핑계로 바울에게 무례히 행하지 않고 부모와 자녀 수준의 질서를 존중하며 믿음의 가정인 교회에 덕을 세우는 사람이다. 이처럼 디모데는 사도의 신앙을 계승한 자녀인 동시에 무례히 행하지 않는 겸손한 일꾼이다. 그래서 칼뱅은 '자녀가 아버지를 대하는 듯하다'는 바울의 말이 디모데의 "신실함과 겸손함의 증거"(fidei et modestiae testimonium)라고 해석한다. 동시에 칼뱅은 "지극히 사소한 것에 있어서도 어른에게 양보하는 젊은이"가 없다는 자신의 시대를 개탄한다.

²³그러므로 나는 나를 둘러싼 것들을 면밀히 살피면서
곧 이 사람을 보내고 싶습니다

디모데의 목회자적 소양에 대한 설명을 끝마치고 바울은 디모데 파견의 소원을 다시 확언한다. 디모데를 "곧"(ἐξαυτῆς) 파견할 것이지만 즉각 보내지는 않는 이유를 간략하게 언급한다. 즉 바울 자신과 관련된 것을 "면밀히 살펴야"(ἀφίδω) 하기 때문이다. 이는 디모데가 빌립보 교회에 나누어야 할 바울의 사정을 잘 정돈하기 위함이다. 그런데 바울은 "나를 둘러싼 것들"(τὰ περὶ ἐμὲ)의 구체적인 내용에 대해서는 침묵한다. 바울을 둘러싼 감옥의 상황을 고려할 때, 바울의 말은 재판의 최종적인 판결이 아직 내려지지 않아서 기다려야 하고 재판의 결과에 따라 석방될 것인지 아니면 순교하게 될 것인지의 여부를 살펴야 한다는 의미라고 나는 추정한다. 석방 여부와 무관하게 바울은 자신의 정확한 사정과 함께 디모데를 보낼 것이라는 소원에는 변함이 없음을 명시한다. 버나드는 바울을 "둘러싼 것들"이 바울의 내면이 아니라 그의 "겉사람 혹은 육신의 외투"일 뿐이라고 해석한다. 그러므로 재판의 결과가 어떠하든 바울 "자신의 속사람은 조금도 건드리지 못하는 것"이라고 설명한다. 이런 바울의 모습은 빌립보 교회의 신앙을 안위할 것으로 기대된다.

²⁴나 자신도 속히 가리라는 것을 주 안에서 확신하고 있습니다

바울은 24절에서 빌립보 교회에 갈 것을 "확신하고 있다"(πέποιθα). 이것은 이미 1장 25절에서 언급된 것의 반복이다. 그런데 이 확신은 석방에 대한 바울의 간절함이 자신에게 거는 최면이 아니라 "주 안에서"의 확신이다. 이는 석방의 여부와 시기가 주님의 주권에 달려 있으며 빌립보 교회 방문

11 공동체의 기쁨

의 여부와 시기도 주님의 동일한 주권에 달려 있음을 고백하는 확신이다. "나 자신도"(καὶ αὐτὸς)라는 표현은 바울에 의한 디모데 파견의 확실성을 암시한다. 동시에 디모데만 보내고 자신은 빌립보에 대한 신경을 끊으려고 한다는 교회의 오해 가능성도 차단한다. "속히"(ταχέως)라는 표현은 디모데와 바울의 빌립보 방문 간격이 크지 않고 모두 임박한 일임을 나타낸다. 바울이 디모데를 "곧" 보낸다는 것과 자신도 "속히" 가겠다는 말에서 우리는 근심에 빠진 빌립보 교회에 대한 바울의 애절한 사랑을 감지한다. 속도감을 보여주는 부사들의 빈번한 사용은 교회의 문제를 최대한 빨리 해결하고 회복하고 싶어 하는 지도자의 마음을 잘 드러낸다.

빌 2:25-30

25그러나 에바브로디도를 너희에게 보내는 것이 필요한 줄로 생각하노니 그는 나의 형제요 함께 수고하고 함께 군사 된 자요 너희 사자로 내가 쓸 것을 돕는 자라 26그가 너희 무리를 간절히 사모하고 자기가 병든 것을 너희가 들은 줄을 알고 심히 근심한지라 27그가 병들어 죽게 되었으나 하나님이 그를 긍휼히 여기셨고 그뿐 아니라 또 나를 긍휼히 여기사 내 근심 위에 근심을 면하게 하셨느니라 28그러므로 내가 더욱 급히 그를 보낸 것은 너희로 그를 다시 보고 기뻐하게 하며 내 근심도 덜려 함이니라 29이러므로 너희가 주 안에서 모든 기쁨으로 그를 영접하고 또 이와 같은 자들을 존귀히 여기라 30그가 그리스도의 일을 위하여 죽기에 이르러도 자기 목숨을 돌보지 아니한 것은 나를 섬기는 너희의 일에 부족함을 채우려 함이니라

25그러나 나는 나의 형제요 동료요 전우이며 여러분의 전령이며 나의 필요를 돌보는 자 에바브로디도를 여러분께 보내는 것이 필요한 줄로 여깁니다. 26이는 그가 여러분 모두를 간절히 사모하고 자신이 아프다는 것을 여러분이 들었다는 이유로 근심하고 있기 때문입니다. 27그는 병들어서 죽음에 가까이 [갔으나] 하나님은 그를 긍휼히 여기셨고 그뿐 아니라 나에게도 [긍휼을 베푸셔서] 슬픔 위에 슬픔을 갖지는 않게 하셨습니다. 28그러므로 나는 여러분이 그를 다시 보고 기뻐하게 하고 나도 근심에서 자유롭게 되도록 더욱 빠르게 그를 보냅니다. 29여러분은 주 안에서 모든 기쁨으로 그를 맞이하고 또 이와 같은 자들을 존귀히 여기시기 바랍니다. 30이는 나를 위한 섬김에 있어서 여러분의 부족함을 채우려고 그가 자신의 목숨을 위태롭게 하면서 그리스도의 일을 위하여 죽음까지 다가갔기 때문입니다.

12 사랑의 화음

25그러나 나는 나의 형제요 동료요 전우이며 여러분의 전령이며
나의 필요를 돌보는 자 에바브로디도를
여러분께 보내는 것이 필요한 줄로 여깁니다

바울은 자신의 상황이 정리되는 대로 디모데를 빌립보 교회에 보낼 것이라고 했다. 그런데 디모데와 자신이 도착하기 이전의 공백 문제를 해소하기 위해 그는 빌립보 교회의 목자였고 현재 바울과 함께 있는 에바브로디도를 먼저 보낼 것이라고 한다. 교회를 너무도 사랑하여 아주 짧은 어려움도 겪지 않게 하려는 바울의 세심한 배려가 느껴진다. 에바브로디도(Ἐπαφρόδιτος)는 "아름다운, 사랑스런, 혹은 매력 있는"을 의미하는 이름인 그리스의 "아프로디테"(Ἀφροδίτη) 여신 때문에 1세기에는 전혀 희귀하지 않은 이름이다. 그런데 호돈이 지적한 것처럼, "바울을 비롯한 그 누구도 그런 우상 숭배적인 이름을 좀 더 기독교에 어울리는 이름으로 바꾸라고 요구하지 않았다는 사실은 흥미롭다." 한 사람의 정체성은 이름이 아니라

삶이 좌우하기 때문에 용인된 것이라고 나는 생각한다. 에바브로디도는 이름 때문이 아니라 삶 때문에 아름다운 이름의 모델이 된 사람이다. "예수"라는 이름도 당시에 흔했지만 삶 때문에 온 인류의 모든 역사에서 가장 아름다운 이름이 되신 것처럼 이름의 의미는 삶으로 형성하고 평생 동안 채워간다.

바울은 에바브로디도를 대단히 높이 평가한다. 그를 수식하는 다양한 호칭들에 대해 칼뱅은 "싸움이 없다면 복음의 진보를 가만히 두지 않을 사탄 때문에 지속적인 싸움에 처하여야 하는 복음의 일꾼들이 가져야 할 조건들"을 열거한 것이라고 해석한다. 바울은 먼저 에바브로디도를 "형제"(ἀδελφός)라고 부르며 가족 공동체의 각별한 애정을 나타낸다. 예수님을 믿는 모든 사람들은 하나님을 아버지라 부르기 때문에 서로가 형제의 관계를 형성한다. 오늘날의 목회자와 목회자 사이에도 직원의 사무적인 관계가 아니라 형제의 우애가 필요하다. 목회자들 사이의 관계는 교회 안에서 성도들이 가져야 할 관계의 모델로서 지대한 영향을 끼치기 때문이다.

바울은 그를 "동료"(συνεργός)라고 소개한다. 이는 "형제"에 사명이 더해진 관계로서 형제보다 더 끈끈하다. 에바브로디도는 복음을 전파함에 있어서 바울과 "함께 일하는 사람"이다. 바울이 아무리 유능해도 동료는 필요하다. 전도자의 말처럼, "두 사람이 한 사람보다 나음"은 그들이 "좋은 상을 얻을 것"이기 때문이고 하나가 넘어지면 곧장 그 동료가 그를 붙들어 일으켜 주기 때문이다(전 4:9-10). 그리고 동료의 짐을 나누어지면 예수님의 법 즉 사랑을 이루기 때문이다(갈 6:2). 에바브로디도는 성경이 말하는 동료의 유익을 바울에게 실제로 제공한 사람이다. 더군다나 하나님 나라의 일은 혼자가 아니라 함께해야 이룰 수 있어서 각자가 가진 전문성의 공동체적 화음을 맞추는 게 중요하다. 그렇게 할 때 각자의 전문성도 기능의 최대치를 발휘한다. 동료는 나에게 없는 것을 채워주는 도움만이 아니라 자신이 가진 기능의 온전한 발휘에도 유익하다.

바울은 그를 "전우"(συστρατιώτης)라고 소개한다. 군사적인 용어인 "전우"는 "형제"와 "동료"보다 더 깊은 관계로서 문맥적인 의미로는 복음을 대적하는 자들과의 싸움에 함께 뛰어들고 생명을 섞는 의형제를 가리킨다. "전우"는 군사적인 요충지로 세워진 빌립보 성읍의 태생적인 정서에 감응을 일으키는 호칭이다. 복음을 전파하면 적군들이 귀신처럼 나타나서 방해하고 위협한다. 공중의 권세 잡은 자들이 군림하는 이 세상에서 복음의 적군들은 어디에나 있다. 에바브로디도는 복음과 바울을 대적하는 상황에서 자기만 비겁하게 피하거나 바울을 외면하지 않고 그와 함께 영적 전쟁에 기꺼이 가담했다. 그는 복음의 단물만 빨아먹지 않고 고난의 쓴맛도 기꺼이 감수했다. 고난을 당하고 피가 흐르고 사회에서 고립되는 상황에 처하여도 베드로의 조언처럼 "이상한 일 당하는 것 같이 이상히 여기지" 않고(벧전 4:12) 오히려 훈장으로 여기며 수용했다. 이처럼 에바브로디도는 "그리스도 예수의 좋은 병사로 나와 함께 고난을 받으라"(딤후 2:3)는 바울의 말에 충실한 전우였다.

그리고 에바브로디도는 빌립보 교회가 바울에게 보낸 "전령"(ἀπόστολος)이다. 이 단어는 본래 "보냄을 받은 자" 즉 "사도"를 가리킨다. 그래서 힐라리우스는 에바브로디도를 바울에 의해 빌립보 교회에 세워진 "그들의 사도"라고 해석한다. 이제는 그가 교회에 의해서 바울에게 파송된 "전령"이다. 뉴랜드는 "사도"(ἀπόστολος)가 히브리어로 번역되면 "말아케"(מַלְאָךְ)이고 이것이 다시 헬라어로 번역되면 "전령"(ἄγγελος)이 되기에 에바브로디도는 바울의 파견을 받은 빌립보 교회의 사도인 동시에 교회의 파견을 받은 전령도 된다고 해석한다. 칼뱅은 에바브로디도를 "어떤 복음 전도자"인 동시에 "전령"으로 보는 것이 다 가능하나 전자가 더 합당해 보인다고 한다.

바울은 그를 "나의 필요를 돌보는 자"(λειτουργὸν τῆς χρείας μου)라고 칭찬한다. 투옥된 바울은 지금 모든 게 고단하고 궁핍하다. 고든 피가 지적한 것처럼, 당시 "죄수들은 정부에 의해 돌봄을 받지 않고 양식과 같은 생존의 필요들을 친구나 친족에 의해 조달해야 했다." 작은 필요나 소수의 부족함을 채워주는 섬김은 쉬울 수 있겠지만 바울의 경우처럼 생존의 모든 필요를 돌보는 일은 전적인 헌신을 요구한다. 그럼에도 불구하고 에바브로디도는 전적으로 헌신했다. 그의 헌신에 대해 고든 피는 "제사장적 직무"라고 해석한다. 바울을 위한 빌립보 교회의 섬김과 희생은 4장 후반부에 자세히 언급된다.

빌립보 교회를 섬기든 바울을 섬기든 에바브로디도의 삶은 한 개인의 사적인 인생이 아니라 보냄을 받은 자의 공적인 인생인 것만은 분명하다. 바울이 보기에 그는 자기의 소견에 옳은 대로 살아가지 않고 하나님의 사람 바울과 빌립보 교회의 필요를 채우며 살아가는 진실한 하나님의 일꾼이다. 우리도 주 안에서 서로에게 한 가족의 형제이며, 함께 하나님의 나라와 의를 구하는 동료이며, 마귀와 죄와 더불어 싸우는 전우이며, 서로의 필요를 채워주는 조력자다. 우리가 어디에 있을 것이냐에 대해서는 에바브로디도처럼 교회의 필요에 맞게 움직여야 한다. 사람들의 이동은 나 자신의 유익과 필요가 아니라 교회를 위하여 이루어질 때 거주의 최적화가 구현된다. 이때 특정한 교회가 아니라 하나님의 나라 전체의 필요에 맞추어야 한다.

바울은 이러한 사람을 빌립보 교회에 보낸다고 한다. 이 한 사람의 부재로 말미암아 발생하는 형제의 빈자리, 동료의 빈자리, 전우의 빈자리, 전령의 빈자리, 후원자의 빈자리는 얼마나 크겠는가? 그런데도 바울은 그를 보내기로 결정한다. 이는 "필요한"(ἀναγκαῖος) 일이기 때문이다. 여기에서 동사가 "돌려보낸다"가 아니라 "보낸다"(πέμπω)는 단어임을 주목해야 한다. "돌려보낸다"는 것은 보냄을 받은 사람이 맡겨진 사명을 더 이상 수행할 수 없거나 완수했을 때 취하는 조치이고 "보낸다"는 것은 특별한 이유가 있어서 내려진 결정이다. 이는 바울 자신의 필요가 아니라 주님의 교회와 에바브로디도의 필요를 의미한다. 디모데의 빌립보 파견은 바울의 바람이고 바울 자신도 가겠다는 것은 결심이고 에바브로디도 보냄은 필요라고 함으로써 다른 뉘앙스를 부여한다. 필연성을 부여하는 것은 선택의 여지가 없을 정도로 중요하고 긴급한 일임을 암시한다.

> ²⁶이는 그가 여러분 모두를 간절히 사모하고 자신이 아프다는 것을 여러분이 들었다는 이유로 근심하고 있기 때문입니다

바울이 에바브로디도를 빌립보 교회에 보내기를 바라는 이유는 그가 공동체를 사모하고 근심하기 때문이다. 첫째, 그가 빌립보 교회를 간절히 사모하기(ἐπιποθέω) 때문이다. 그도 바울 곁에 있으면서 바울을 본받아 예수님의 심장으로(빌 1:8) 그 교회를 사모했을 가능성이 높다. 여기에서 우리는 그와 교회 사이의 친밀한 관계성을 확인한다. 에바브로디도는 지극히 위대한 사도인 바울을 섬기기 위해 엄선된 사람이기 때문에 빌립보 교회가 가장 아끼는 사람임에 분명하다. 교회만 그를 아끼지 않고 그도 교회를 많이 사모한다. 바울은 교회를 향한 그의 사모함이 날마다 눈에 밟혀 그를 그 교회에 보내는 특단의 조치를 취하기로 결정했다. 이는 교회와 형제의 쌍방적인 사모함 해소를 위함이다. 이처럼 교회는 형제를 사랑하고 형제는 교회를 사랑하고 바울은 교회와 형제를 모두 사랑한다.

둘째, 그가 근심하기(ἀδημονέω) 때문이다. 이 동사는 예수님이 죽음의 잔 앞에서 가진 근심과 동일한 낱말이다(마 26:37; 막 14:33). 에바브로디도가 이처럼 심히 근심하는 이유는 빌립보 교회의 상황을 들었기 때문이다. 즉 지금 그 교회는 그가 아프다는 소식을 들은 상황이다. 사랑하는 형제가 아프다는 소식을 접한 교회는 동일하게 아파한다. 자신의 아픔에 대한 소식을 듣고 아파하는 교회 때문에 다시 그는 근심한다. 그렇게 근심하는 형제의 모습을 보고 바울은 동일하게 근심한다. 형제의 아픔을 알고 근심하는 교

회의 아픔을 알고 근심하는 형제의 아픔을 알고 근심하는 바울은 근심의 사슬을 끊기 위하여 그를 교회로 파견한다. 바울은 형제의 근심을 좌시하지 않고 적극적인 해결을 시도한다. 물론 여기의 문맥에서 근심은 사랑의 한 형식이다.

그러나 "마음의 근심은 심령을 상하게 하"고(잠 15:13) "심령의 근심은 뼈를 마르게 한다"(잠 17:22)는 지혜자의 말도 사실이다. 그래서 근심의 날들이 누적되면 한 사람의 존재 전체가 약해지고 무너진다. 바울은 아픈 형제를 사랑하고 그 형제의 아픔 때문에 아파하는 교회도 사랑한다. 형제와 교회의 아픔을 해결하기 위해 자신은 형제와 교회의 감격적인 만남을 위해 형제를 보내는 외로움과 고단함을 선택한다. 이러한 선택의 이유는 감옥에서 혼자가 되는 아픔보다 형제와 교회의 아픔을 보는 아픔이 더 크기 때문이다. 바울과 에바브로디도와 빌립보 교회의 이런 사랑이 참으로 아름답고 향기롭다. 크리소스토무스는 이것을 "질이 다른 사랑"으로 평가한다.

> 27그는 병들어서 죽음에 가까이 [갔으나] 하나님은 그를 긍휼히 여기셨고
> 그뿐 아니라 나에게도 [긍휼을 베푸셔서]
> 슬픔 위에 슬픔을 갖지는 않게 하셨습니다

바울은 에바브로디도의 상태를 설명한다. 그는 "병들어서 죽음에 가까이"(παραπλήσιον θανάτῳ) 이르렀다. 즉 그의 병은 그가 사선을 오갈 정도로 심각했다. 이러한 사실만 보면 에바브라디도가 병들어서 쓸모가 없어지니 바울이 빌립보 교회로 그를 되돌려 보내려고 한다고 오해하기 쉽다. 게다가 로마와 빌립보의 거리는 1,800km를 육박한다. 병들어 사경을 헤매는 사람에게 로마에서 빌립보로 가라는 것은 너무도 잔인한 죽음의 독촉이다. 그러나 바울은 잔인한 사람이 아니라 죽어가는 형제를 위해 밤새도록 죽

을 힘을 다해 기도했을 사람이다. 놀랍게도 하나님은 바울의 기도를 들으신 것인지 에바브라디도의 병을 고치셨다. 이 치유를 바울은 하나님이 그를 긍휼히 여기신(ἠλέησεν) 것이라고 해석한다. 이에 대해 칼뱅은 "자기가 죽는 것이 낫다고 앞에서 말했던 사도가 에바브로디도에게 생명의 시간이 연장된 것을 하나님의 자비라고 간주한 것은 놀라운 일"이라고 평가한다. 생명의 연장에 대해 빅토리누스는 "이 세상이 심지어 죄의 온상이고 벗어나야 할 곳이라도 이 세상에서 더 살고자 하는 소망은 우리의 본성에서 온 것이며 죄는 아니라"고 해석한다. 우리는 여기에서 바울이 자신에 대해서는 삶보다 죽음이 훨씬 좋은 것이라는 가치관을 가지고 있지만 남에게는 자신의 가치관을 강요하지 않음을 확인한다. 타인에 대해서는 치유와 건강과 형통과 장수와 행복과 기쁨을 구하는 것이 사랑하는 마음의 표현이다. 사랑의 숟가락 이야기가 있다. 천국에는 숟가락이 너무도 커서 자신이 아니라 타인만 먹일 수 있기 때문에 모두가 타인을 먹이지 않으면 굶어 죽고 서로를 먹여 주면 모두가 산다는 이야기다. 서로에게 사랑을 떠먹여 주어야 사는 곳이 천국이다. 바울은 사랑 때문에 자신보다 에바브로디도의 회복을 간절히 소망하는 천국의 사람이다.

    칼뱅의 지적처럼, 형제가 가진 질병의 심각성을 강조한 바울의 의도는 하나님의 자비를 극명하게 나타내기 위함이다. 죄가 클수록 은혜가 더 크게 드러나듯, 고통과 환란이 클수록 하나님의 자비와 긍휼도 더 크게 드러난다. 게다가 에바브로디도의 질병은 암브로시에스터의 말처럼 "그의 상함을 위하지 않고 그의 성장을 위함이다." 토마스는 그 질병으로 죽을 정도라는 말이 "의원들의 견해에 따른 것이고 하나님의 섭리에 따른 것이 아니며 하나님의 영광을 위한 것"이라고 옳게 해석했다. 생명을 잃을 정도로 당신의 종을 극진히 섬기는 에바브로디도를 하나님은 가만히 두지 않으시고 그에게 놀라운 은총을 베푸신다. 이처럼 성장과 영광은 고난의 강을 꼭 지나간다.

하나님은 에바브로디도만 긍휼히 여기지 않으시고 바울도 긍휼히 여기셨다. 바울에게 주어진 긍휼의 내용은 그가 "슬픔 위에 슬픔을 갖지는 않게 하셨다"는 사실이다. 이는 바울 자신과 직결된 것이 아니라 에바브로디도와 연관된 파생적인 긍휼이다. 즉 에바브로디도를 고치시는 하나님의 긍휼로 말미암아 바울에게 주어진 긍휼이다. 만약 그에게 하나님의 긍휼로 말미암은 치유가 없었다면 바울은 "슬픔 위에 슬픔"(λύπην ἐπὶ λύπην)에 빠졌을 사람이다. 여기에서 "슬픔"은 몸의 통증으로 말미암은 감정의 질병이 아니라 "마음 혹은 영혼의 아픔"(BDAG)을 의미한다. "슬픔 위에 슬픔"은 영혼이 겪는 극도의 아픔을 가리킨다. 바울은 자신이 병들어 죽음의 문턱까지 갔다면 기뻐했을 것이지만 사랑하는 형제가 그렇게 되면 극도로 슬퍼하는 사람이다. 이는 사랑이 조성한 슬픔이다. 사랑하지 않는 사람의 질병과 고통은 안쓰러운 동정심만 유발한다. 그러나 진실로 사랑하면 나의 아픔보다 내가 사랑하는 사람의 아픔을 더 아파한다. 이 구절은 바울과 에바브로디도가 서로를 극진히 사랑하는 형제이고 동료이고 전우의 관계임을 확실하게 증명한다.

28그러므로 나는 여러분이 그를 다시 보고 기뻐하게 하고
나도 근심에서 자유롭게 되도록 더욱 빠르게 그를 보냅니다

여기에서 "그러므로"라는 접속사는 앞과 뒤를 이유와 목적의 관계로 묶어준다. 바울이 설명한 에바브로디도의 심각한 상태와 하나님의 긍휼은 이유이고 그의 파견으로 교회에 기쁨을 제공하는 것은 목적이다. 죽음의 문턱까지 갔다가 치유된 에바브로디도를 빌립보 교회로 보내고자 하는 바울의 의도는 그가 하나님의 긍휼히 여기심을 배달하는 수레이기 때문이다. 즉 에바브로디도는 신적인 긍휼의 산 증인이다. 빌립보 교회가 그를 다시

본다면 반드시 기뻐하게 된다는 게 바울의 판단이다. 이는 그들 사이의 사랑에 대한 바울의 확신에 근거한 판단이다. 사랑하는 형제가 치명적인 질병으로 죽어가기 때문에 근심이 가득해진 교회가 만약 회복된 그를 만난다면 기쁨이 얼마나 크겠는가! 게다가 치유된 그와의 만남을 통하여 그를 죽음에서 건지신 하나님의 긍휼히 여기심도 체험하면 그들이 더 기뻐하지 않겠는가! 참으로 절묘하다. 빌립보 교회가 사랑하는 형제를 만나는 동시에 그 형제에게 긍휼을 베푸신 하나님의 은총도 공유된다. 한 사람의 파견으로 이처럼 이중적인 선물이 전달되니 어찌 기쁘지 않겠는가!

에바브로디도를 빌립보로 보내면 바울의 근심도 경감된다($ἀλυπότερος$). 이유는 이러하다. 바울은 에바브로디도를 사랑하고 빌립보 교회도 사랑한다. 그래서 바울은 형제가 아프면 근심하고 형제의 아픔 때문에 교회가 아파해도 근심한다. 그러나 에바브라디도가 치유되면 바울의 근심은 줄어든다. 치유된 그가 근심하는 교회로 가면 교회의 근심도 줄어든다. 근심하던 교회가 기뻐하는 모습을 보면 교회의 근심 때문에 아파하던 에바브로디도의 근심도 줄어든다. 에바브로디도의 아픔 때문에 아파하던 교회의 근심이 그의 치유로 인해 기쁨으로 바뀐 것을 보고 더불어 기뻐하는 그의 회복을 보면 교회와 그의 근심으로 인해 생긴 바울의 근심도 당연히 줄어들지 않겠는가! 이처럼 회복된 에바브로디도를 빌립보 교회에 파견하는 것은 교회의 회복과, 이로 인한 그의 회복과, 교회 및 그의 회복으로 인한 바울의 회복을 가능하게 한다. 근심의 고리가 끊어지고 기쁨의 순환적인 고리가 형성된다.

암브로시우스는 바울이 근심의 소멸이 아니라 근심의 경감을 언급한 이유를 주목한다. 그 이유는 바울이 "육체에 머무는 동안에는 그의 영혼이 슬픔에서 결코 전적으로 자유로울 수 없기 때문이다." 자신의 동포에 대한 경우만 보더라도 그에게는 "큰 근심"과 "마음에 그치지 않는 고통"이 있다고 로마서는 기록한다(롬 9:1). 이 땅에서는 근심과 슬픔이 없어지지 않고 줄

어드는 것도 감사하다. 근심과 슬픔의 신속한 감소를 위해 바울은 디모데를 보내는 것보다, 바울 자신이 가는 것보다 먼저 에바브로디도를 빌립보 교회에 "더욱 빠르게"(σπουδαιοτέρως) 보내려고 한다. 속도는 메시지다. 조치가 빠를수록 사안의 긴급성과 중요성을 드러낸다. 그런데 무엇이든 사랑하기 때문에 긴급하고 사랑하기 때문에 중요하다. 그렇다면 형제를 교회로 더욱 빠르게 보내는 바울의 이유는 그와 교회에 대한 사랑 때문이다. 사랑은 형제의 아픔과 근심에 가장 민감하고 가장 신속하게 반응한다.

   빌립보 공동체와 에바브로디도와 바울 사이의 사랑 이야기는 기독교가 득세하고 로마를 기독교 국가로 바꾸고 기독교 인구가 폭발적인 성장을 이룬 때가 아니라 바울은 절망의 감옥에 투옥되어 있고 그를 돕는 형제가 죽을병에 걸려 있는 상황 속에서 피어났다. 이런 사랑이 가능하기 위한 전제는 무엇일까? 그것은 독특한 사랑의 공동체 의식에 있다고 나는 생각한다. 그들은 모두 타인의 생명을 자신의 생명으로 여기는 생명 공동체, 상대방이 무너지면 나도 멸망할 것이라는 운명 공동체, 타인을 확대된 자신으로 여기는 자아 공동체가 되었을 것이라고 나는 추정한다. 예수님을 머리로 모신 몸의 아름다운 하나 됨이 피운 꽃이 바로 사랑이다.

> [29]여러분은 주 안에서 모든 기쁨으로 그를 맞이하고
> 또 이와 같은 자들을 존귀히 여기시기 바랍니다

   바울은 너무도 존귀하게 여기는 에바브로디도를 "모든 기쁨으로"(μετὰ πάσης χαρᾶς) 맞이할 것을 빌립보 교회에 주문한다. 여기에 "모든"이 사용된 것에 대해 칼뱅은 "신실함과 풍성함을 위한" 것이라고 해석한다. 나아가 "선하고 충성된 목회자"로 검증된 자가 교회에 의해 "최고의 평판을 받아야 한다"고 가르친다. 여기에 더하여, 나는 "모든 기쁨으로 그를 맞이"할 수

밖에 없는 사랑의 관계도 드러내는 말이라고 생각한다. 너무도 사랑하는 형제의 치유와 만남이 교회에 기쁨의 최고치를 선물하는 것은 당연하기 때문이다. 그리고 바울은 그를 "주 안에서" 맞이할 것을 빌립보 교회에 주문한다. 여기에서 "주 안에서"(ἐν Κυρίῳ)는 크리소스토무스의 말처럼 그의 파견이 "하나님의 뜻"임을 나타낸다. 즉 그의 파견이 인간 바울의 결정이 아니라 주님의 주권으로 말미암은 것임을 가르친다. 동시에 교회로 하여금 그리움의 해소라는 인간적인 기쁨만이 아니라 바울이 앞에서 언급한 주님의 긍휼히 여기심에 반응할 것을 촉구한다. 이것은 사랑하는 사람과의 만남에 대한 하나님 중심적인 이해와 반응의 정석이다.

바울은 에바브라디도와 "같은 자들"(τοὺς τοιούτους)을 모두 "존귀히 여기라"고 명령한다. 사도의 눈에 에바브로디도는 존경의 기준이고 모델이다. 얼마나 놀라운 영광인가! 그러나 이 대목에서 크리소스토무스의 말처럼 "선행의 유익이 보상의 유익보다 크다"는 점을 우리는 기억해야 한다. 이것을 기억하면 보상을 바라는 조건적인 선행이 아니라 순수한 선행이 가능하기 때문이다. 그러므로 우리는 존경보다 존경의 근거 구비에 집중해야 한다. 그리고 바울의 명령은 친분의 한계를 넘어선다. 즉 평소에 알고 지내던 사이가 아닌 목회자라 할지라도 그가 에바브로디도처럼 하나님의 선하고 충성된 종이라면 동일한 존경의 대상으로 여기라는 명령이다. 이는 "내 교회, 내 목회자" 같은 나 중심적인 관계를 넘어 하나님을 중심으로 한 보편교회 의식을 가지라는 말이기도 하다. 오늘날 내가 혹은 교회 공동체가 존경하는 목회자는 어떤 사람인가? 잘 웃기는 사람인가, 눈물샘 자극하는 사람인가, 번영의 기운을 일으키는 사람인가, 도덕을 외치는 사람인가, 아니면 십자가의 복음을 자신의 생명보다 소중하게 여기는 사람인가? 목회자에 대한 기호가 시대를 반영한다.

30이는 나를 위한 섬김에 있어서 여러분의 부족함을 채우려고
그가 자신의 목숨을 위태롭게 하면서
그리스도의 일을 위하여 죽음까지 다가갔기 때문입니다

바울이 빌립보 교회로 하여금 모든 기쁨으로 에바브로디도를 맞이하고 존귀히 여기라고 명령은 자신을 극진히 섬긴 최측근 챙기기로 오해하기 쉽다. 그러나 바울이 제시하는 존경의 근거를 보면 오해가 해소된다. 첫째, 에바브로디도가 자신의 일이 아니라 "그리스도의 일"(ἔργον Χριστοῦ)을 위하였기 때문이다. 게다가 그는 개인 바울을 위하여 일하지 않고 주님을 위하여 일한 사람이다. 사람이 아니라 주님께 충성했다. 물론 그가 제공한 섬김의 직접적인 대상은 바울이다. 그러나 그 섬김이 바울의 개인적인 생계나 편의를 위한 것은 아니었다. 바울을 통하여 이루고자 하시는 하나님의 뜻을 섬긴 것이었다. 섬김의 대상과 근거를 주님께 두면 사람 때문에 변심하는 일이 없고 주님의 뜻을 따라 섬김의 지속 여부를 결정하게 된다. 그러나 사람을 주목하면 쉽게 실망하고 갈라서게 된다. 사람과의 관계가 틀어져도 주님의 일은 계속해서 도모하는 분별력이 필요하다. 주님의 일과 사람의 일을 분별하는 에바브로디도를 어찌 존경하지 않을 수 있겠는가!

둘째, 그는 섬김을 위하여 거의 죽을 정도까지 갔기 때문이다. 그가 사용한 섬김의 에너지는 남아도는 잉여가 아니었다. 그 에너지를 쓰면 생존이 위태로울 정도의 필수적인 것이었다. 그런데도 아끼지 않고 기꺼이 섬김에 투입했다. 에바브로디도는 이처럼 주님의 일을 위해서는 스스로 자신의 "생명을 위태롭게 한"(παραβολευσάμενος τῇ ψυχῇ) 사람이다. 마치 생활비 전부인 두 렙돈을 헌금한 과부(막 12:44)와 엘리야를 위해 마지막 식재료로 식탁을 준비한 사르밧 과부(왕상 17:13)의 헌신과 유사하다. 이는 자신의 건강보다 주님의 일을 더 중요하게 여긴 경건한 가치관의 표출이다. 에바브로디도는 복음 전파를 위해 자신의 생명을 조금도 아끼지 않은 바울을 그

대로 닮은 사람이다. 그렇기 때문에 에바브로디도를 교회가 모든 기쁨으로 존경하는 것은 마땅하다. 예수님이 복음을 위해 자신의 생명을 실제로 버리신 것처럼, 바울과 에바브로디도도 그 복음을 전파하는 주님의 일에 죽음을 각오했다. 우리가 이런 분들을 존경의 대상으로 삼는다면 우리도 복음의 전파를 우리의 생명보다 귀하게 여기는 것이 마땅하다.

셋째, 바울을 섬기려는 빌립보 교회의 "부족함"(ὑστέρημα)을 그가 채워 주었기 때문이다. 그는 섬김의 완성자다. 부족함을 채운다는 것은 그 의미가 특별하다. 섬김의 부족하지 않은 부분은 교회가 능히 할 수 있는 일이었다. 그러나 최선을 다했지만 여전히 남은 섬김의 부족한 부분은 교회가 할 수 없는 것이었다. 부족함을 채웠다는 말은 섬김의 가장 힘든 부분을 채웠다는 말과 동일하다. 에바브로디도는 쉽고 편한 섬김이 아니라 어렵고 불편한 섬김도 마다하지 않은 사람이다. 칭찬과 존경이 합당한 사람이다. 우리 개개인도 남들이 쉽게 하는 섬김보다 남에게는 어렵지만 나에게는 쉽고 잘하는 나만의 고유한 섬김에 집중함이 좋다. 우리 개개인은 모두 대체물이 없는 고유한 섬김의 주역이다. 주님께서 우리 각자에게 주신 특별한 은사와 고유한 사명에 충실하면 그것이 최고의 섬김이다. 하나님의 나라에도 최고의 유익이다.

3장. 그리스도를 아는 기쁨

빌 3:1-6

¹끝으로 나의 형제들아 주 안에서 기뻐하라 너희에게 같은 말을 쓰는 것이 내게는 수고로움이 없고 너희에게는 안전하니라 ²개들을 삼가고 행악하는 자들을 삼가고 몸을 상해하는 일을 삼가라 ³하나님의 성령으로 봉사하며 그리스도 예수로 자랑하고 육체를 신뢰하지 아니하는 우리가 곧 할례파라 ⁴그러나 나도 육체를 신뢰할 만하며 만일 누구든지 다른 이가 육체를 신뢰할 것이 있는 줄로 생각하면 나는 더욱 그러하리니 ⁵나는 팔일 만에 할례를 받고 이스라엘 족속이요 베냐민 지파요 히브리인 중의 히브리인이요 율법으로는 바리새인이요 ⁶열심으로는 교회를 박해하고 율법의 의로는 흠이 없는 자라

¹끝으로 나의 형제들이여 주 안에서 기뻐하십시오 여러분께 같은 것을 쓰는 것이 내게는 수고롭지 않고 여러분께는 안전한 것입니다 ²개들을 주의하고 악한 일꾼들을 주의하고 상해를 주의하십시오 ³이는 하나님의 영으로 섬기고 그리스도 예수 안에서 자랑하고 육체를 신뢰하지 아니하는 우리가 할례파이기 때문입니다 ⁴사실 나는 육체에 있어서도 자신감을 가지고 있습니다 만약 누구든지 다른 이가 육체를 신뢰할 만하다고 여긴다면 나는 더 많이 [그렇습니다] ⁵여덟째 날의 할례를 [받았고] 이스라엘 민족 출신이고 베냐민 지파 소속이며 히브리인 중의 히브리인이고 율법을 따라서는 바리새인이고 ⁶열심을 따라서는 교회를 박해하고 율법에 있는 의를 따라서는 흠이 없는 자입니다

13 　　　　　　　　　　　주 안에서의 기쁨

¹끝으로 나의 형제들이여 주 안에서 기뻐하십시오
여러분께 같은 것을 쓰는 것이 내게는 수고롭지 않고 여러분께는 안전한 것입니다

바울은 빌립보 교회를 "나의 형제들"(ἀδελφοί μου)로 간주한다. 그리스도인이 형제라고 불리는 근거에 대해 리차드 십스(Richard Sibbes, 1577-1635)는 "동일하신 아버지로 말미암은 생명의 동일한 출발"과 "공통의 동일한 형제인 그리스도" 예수와 "동일한 자궁인 교회"와 "동일한 양식인 하나님의 말씀"과 하나님의 상속자가 되어 동일한 유산을 가지게 된다는 "동일한 약속"을 가지고 있다는 점을 지목한다. 그는 또한 지위의 높낮이와 부의 격차와 같은 외적인 요인이 이 호칭을 제거하지 못함을 강조한다. "형제"라는 호칭은 이러한 "동등성"(equality)의 의미만이 아니라 "권위의 이름"(a name of dignity)이다. 혈통을 따라서는 지극히 비속한 출생을 한 사람도 주 안에서는 "하나님의 자녀이며 하늘의 상속자"가 되기 때문이다. 크리소스토무스는 바울이 빌립보 성도를 "형제"라고 부르고 갈라디아 성도를 "자녀"(갈

4:19)라고 부른 것의 차이점을 주목한다. 즉 책망하여 "고칠 것이 있거나 애정을 보이고자 할 때는 자녀라 부르고 더욱 큰 명예를 표하고자 할 때의 호칭은 형제"라고 한다.

이렇게도 좋은 "형제"라는 호칭이 합당한 사람들은 주 안에서 기뻐해야 한다. 바울이 빌립보 교회에 기쁨을 명령한 이유는 그들에게 복음을 증거한 바울이 로마에 투옥되어 있고 그들의 지도자인 에바브로디도가 병들어 있고 두 사람이 그들의 곁을 지켜주지 못하고 있는 상황이기 때문이다. 기쁨을 명령한 근거는 크리소스토무스가 바울의 속마음을 의역한 부분에 잘 표현되어 있다. "여러분은 더 이상 낙심할 이유가 없습니다. 여러분은 슬픔의 이유인 에바브로디도가 여러분 곁으로 갈 것이고, 디모데가 갈 것이고, 나 자신도 여러분께 갈 것이니 복음은 흥왕케 될 것입니다. 그렇다면 여러분께 무엇이 부족한 것입니까? 기뻐하십시오!"

주 안에서의 기쁨을 명한 바울이 "끝으로"(Τὸ λοιπόν)를 언급한 이유는 화제의 전환을 위함도 있겠지만 교회가 어떠한 상황에 놓여 있고 무엇을 하더라도 그 방향과 끝은 주 안에서 기뻐하는 것이어야 함을 강조하는 동시에 주 안에서의 기쁨 자체를 강조하기 위함이다. 나아가 뉴랜드의 말처럼 "기뻐함은 이 서신의 요약과 실체"이기 때문이다. 칼뱅은 이 단어가 사탄의 맹렬한 방해 속에서도 멈추지 않는 거룩한 기쁨(sanctum gaudium)의 지속적인 누림을 뜻한다고 해석한다. 진실로 주 안에서의 기쁨은 참된 행복의 누림이며, 올바른 삶의 정서적 물증이며, 대적들을 꺾는 최고의 무기이며, 어떠한 공격도 막아내는 최상의 무장이다. 그러므로 십스의 말처럼 기쁨은 "우리의 정서만이 아니라 명하여진 사명이다." 솟아나는 기쁨만이 아니라 기뻐할 결심도 필요하다.

바울은 앞에서 기쁨을 명하였다(빌 2:18). 이번에는 그 기쁨을 강화한다. 강화하는 방식은 "주 안에서"를 추가한 것이며 이로써 바울은 빌립보 교회에 차원이 다른 기쁨을 가르친다. "주 안에서"의 기쁨은 이 세상이 주지 못하는 영적인 기쁨이며 주님께서 주시는 기쁨이고 어떠한 환란 속에서도 누릴 수 있는 기쁨이고 어떠한 요인에 의해서도 소멸되지 않는 기쁨이다. 그러나 주님을 떠나면 반드시 사라지는 기쁨이다. 주 안에서 기뻐하는 자는 실망하지 않고 기대하며, 불평하지 않고 감사하며, 미혹되지 않고 초연하며, 절망하지 않고 생기가 돌아난다. 반대의 상태라면 내가 주 밖에 머물러 있는지를 점검해야 한다. "주 안에서"는 기쁨의 그림자도 없이 늘 우울함과 동거하는 자들에게 생지옥을 벗어나는 참된 기쁨의 비결이다. 인생의 승리를 견인하는 비결은 오직 주 안에서의 기쁨이다. 그래서 구약도 이렇게 기록한다. "여호와로 인하여 기뻐하는 것이 너희의 힘이니라"(느 8:10). 힘은 병거나 병기에 있지 않고 하나님을 기뻐함에 있다.

주 안에서 기뻐하는 것은 너무도 중요하기 때문에 바울은 "같은 것"(τὰ αὐτά)을 반복해서 언급한다. 같은 말을 반복하면 말하는 자와 듣는 자 모두가 고단하다. 그런데 바울은 같은 내용을 레코드판 돌리듯 반복해서 언급해도 "수고롭지 않고"(οὐκ ὀκνηρόν) 교회에는 "안전한 것"(ἀσφαλές)이라고 가르친다. 동일한 말을 반복하는 이유는 그것이 너무도 중요한데 평범해서 소홀히 여기고 너무도 쉽게 망각하기 때문이다. 성경에서 어떤 단어나 문구가 반복되는 것은 그것이 중요하기 때문이다. 일반적인 현상을 보더라도, 반복이 쌓이면 습관이 되고 습관은 천천히 그리고 조용히 인격으로 스며들어 삶을 규정한다. 믿음의 현상도 유사하다. 반복해서 들으면 믿음이 생기고 그 믿음으로 우리는 보이지 않는 하나님을 인정하고 확신하고 그의 진리를 마음의 질서로 삼고 삶의 열매로 빚어낸다. 기쁨은 이러한 방식으로 우리의 인격이 되어도 좋을 주님의 선물이다. 그러므로 기쁨 이야기는 반복해야 한다.

그런데 주 안에서 기뻐하는 것은 너무도 당연하고 평범해서 교회가 주의를 기울이지 않는 대표적인 사안이다. 그러나 위대한 것은 평범한 것 속에, 놀랍고 신비로운 것도 당연한 것 속에 감추어져 있다. 그래서 보이는 대로 보고 들리는 대로 듣고 상식의 흐름을 따라 생각하는 대부분의 사람들은 보아도 들어도 생각해도 깨닫지 못하는 것들이다. 이는 마치 예수님이 "고운 모양도 없고 풍채도 없은즉 우리가 보기에 흠모할 만한 아름다운 것이 없"는 허름한 모습(사 53:2) 속에 감추어진 위대한 보배, 즉 메시아와 하나님의 아들 되심을 가장 종교적인 유대인도 모르는 것과 유사하다. 이런 우를 범하지 않도록 주 안에서의 기쁨에 대한 언급도 반복해야 한다.

²개들을 주의하고 악한 일꾼들을 주의하고 상해를 주의하십시오

주 안에서의 기쁨을 없애려는 사람들이 있다. 바울은 그들을 주의해야 한다고 경고한다. 바울은 그들을 "개"(κύων)라고 명명한다. 에이디가 지적한 것처럼, "개"는 희랍문학 안에서는 "비난의 별칭"으로 사용되고 "사회에서 버림받은 사람들 사이에서 사용되는 거친 호칭"이며 "이리스가 아테나를 부르고 헤라가 아르테미스를 부른 용어"로 사용된다. 구약에서 이 용어의 히브리어 대응어인 "켈레브"(כֶּלֶב)는 "저녁에 다니며 쓰레기를 먹고 매장되지 않은 시체를 먹는 주인 없는 사나운 동물"을 가리킨다. 이사야의 기록에 의하면 "개들은 탐욕이 심하여 족한 줄을 알지 못하는 자들이요 그들은 몰지각한 목자들"을 가리키며 "다 제 길로 돌아가며 사람마다 자기 이익만 추구하며 … 우리가 독주를 잔뜩 마시자 내일도 오늘 같이 크게 넘"칠 것이라고 낙관하는 자들을 가리킨다(사 56:11-12).

칼 브라운(Karl F. C. Braune)은 당시의 "유대인들 사이에는 개들이 더러움을 의미했고(마 7:6) 이교도들 사이에는 잔인함과 악의를 뜻했다"고 요약한다. 특별히 유대인은 이방인을 개로 간주했다. 예수님은 민족적인 구분에 제한받지 않으시고 "자녀의 떡을 취하여 개들에게 던짐이 마땅하지 않다"는 말씀에서 하나님의 자녀가 아닌 자들을 개와 비교하며 하나님의 말

쏨은 하나님의 자녀에게 합당한 것이라고 말하셨다(마 15:26). 베드로는 이방인을 "속되고 깨끗하지 아니한" 개로 오해했다(행 10:14). 그러나 욥바에서 환상을 경험하고 달라졌다. 베드로는 주님께서 "깨끗하게 하신 것을 네가 속되다 하지 말라"(행 10:15)는 하늘의 음성을 듣고 이방인 고넬료의 집을 찾아가 복음을 전파했고 세례를 주자 성령의 임하심을 경험했다. 베드로는 자신의 편지에서 "개가 그 토한 것을 도로 먹는다"는 잠언(잠 26:11)을 인용하며 개는 그리스도 예수를 알고 세상의 더러움을 피한 이후에 다시 거기에 얽매이는 자, 혹은 "의의 도를 안 후에 받은 거룩한 명령을 저버리는" 자 즉 변절자를 뜻한다고 가르친다(벧후 2:20-22). 바울이 이 서신에서 말하는 "개"는 칼뱅의 설명처럼 자신의 "배를 채우기 위해 불순한 짖음으로 참된 가르침을 공격하는" 거짓 교사들을 가리킨다. 이처럼 베드로와 바울은 이방인을 개로 여기지 않고 유대인 변절자를 개로 간주한다. 그래서 크리소스토무스는 개가 "사악한 돈을 탐하고 권력을 좋아하며 다수의 신실한 자들을 미혹하기 위해 기독교와 유대교를 동시에 전하면서 복음의 부패를 도모하는 저속하고 비열한 유대인"을 가리키는 말이라고 했다. "이방인이 곧 개"라는 비난이 부메랑이 되어 유대인의 정수리로 돌아왔다.

바울은 "악한 일꾼들"(κακοὺς ἐργάτας)도 요주의 인물로 언급한다. 이 구절에서 바울은 "주의해야 한다"(βλέπετε)는 동사를 세 번이나 반복한다. 주의해야 할 각각의 사안이 너무도 중요하기 때문이다. 칼뱅의 해석처럼, 악한 일꾼들은 "교회를 세운다는 명목으로 모든 것을 파괴하는 자들이다." 이들이 "개들"이며 개의 저속한 본성을 따라 일하는 자들임에 분명하다. 에이디의 말처럼, 이들은 "단순히 실수하는 게 아니라 악에 사로잡혀 있고" "단순한 의견 제시자가 아니라 꾸준히 선동하는 자들이며 몽상가가 아니라 부지런한 일꾼"이다. 악의 열정과 성실성은 선의 자녀들을 대체로 능가한다. 성실하게 일하는 것은 귀하지만 일의 방향이 악을 향할 수 있기에 열정과 성실 자체에 속지 않도록 주의해야 한다. 일의 열정과 성실의 겉모습이 아니라 일의 내적인 동기와 목적을 주시해야 한다. 이레니우스(Irenaeus, 130-202)는 악한 일꾼들을 "우유 대신에 석회를 섞은 물을 제공하는 자들"(Adv. Haer., III.19)이라 했다. "악한 일꾼"(evil-worker)과 "행악자"(evil-doer)를 구분하는 뉴랜드의 시도는 유익하다. 악한 일꾼은 교회에서 직분을 가지고 악을 저지르고 행악자는 직분과 무관하게 악을 저지르기 때문에 전자가 더 위험하다. 이는 사회에서 일반인이 부정을 저지르는 것보다 공직자가 부정을 저지르는 것이 더 고약한 것과 일반이다. "악한 일꾼"은 자신의 직분에 숨어서 "속이는 일꾼"(고전 11:13)이다. 하나님의 영광보다 자랑의 기회를 엿보는 자들이다(고전 11:12). "사탄도 자기를 광명의 천사로 가장"하는 것처럼 "악한 일꾼"도 "자기를 의의 일꾼으로 가장"한다(고전 11:14).

바울은 "상해"도 주의의 항목으로 분류한다. "상해"(κατατομή)는 신체의 일부를 전달하는 것으로서 육체의 할례를 의미한다. 개를 방불하는 악한 일꾼들은 자신들을 "할례파"라 부르며 자랑했다. 그들은 "할례"라는 교리를 신체에 국한시켜 이해했고 육체의 할례를 신앙의 필수적인 요소로 강조했다. 할례의 육체적인 증거가 없고 모세의 율법을 준수하지 않으면 구원도 없다고 주장했다. 이러한 그들의 주장과는 달리 바울은 "육신의 할례가 할례가 아니라"는 도발적인 말과 함께 혈통에 따른 "표면적 유대인이 유대인이 아니라"는 사실도 꼬집으며 "오직 이면적 유대인"이 진정한 유대인이고 "할례는 마음에" 해야 한다고 주장한다(롬 2:28-29). 나아가 "만약 할례를 받으면 그리스도께서 너희에게 아무 유익이 없다"고 단언한다(갈 5:2). 크리소스토무스는 이 항목에서 언어의 유희를 주목하며 육신의 "할례"(circumcisio)는 육체의 절단(concisio)일 뿐이라고 한다. 헬라어를 보더라도 "상해"가 "카타토메"(κατατομή)이고, "할례"가 "페리토메"(περιτομή)이기 때문에 오류와 진리가 "자르다"(τέμνω)는 유사성을 지니면서 미세하게 갈라진다. 칼뱅은 의미의 유희로서 할례파는 신체의 일부를 잘라내는 것처럼 "교회의 일치도 산산이 조각내는" 자들일 뿐이라고 일갈한다. 지금도 할례파는 다양한 옷을 갈아입고 진리를 교묘하게 왜곡하고 있다. 육신의 변화로 영적인 신분과 질서를 바꾸려는 무리의 그릇된 가치관과 무모한 파괴를 경계해야 한다. 나아가 성경이 가리키고 있는 율법의 완성 되신 그리스도 예수의 관점에서 성경을 해석하지 않고 다른 세속적인 관점들을 기준으로 삼고 세속적인 기법들을 동원하여 성경의 의미를 규정하는 자들도 조심해야 한다.

> ³이는 하나님의 영으로 섬기고 그리스도 예수 안에서 자랑하고
> 육체를 신뢰하지 아니하는 우리가 할례파이기 때문입니다

바울은 우리가 경계해야 할 육체의 할례파를 언급한 이후에 마음의 할례파가 우리라고 가르친다. 하나님을 올바르게 예배해야 참된 할례파다. 예수님의 말씀처럼 하나님은 영이시기 때문에 의식과 상징이 아니라 영과 진리로 드려야만 예배가 가능하다. 여기에서 영과 진리를 바울은 "하나님의 영으로 섬기고 그리스도 예수 안에서 자랑하고 육체를 신뢰하지 아니하는" 것이라고 풀어서 설명한다. 이것들은 할례파의 올바른 개념을 구성하는 세 가지로서 할례파의 그릇된 관념이 교회를 강타하지 않도록 경계하는 구체적인 방법을 뜻하기도 한다.

첫째, 할례파는 "하나님의 영으로"(πνεύματι Θεοῦ) 섬기는 자들이다. 바울이 이것을 언급하는 이유는 호돈이 잘 지적한 것처럼 유대인이 "내면적인 마음으로 하나님께 드리는 영적인 예배를 떠나 외적인 의식의 종교로 전환해 버렸기 때문"이다. 즉 "인간적인 율례가 하나님의 명령을 대신하고 사람들은 마음이 아니라 입술로만 하나님께 영광을 돌린다"고 지적한다. 동시에 인간이 스스로는 하나님을 예배할 수 없기 때문이다. 이 구절을 다르게 읽는 사람들도 있다. "우리가 하나님을 영으로 섬긴다"(spiritu servimus Deo)는 아우구스티누스와 토마스의 번역과 유사하게 칼뱅은 "우리가 하나님을 영

으로 예배 드린다"(spiritu Deum colimus)로 번역한다. 칼뱅은 바울이 "하나님은 영"이시기 때문에 "영과 진리로" 예배를 드려야 한다는 예수님의 말씀(요 4:23)을 따르는 것이라고 주장한다. 그럼 세례와 성만찬과 같은 성례를 배제하는 것이냐는 질문에 대해 칼뱅은 예수님의 출현으로 "상징이 폐지되고 할례가 세례로 자리를 옮겼다"고 설명한다. 다만 "박하와 운향과 모든 채소의 십일조는 드리되 공의와 하나님께 대한 사랑"을 버리는 것은 부당하다. 예수님은 "이것도 행하고 저것도 버리지 말아야" 한다고 명하신다(눅 11:42). 십스의 주장처럼, "내적인 진실의 표현"을 위해 세례나 성찬과 같은 "외적인 수단"을 사용하는 것은 얼마든지 가능하고 심지어 필요하다.

십스는 구약에도 아브라함 신앙의 참된 할례가 있었다고 말하면서 그것은 "구름 아래와 바다 속에 있던 자들이 구름과 바다에서 참으로 세례를 받았다고 말했던 것과 같다"고 설명한다. 나아가 "교회가 하나이고 동일한 것처럼 그리스도 이전과 이후의 성례들도 모두 본질상 하나"라고 주장한다. 영적인 할례를 받기 이전에는 모든 사람이 "타락하고 음란한 잡담 듣기를 좋아하는 귀, 할례받지 않은 마음에서 악취 나는 언어 내뱉기를 좋아하는 혀와 입술, 음탕하고 죄 많은 대상 보기를 즐기는 눈, 그로 인해 헛된 욕망으로 타오르는 마음을 가졌다"고 진단한다. 부패한 본성의 조종을 받는 음탕한 귀와 입과 눈과 마음이 가위로는 제거될 수 없기 때문에 성령에 의한 "영의 할례"(circumcisio spiritus)가 필요함을 토마스는 역설한다. "하나님의 영으로" 예배를 드리지 않으면 부패한 본성이 예배의 실권을 휘두르기 때문에 예배는 인간의 종교적 잔치로 전락한다.

둘째, 할례파는 "그리스도 예수 안에서 자랑하는 자들",καυχώμενοι ἐν Χριστῷ Ἰησοῦ)이다. 셋째는 둘째와 대응된다. 즉 셋째, 할례파는 "육체를 신뢰하지 아니하는 자들"(οὐκ ἐν σαρκὶ πεποιθότες)이다. 여기에서 칼뱅은 "육체"가 "개인이 영광을 받을 준비가 된 모든 종류의 외적인 것들을 포함하는 말"이라고 해석한다. 그리스도 안에서 자랑하고 육체를 신뢰하지 아니하는 자들은 자랑의 근거를 에이디의 말처럼 "자신이나 자신에 관한 어떠한 것 즉 할례나 아브라함 후손에 두지 않고 그리스도 예수 안에, 오직 그분 안에만 두되, 그와 모세 안도 아니고 아들과 종 안에도 동일하게 두지 않는" 자들이다. 십스의 말처럼, 인간은 본래 육체의 외적인 것을 신뢰한다. 그 신뢰는 지독하다. 그러나 그리스도 안에 거하면 옛 것이 지나간다. 존재 자체가 새로운 피조물로 변화된다. 그리스도 안에서 사랑하는 사람은 옛사람의 이전 것을 자랑하지 않고 그리스도 안에서 이루어진 새로운 피조물의 새것을 자랑한다. 옛 것과 새것의 현저한 차이 때문에 새것을 경험하면 옛 것을 자랑하고 싶은 마음이 아예 사라진다. 그런데도 그리스도 안에서 자랑하지 않는 자들이 있다면 칼뱅의 말처럼 그들은 본질이 아니라 상징에 안주하고 실체가 아니라 그림자를 주목하는 자들이다.

    그리스도 안에서가 아니라 육체를 신뢰한 자들의 대표적인 사례로서 십스는 아히도벨, 헤롯, 하만을 언급한다. 인간적인 계략을 신뢰하던 아히도벨은 그 계략이 무산되자 자기 고향으로 돌아가 자살했다(삼하 17:23). "날을 택하여 왕복을 입고 단상에 앉아 백성에게 연설"한 후 백성들이 "이것은 신의 소리요 사람의 소리가 아니라"는 칭찬을 받은 헤롯은 그 영광을 하나님께 돌리지 않고 자신의 인간적인 연설 능력을 뽐내다가 "벌레에게 먹혀" 사망했다(행 12:21-23). 자신을 "왕이 존귀하게 하기를 원하시는 자"인 것처럼 포장하고 "왕께서 입으시는 왕복과 왕께서 타시는 말과 머리에 쓰시는 왕관"을 탐하며 취하려고 잔꾀를 부리던 교활한 하만, 하나님의 백성과 모르드개 무리를 이 땅에서 제거하려 했던 사악한 하만은 정반대의 결과를 맞이했다. 즉 왕복과 어승마와 왕관은 하만이 아니라 모르드개에게 돌아갔고, 하만은 모르드개를 달려고 세운 장대에 달리는 비운을 맞이했다. 육체를 신뢰하는 자들의 최후는 이처럼 모두 비참했다. 이러한 사실 때문인지, 바울은 육신에 속한 모든 것들, 심지어 유익하던 것조차도 해로 여기고 배설물로 간주했다.

바울이 여기에서 나란히 열거한 동사로서 "자랑하는 것"(καυχάομαι)과 "자신하는 것"(πείθω)은 서로 연결되어 있다. 두 동사의 관계에 대하여 칼뱅은 "확신이 사람을 들뜨게 만들어서 그로 하여금 자랑까지 이르게 하는" 관계라고 설명한다. 신뢰를 어디에 두느냐가 자랑을 좌우한다. 그리스도 예수를 신뢰하면 그를 자랑하게 되고 자신의 육체에 신뢰를 두면 자신을 자랑하게 된다. 하나님은 육체를 신뢰하는 자들의 자랑을 특이한 섭리로 막으신다. 즉 육체를 전혀 신뢰할 수 없는 "세상의 천한 것들과 멸시받는 것들과 없는 것들을 택하사 있는 것들을 폐하"신다(고전 1:28). 이와는 달리, 그리스도 안에서 자랑하는 자들에 대해서는 주님께서 그들에게 "지혜와 의로움과 거룩함과 구원함"이 되셔서 주 안에서만 자랑하게 만드신다(고전 1:31). 바울의 말은 자신의 사사로운 견해가 아니라 이처럼 하나님의 견고한 섭리에 근거한 사실이다.

⁴사실 나는 육체에 있어서도 자신감을 가지고 있습니다
만약 누구든지 다른 이가 육체를 신뢰할 만하다고 여긴다면
나는 더 많이 [그렇습니다]

바울은 자신의 육체가 부실해서 신뢰하지 않은 것이 아니라고 한다. 오히려 "육체에 있어서도 자신감"(πεποίθησιν καὶ ἐν σαρκί)이 대단하다. 바울이 육체를 신뢰하지 말아야 한다고 주장한 후에 자신은 육체에 있어서도 신뢰를 가진다는 진술이 곧바로 나와서 이 구절이 모순인 것처럼 오해하는 사람들이 있다. 여기에서 우리는 호돈의 지적처럼 바울이 육체에 대한 자신감을 자랑하는 것이 아니라 실제로 "가지고 있다"(σχέω)는 사실을 말한다는 점을 주목해야 한다. 즉 바울은 육체를 신뢰할 만한 근거가 대단히 많음에도 불구하고 육체를 신뢰하지 않고 자랑하지 않는다는 사실을 말하

고자 한다. 육체가 부실한 사람은 신뢰나 자랑 자체가 가능하지 않다.

바울이 육체에 대하여 가진 신뢰의 근거는 다른 어떤 사람보다 크다. 그래서 어느 누구라도 자신의 육체를 "신뢰할 만하다고 여긴다면" 자신은 "더 많이"(μᾶλλον) 그렇다고 한다. 여기에서 사람들이 신뢰할 만한 육체의 어떠한 것을 실제로 가졌다는 것이 아니라 "여긴다"(δοκέω)는 말은 뉴랜드의 말처럼 그들에게 "자랑의 실질적인 근거가 없음을 보여주기 위한 단어"의 의도적인 사용이다. 아마도 신분이나 혈통이나 학벌이나 직위나 신앙이나 도덕의 우월성을 내세우며 자신을 자랑하는 사람들이 바울 주변에 많았을 것이라고 추정된다. 그러나 바울은 그 모든 자들이 자신의 스펙에 비하면 아무것도 아니라고 주장한다. 고린도 교회에 보낸 편지에서 바울은 "그들이 히브리 사람이냐 나도 그러하며 그들이 이스라엘 사람이냐 나도 그러하며 그들이 아브라함 후손이냐 나도 그러하다"(고후 11:22). 이는 바울이 지금 육체의 특출한 장점들을 출세나 명예나 돈벌이에 유익하기 때문에 하는 말이 아니라 자신이 이것들을 신뢰하지 않고 자랑하지 않는 것처럼 다른 어떠한 사람도 육체를 신뢰하지 못하도록, 그래서 자랑하지 못하도록 입막음을 하기 위함이다. 이 구절은 칼뱅의 말처럼 "그리스도와 무관한 것을 자랑하는 자들의 오만이 책망을 받아 마땅함을 가르치고 있다." 우리에게 주어진 육체의 유익들과 장점들도 신뢰와 자랑의 대상이 아님을 가르치기 위해 그것들이 아무것도 아닌 초개와 같이 여기면서 이 세대를 깨우쳐야 한다.

⁵여덟째 날의 할례를 [받았고] 이스라엘 민족 출신이고 베냐민 지파 소속이며 히브리인 중의 히브리인이고 율법을 따라서는 바리새인이고

바울은 자신의 세대를 깨우치기 위해 자신이 소유하고 있는 육체의 장

점들을 열거한다. 이것들은 바울의 시대에 거의 모든 유대인이 흠모하는 것들이다.

첫째, 바울은 출생한 지 "여덟째 날의 할례"(περιτομῇ ὀκταήμερος)를 받은 사람이다. 할례는 남자 아이들이 포경수술 받는 것과 유사하고 할례의 의미는 하나님이 친히 규정하신 것으로서 "나와 너희 사이에 맺은 언약" 즉 아브라함 언약의 징표였다(창 17:11). 율법을 따라 여덟째 날에 할례를 받은 바울은 하나님과 언약을 맺은 아브라함 후손의 하나로서 인증된 사람이다. 이렇게도 중요한 할례는 크리소스토무스의 말처럼 유대인의 "가장 중요한 자랑"이기 때문에 바울이 가장 먼저 언급했다. 실제로 유대인은 할례와 안식일을 가장 중요하게 여기는데 할례의 날과 안식일이 겹칠 경우에는 할례를 선택할 정도로 독보적인 중요성을 할례에 부여한다. 그런데 바울은 유대인이 가장 소중하게 여기는 할례를 영혼의 자랑이 아니라 육체의 자랑으로 분류한다. 새사람의 필수 아이템이 아니라 옛사람의 흘러간 전통에 불과하다.

둘째, 바울은 "이스라엘 민족 출신"(ἐκ γένους Ἰσραήλ)이다. 바울은 이삭의 형인 이스마엘 후손도 아니었고 야곱의 형인 에서의 후손도 아니었다. 이것의 구체적인 의미는 로마 교회에 보낸 편지의 한 구절에 잘 묘사되어 있다. 즉 이스라엘 민족에게 속하면 "양자 됨과 영광과 언약들과 율법을 세우신 것과 예배와 약속들이 있고 조상들도 그들의 것이요 육신으로 하면 그리스도" 예수도 그들의 혈통에서 나오시는 영광이 주어졌다(롬 9:4). 이스라엘 백성은 하나님이 자신의 백성으로 선택하신 특별한 민족을 의미하기 때문에 그런 민족에 속했다는 것이 유대인들 중에는 온 세상을 향한 자랑의 하나였다. 그런데 이것도 바울이 보기에는 새로운 피조물의 새것이 아니라 지나간 옛사람의 육체적인 자랑에 불과한다. 민족적인 정체성이 다른 유대인과 이방인 사이에는 이제 차별이 없어졌다. 바울은 어리석은 "족보 이야기"가 무익하고 헛된 것이기 때문에 접으라고 한다(딛 3:9). 예수님이 반차를 이어가신 멜기세덱은 "레위 족보에 들지" 않았으며 그에게 "아버지도 없고 어머니도 없고 족보도 없"었다고 한다(히 7:3, 6). 이는 족보를 자랑하지 못하게 하시려는 하나님의 섭리라고 나는 생각한다. 그런데도 세상은 중요한 일에 출신을 따지고 민족의 꼬리표를 달며 차별한다.

셋째, 바울은 "베냐민 지파 출신"(φυλῆς Βενιαμίν)이다. 이 지파는 이스라엘 12지파 중에 특별하다. 모세는 이스라엘 백성을 축복할 때 "베냐민에 대하여는 … 여호와의 사랑을 입은 자"(신 33:12)라고 규정했다. 호돈이 잘 정리한 것처럼, 베냐민은 야곱이 네 명의 아내 중에서 특별히 사랑한 라헬의 소생이다. 그리고 "야곱의 모든 아들 가운데 유일하게 베냐민만 약속의 땅에서 태어났다." 그리고 예루살렘 성읍과 성전은 베냐민의 영토였다. 게다가 토마스의 설명처럼, 여로보암 시대에는 레위와 유다와 베냐민 지파만 하나님을 경배했고 다른 지파들은 우상을 숭배했다. 그리고 이스라엘 역사가 왕정 시대로 접어들 때 하나님은 베냐민 지파에 속한 사울을 태조로 택하셨다. 그래서 이스라엘 최초의 왕을 배출한 베냐민 지파는 이스라엘 백성 중에서도 성골이다. 바울은 왕족의 핏줄이다. 그런데도 바울은 자신의 출신 가문을 영적인 자랑의 대상이 아니라 육체적인 신뢰와 자랑의 근거일 뿐이라고 규정한다. 그런데 지금도 세상에는 정치계의 성골, 학계의 성골, 교계의 성골, 예술계의 성골 등이 자신의 특권을 자녀에게 세습하고 기득권을 쥐고 밥 먹듯이 갑질을 저지른다.

넷째, 바울은 "히브리인 중의 히브리인"(Ἑβραῖος ἐξ Ἑβραίων)이다. 십스의 지적처럼, 이스라엘 사람보다 히브리 사람의 전통은 더 먼 과거로 소급된다. 이스라엘 전통은 야곱의 혈통에서 나오지만 히브리 전통은 아브라함 혈통에서 비롯된다. 이는 아브람이 최초의 "히브리 사람"(עִבְרִי)이기 때문이다(창 14:13). "히브리"는 "저 너머에서 왔음"을 의미한다. 아브람은 우상의 나라에서 하나님의 나라로 건너온 사람이며 야곱의 조상이다. 그런데 바울은 자신을 "히브리인 중의 히브리인"으로 규정한다. 그 이유로서 크리소스토무스는 다른 많은 유대인이 "이방인들 중에 오래 거하면서 그들의 히브리 언어에 무지하게 되었으나 바울은 그렇지 않았다"는 점을 지적한다. 게다가 바울은 언어만이 아니라 히브리 정신과 사고와 문화와 전통도 계승하고 있기 때문에 자신을 최고의 히브리 사람으로 간주한다. 그러나 고든 피는 이 표현이 "앞의 세 가지를 종합하고 뒤의 세 가지를 위한 무대를 마련하기 위한 전환적인 용어"라고 설명한다. 즉 "히브리인 중의 히브리인" 문구는 바울이 여덟째 날의 할례자요 이스라엘 민족과 베냐민 지파에 속한다는 사실을 요약하고 동시에 이러한 바울이 어떠한 성정과 활동성을 가진 자인지를 앞으로 설명하기 위한 발판이다.

다섯째, 바울은 "율법에 따라서는 바리새인"(κατὰ νόμον Φαρισαῖος)이다. 바울은 대제사장 아나니아 앞에서도 자신을 "바리새인이요 또 바리새인의 아들"로 소개했다(행 23:6). 분파의 소속만 그러하지 않고 실제로 바울은 "바리새인 생활을 하였다"고 고백한다(행 26:5). 머리와 몸이 모두 바리새파 사람이다. 헬라어 "파리사이오스"(Φαρισαῖος)는 "구별된 사람"을 의미한다. 1세기에 바리새파 사람들은 모세의 율법을 가장 정확하게 해석하고 가장 엄격하게 적용하는 구별된 분파로 간주하며 다른 모든 유대인과 구별된 자로 간주했다(행 22:3). 그래서 바울 자신도 속한 분파를 "우리 종교의 가장 엄한 파"라고 증거한다(행 26:5). 이 분파의 맹주는 모든 유대인이 존경한 가말리엘이었다(행 5:34). 그는 모든 지성인이 학문의 줄을 대려고 흠모한 사람이다. 그런데 바울은 그런 석학의 문하에서 수학했다. 이로써 당시 최고의 신학적 계보에 들어갔다. 그런데도 바울은 자신의 화려한 학문적 계보를 의지하지 않고 그것이 육체적인 신뢰와 자랑일 뿐이라고 평가한다.

₆열심을 따라서는 교회를 박해하고 율법에 있는 의를 따라서는
흠이 없는 자입니다

여섯째, 바울은 "열심을 따라서는(κατὰ ζῆλος) 교회를 박해"한 사람이다. 갈라디아 교회에 보낸 편지에서 바울은 자신이 "하나님의 교회를 심히 박해하여 멸"했다고 고백한다(갈 1:13). 그 이유는 자신 다른 누구보다 "유대교를 지나치게 믿어 내 조상의 전통에 대하여 더욱 열심이 있었"기 때문이다(갈 1:14). 당시 유대교는 기독교가 성경에 어긋나는 교리를 가르쳐서 유대교를 파괴하는 신흥 종교로 여겼기 때문에 열심이 있는 사람들은 기독교 박해에 경쟁심을 불태웠다. 그들 중에서도 바울은 누가의 기록처럼 "위협과 살기가 등등"했다(행 9:1). 박해의 광기에 사로잡힌 바울은 예수님의 가르침을 따르는 자라면 "남녀를 막론하고 결박하"기 위해 다메섹의 여러 회당으로 향하였다(행 9:2). 자신의 가문과 민족성과 종교성과 지성을 모조리 동원하여 기독교 박멸에 투신했다. 이런 바울은 당시 유대교 사회에서 다음 세대를 이끌어갈, 떠오르는 별이었다. 자신의 종교와 공동체에 헌신하는 것도 거듭난 바울의 눈에는 육체의 자랑을 위한 도구에 불과했다.

열심이 그 자체로는 나쁘지가 않다. 그러나 그릇된 방향으로 발산되면 흉기로 돌변한다. 그런 열심이 클수록 더 악해진다. 이에 대해서는 바울 자신이 증인이다. 자신의 경험에 근거하여 바울은 자신의 동포가 저지르는 잘못의 핵심을 간파했다. 즉 이스라엘 백성이 "하나님께 열심이 있으나 올바른 지식을 따른 것이 아니"었다(롬 10:2). 결국 "하나님의 의를 모르고 자기 의를 세우려고 힘써 하나님의 의에 복종하지 아니하"는 결과를 초래했다(롬 10:3). 멸망을 자초했다. 이들보다 더 큰 열심을 가진 바울은 가장 큰 멸망의 희생물이 될 수 있었으나 예수님을 만나 운명이 달라졌다. 이제 인생의 방향은 예수였다. 예수님만 알고 그분만 자랑하고 그분 안에서만 발견되고 싶어했다. 갈라디아 교회에 보낸 서신에서 밝힌 것처럼 바울은 "하

나님의 열심으로" 그분의 교회를 섬겼으며(고후 11:2) 다른 사람들을 향해서도 "열심을 품고 주를 섬기라"고 권면했다(롬 12:11). 열심을 내는 것은 대단히 중요하다. 다만 열심이 제대로 된 방향을 만날 때 아무리 허접한 인생도 완전히 달라진다.

일곱째, 바울은 "율법에 있는 의를 따라서는"(κατὰ δικαιοσύνην τὴν ἐν νόμῳ) 무흠했다(ἄμεμπτος). 신명기는 "이 모든 명령을 우리 하나님 여호와 앞에서 삼가 지키면 그것이 곧 우리의 의로움"이 된다고 가르친다(신 6:25). 율법을 따라 우리가 의롭게 되기 위해서는 명령의 일부가 아니라 전부를 지켜야 가능하고 사람 앞에서가 아니라 하나님 앞에서 지켜야 가능하다. 게다가 모든 율법을 하나님 앞에서 지키되 한 번이 아니라 "항상" 지켜야 우리의 의로움이 된다(갈 3:10). 율법의 모든 명령과 우리의 일평생이 일치하지 않으면 우리는 불의한 자로 간주된다. 바울은 이러한 기준을 따라서도 흠이 없다고 생각했다. 그러나 바울은 예수님을 만난 이후로 달라졌다.

율법을 완성하신 그리스도 앞에 자신을 세워 보니 너무도 초라했다. 예수님의 순종에 비하면 자신이 하나님의 명령을 지킨 것들은 지킨 것이 아니었다. 자신은 완벽하게 순종했고, 그러니까 자신은 의로운 자라고, 자신에게 최면을 건 것이었다. 자신이 율법을 행한 것은 하나님 앞에서의 순종이 아니라 사람 앞에서의 위선적인 행위였다. 게다가 바울은 율법 자체를 문자로만 보고 영으로는 이해하지 못하였다. "모든 하늘은 태양이 비추는 곳까지만 가득 차 보인다"는 십스의 말처럼, 바울도 자신의 육안이 도달하는 곳까지만 율법을 이해했다. 나아가 자신이 보고 싶어 하는 것만 주목했다. 그러나 예수님의 율법 해석학에 의하면, 율법에는 행위로 번역되는 겉면이 아니라 그 이면이 더 중요하다. 그런데 바울은 율법의 이면에 있는 더욱 중요한 의미로서 "정의와 긍휼과 믿음"(마 23:23)을 읽어내지 못하였다. 바울은 자신의 허술한 해석학에 기초한 지극히 가식적인 순종을 완벽한 것이라고 착각했다. 자신이 도달한 율법의 의는 자랑이 아니라 배설물에 불과했다.

  물론 바울이 여기에 열거한 7가지의 육체적인 자랑은 다른 누구의 것과도 비교할 수 없을 정도로 출중하다. 자신의 것보다 못한 육체적인 자랑을 떠벌리는 자들의 교만을 저지하기 위해 바울은 이어지는 진술에서 자신의 육체적인 자랑을 대하는 모범적인 태도를 제시한다.

빌 3:7-12

⁷그러나 무엇이든지 내게 유익하던 것을 내가 그리스도를 위하여 다 해로 여길뿐더러 ⁸또한 모든 것을 해로 여김은 내 주 그리스도 예수를 아는 지식이 가장 고상하기 때문이라 내가 그를 위하여 모든 것을 잃어버리고 배설물로 여김은 그리스도를 얻고 ⁹그 안에서 발견되려 함이니 내가 가진 의는 율법에서 난 것이 아니요 오직 그리스도를 믿음으로 말미암은 것이니 곧 믿음으로 하나님께로부터 난 의라 ¹⁰내가 그리스도와 그 부활의 권능과 그 고난에 참여함을 알고자 하여 그의 죽으심을 본받아 ¹¹어떻게 해서든지 죽은 자 가운데서 부활에 이르려 하노니 ¹²내가 이미 얻었다 함도 아니요 온전히 이루었다 함도 아니라 오직 내가 그리스도 예수께 잡힌 바 된 그것을 잡으려고 달려가노라

⁷하지만 어떠한 것들이 나에게 유익들이 되었어도 나는 이것들을 그리스도 때문에 해로 여겼습니다 ⁸게다가 나는 나의 주 그리스도 예수에 대한 지식의 위대함 때문에 모든 것을 해로 여깁니다 이는 내가 [그것들을] 배설물로 여겨서 그리스도를 얻기 위함이고 ⁹그 안에서 발견되려 함입니다 내가 가진 의는 율법에서 난 것이 아니라 그리스도의 믿음으로 말미암은 것이고 그 믿음 위에 하나님으로부터 난 의입니다 ¹⁰그와 그의 부활의 권능과 그의 고난에의 참여함을 알고 그의 죽으심에 합치하여 ¹¹어떻게 해서라도 죽은 자들 가운데서 부활에 이르고 싶습니다 ¹²내가 이미 얻었다는 것도 아니고 내가 이미 온전하게 되었다는 것도 아닙니다 내가 그리스도 예수께 사로잡힌 바 된 그것을 잡으려고 달려가는 것입니다

14　자발적인 사로잡힘

⁷하지만 어떠한 것들이 나에게 유익들이 되었어도
나는 이것들을 그리스도 때문에 해로 여겼고

바울이 여기에서 말하는 "유익"(κέρδος)은 율법적인 구원이나 재물이나 명성이나 건강이나 장수나 관계에 보탬이 되는 것을 의미한다. 실제로 회심 이전의 바울은 할례를 받고 이스라엘 족속이고 베냐민 지파이고 정통 히브리인이고 독실한 바리새파 사람이고 교회를 있는 힘껏 박해하고 율법의 엄격한 준행자가 되었다는 것이 구원과 삶에 대단히 유익한 것이라고 생각했다. 그래서 바울은 이 7가지를 포함한 유익들이 "있었다"(ἦν)는 과거형을 썼다. 이런 생각은 주님을 만나기 전의 일이었다. 지금은 지나갔다. 그리스도 안에서는 모든 게 달라지기 때문이다. 이제 바울은 유대인이 그렇게도 자랑하는 육신의 모든 "유익들"을 자랑이 아니라 "해"로 간주한다. "해"(ζημία)는 대체로 "손해, 상실, 혹은 부채"를 의미한다. 이 단어는 세 가지의 의미를 모두 함축하고 있다. 물론 70인경에서 이 단어는 재산의 "몰수 혹은 벌금"(עֹנֶשׁ)의 대역어로 사용된다(왕하 23:33; 스 7:26). 바울은 타인보다 자신이 더 많이 가진 유익한 것들을 유익으로 여기지 않고 부정적인 영향을 끼치는 손해이며, 타인에게 나누는 자발적인 "상실"로 간주한다. 나아가 그것들을 필요로 하는 타인에게 마땅히 전달해야 할 "부채"로 간주한다.

나는 셋 중에서도 "손해"가 "해"의 문맥적인 의미라고 생각한다. 유익들이 "손해"로 간주되는 이유는 바울이 주님을 만나기 이전에 그것들을 소중하게 여기며 사모하고 거기에 사로잡혀 있었기 때문이다. 유익한 것들은 무슨 구체적인 해악을 끼치는가? 경험을 돌아보면, 우리가 유익한 것들에 관심과 의식을 빼앗기고, 그것들을 가지기 위해 부정한 수단에 손을 대고, 그것들이 타인에게 있으면 그에게서 빼앗아 고통을 주고, 그것들이 상하지 않도록 관리하고 빼앗기지 않도록 지키기 위해 시간과 에너지를 소비하게 되는 해로움이 유발된다. 그게 뭐라고 우리의 소중한 것들을 다 가지는가? 세상의 모든 유익들이 잠깐 우리에게 달콤한 기쁨의 촉수를 내밀지만 나중에는 그것이 인생의 쓰디쓴 독소로 작용한다. 물론 소멸적인 유익이 아니라 항구적인 유익에 대해서는 전 존재를 빼앗겨도 좋다.

더 심각한 해로움은 무엇인가? 칼뱅은 주님께로 "가까이 나아가는 것을 방해하는 것보다 더 해로운 것"은 없다고 강조한다. 실제로 부하고 똑똑하고 아름답고 건강하고 유명한 사람들은 그 유익한 것들에 정신이 팔려서 주님께로 가까이 갈 필요성을 느끼지 못하고 오히려 그에게서 멀어진다. 이런 맥락에서 십스는 심지어 "선행도 본래는 좋은 것이지만 우리가 그것에 집착하면 그것이 주님께로 가는 길을 막기 때문에 … 찌꺼기와 배설물과 손실"로 작용할 수 있다고 경고한다. 더욱 실질적인 면에서는 육신의 유익들이 자신의 의를 돋보이게 하는 장신구와 같아서 주님의 의를 가리고 거부하게 만들기 때문에 위험하다. 그래서 칼뱅은 "자신의 의보다 자신에게 더 해로운 것은 없다"고 다시 한번 강조한다.

이에 대해서는 육신의 유익들을 가장 많이 가졌던 대제사장 및 백성의 장로들이 증인이다. 당시의 종교계와 정치계를 장악한 그들은 자신들이 하늘의 권세를 독점한 부류인 것처럼 주님에 대해 "네가 무슨 권위로 이런 일을 하느냐"며 질책했다(마 21:23). 이에 주님은 권위에 순응하는 순종의 중요성을 언급하신 이후에 육신의 유익들을 다 상실한 "세리들과 창녀들이 너희보다 먼저 하나님의 나라에 들어"갈 것이라고 답하셨다(마 21:31). 이는 그들의 유익들은 그들의 의를 포장했고 그것이 그들을 교만하게 만들었고 주님을 불신하게 만들었고 주님께 도전하게 만들었고 급기야 백성을 하나님의 나라로 들어가지 못하게 방해하는 해로움이 되었기 때문이다. 그들과는 달리, 육신의 유익들이 없었던 세리들과 창녀들은 주님을 믿고 뉘우쳤고 천국에 먼저 들어가는 우선권이 주어졌다.

바울이 육신의 유익들을 해로 여기는 이유는 "그리스도 때문"(διὰ τὸν Χριστὸν)이다. 그리스도 예수 때문에 유익이 해로 변하기도 하고 해가 유익으로 변하기도 한다. 그리스도 예수 안에서는 모든 것이 재해석될 수밖에 없는 이유는 그가 온 세상과 만물의 기원이고 기준이고 목적이기 때문이다. 그러므로 만물은 그리스도 예수를 중심으로 해석해야 온전한 의미에 도달한다. 즉 만물이 우리를 예수께로 나아가게 만들면 유익이고 그로부터 멀어지게 만들면 해로움이 된다.

존 오웬(John Owen, 1616-1683)은 이 구절을 풀어서 "모든 것이 해이고 모든 것이 배설물인 [이유는] 그리스도가 모든 것 속에 모든 것이기" 때문이라 했다. 유익들이 그 자체로는 해로움과 배설물이 아니지만 그리스도 예수와 비교될 때는 해로움과 배설물로 간주된다. 바울에게 진정한 유익은 표면적인 유익이 아니라 이면적인 유익이다. 그에게 이면적인 유익은 그리스도 예수를 아는 지식과 그를 얻는 소유에 도움이 되는 모든 것이다. 예수님 자신이 그에게는 궁극적인 유익이다. 지금 바울은 그리스도 예수와 무관하게 육신의 유익들을 신뢰하고 자랑하는 무리가 있어서 빌립보 교회가 미혹되지 않도록 주님만이 궁극적인 신뢰와 자랑의 대상이며 그를 알고 얻는 것만이 진정한 유익임을 가르치고 있다. 바울은 자신의 경건한 신념을 교회와 공유하고 있다.

> ⁸게다가 나는 나의 주 그리스도 예수에 대한 지식의 위대함 때문에
> 모든 것을 해로 여깁니다 이는 내가 [그것들을] 배설물로 여겨서
> 그리스도를 얻기 위함이고

이 구절에서 바울은 7절의 내용을 자세히 설명하고 그 범위도 확대한다. 그는 먼저 해로움의 범위를 "유익한 것들"에서 "모든 것"(πάντα)으로 확대한다. 유익한 것들과 유익하지 않은 것들을 포함한 모든 것을 유해물로 분류하는 바울의 태도는 기이하다. 이 태도는 바울의 인간 이해에 근거한다. 유익한 것들을 포함한 모든 것이 제공하는 만족과 기쁨과 행복의 수혜자는 고작해야 육신이다. 바울은 이 땅에 속한 자신의 육신을 죄인 중의 괴수라고 인식한다. 그래서 날마다 죽는 게 마땅한 존재라고 고백한다. 괴수 같은 육신을 유익하게 한들 세상에 대한 민폐만 증대되지 않겠는가? 유익하다 한들 그게 얼마나 지속되고 얼마나 크겠는가? 믿음의 조상은 자신을 "티끌이나 재와 같"다(창 18:27)고 여겼기 때문에 자신의 본토와 친척과 아비의 집을 기꺼이 떠나고(창 12:1-4) 어떠한 소유욕도 없이 "여호와의 동산 같고 애굽 땅과 같"은 비옥한 "소돔과 고모라"(창 13:10)도 조카 롯에게 기꺼이 양보했다. 욥도 인간이 알몸으로 나와서 알몸으로 돌아가는 덧없는 존재임을 알았기 때문에 자신에게 유익한 모든 것을 잃었을 때, 심지어 자신의 몸에 구더기가 옷처럼 덮이는 최악의 건강 상태 속에서도 불평과 원망이 아니라 "여호와의 이름이 찬송을 받으"셔야 한다는 고백까지 했다(욥 1:21). 이는 모든 유익한 것을 해로운 배설물로 여기지 않으면 나올 수 없는 양보와 고백이다. 유익한 만물을 배설물로 여긴 바울의 고백은 새로운 사

상이 아니라 믿음의 선배들을 닮아 있고 기존의 아름다운 신앙을 충실하게 계승한다. 나는 이들의 신앙이 자기 안에 하나님과 동등한 것조차도 동등한 것으로 여기지 않으시고 자기 자신까지 마치 배설물 같은 해로 여기면서 다 비우신 예수님의 모본을 예표한 것, 혹은 따른 것이라고 생각한다.

그런데 바울은 모든 것을 해로 여긴 이유로서 "나의 주 그리스도 예수에 대한 지식의 위대함"을 추가한다. 예수님을 아는 지식이 중요한 이유는 그가 바울의 "주"와 "그리스도"가 되시기 때문이다. 즉 세상에서 가장 위대한 존재이기 때문이다. 바울에게 그런 예수님을 아는 지식은 만물과 만사가 해로움에 불과하게 여겨질 정도로 위대하다. 구약에도 이런 인식의 소유자가 있다. 다윗이다. 그는 먹는 음식과 소유하는 재물보다 하나님 아는 지식을 더 사모했다. 즉 다윗에게 하나님을 알게 하는 말씀의 고귀함과 달콤함은 세상에서 가장 고귀한 금과 세상에서 가장 달콤한 꿀을 능가했다(시 19:10). 말씀은 만물을 다 구매할 정도의 "천천 금은보다" 뛰어났다(시 119:72). 그에게 말씀은 건강보다 소중하고 위대하기 때문에 말씀을 사모하여 눈과 영혼이 피곤하게 되더라도 계속해서 사모했다(시 119:81-82). 말씀을 깨달아 배우게 한다면 고난도 유익으로 간주하며 환대했다(시 119:71). 같은 취지에서 바울은 말씀이신 예수님만 알기로 작정했다. 이는 너무도 짧은 인생에서 예수님 외에 다른 것들의 지식 습득에 시간과 재능과 에너지를 소비하지 않겠다는 결단이다. 우리도 예수님을 나의 주와 메시아로 고백하는 것에 안주하지 말고 바울처럼 그를 아는 지식에서 자라가야 한다. 이는 그 "지식의 위대함"(τὸ ὑπερέχον τῆς γνώσεως)이 다른 어떠한 것의 가치보다 크기 때문이다.

바울은 모든 것을 버린다고 하지 않고 모든 것을 해로움과 배설물로 "여긴다"(ἡγέομαι)는 말을 두 번이나 반복한다. 이는 "버린다"는 행위보다 "여긴다"는 기호의 중요성을 강조하기 위함이다. 여긴다는 것은 신앙의 결단이다. 모든 것을 유익한 것으로 여길지, 아니면 그리스도 예수를 유익으로 여길지를 우리는 결단해야 한다. 주님과 만물을 겸하여 섬기지 못한다는 진실 앞에서 택일해야 한다. 여호수아 또한 이스라엘 백성에게 "너희가 섬길 자를 오늘 택하라"는 결단을 촉구했다(수 24:15). 뜨겁지도 않고 차지도 않은 미지근한 신앙이 설 빈자리는 기독교에 없다. 그리스도 안에 아무리 좋은 자리를 차지해도 주님께서 게워 내실 대상이기 때문이다.

그리스도 때문에 어떠한 유익을 겉으로는 버리면서 속으로는 아까워서 속상해한다면 그것은 위선이다. 바울의 경건을 보여주는 행위보다 내적인 기호의 변화가 더 중요하다. 교회에서 돈을 사랑하는 부자도 종교적 체면을 차리기 위해 통 큰 헌금을 감행한다. 마치 겉으로는 돈을 버리는 듯하지만 그들의 마음은 여전히 돈을 사랑한다. 사랑하기 때문에 교회에 헌금한 액수에 상응하는 권위를 행사하고 싶어 한다. 교회의 공적인 일에 시시콜콜 간섭하며 본전을 찾는 심정으로 자신의 욕망을 헌금의 크기만큼 교회의 운영에 관철하고 싶어 한다. 그러나 돈이라는 유익을 해로움과 배설물로 여기는 기호의 소유자는 고액의 헌금을 하더라도 마땅히 할 일을 한 무익한 종이라고 여기고 무의식 중에라도 자신의 위력이 행사되지 않도록 자신을 다스리며 더더욱 조심한다.

바울이 모든 것을 배설물로 여기는 적극적인 이유는 그리스도 예수를 얻기 위함이다. 배설물로 여김과 그리스도 얻음 사이에 미묘한 인과율이 감지된다. 여기에는 예수님을 얻으면 모든 것을 배설물로 여기게 된다는 인과율과 모든 것을 배설물로 여겨야 예수님을 얻는다는 인과율이 동시에 나타난다. 실제로 예수님을 자신의 주와 메시아로 고백하고 그를 온전히 알고 소유하면 다른 모든 것이 시시하게 여겨진다. 다른 어떠한 것이라도 예수님을 얻는 것보다 더 중요하게 여기면 예수님을 상실하게 된다. 이러한 바울의 생각은 하나님과 재물을 겸하여 섬기지 못한다(마 6:24)는 예수님의 말씀과 무관하지 않다. 재물만이 아니라 부모나 자녀를 주님보다 더 사랑하는 자도 주님께는 합당하지 않다(마 10:37)는 말씀도 유사한 근거를 제공한다. 이런 말씀이 너무 가혹하게 들릴지도 모르겠다. 그러나 예수님의 가치는 다른 무엇과도 비교할 수 없기 때문에 그를 아는 지식의 위대함을 잘 드러내는 최선의 설명이다. 이와 유사한 어법이 잠언에서 발견된다. 즉 "지혜가 제일이니 지혜를 얻으라"는 구절이다. 얻는 방식에 대해서는 "네가 얻은 모든 것을 가지고 명철을 얻으라"고 한다(잠 4:7). 우리에게 있는 모든 것이 지혜에 비하면 얼마든지 소비해도 되는 수단에 불과하다. 그런데 그리스도 안에는 지혜자가 제일이라 한 "지혜와 지식의 모든 보화"가 감추어져 있다(골 2:3). 이런 주님을 기준으로 보면 모든 게 배설물로 보이지 않겠는가! 주님을 "얻다"(κερδαίνω)는 소유의 의미에 대해 바울은 다른 곳에서 그의 "형상을 본받는 것"이라고 표현한다(롬 8:29). 베드로는 "신적인 본성에 참여하는 자"가 되는 것이라고 묘사한다(벧후 1:4). 이러한 천상의 유익 앞에서 이 땅의 다른 어떤 유익이 감히 명함을 내밀 수 있겠는가!

> ⁹그 안에서 발견되려 함입니다 내가 가진 의는 율법에서 난 것이 아니라
> 그리스도의 믿음으로 말미암은 것이고
> 그 믿음 위에 하나님으로부터 난 의입니다

바울은 예수님을 얻는 것만이 아니라 예수님 안에서 발견되고 싶어 한다(εὑρεθῶ). 그분 안에서 발견되는 것의 의미에 대해 십스는 "그리스도 안에 지위가 있다는 것이고 그 안에 거한다는 것이고 그 안에 거하는 자로 발견되는 것"이라고 해석한다. 그리스도 안에서 발견되기 위해서는 가문이나 학력이나 이력이나 성별이나 직종이나 재산이나 용모가 아니라 오직 예수님에 의해서만 설명되는 존재여야 한다. 예수님의 성품을 닮고 그분의 뜻을 품고 그분처럼 말하고 행동하고 살아갈 때 우리는 예수님에 의해 설명된다. 안디옥 교회에서 바울은 큰 무리를 1년 동안 가르쳤다. 그의 제자들

은 동네 사람들이 기존의 어떠한 범주로도 분류할 수 없는 무리였다. 그들은 유대인도 아니었고 이교도도 아니었고 로마인도 아니었고 종교인도 아니었고 정치인도 아니었고 상인도 아니었다. 그래서 붙인 새로운 호칭이 "그리스도인 혹은 그리스도 같은 사람"(Χριστιανός)이다(행 11:26). 이는 바울의 제자들이 그리스도 없이는 설명되지 않는 자들이 되었기 때문이다. 어떻게 1년의 가르침을 통해서도 이런 제자들이 나올 수 있었을까? 바울은 참으로 대단하다. 바울은 다른 누구보다 먼저 그리스도 없이는 존재가 무너지고 인생이 소멸되는 사람이 되기를 소원했다. 이를 위해서는 이전에 자신을 설명하던 모든 독특성들 즉 여덟째 날의 할례, 이스라엘 민족 출신, 베냐민 지파 소속, 히브리인 중의 히브리인, 율법을 따라서는 바리새인, 열심을 따라서는 교회 박해자, 율법에 있는 의를 따라서는 완벽한 도덕성 같은 수식어를 해로운 배설물로 간주한다. 이것들은 오히려 자신의 온전한 정체성 이해와 소개를 방해하기 때문이다. 바울은 그리스도 안에서만 알려지고 싶어 한다. 할 수만 있다면 다양하고 화려한 수식어로 자신을 치장하고 싶어 하는 우리와는 결이 너무도 다른 사람이다.

바울은 그리스도 안에서 자신이 발견되는 것의 근거로서 자신을 자신되게 하는 "의"(δικαιοσύνη)에 대하여 설명한다. 모든 사람은 의로 말미암아 그리스도 안에서 발견된다. 바울은 자신이 가진 의를 설명하기 위해 두 가지의 의 즉 사람의 율법적인 의와 그리스도의 신앙적인 의를 대조한다. 칼뱅의 말처럼, 율법의 의는 행함의 보상이고 믿음의 의는 하나님의 값없는 은총이다. 바울이 가진 의는 하나님의 의다. 당연히 이 의는 자신이 산출한 것도 아니고 "율법에서 난 것"(τὴν ἐκ νόμου)도 아니라고 한다. 신명기에 의하면, 율법의 의는 하나님의 "모든 명령을 우리 하나님 여호와 앞에서 삼가 지키면" 마련된다(신 6:25). 이러한 개념을 따라, 바울은 "율법으로 말미암는 의를 행하는 사람은 그 의로 살리라"고 했다(롬 10:5).

그러나 모든 명령을 하나님의 눈높이에 맞도록 항상 지켜서 율법을 끝마치고 성취하고 완성한 사람은 과연 누구인가? 그럼에도 불구하고 인간의 자력에 의한 율법적인 의로움의 가능성을 주장하는 것은 기만이다. 그래서 바울은 자신의 의가 율법의 의가 아니라고 한다. 그 의의 출처는 하나님 자신(ἐκ θεοῦ)이고 그 의의 수단(διά)과 기반(ἐπὶ)은 "그리스도의 믿음"(πίστεως Χριστοῦ)이다. 고든 피와 동일하게 나는 "믿음" 앞에 관사가 없다는 이유로 "그리스도" 소유격을 주격이 아니라 목적격으로 해석한다. 이런 해석의 이유에 대해 무스쿨루스는 "그리스도의 지식"과 "하나님의 경외와 경배"에서 그리스도와 하나님이 주어가 아니라 목적어로 쓰인 이치와 같다고 설명한다.

로마서의 표현을 빌리자면, 바울이 가진 의는 율법과 선지자의 증거를 받은 것으로서 그리스도 예수를 믿음으로 말미암아 그를 믿는 모든 자들에게 은혜의 선물로 주어지는 하나님의 의다(롬 3:20-21). 바울이 믿음으로 말미암아 가진 의는 신실하신 주님께서 아버지의 뜻을 따라 완벽한 순종으로 율법의 마침과 성취와 완성이 되시고 자신의 생명을 드려 죄의 권세를 꺾으시고 다시 사셔서 사망의 권세를 꺾으시며 마련하신 의다.

그런데 우리가 이 의를 받아 누리기 위해서는 고통을 감수해야 한다. 여기에서 고통은 육적이지 않고 영적이다. 예수님은 우리의 의로움이 되시려고 우리 대신 죽으셨다. 그가 당하신 최고의 고통을 통해 믿음으로 말미암아 우리에게 주어진 의로움은 우리로 하여금 의로워질 것을 요구한다. 즉 아들의 형상으로 우리가 빚어져야 한다. 그런데 문제는 하나님의 형상이 죄로 말미암아 우리 안에서 일그러져 있어서 신적인 형상의 본체이신 예수님을 닮아가기 위해서는 일그러진 그 형상이 펴져야 한다는 사실이다. 부패한 본성이 회복되고 휘어진 가치관과 의지와 지성과 감성이 펴지기 위해서는 우리가 죽음에 버금가는 고통의 과정을 지나가야 한다. 고통의 크기는 여인이 해산하는 고통보다 크다. 예수님도 "자기를 죽음에서 능히 구원하실 이에게 심한 통곡과 눈물"을 쏟으셔야 했다(히 5:7). "무언가를 얻을 수 있다는 것은 사소하고 얻은 것을 지킬 수 있다는 것은 더 위대한 일"이라고 한 키프리아누스의 말은 여전히 유효하다. 예나 지금이나 하나님의 의를 선물로 받은 것은 한순간이고 그 의를 인격과 삶에 담아 보존하는 것은 평생이기 때문이다.

> 10그와 그의 부활의 권능과 그의 고난에의 참여함을 알고
> 그의 죽으심에 합치하여
> 11어떻게 해서라도 죽은 자들 가운데서 부활에 이르고 싶습니다

여기에서 바울은 모든 것을 해로움과 배설물로 여기며 그리스도 예수를 얻고 그 안에서 발견되고 싶다는 말의 구체적인 의미를 풀어서 설명한다. 바울의 소원은 예수님과 그가 보이신 부활의 권능과 그가 당하신 고난에의 참여함에 대한 지식과 그의 죽으심에 합치됨과 그의 부활에 동참함에 있다. 소원의 순서가 중요하다. 이 순서는 믿음의 순서인 동시에 지식의 순서인 동시에 본받음의 순서이기 때문이다. 이 구절에 나타난 바울의 일순위 관심사는 "그"(αὐτὸν)라는 대명사의 선행사인 예수님 자신이다. 예수님의 사역보다 그의 존재에 대한 지식이 우선이다. 베드로는 예수님을 살아계신 하나님의 아들이며 메시아로 고백한다. 요한의 기록에 따르면, 예수님은 하나님의 아들이고 하나님의 말씀이며 하나님 자신이다. 바울의 소원처럼 기독교의 역사 초기에 일순위로 확립된 교리는 예수님 자신에 대한 것이었다. 예수님은 아버지 하나님과 동일한 본질을 가지셨고 완전한 하나님인 동시에 완전한 인간이며 신성과 인성을 하나의 인격 안에 가지셨다. 피조물에 대해서는 그가 만유이고, 만유 안에, 만유 가운데에, 만유 위에 계시며, 만유를 충만하게 하시는 만유의 주로서 창조자요 구원자요 통치자요 심판자다. 하늘과 땅의 모든 권세를 가지신 창조와 재창조의 주체이며 통

치와 심판의 권한을 가지셨다. 인간의 근본인 하나님의 형상의 본체이고 만물의 근원과 목적이며 세상과 생명의 빛이며 하나님의 어린 양이며 성령으로 세례를 베푸는 분이시다. 이런 예수님을 아는 것이 그분을 얻고 그 안에서 발견되는 바울의 비결이다.

예수님의 존재 다음에 바울이 관심을 기울인 것은 "부활의 권능"(δύναμιν τῆς ἀναστάσεως)이다. 부활은 예수님이 하나님의 아들이라는 신적인 정체성을 증거하는 가장 중요한 사건이다(롬 1:4). 그래서 오순절에 성령께서 임하신 후 권능을 받고 한마음과 한뜻이 되어 모든 물건을 서로 통용하며 새로운 공동체의 실체를 보인 "사도들이 큰 권능으로" 증언한 복음의 핵심은 "예수의 부활"이다(행 4:33). 바울도 복음을 전파할 기회가 있을 때마다 예수님의 부활을 강조했다. 아테네의 에피쿠로스와 스토아 학자들이 바울에게 호기심을 보이며 특강을 요청한 이유도 바울의 낯선 가르침인 "예수와 부활" 때문이다(행 17:18). 동족인 유대인이 바울을 비방하고 고발하고 죽이려고 한 이유에 대해서도 바울은 "오직 내가 그들 가운데 서서 외치기를 내가 죽은 자의 부활에 대하여 오늘 너희 앞에 심문을 받는다"고 했다(행 24:21). 바울의 신앙에서 예수님의 부활이 차지하는 막대한 비중이 느껴지는 고백이다.

아테네의 지성들은 예수와 부활에 대해 "이 새로운 가르침이 무엇인지" "그 무슨 뜻인지 알고자" 하여 바울에게 설명을 부탁했다(행 17:19-20). 우리는 어떠한가? 예수님은 누구이고 부활은 무엇인지, 진실로 궁금한가? 예수님과 그의 부활을 아는 것은 우리의 정체성과 삶의 궁극적인 혁신을 위한 인생의 지식이다. 예수님을 하나님의 아들로 확정하는 증거인 부활을 우리가 모른다면, 부활을 고려한 삶을 살지 않는다면, 그 부활의 권능을 보여주는 증인이 되지 않는다면, 우리가 하나님의 자녀라는 사실을 무슨 수로 증거할 수 있겠는가! 우리 자신도 하나님의 자녀 됨을 망각하고 그런 정체성과 무관하게 살아가지 않겠는가! 부활의 권능에 대한 지식을 우리도 바울처럼 갈망해야 한다.

바울은 예수님과 부활의 권능만이 아니라 그가 당하신 "고난에의 참여"(κοινωνίαν παθημάτων)가 어떤 것인지도 궁금하다. 예수님의 정체성과 부활의 영광은 우리가 고난의 강을 건너야만 알 수 있는 것이기 때문이다. 예수님의 고난에 참여하는 것의 의미는 우리가 실제로 그 고난에 참여할 때만 깨닫는다. 바울은 무수히 많은 고난을 당하며 온 존재가 찢기고 상하여 온몸이 종합병원 같은 사람이다. 그런데 그는 자신의 이러한 상태에 대해 "내가 내 몸에 예수의 흔적을 지니고 있다"고 고백한다(갈 6:17). 이 흔적은 고난이 남긴 것이지만 그가 복음을 증거했기 때문에 예수의 증인에게 수여되는 훈장이다. 그래서 바울은 고난을 회피의 대상으로 여기지 않고 오히려 환대한다. 고난의 개념을 지적으로 알려고 하지 않고 "고난에의 참여"를 통해 느끼고자 한다. 그에게 고난은 공부의 대상이 아니라 참여의 대상이다. 이에 대하여 무스쿨루스는 이 대목이 두 가지의 국면을 가진다고 설명한다. "예수님의 고난으로 말미암은 유익들에 참여하는 것"이 첫 번째 국면이고 그분처럼 우리도 "실제로 고난과 죽음을 당하는 것"이 두 번째 국면이다. 무스쿨루스는 두 번째 국면을 다시 두 가지 요소로 구분한다. 첫 번째 요소는 "우리 안에 있는 옛 아담의 죽음"이고 두 번째 요소는 "그리스도 때문에 날마다 당하는 외적인 환난"이다.

칼뱅은 깨달음의 순서를 주목한다. 그의 주장처럼, 우리가 옛사람을 십자가에 못 박으며 육신을 죽이는 일이나 "재난과 어려움을 무릅쓰고 주를 따르게 되는 것은 그의 부활의 능력을 깨달은 이후에나 가능하다." 동시에 부활의 권능을 누리기 위해서는 "우리가 살려고 하기 전에 먼저 죽어야 한다는 것을 깨달아야 한다." 즉 부활을 믿고 고난에 실제로 참여하면 부활의 권능을 체험한다. 이는 "우리가 주와 함께 죽었으면 또한 함께 살 것이요 참으면 또한 함께 왕 노릇할 것"(딤후 2:11-12)이라는 말씀의 뜻이기도 하다. 죽음의 강을 건너지 않고서도 부활의 권능을 체험하고 누리 가능성은 없다. 이는 죽음이 없으면 죽은 자들 가운데서 부활하는 것도 없다는 것과 일반이다. 주님의 고난과 죽음과 부활에 참여하는 것의 비밀을 바울은 알았고 체험했고 향유했다.

바울은 주님처럼 "죽은 자들 가운데서 부활에 이르"기를 원하기 때문에 주님의 죽으심도 본받으려 한다. 예수님의 죽으심에 합치되는 이 일을 위해서는 어떠한 수단과 방법도 가리지 않겠다(εἴ πως)는 결기가 이 구절에서 확인된다. 부활의 권능을 얼마나 사모하면, 주님의 죽으심 본받기가 얼마나 절박하고 얼마나 어려우면, 모든 수단과 방법을 동원할 것이라고, 어떠한 고난도 감수할 것이라고 고백할까! 바울은 본받기에 대한 정서적 간절함에 안주하지 않고 "나는 날마다 죽노라"는 각오로 실천한다. 죽으심 본받기는 죽음 가운데서 부활에 이르는 유일한 방법이고 그리스도 얻기와 그분 안에서 발견됨을 위한 마지막 관문이다. 테오필락투스가 잘 관찰한 것처럼, 바울이 여기에서 유일하게 사용한 헬라어 "부활"(ἐξανάστασις)은 단순한 부활(ἀνάστασις)과는 구별된 더욱 확실하고 더욱 높은 차원(ἐξ)의 부활이다. 이 단어는 "더 좋은 부활"(히 11:35)과 테오필락투스의 지적처럼 "영원한 영광에 이르는 의인들의 부활을 가리키기 위해 바울이 일부러 사용했다." 마지막 날에 모든 사람은 부활한다. 그러나 주님의 말씀처럼 선한 자들은 "생명의 부활"로, 악한 자들은 "심판의 부활"로 다시 살아난다(요 5:29). 바울이 여기에서 말하는 부활은 선을 행한 의인들이 경험하는 생명의 부활이다.

누구든지 그리스도 안에서 경건하게 살고자 하면 박해를 받고 고난을 당하고 이로써 주님의 죽으심에 참여하고 죽음에서 부활에 이르는 영광을 얻기에 크리소스토무스는 소리친다. "오 고난의 위엄이 얼마나 위대한가! … 우리는 우리가 고난을 통하여 그의 죽으심에 합치될 수 있도록 지어진 존재라고 확신한다." 그런데도 거의 모든 사람들은 죽는 것보다 오래오래 사는 것을 선호한다. 아예 죽음을 맛보지 않는 삶은 더더욱 좋아한다. 그래서 우리도 믿음의 선진들 중에서 본받고 싶은 믿음의 일순위는 바울이 아닌 에녹이다. 이는 에녹이 사는 동안에 하나님과 동행했고, 믿음으로 하나님을 기쁘시게 했고, 그런 인생의 길이는 무려 365년이었고, 게다가 죽음을 보지 않았기 때문이다(히 11:5). 그다음으로 본받고 싶은 인생의 모델은 엘리야다. 그도 죽음을 맛보지 않았기 때문이다. 그는 에녹과는 달리 불병거를 타고 하늘로 올라가는 특혜를 누렸지만 모델의 1순위가 아니라 2순위인 이유는 삶의 길이가 에녹보다 현저히 짧았기 때문이다.

그러나 오랜 산다는 세속적인 가치에 과도한 의미를 부여하면 신앙이 왜곡된다. 모세는 "우리의 연수가 칠십이요 강건하면 팔십"이라 했고 "그 연수의 자랑은 수고와 슬픔뿐이요 신속히 가니 우리가 날아"갈 정도라고 했다(시 90:10). 천년이 하루 같으신 하나님 앞에서 인생의 길이 차이를 논한다는 것은 도토리 키재기에 불과하다. 기어가지 않고 걸어가지 않고 날아가는 세월의 신속성을 생각하면 연수의 비교는 허무하고 무익하다. 게다가 연수의 자랑도 그 내용을 보면 영광과 기쁨이 아니라 "수고와 슬픔"이다. 이런 모세의 고백을 잘 아는 바울은 "현재의 고난은 장차 우리에게 나타날 영광과 비교할 수 없다"(롬 8:18)고 믿으며 이 땅에 머무는 것보다 떠나가는 것이 비교할 수 없을 정도로 선호하는 것이라고 고백했고 죽음을 건너뛰는 것보다 관통하는 것을 지향한다. 이는 바울이 에녹이나 엘리야의 죽음 없는 인생보다 예수님의 죽음과 부활의 인생을 본받고자 하기 때문이다.

예수님의 탁월한 지혜와 하늘의 신비로운 지식과 이 땅의 역사에서 한 번도 경험하지 못한 초자연적 기적은 흠모하나 예수님의 조롱과 멸시와 고난과 죽음 당하심은 외면하는 이들과는 달리, 바울은 예수님의 전 인생을 좋은 것과 나쁜 것, 긍정적인 것과 부정적인 것으로 구분하지 않고 예수님의 전부를 본받아서 예수님의 전부를 얻고 자신의 전부가 예수님 안에서 발견되는 것을 추구한다. 예수님의 권능과 지혜와 지식과 부활의 권능을 흠모하는 것은 쉽게 이해된다. 그러나 예수님의 고난과 죽으심을 본받으려 하는 바울의 인생관은 참으로 특이하다. 그는 예수님의 반쪽이 아니라 전부를 본받으려 한다. 우리가 본받고 싶은 대상은 예수님의 어떤 부분인가? 부분인가 전부인가?

¹²내가 이미 얻었다는 것도 아니고 내가 이미 온전하게 되었다는 것도 아닙니다 내가 그리스도 예수께 사로잡힌 바 된 그것을 잡으려고 달려가는 것입니다

바울은 그리스도 얻기에 이르지 못했고 그리스도 안에서 발견되는 것, 즉 그에 대한 지식과 부활에 온전히는 이르지 못했다고 고백한다. 이는 또한 "얻었다"와 "온전하게 되었다"는 과거에 얽매이지 않겠다는 결의 같은 고백이다. 먼저 바울은 자신이 소원하는 바를 "이미 얻었다(ἔλαβον)는 것이 아니라"고 고백한다. 대단히 정직한 고백이다. 자신도 이루지 못한 것을 타인에게 이루라고 말하는 것은 "너나 잘하세요" 같은 반응만 유발하기 쉽다. 그런데도 바울은 자신이 아직 얻지도 못한 것을 말하기에 심히 대범하다. 교회에 신앙의 모범을 제공해야 할 사도로서 자신이 이루지도 못하는 것을 타인에게 권하는 게 과연 합당한가? 합당하다. 여기에서 우리는 바울이 자신에게 이루어진 일만 말하지 않고 아직 성취되지 않은 소원도 교회와 공유하고 있음을 확인한다. 이러한 바울의 사례에서, 우리도 우리가 이루지 못한 일을 말하고 오늘날의 교회에 권하는 것의 사도적 정당성을 확보한다.

하나님은 아들의 생명을 아끼지 않으시고 주셨어도 바울은 여전히 그리스도 얻기를 소원한다. 이는 바울이 그를 아직 얻지 못했음을 암시한다. 칼뱅은 바울이 아직 얻지 못한 것은 주님께 접붙임을 받지 못했거나 하나님의 나라에 들어가지 못했거나 주님과 하늘에 나란히 앉혀지지 않았다는 의

미가 아니라 1) 그런 구원의 온전한 기쁨을 누리지는 못한다는 것과 2) 믿음과 고난의 장성함에 대한 노력이 남았다는 뜻이라고 해석한다. 즉 바울은 그리스도 얻기를 위하여 모든 것을 해로움과 배설물로 여기며 그리스도 자신과 부활의 권능과 고난에 참여함에 대한 지식에서 자라가고 주님의 죽으심을 본받아 날마다 죽을 것이라는 앞으로의 의지를 표명하고 있다. 이 구절의 우회적인 가르침은 주님을 아는 지식과 장성함이 "너무도 힘든 일이므로 오직 이것만을 위해 힘쓴다고 할지라도 우리가 살아있는 한에는 완전에 이를 수 없다는 것"이라고 칼뱅은 해석한다. 이런 맥락에서, 바울이 그리스도 예수와 그의 십자가만 알기로 작정한 것은 지혜로운 선택과 집중이다.

바울은 자신이 "이미 온전하게 되었다(τετελείωμαι)는 것도 아니라"고 고백한다. 이는 예수님을 온전히 얻고 그분 안에서 온전히 발견되기 전까지는 자신이 온전해질 수 없기 때문에 당연히 이어지는 고백이다. 존재와 인생의 온전함은 외적인 요소들의 확보가 아니라 하나님의 형상의 본체이신 예수님을 본받음에 있다. 그래서 바울은 이 온전함을 위해 일평생 그리스도 닮기를 추구하며 살아갔다. 그리스도 예수의 형상을 온전히 이루는 여정을 무덤까지 이어갔다. 바울도 자신의 현실을 겸허히 인정하며 구도자의 자세로 살았는데, 자신에게 신성을 부여하며 자신이 보혜사나 재림 예수라고 주장하는 엉터리 교주들은 얼마나 오만한가! 그들은 "내가 온전하게 되었다"고 말하거나 "다 이루었다" 같은 착각에 빠진 몽상가의 추태를 부끄러운 줄도 모르고 떠벌린다.

바울은 그리스도 예수를 얻기 위하여 자신이 "그리스도 예수께 사로잡힌 바 된 그것을 잡으려고 달려간다." 여기에서 특이한 부분은 바울이 붙잡고자 하는 내용이 "그리스도 예수께 사로잡힌 바 된 그것"(ἐφ᾽ ᾧ καὶ κατελήμφθην ὑπὸ Χριστοῦ Ἰησοῦ)이라는 사실이다. 이는 그리스도 얻기와 충돌되는 내용이다. 그에게 사로잡힌 바 된 것은 그리스도 얻기의 반대이기 때문이다. 그러나 자세히 보면 그리스도 얻기와 그에게 사로잡힌 바 된 것은 원인과 결과의 관계를 가진 동전의 양면이다. 그를 얻으면 그에게 사로잡힐 수밖에 없고 그에게 사로잡히는 것이 그를 얻는 방식이기 때문이다. 아내와 남편의 경우에도, 남편이 아내에게 소유될 때 아내를 얻고 아내가 남편에게 소유될 때 남편을 소유한다. 이는 주님께서 내 안에 거하고 내가 주님 안에 거하는 신비로운 연합의 기막힌 설명이다.

바울의 기호가 특이하다. 그가 그리스도 얻기를 추구하는 이유는 그에게 얽매이기 위해서다. "사나 죽으나 우리가 주의 것"이라는 바울의 고백도 같은 맥락이다(롬 14:8). 이런 고백을 우리는 구약 안에서도 발견한다. 아가서에 등장하는 술람미 여인은 솔로몬을 향해 "내 사랑하는 자는 내게 속했고 나는 그에게 속했다"(아 2:16)고 고백한다. 서로에게 사로잡힌 관계, 서로에게 소유되는 관계가 바로 사랑이다. 그러나 여인의 사랑은 성장하여 자신의 소유가 아니라 자신이 소유된 것을 앞세우며 "나는 내 사랑하는 자에게 속했고 내 사랑하는 자는 내게 속했다"(아 6:3)고 고백한다. 나아가 그녀의 사랑은 자신의 소유에 완전히 무관심한 것처럼 "나는 내 사랑하는 자에게 속했다"(아 7:10)는 고백으로 귀결된다. 이는 그리스도 소유를 말하다가 그에게 소유되는 것을 잡으려고 달린다는 바울 사랑의 구약 버전이다. 신구약이 말하는 진정한 사랑, 그리스도 얻기의 유일한 비결은 나의 전부를 주님께 드리는 것, 즉 주님께 사로잡혀 완전히 소유됨에 있다.

여기에서 나는 소유의 역설적인 개념을 발견한다. 모든 시대의 모든 사람들은 다다익선 개념을 좋아한다. 그러나 소유한 만큼 유익한 동시에 비용도 그만큼 지불해야 함을 간과한다. 우리가 무엇을 소유하든, 그것에 소유되는 것이 그것을 소유하는 것의 비용이다. 그런데 우리가 무언가를 소유하면 그 소유물에 사로잡힌 바 되고 그 소유물에 사로잡힐 때 그것을 제대로 소유한다. 술의 경우에도 한 사람이 술을 어설프게 마시면 술을 소유하지 못하고 술에 만취될 때에야 비로소 술을 제대로 소유한다. 같은 원리를 따라, 하나님께 완전히 사로잡힐 때 우리는 하나님을 지극히 큰 상급으로 온전히 소유한다. 이것이 소유물과 소유자의 필연적인 역설이다. 그래서 우리는 무엇을 소유할 것인지에 대해 신중해야 한다. 소유하는 그것에 의해 사로잡힐 것이라는 고려 속에서 선택해야 한다. 돈의 경우를 보면, 사람이 처음에는 자신이 돈을 가지다가 돈이 돈을 먹고 급기야 돈이 그 사람을 먹는다고 한다. 이처럼 돈을 소유하면 돈에게 사로잡힐 것이고, 술을 소유하면 술에게 사로잡힐 것이고, 권력을 소유하면 권력에 사로잡힐 것이기 때문에 우리가 사로잡혀 있어도 괜찮을 무언가만 선택해야 한다. 바울이 보기에는 주님만이 소유해도 괜찮은 분이셨다. 그래서 돈의 노예나, 권력의 노예나, 술의 노예가 아니라 그리스도 예수의 종 되기를 추구할 것이라고 한다. 유익한 것들의 종이 되지 않기 위하여, 아니 어떠한 것에 의해서도 얽매이지 않기 위하여 모든 것을 해로움과 배설물로 간주했다. 이는 그가 자신의 소유물에 의해 소유되는 소유의 역설을 알았기 때문에 내린 판단이다. 나아가 우리는 그리스도 예수의 핵심적인 가르침인 하나님의 나라와 그의 의를 추구해야 한다. 왜냐하면 하나님의 나라와 의는 우리가 사로잡혀 있어도 괜찮은 것이기 때문이다. 의식주를 비롯한 다른 모든 것은 덤으로 주어지는 것들이기 때문에 추구하지 말아서 그런 것들에게 붙잡히는 일이 없도록 경계해야 한다. 이것들을 추구하는 것은 우리가 추구하지 말아야 이방인의 기도라고 예수님이 경고하신 것도 같은 맥락이다.

    실제로 바울은 그리스도 외에 다른 무엇에 의해서도 소유되지 않기 위해 이 세상의 권력과 인기와 결혼과 보상도 멀리했고 자신의 재능과 은사도 자신을 사로잡는 우상이 될까봐 없어질 때까지 다른 이들에게 퍼 주며 나누었다. 심지어 자신이 마땅히 누려도 되는 먹고 마시며 행복하게 살 권리도 그리스도 예수의 복음으로 말미암아 다 쓰지 않았다고 진술한다(고전 9:18). 전도자는 "사람이 먹고 마시며 수고하는 것보다 그의 마음을 더 기쁘게 하는 것은 없다"(전 2:24)고 하지 않았는가! 그렇게 탐스럽고 정당한 기뿜마저 바울은 포기했다. 바울의 소유물 관리는 참으로 집요하고 철저하다. 우리는 과연 어떤 것까지 소유의 대상에서 배세하고 있으며 그리스도 예수만을 얻고 그에게 사로잡히기를 얼마나 소원하며 실천하고 있는가?

세상의 유혹은 상상을 초월한다. 세상은 자신의 전부를 우리에게 주면서 우리를 가지려고 한다. 예수님이 광야에서 당하신 시험들을 보라. 마귀는 예수님이 자신에게 "엎드려 경배하면" 자신의 소유가 아님에도 불구하고 자신의 것인 양 "천하만국과 그 영광"을 주겠다고 유혹했다(마 4:8-9). 마귀가 예수님만 소유할 수 있다면 "천하"라는 최대의 판돈 걸기에도 주저함이 없다. 마귀의 과감한 유혹은 지금도 지속되고 있다. 그 유혹에 걸려든 사람들이 많다. 그러나 바울은 그 모든 것을 해로움과 배설물로 여기며 유혹을 거부했고 그리스도 얻기를 택하였다. 바울은 마치 "너희가 섬길 자를 오늘 택하라 오직 나와 내 집은 여호와를 섬길 것이라"(수 24:15)고 한 여호수아 제안의 본을 따르듯이 자신의 결연한 선택을 선언했다. 세상을 선택하고 사랑하고 세상을 취하려는 자들은 세상에 사로잡힌 세상의 노예로 필히 전락하게 된다. 그러나 하나님을 사랑하여 그에게 사로잡힌 사람이 되면 음부의 권세도 건드리지 못하는 왕 노릇을 어디서든 한다.

빌 3:13-17

¹³형제들아 나는 아직 내가 잡은 줄로 여기지 아니하고 오직 한 일 즉 뒤에 있는 것은 잊어버리고 앞에 있는 것을 잡으려고 ¹⁴푯대를 향하여 그리스도 예수 안에서 하나님이 위에서 부르신 부름의 상을 위하여 달려가노라 ¹⁵그러므로 누구든지 우리 온전히 이룬 자들은 이렇게 생각할지니 만일 어떤 일에 너희가 달리 생각하면 하나님이 이것도 너희에게 나타내시리라 ¹⁶오직 우리가 어디까지 이르렀든지 그대로 행할 것이라 ¹⁷형제들아 너희는 함께 나를 본받으라 그리고 너희가 우리를 본받은 것처럼 그와 같이 행하는 자들을 눈여겨 보라

¹³형제들이여 나는 나 자신이 잡았다고 생각하지 않습니다 그러나 한 가지, 즉 뒤에 있는 것들은 잊고 앞에 있는 것들에 이르려고 ¹⁴푯대를 따라 그리스도 예수 안에서 하나님의 천상적인 부르심의 상을 위하여 달립니다 ¹⁵그러므로 온전히 이룬 우리는 누구든지 이것을 생각합시다 그리고 만일 여러분이 다르게 생각하면 하나님은 그것도 여러분께 나타내실 것입니다 ¹⁶그러나 우리가 어디까지 이르렀든 그대로 사십시다 ¹⁷형제들이여 나를 본받는 자들이 되십시오 그리고 여러분이 우리를 본으로 삼은 것처럼 그렇게 사는 자들을 눈여겨 보십시오

15 푯대를 향하여

> ¹³형제들이여 나는 나 자신이 잡았다고 생각하지 않습니다
> 그러나 한 가지, 즉 뒤에 있는 것들은 잊고 앞에 있는 것들에 이르려고

바울은 오직 그리스도 예수께 사로잡힌 바 된 그것을 잡으려고 달려간다. 그러나 바울은 자신이 잡았다고 생각하지 않는다는 사실을 교회에 고백한다. 인생과 사역의 말년에 접어든 바울은 아직도 예수님께 사로잡힌 상태가 아니라고 고백하면 과연 누가 자신은 잡았다고 감히 말할 수 있겠는가! 칼뱅은 바울의 겸허한 고백에서 1) 우리도 바울처럼 죽을 때까지 부르심의 길을 달려가야 하고, 2) 잡을 때까지는 멈추지 말아야 한다는 교훈을 뽑아낸다. 나는 이 구절에서 인간은 예수님이 아닌 다른 무언가에 지독하게 사로잡혀 있음을 깨닫는다. 바울조차 예수님께 온전히 소유되지 못하게 만드는 원인은 외부가 아닌 내부의 요인이다. 환경이 아니라 나 자신이 나를 사로잡고 있기 때문이다. 나 자신을 주인으로, 신으로, 메시아로 섬기는 이 은밀한 사실을 감지하는 것도 어렵지만 극복하는 것은 더더욱 어렵다는 진

실을 바울의 진솔한 고백에서 실감한다. 내가 바로 나 자신을 사로잡는 결박의 원흉임을 안다면 우리는 진정한 자유와 주님의 종이 되기 위해 힘써 자신을 부인해야 한다.

바울은 주님께 사로잡힌 바 되는 전략에 대해 언급한다. 먼저 "뒤에 있는 것들"(τὰ ὀπίσω)에 대해서는 "잊는다"(ἐπιλανθάνομαι)고 한다. 바울은 지나간 과거의 것들에 붙잡히지 않도록 망각으로 대응한다. 이는 과거가 현재를 괴롭히고 미래의 목덜미를 잡지 못하도록 과거가 서식하는 기억의 뿌리까지 뽑겠다는 결단이다. 사람들은 대체로 과거에 이룩한 업적과 됨됨이를 뿌듯하게 생각한다. 동시에 실수와 잘못에 대한 결과 때문에 후회와 실망에 성장의 발목이 붙잡힌다. 그러나 바울은 망각을 통해 과거의 실패로 위축되지 않고 과거의 성공으로 우쭐대지 않겠다고 한다. 바울은 과거의 간섭을 차단하고 삶의 현재성을 주목한다. 과거와 섞이지 않은 신선한 오늘을 날마다 맞이한다. 그러나 과거만 관리하는 것으로는 부족하다. 그래서 바울은 현실에 멈추어 안주하는 것이 아니라 지금이 목적을 향한 진일보의 유의미한 과정이 되도록 "앞에 있는 것들에(τοῖς ἔμπροσθεν) 이르려고 한다." 이는 키릴루스의 말처럼 과거에 대한 미련 때문에 뒤를 돌아보고 소금 기둥으로 변한 롯의 아내(창 19:26)를 바울이 의식하며 한 말인지도 모르겠다. 그런 비운의 여인과는 달리, 바울은 끊임없는 진보의 흐름 속에서 오늘이 의미를 갖도록 목표 지향적인 하루를 살아가려 한다.

과거를 잊고 미래를 지향하는 오늘을 살아가는 자는 신실하고 성실하다. 과거는 우리에게 알려져 있기 때문에 과거를 잊지 않고 사는 사람은 하나님을 의지하지 않고 과거에 대한 자신의 지식을 의지한다. 다 안다는 착각 때문에 배움에 있어서도 나태하다. 그러나 미래는 미지의 영역이기 때문에 미래를 향하여 사는 사람은 자신을 의지할 수 없고 미래를 아시는 하나님만 의지하고 부지런히 배우며 살아간다. 믿음의 조상 아브라함 역시 하나님만 의지하며 앞만 보고 나아갔다. 그런 자신에게 익숙한 본토 친척

아비의 집이라는 과거와 결별하고 믿음으로 주님께서 알려 주실 미지의 땅으로 나아갔다(창 12:1). 이에 대하여 히브리서 저자는 그가 "순종하여 장래의 유업으로 받을 땅에 나아갈새 갈 바를 알지 못하"는 상황에서 하나님만 신뢰하는 "믿음으로" 갔다고 증언한다(히 11:8). 테오도레투스의 교훈처럼, 우리도 비록 미래는 모르지만 그 미래를 아시는 하나님은 안다. 이것이 얼마나 놀라운 은총인가! 내가 아는 것보다 그분이 아시니 얼마나 확실하고 안전한가! 그러므로 뒤의 것들을 망각하고 앞의 것들에 관심을 기울이는 것, 즉 과거에 대한 후회나 자랑이 아니라 미래에 대한 소망을 품고 주님만 의지하며 살아가는 것이 지혜로운 인생의 비결이다.

¹⁴푯대를 따라 그리스도 예수 안에서
하나님의 천상적인 부르심의 상을 위하여 달립니다

방향성 있는 삶을 살아가기 위해서는 푯대가 필요하다. "푯대"(σκοπός)는 곁길로 벗어나지 않고 가다가 주저앉지 않고 게으르지 않고 동선의 갈피를 잡지 못하는 사태가 일어나지 않도록 방지하는 인생의 북극성을 의미한다. 앞이 캄캄하여 보이지 않아도, 치명적인 무기력에 빠져 한 걸음도 옮길 수 없는 상황 속에서도, 모든 것이 변하여 새롭고 현란한 것들이 시선을 아무리 유혹해도, 포기하지 않고 흔들리지 않고 앞으로만 바르게 걸어가게 만드는 우리의 푯대는 무엇인가? 바울은 자신의 푯대가 "부르심의 상"(τὸ βραβεῖον τῆς κλήσεως)이라고 한다. 이 "부르심"은 혈통적인 가정이나 사회적인 기관들 안에서의 직위나 직무와 관련된 지상적인 부르심이 아니라 하나님에 의한 "천상적인"(ἄνω) 부르심을 의미한다. 이런 부르심은 "그리스도 예수 안에서"만 주어진다. 이것의 의미에 대해서는 바울이 로마 교회 성도들을 "그리스도 예수의 것으로 부르심을 받은 자"라고 명명한 표현에 잘 나타난다. 문맥을 고려할 때, 바울이 말하는 하나님의 천상적인 부르심은 우리가 그리스도 예수를 얻고 그 안에서 발견되고 그의 것으로 사로잡힌 바 되는 것을 의미한다.

하나님은 우리 모두를 "한 소망 안에서" 부르셨다(엡 4:4). 동시에 각 사람은 고유한 부르심을 받았기 때문에 바울은 각 사람에게 "그 부르심 그대로 지내라"고 지도한다(고전 7:20). 각자의 구체적인 부르심은 타인의 것과 동일하지 않다. 비교할 필요도 없고 우열을 가릴 필요도 없는 고유한 소명이다. 그렇기 때문에 바울은 주변 사람들에 의해 휘둘리지 말고 타인의 부르심을 기웃거리지 말고 "너희는 각각 부르심을 받은 그대로 하나님과 함께 거하라"고 가르친다(고전 7:24). 그러면 반드시 "상"이 주어진다. 바울은 이 "상"을 바라보며 경주한다. 어떤 사람들은 바울을 "상"이라는 잿밥에 눈이 어두워서 믿음을 경주한 사람으로 본다. 그러나 "상"이 어떤 것이냐를 알고 그의 상 중심적인 인생을 보면 결코 이상하지 않다. 바울이 생각하는 상은 앞에서 밝힌 것처럼 자신이 해로 여기던 유익한 것이 아니며 자신이 배설물로 여긴 땅의 어떠한 변동적인 것도 아님은 분명하다.

바울이 추구한 부름의 상은 의외로 모세를 통해 확인된다. 구약에서 모세도 하나님의 "상"을 주목했다. 그는 이집트 제국의 황제권을 계승할 공주의 아들로서 "잠시 죄악의 낙을 누리는 것보다" "하나님의 백성과 함께 고난 받기를" 더 좋아했다(히 11:24-25). 왜? 모세는 그리스도 예수를 "위하여 받는 수모"를 "애굽의 모든 보화보다 더 큰 재물"로 간주했다. 왜? 이는 모두 주님께서 자신에게 "상 주심"을 믿었고 기대했기 때문이다(히 11:26). 모세가 생각한 상은 자신이 저술한 창세기에 언급되어 있다. 즉 믿음의 대표성을 가진 아브라함에게 주어진 하나님의 약속인데, 그 약속에서 하나님은 자신을 그의 "지극히 큰 상급"으로 밝히셨다(창 15:1). 즉 모세에게 상은 하나님 자신이다. 바울이 생각하는 부름의 상도 하나님 자신이다. 상에 대한 기대감은 하나님의 언약에 대한 신뢰를 의미한다. 그래서 바울과 모세의 이러한 태도는 그들이 "상"이 계산된 투자성 신앙을 가진 종교인이 아니라 하나님의 언약에 신실한 자들임을 증거한다. 아브라함, 모세, 바울이 푯대로 삼은 "부르심의 상"은 세속적인 쾌락이나 재물이나 권력이나 명예가 아니라 하나님 자신이다. 바울은 이러한 내용의 더욱 구체적인 의미를 규범적 계시의 마지막 단계에서 명시했다. 즉 그는 예수님을 더 얻고, 그분 안에서 더 많이 발견되고, 이를 위하여 죽기까지 그분을 더 온전하게 닮아 그에게 더욱 확실하게 사로잡힌 바 되는 방향을 따라 뚜벅뚜벅 전진하는 인생이다.

우리에게 인생의 푯대는 무엇인가? 무엇을 위해, 무엇을 향해 달리는가? 인생의 향방은 건강한가? 천상적인 부르심을 외면하고 지상적인 부름에만 열정의 코를 박고 살지는 않는가? 물론 위에서의 부르심과 땅에서의 부름은 연동되어 있다. 그러나 전자를 망각하고 후자에 매달리면 부르심의 끈적한 세속화가 발생한다. 반면에 후자를 소홀히 여기고 전자에만 매달려도 부르심의 공허한 관념화가 초래된다. 땅에서의 부름은 위에서의 부르심을 이루는 현장이고, 위에서의 부르심은 땅에서의 부름이 이르러야 하는 목적이다. 모든 부르심은 이것도 취하고 저것도 버리지 말아야 하는 이중적인 소명이다. 천상적인 부르심의 상이라는 푯대를 바라보며 달리되 가정에서, 학교에서, 직장에서, 국가에서 성실하게 진실하게 신실하게 날마다 진보의 걸음을 내디뎌야 한다. 뉴랜드의 표현처럼, "세례 받은 자들은 경주자요, 코스는 평생이고, 목표는 완벽이고, 상급은 영원한 왕관이다." "네가 족하다고 말했다면 너는 멸망했다"(Si dixisti satis, periisti). 이 땅에는 종착지가 없고 여정만 있으며 완성이 없고 미완성만 있기 때문에 "족하다"는 말은 포기의 다른 표현이다. 같은 맥락에서 히에로니무스는 "의로움은 사람이 의롭게 되기를 중단하는 날로부터 그 유효성을 멈춘다"고 주장한다.

15그러므로 온전히 이룬 우리는 누구든지 이것을 생각합시다
그리고 만일 여러분이 다르게 생각하면
하나님은 그것도 여러분께 나타내실 것입니다

푯대를 향하여 부르심의 상을 위하여 달려가는 삶의 자세는 "온전히 이룬" 자에게도 필요하다. 하나님의 자녀들 중에는 "온전히 이룬 자들"(τέλειοι)도 있고 그렇지 못한 자들도 있는데 바울은 자신을 전자에 포함시켜 이해한다. 그런데 바울은 앞에서 자신이 온전하게 되었거나 이미 얻은 자가 아니라고 고백했다. 모순처럼 보이는 이 고백에 대하여 아타나시우스는 "미래의 온전한 모든 것과 관련해서 보면 그를 통하여 알려진 것들은 부분일 뿐이지만 주님에 의해 그에게 주어지고 위임된 것들과 관련해서 보면 바울은 온전하게 된 자"라고 설명한다. 이 땅에서의 온전한 자는 진리의 지식과 신앙과 인격과 삶에 있어서 완벽한 성도가 아니라 원숙한 성도를 가리킨다.

그리고 생각해야 할 "이것"(οὗτος)은 바울이 앞에서 언급한 내용을 가리킨다. 앞에서 바울은 믿음이 강하여 단단한 음식도 능히 섭취하는 장성한 자이지만 이미 이루었다 함도 아니고 이미 얻었다 함도 아니고 과거는 잊고 부르심의 상을 위하여 미래로 달려가는 자로 자신을 소개했다. 그런데 자신만이 아니라 모든 원숙한 믿음의 사람들도 자신들을 그렇게 이해해야 한다고 강조한다. 자신은 이미 이루었고 이미 얻었다고 생각하는 사람은 필히 교만하게 된다. 교만을 방지하기 위해서는 아직 이루지도 못했고 아직 얻지도 못했다는 자신의 인격과 신앙과 삶의 미완성을 인정하고 의식하며 앞만 보고 달려가야 한다. 자만하지 말고 "나 이제 충분히 컸어"가 아니라 "달려갈 길이 아직도 까마득해" 같은 자세로 구도자의 겸손한 길을 걸어야 한다고 가르친다. 실제로 성장의 완성은 예수님께 이르는 것(엡 4:15)인데 누가 감히 이르렀다 할 수 있겠는가!

바울은 "다르게"(ἑτέρως) 생각하는 사람들도 존중한다. 이들은 "온전히 이룬 자들"과 대비되는 "온전히 이루지 못한 자들"일 가능성이 높다. 실제로 공동체 안에는 다르게 생각하고 다른 기준으로 다른 관점에서 다르게 말하고 다르게 행동하는 사람들이 있다. 심지어 부부 사이에도 다름이 무수히 발견된다. 이는 주님께서 각 사람을 고유하게 지으셨기 때문이고 각자에게 주신 은혜의 종류와 분량과 소명의 구체적인 내용이 다르기 때문이다. 바울은 다름을 틀림으로 여기지 않고 다양성의 공존과 상생을 의식하는 사람이다. 신앙에 있어서도 공동체는 강한 사람과 약한 사람으로 구성되어 있다. 이에 대하여 바울은 "믿음이 연약한 자를 너희가 받되 그의 의견을 비판하지 말라"고 가르친다(롬 14:1). 나아가 "믿음이 강한 우리는 마땅히 믿음이 약한 자의 약점을 담당하고 자기를 기쁘게 하지 아니할 것이라"는 지침까지 준다(롬 15:1). 소유물에 있어서도 공동체는 풍부한 자와 부족한 자로 구성되어 있다. 이에 대해서는 나누라고 가르친다. "너희의 넉넉한 것으로 그들의 부족한 것을 보충함"은 "다른 사람들은 평안하게 하고 너희는 곤고하게 하려는 것이 아니요 균등하게 하려 함"이라고 설명한다. 이후에는 "그들의 넉넉한 것으로 너희의 부족한 것을 보충하여 균등하게 하려 함이라"는 설명을 곁들인다(고후 8:13-14). 이런 식으로 다름은 공동체에 기막힌 가치를 산출한다. 다름을 없애는 획일화는 오히려 그런 가치를 파괴한다.

바울은 자신의 신앙적인 기준을 이해하지 못하고 수용하지 않고 그 기준에 미치지 못하는 다른 형제들을 정죄하지 않고, 자신의 기준을 그들에게 강요하지 않고, 하나님의 선한 이끄심이 그들에게 있을 것이라고 설명한다. 하나님은 각 사람을 그의 개별적인 눈높이에 맞춘 계시와 섭리로 이끄신다. 칼뱅은 이 구절을 "주께서 한 날에 너희에게 내가 말한 모든 것들이 참 지식과 올바른 삶의 완전한 규범임을 보이실 것이라"는 의미라고 해석한다. 바울은 주님께서 연약한 이들에게 오류를 보이시며 고치시고 진리를 보이시며 이끄시는 그분의 때를 존중하며 기다린다. 베드로의 경우를 보면, 바울이 한 말의 진실성이 확인된다. 베드로는 이방인 선교의 중요성과 필연성을 인지하지 못하였을 때 바구니의 모든 생물을 먹으라는 주님의 명령에 대해 "속되고 깨끗하지 아니한 것"을 자신은 먹은 적이 없고 앞으로도 먹지 않을 것이라며 거부했다(행 10:14). 원숙하지 못한 베드로의 다른 생각에 대해 주님은 "하나님께서 깨끗하게 하신 것을 네가 속되다 하지 말라"는 설명으로 진실을 나타내 보이셨고, 동일한 사건의 반복으로 베드로의 완고한 사고와 엉뚱한 확신을 고치셨다.

16그러나 우리가 어디까지 이르렀든 그대로 사십시다

성도의 삶에서 사명의 궁극적인 종착지에 이미 도달하여 천상적인 부르심의 상을 이미 얻은 사람은 이 세상 어디에도 없다. 각 성도는 믿음의 여정을 다른 시점에서 시작했고 그 종착지를 향하여 나아가고 있다. 각자가 지금 도달한 곳은 다양하다. 어떤 사람은 신앙의 순진한 유아기에 머물고, 어떤 사람은 파릇한 아동기로 탈피하고, 어떤 사람은 역동적인 청년기에 이르고, 어떤 사람은 장성한 성년기에 도달했다. 바울은 각자의 위치에 맞도록 "그대로" 지내라고 한다. 바울 자신도 "우리" 안에 포함시켜 동일한 원리를 따라 지내고자 한다. 여기에서 "그대로"(αὐτῷ)에 대한 해석은 다양하다. 어떤 이는 복음에 합당한 삶이라고 하고, 어떤 이는 바울이 보여준 삶의 본이라고 하고, 어떤 이는 각자가 도달한 수준에 합당한 삶이라고 한다. 각자가 이른 지점은 달라도 삶의 기준과 목적이 다른 것은 아니기에 분열과 대립이 아니라 연합과 협력의 길을 함께 걸어가야 한다는 사실만은 분명하다.

칼뱅은 "그대로"를 "동일한 규범"(eadem regula)으로 번역하고, 제네바 바이블은 "하나의 규칙"(one rule)으로 번역하고 "같은 마음과 같은 뜻으로 온전히 합하라"(고전 1:10)는 의미라고 해석한다. 퍼거슨은 "그대로 살자"는 부분을 "동일한 규칙을 따라 나아가고 동일한 것을 생각하라"로 번역한다. 많은 사람들이 이렇게 번역하고 해석하는 이유는 1516년 헬라어 성경(textus receptus)에 다른 문구가 추가되어 있기 때문이다. 중세와 칼뱅과 제네바 바이블과 대부분의 17세기 학자들은 1516년 판본을 검증된 텍스트로 승인하고 있다. 이 판본의 해당 구절을 번역하면 이러하다. "그러나 우리가 어디까지 이르렀든 같은 규범을 따라 살고 같은 것을 생각해야 한다"(πλὴν εἰς ὃ ἐφθάσαμεν τῷ αὐτῷ στοιχεῖν κανόνί τὸ αυτο φρονεῖν). "규범"(κανόνι)과 "같은 것을 생각해야 한다"(τὸ αυτο φρονεῖν)는 뒷부분이 현대 헬라어 판본에는 없으며, 에이디의 분석처럼 다른 일부의 사본들과 콥틱 역본과 에티오피아 역본과 힐라리우스와 아우구스티누스 같은 교부들의 문헌에도 생략되어 있다.

    나는 현대의 헬라어 성경을 본문으로 삼았지만 의미의 명료화에 있어서는 1516년 판본을 존중한다. 내가 보기에 이 구절은 우리 각자가 도달한 삶의 수준이 어떠하든 우리의 삶과 생각은 동일한 규범을 따르고 동일한 목적을 품어야 한다는 내용을 가르친다. 이 구절에서 "동일한 규범"을 토마스는 "믿음의 진리와 선한 행실의 진실성 안에서의 일치"를 가리키는 말이라고 해석한다. 존 길은 "칭의의 교리"나 "진리의 성경"을 가리키는 말이라고 해석한다. 십스는 일반적인 면에서는 성경을 가리키나 특별히 "믿음과 사랑과 소망에 관한 올바른 진리의 총체"를 뜻한다고 해석한다. 잔키우스도 "기독교 교리의 총화"라고 해석한다. 동시에 그는 하나님의 모든 사람이 동일한 복음의 진리로 참된 교회 안에서 하나로 연합해야 함을 강조한다.

    칼뱅은 이 구절을 바울이 "빌립보 교회를 초대한 완벽성의 목적은 그들이 동일한 것을 생각하고 동일한 규범을 따라 살라"고 권한 것이라고 해석한다. 칼뱅에 의하면, 바울은 그들이 조화를 이루어야 하는 교리와 그들이 합치해야 할 규범에 최고의 우위성을 부여하고 있다. 이와는 달리, 에이디의 분석은 특이하다. 그는 "이르다"는 동사의 무정형(aorist)과 "살다"는 동사의 미래형을 대비한다. 그리고 바울이 과거가 아니라 미래를 강조하며 "영적인 발전과 관련된 미래의 진전된 조명"에 대해 말한다고 그는 해석한다. 나아가 이 구절의 의도를 추정하되 "공공의 교사"요 "마음의 교사"요 "최고의 교사"이신 성령께서 이미 "확립된 신적인 기반" 위에 신적인 진리의 최고 경지로 이끄실 것이라는 이 사실을 기대하며 같은 마음으로 품고 살아가야 한다는 뜻이라고 풀이한다. 성령은 예수님의 말씀을 생각나게 하고 가르치는 분이시고(요 14:26) 나아가 제자들이 감당하지 못한 것들도 알리시고 장래의 일도 알리시는 분이시다(요 16:13). "살다"의 미래형은 이런 성령의 사역을 암시한다.

다양한 문헌들을 살피면서 나는 이 구절이 우리에게 자유와 책임을 동시에 권한다고 생각한다. 믿음과 인격은 양태와 속도에 있어서 사람마다 다르기 때문에 특정한 시점에서 서로를 비교하며 순위를 매기는 것은 합당하지 않다. 그런데도 우리는 각자가 가진 역량과 환경의 차이를 무시한 획일화의 오류를 저지르기 쉽다. 그러나 다양성을 존중하고 서로의 차이를 품고 공존하고 상생해야 한다. 각자는 어떤 단계까지 이르렀고 얻었든지 자신의 실상과 다르게 과장하고 부풀릴 필요도 없고 눈치를 보며 주눅들 필요도 없이 그대로 지내는 게 지혜롭다. 거기에서 조화의 미덕이 산출된다. 우리는 다 하나님의 교향곡에 초대받은 하나의 음정이기 때문이다. 나에게 맡겨진 고유한 음을 유지하고 타인의 다른 음을 존중하면 천상의 화음이 빚어진다. 그 화음은 사람이 조절하는 것이 아니라 하나님의 권한이다. 그분이 각 사람을 다르게 만드시고 특정한 때 신앙의 다른 지점에 도달하게 하셔서 그 모두가 하나의 거대한 하모니가 되게 만드시는 분이시다. 그러니까, 각자가 이른 자리에서 동일한 복음의 진리를 기준으로 삼아 살아가고 각자에게 주어진 믿음의 분량을 따라 지혜롭게 생각하되 동일하신 믿음의 주요 우리 각자를 온전하게 하실 그리스도 예수를 바라보며 그에게로 가까이 나아가면 된다. 내가 다른 사람인 것처럼 행하고, 신앙의 다른 단계인 것처럼 꾸미면 음이탈이 발생하고 조화에 금이 가기 때문에 하나님의 연주를 훼방하게 된다. 그러므로 각 사람은 자신의 고유한 존재성을 유지하고 어디까지 이르렀든 그대로 살아가야 한다.

> [17]형제들이여 나를 본받는 자들이 되십시오
> 그리고 여러분이 우리를 본으로 삼은 것처럼
> 그렇게 사는 자들을 눈여겨 보십시오

바울은 우리 모두가 각자의 자리에서 따라야 할 신앙과 삶의 규범을 가르치고 생각할 것을 권면한 이후에 그대로 살아가는 모델을 제시한다. 십스는 바울이 제시한 이론과 실천의 순서를 주목하며 "우리는 실행하기 이전에 진리를 배워야 한다"고 강조한다. 진리의 지식이 없는 소원이 선하지 않다는 사실은 성도의 올바른 삶에 있어서도 적용된다. 바울이 제시한 삶의 모델은 자기 자신이다. 그는 "나를 본받는 자들"이 되라고 권고한다. 이처럼 바울은 복음의 진리를 들려주는 동시에 보여주는 사도였다. 십스의 지적처럼, 이것은 바울의 교만에서 솟구친 제안이 아니라 "진리와 거룩에 대한 확신"에서 나온 제안이다. "나의 가르침은 무엇이며 내가 행하고 인지하는 것이 무엇인지 분별하고 나를 따르고 본받아야 한다"는 제안이다. 앎과 삶, 말하기와 행하기가 일치하지 않는 자를 인생의 사표로 삼으면 불행한 위선자가 된다.

이 구절을 자연인 바울을 본받아야 한다는 제안으로 여긴다면 심각한 착각이다. 앞에서 길게 설명한 것처럼, 그리스도 예수를 얻고 그 안에서 발견되기 위하여 예수님의 부활과 고난과 죽으심을 본받아 부활에 이르기를 원하지만 여전히 얻었다 함도 아니고 이루었다 함도 아닌 미완성의 상황 속에서 예수님께 사로잡힌 바 된 그것을 일평생 추구하며 달려가는 예수님의 겸손하고 집요한 모방자 바울을 닮으라는 제안이다. 바울은 같은 내용을 고린도 교회를 향해서는 자신이 예수님을 본받은 자가 된 것처럼 자신을 본받는 자가 되라고 권고했다(고전 11:1). 예수님을 본받는 대목이 빠지면 교주로 전락한다. 아무리 위대한 믿음과 인격과 삶의 거인이라 할지라도 우리는 그가 예수님을 본받는 동안에만 존중하며 본받아야 한다. 그가 예수님 본받기를 멈추면 그를 본받는 것도 멈추어야 한다. 그리고 그가 예수님을 본받은 부분과 분량만큼 존중하며 본받아야 한다. 이는 예수님을 본받음에 있어서도 각 사람의 주특기가 다르기 때문이다. 어느 누구도 예수님의 전부를 본받을 수는 없기에 예수님의 어떤 부분을 본받으나 다른 부분은 본받지 않을 가능성은 농후하다. 그래서 한 사람의 도매급 모방은 위험하다. 믿음의 거인 안에서도 본받음의 부위를 선별해야 한다.

바울은 빌립보 교회 성도들이 "우리"(ἡμᾶς)를 본으로 삼았다고 인정한다. 여기에서 우리는 뉴랜드의 추정처럼 바울 자신을 비롯하여 "빌립보 지역에서 복음 증거에 깊이 관여한 디모데, 에바브로디도, 실바 등"을 가리킨다. 빌립보 교회는 바울만이 아니라 그의 여러 동료들을 본받았다. 우리는 다른 누구보다 예수님을 본받아야 하겠지만 빌립보 교회처럼 예수님을 본받은 여러 믿음의 거인들이 남긴 발자취의 도움으로 본받는 것이 지혜롭다. 예수님의 제자들과 그들의 제자들인 속사도 교부들과 그들의 제자들인 교부들과 중세의 경건한 학자들과 종교개혁 인물들과 정통주의 시대의 신실한 거인들과 근대와 현대의 겸손한 믿음의 사람들을 분야별로 골고루 본받아야 한다. 십스는 "어떠한 은총의 어떠한 꽃"을 보더라도 그것을 신앙의 정원에 가져와 심으라고 한다. 그리고 "모든 그리스도인 안에는 우리를 성장시킬 모방의 어떤 요소가 있기" 때문에 모든 이들을 주시해야 한다고 강조한다.

빌립보 교회가 처음부터 지금까지 복음을 증거하는 일에 바울과 동행한 이유는 그들의 신앙과 인격과 삶의 규범이 바울의 가르침과 같았기 때문이고 삶의 구체적인 실천에 있어서도 그들이 바울을 본받았기 때문이다. 그런데 바울은 특이한 경계를 주문한다. 빌립보 교회처럼 살아가는 사람들을 "눈여겨 보라"(σκοπεῖτε)는 주문이다. 아마도 그 이유는 바울 본받기의 외형은 비슷하나 속으로는 다른 규범과 목적을 가진 사람들일 수 있기 때문이다. 실제로 복음의 진리와 무관하게 겉으로는 하늘의 시민을 방불하는 사람들이 있다. 대부분의 유대인은 부드럽게 말하고 선하게 행하며 살아가는 듯한 사람들 중에 하나님을 전혀 경외하지 않는 대표적인 민족이다. 이는 그들이 입술과 행위로는 하나님을 존경하나 마음은 그에게서 멀기 때문이다(마 15:8). 그러므로 바울은 보이는 대로, 들리는 대로, 판단하지 말아야 함을 가르치고 있다. 예수님이 그러셨기 때문이다. 이사야는 그런 예수님에 대해 그가 "공의로 가난한 자를 심판하며 정직으로 세상의 겸손한 자를 판단할 것"이라고 예언했다(사 11:4). 바울처럼 겉과 속이 다르지 않으셔서 겉과 속이 다른 자들을 능히 아시는 예수님의 모방자가 되면 우리도 그렇지 않은 자들을 능히 분별한다. 그러나 예수님을 본받아야 한다는 이론만 알고 실제로 본받지 않으면 분별하지 못하고 외선자의 경건한 겉모습에 속을 가능성이 높다.

빌 3:18-21

¹⁸내가 여러 번 너희에게 말하였거니와 이제도 눈물을 흘리며 말하노니 여러 사람들이 그리스도의 십자가의 원수로 행하느니라 ¹⁹그들의 마침은 멸망이요 그들의 신은 배요 그 영광은 그들의 부끄러움에 있고 땅의 일을 생각하는 자라 ²⁰그러나 우리의 시민권은 하늘에 있는지라 거기로부터 구원하는 자 곧 주 예수 그리스도를 기다리노니 ²¹그는 만물을 자기에게 복종하게 하실 수 있는 자의 역사로 우리의 낮은 몸을 자기 영광의 몸의 형체와 같이 변하게 하시리라

¹⁸내가 여러 번 여러분께 말하였고 지금도 울면서 말하는데, 많은 이들이 그리스도의 십자가의 원수로 살아가고 있습니다 ¹⁹그들의 결국은 멸망이요 그들의 하나님은 위장이고 [그들의] 영광은 그들의 부끄러움 속에 있고 땅에 속한 일들을 생각하는 자입니다 ²⁰그러나 우리의 시민권은 하늘에 있습니다 거기에서 [오시는] 구원자 주 예수 그리스도를 기다리고 있습니다 ²¹그는 만물을 자신에게 친히 복종하게 하시는 이의 역사를 따라 우리의 낮은 몸을 자기의 영광스런 몸과 합치되게 바꾸실 것입니다

16 성도의 소속

> 18내가 여러 번 여러분께 말하였고 지금도 울면서 말하는데,
> 많은 이들이 그리스도의 십자가의 원수로 살아가고 있습니다

예수님과 바울을 본받은 것처럼 살아가는 사람들 중에 "많은 이들"(πολλοί)이 십자가의 원수로 살아가고 있다고 바울은 탄식한다. 칼뱅은 "이 구절이 많은 사람들이 땅의 것들을 생각하며 산다는 단순한 진술"일 뿐이라고 한다. 그러나 나는 단순한 진술이 아니라고 생각한다. 예수님과 바울을 올바르게 본받는 자들에 대하여 "살다"(στοιχέω)라는 동사를 사용한 바울이 이제 십자가의 원수에 대해서는 "돌아서 걷다"(περιπατέω)는 다른 동사를 사용한다. 이는 그들의 휘어진 행보를 암시한다. 이들은 뉴랜드의 말처럼 "겉으로는 그리스도인인 것처럼 단정하게 걷지만 속으로는 자신의 욕망을 따라 걷"기 때문이다. 바울은 이 사안이 너무도 중요해서 동일한 이야기를 "여러 번"(πολλάκις) 말했다고 한다. 대단히 좋은 이야기도 반복하나 대단히 치명적인 사안에 대한 이야기도 반복한다. 게다가 바울은 지금 눈물까지

흘리며 비장한 심정으로 십자가의 원수 이야기를 반복한다.

여기에서 "눈물"의 의미는 무엇일까? 십자가의 원수라 할지라도 그들을 불쌍히 여기는 마음으로 흘린 사랑의 눈물일까? 아니면 이 사안이 일으키는 교회의 피해가 너무도 심각하고 이 문제를 해결하기 위해서는 상당한 고충과 희생을 각오해야 함을 암시하는 눈물일까? 너무도 중차대한 문제여서 여러 번 말했으나 여전히 그 심각성을 인지하지 못하고 지금까지 십자가의 원수를 방치하고 있는 빌립보 교회의 현실이 너무도 안타깝고 괴로워서 흘린 눈물일까? 바울이 사안의 실체를 파악하지 못하고 조급하고 흥분된 마음을 다스리지 못해 눈물까지 흘리며 말하는 것이 아님은 분명하다. 눈물은 그가 사태를 정확히 알았고 그래서 침묵하면 안 된다는 확신 속에서 언급한 이야기에 묻어 나온 진심이다. 더 적극적인 이유는 겉으로는 예수님을 본받는 모습으로 교회의 무장을 해제하고 속으로는 자신의 잇속을 알뜰하게 챙기는 야비한 자들의 위선적인 인생이 교회에 끼치는 막대한 해악을 좌시하지 않겠다는 바울의 교회 사랑 때문이다. 바울의 눈물에는 위선적인 자들의 위험성을 반복해서 경고해도 귀담아듣지 않는 빌립보 교회에 대한 안타까운 심정도 반영되어 있다.

그리스도 예수의 십자가에 대해 원수가 된다는 말의 의미는 무엇인가? "십자가의 원수"(ἐχθροὺς τοῦ σταυροῦ)는 십자가의 복음을 부정하고 파괴하는 자들을 가리킨다. 이로써 참된 복음의 전파를 방해하고 구원의 역사도 가로막는 자들이다. 갈라디아 교회의 사례에 비추어 본다면, 교회에 다른 복음을 전하고 다른 복음을 따르게 만들어 결국 자신의 "종으로 삼고자" 하는 자들이다. 바울은 이들을 "거짓 형제들"로 칭하였고 이들은 율법으로 말미암아 의롭게 된다고 주장하며 예수님의 죽음을 헛되게 만들고자 했다(갈 2:4, 21). 바울은 "율법 행위에 속한 자들은 저주 아래에 있"다고 말하였고(갈 3:10) 그런 다른 복음을 전하는 자들도 저주를 받을 것이라고 선언했다(갈 1:9). 교회의 피해와 아픔에 대해서는 눈물을 흘리던 바울이 저주받을 자들에 대해서는 이토록 단호하다. 로마서의 문맥에서 바울은 진리의 "교훈을 거슬러 분열들과 함정들을 만드는 자들을" "우리 주 그리스도가 아니라 자기들의 배만 섬기"는 자들로 규정한다(롬 16:17-18). 교회마다 십자가의 복음을 대적하는 원수의 양태는 다양하다. 그럼 빌립보 교회가 경계해야 하는 십자가의 원수는 누구인가? 앞에서 언급된 "개들"이나 "행악하는 자들"(빌 3:2)이나 수감된 바울을 더 괴롭게 하려고 투기와 분쟁으로 복음을 전파하는 자들(빌 1:15-17)인가? 크리소스토무스는 이 땅에 집을 짓고 이 땅에 부동산을 취득하고 이 땅에서 권력을 차지하고 이 땅에서 영광을 추구하고 이 땅에서 갑부가 되려는 자들을 뜻한다고 해석한다. 이는 19절에 근거한 해석이다.

> ¹⁹그들의 결국은 멸망이요 그들의 하나님은 위장이고 [그들의] 영광은 그들의 부끄러움 속에 있고 땅에 속한 일들을 생각하는 자입니다

바울은 "십자가의 원수"가 보이는 특징들을 묘사한다. 그들의 종말부터 언급한다. 즉 "그들의 결국은 멸망(ἀπώλεια)"이다. 존 길의 말처럼, 영원한 생명으로 귀결되는 복음의 좁은 길과는 달리 "죄와 잘못의 넓은 길은 멸망으로 귀결된다." 그런데 이 문장에는 십자가의 원수가 자신이 멸망하고 있음을 의식하지 않고 인지하지 못하다가 마지막 순간에 놀라게 된다는 뉘앙스가 감지된다. 같은 뉘앙스로 바울은 "그들이 평안하다, 안전하다 할 그 때에 임신한 여자에게 해산의 고통이 이름과 같이 멸망이 갑자기 그들에게 이르리니 결코 피하지 못"할 것이라고 했다(살전 5:3). 이러한 경고는 이미 구약에서 반복되는 책망 속에서도 목이 곧은 사람이 "갑자기 패망을 당하고 피하지 못"한다는 지혜자의 말에서 확인된다(잠 29:1). 구체적인 사례로서, 블레셋 사람들은 "우리의 신이 우리 원수 삼손을 우리 손에 넘겨주었

다"며 그들의 신 다곤에게 큰 제사와 찬송을 드리며 환락이 최고조에 이르렀을 때 두 기둥의 무너짐과 함께 생각지도 못한 대참사를 갑자기 당하였다(삿 16:23-30). 사실 멸망으로 다가가는 행보는 평안하고 순탄해 보이는 인생의 외형에 가려져 있어서 은밀하다. 그러나 자세히 보면 멸망으로 한 걸음씩 서서히 다가가는 인생이다. 어제보다 오늘이, 오늘보다 내일이 더 끔찍하다. 끓는 가마솥 속 개구리와 같다.

이것은 어쩌면 심은 대로 거두는 것인지도 모르겠다. 겉으로는 경건을 꾸미고 속으로는 세속적인 욕망으로 십자가의 도를 은밀하게 모독하는 자들이 겉으로는 평안한 생을 산다고 착각하나 속으로는 멸망의 공포가 인기척도 없이 조용히 다가오기 때문이다. 바울이 말하는 "멸망"은 이 땅에서의 실패나 파산이나 육신적인 죽음을 의미하지 않고 영원한 생명을 주는 십자가의 원수에 상응하는 영원한 멸망을 의미한다. 예수님의 말씀처럼 "몸과 영혼을 능히 지옥에 멸하실 수 있"으신 하나님의 영원히 무서운 멸망이다(마 10:28). 사람을 대적하는 것이 아니라 영원하신 하나님의 뜻을, 그 뜻을 온전히 이루는 십자가를 대적하는 원수에게 합당한 멸망이다.

1세기에는 두 부류의 사람들이 주님의 십자가를 우습게 여기며 무시했다. 첫째, 표적을 구하는 유대인이 보기에 십자가는 혐오감을 일으키고 거리끼는 것이었다. 둘째, 지혜를 추구하는 헬라인이 보기에 십자가는 미련한 것이었다(고전 1:22-23). 유대인과 헬라인은 세상 사람들을 상징한다. 실제로 최악의 죄인에게 부과되는 죽음의 십자가는 사람들의 눈에 기적을 일으키는 능력도 아니고 심각한 문제를 해결하는 지혜와도 무관해 보이는 게 사실이다. 그러나 바울이 믿음의 눈으로 보기에는 "하나님의 능력이요 하나님의 지혜"였다(고전 1:24). 이러한 십자가의 진가를 알아보지 못한 사람들은 십자가를 무시하는 것을 넘어 십자가를 대적한다. 만약 십자가가 가장 위대하신 하나님의 능력과 지혜라면 그들의 판단은 틀린 것으로 드러나고 그들의 기준과 가치관도 엉터리인 것이 들통나고 그것에 기반한 그들의 삶도 부정되기 때문에 십자가를 당연히 싫어하고 제거하려 한다.

바울은 십자가의 원수가 되어 멸망하게 되는 세 가지의 이유를 설명한다. 첫째, "그들의 하나님은 위장(κοιλία)"이기 때문이다. 그들은 하나님이 아니라 위장을 위해 살아간다. 먹고 마시는 것이 일종의 예배이며 더 좋은 식재료를 찾아 가장 맛있게 조리해서 위장에 바치면 그들의 하나님을 더욱 영화롭게 한다. 이런 자들에 대해 크리소스토무스는 "너의 배가 너에게 주어진 것은 그것에 영양분을 저장하기 위함이지 [배불리 먹고] 터뜨리기 위함이 아니며, 너의 몸이 너에게 주어진 것은 그 몸을 다스리기 위함이지 그것을 주인으로 삼으라는 것이 아니라"고 꼬집는다. 나아가 위장은 "신체의 다른 부위들에 영양분을 공급하기 위해 너를 섬기는 기관이지 섬김의 대상이 아니니까 이러한 적정선을 넘어가지 말라"고 충고한다. 루터는 드러난 십자가의 원수만이 아니라 우리도 위장 숭배에서 자유롭지 않다고 충고한다. "우리 모든 개개인은 본질상 위장의 교황이다."

둘째, 십자가의 원수가 추구하는 "영광은 그들의 부끄러움 속에 있다." 피타고라스의 말처럼, "돼지는 맑은 강물보다 진흙탕에 뒹구는 것을 더 좋아한다." 십자가의 원수는 더 고귀하고 더 아름다운 것보다 자신에게 익숙하고 자신에게 어울리는 더럽고 쾌쾌한 것을 더 좋아한다. 개가 자신이 토한 오물로 돌아가고 이스라엘 백성이 종 되었던 애굽의 굴욕적인 추억으로 돌아가고 싶어 하는 심성을 십자가의 원수가 잘 반영한다. 여기에 쓰인 "부끄러움"(αἰσχύνη)의 의미에 대해 암브로시우스와 아우구스티누스는 유대인 교사들이 최고의 영광으로 여기는 "할례"(circumcisio)로 해석하고, 호돈은 그 할례가 이루어진 신체의 부위로서 남자의 생식기일 가능성을 제기하고, 크리소스토무스는 할례가 아니라 더 포괄적인 의미로서 "그들이 감추어야 하는 것"이라고 해석한다. 크리소스토무스는 감추어야 할 수치로 자신을 치장하는 것은 "수치를 모르는 자들의 극치"라고 비웃는다. 영광과 수치는 상극이다. 그런데 십자가의 원수는 그런 모순적인 상극을 당연한 상식으로 간주한다. 존 길의 말처럼, 그들은 입에 담기에도 부끄러운 악행을 은밀하게 저지르고 부정직한 일들을 포장하고 교활한 출입에 대범하고 하나님의 말씀 해석에서 왜곡과 인간화를 일삼으며 복음과 주님의 교회를 거짓된 교리로 타락하게 만들고 율법의 의식들을 종교의 본질로 삼고 육체에 박힌 할례를 자랑하는 자들이다. 수치를 느껴야 마땅한 이 모든 짓에 뿌듯한 자부심을 둔다.

셋째, 십자가의 원수는 "땅에 속한 일들(τὰ ἐπίγεια)을 생각한다." "대저 그 마음의 생각이 어떠하면 그 위인도 그러"할 것이라는 지혜자의 말처럼, 생각은 인간의 운명과 직결되어 있다. 한 사람의 생각을 검사하면 그의 운명이 확인된다. 땅에 속한 "육신의 생각은 사망"(롬 8:6)이기 때문에 바울은 "위의 것을 생각하고 땅의 것을 생각하지 말라"고 당부한다(골 3:2). 이사야는 하나님의 생각과 인간의 생각 사이의 격차를 이렇게 기록한다. "하늘이 땅보다 높음 같이 내 길은 너희 길보다 높으며 내 생각은 너희의 생각보다 높음이라"(사 55:8). 그런데도 땅에 생각의 코를 박고 있으면 하늘처럼 높은 하나님의 생각과 무관하게 살아간다. 나아가 하늘에서 내려온 하나님의 다른 의, 즉 예수님의 십자가를 대적하며 살아간다. 땅의 질서와 기준과 관점을 따라 살아가면 하늘의 질서와 기준과 관점은 그들에게 불편하고 불쾌하다. 자신의 인생이 송두리째 부정 당하는 느낌과 마주치기 때문이다. 하늘의 기준으로 보면, 땅에서의 모든 일들은 지나가고 소멸하는 변동적인 것들이다. 그래서 전도자는 그것들이 무익하고 헛되다고 평가한다. 이것이 사실인데 세상은 이런 정확한 이야기 듣기를 싫어한다. 그런 이야기를 발설하는 입을 없애려고 한다. 하늘의 기준으로 예수께서 세상을 악하다고 평하셔서 세상의 미움을 받으신 것처럼(요 7:7), 같은 기준으로 땅에서 괜찮아 보이는 것들을 거품과 안개일 뿐이라고 평가하면 우리도 위협과 죽임을 당할 가능성이 농후하다.

²⁰그러나 우리의 시민권은 하늘에 있습니다
거기에서 [오시는] 구원자 주 예수 그리스도를 기다리고 있습니다

이제 바울은 십자가의 원수와 다른 우리의 정체성을 설명한다. 그들과 다른 이유는 우리의 시민권이 하늘에 있기 때문이다. 이것은 땅의 것들을 생각하는 십자가의 원수와는 심히 대조된다. 당시 "로마의 식민지"인 빌립보 사람들의 귀에 "시민권"이라는 말은 남달랐다. 그들은 법적인 보호와 정치적 권리와 사회적 지위를 보장하는 로마 시민권을 누렸고 큰 특권으로 여기며 자랑했기 때문이다. 로마는 멀리 있었지만 그들의 삶은 마치 로마인인 것 같은 자부심을 호흡했다. 시장과 광장, 원로원과 회당에서 로마 시민권은 곧 권위의 언어였다. 그들에게 시민권은 하늘의 별자리보다 더 확실한 자기 정체성의 증표였다. 그러나 바울은 그것보다 더 위대한 시민권을 소개한다. "우리의 시민권은 하늘에 있다"고 선언한다. 빌립보의 거리마다 울려 퍼지던 로마의 이름을 넘어, 바울은 더 높고 더 영원한 도성을 가리켰다. 인간이 부여한 어떤 권리보다 견고하고 세상의 법이 보장하는 어떤 안전보다 더 확실한 우리의 시민권은 하나님 나라에서 발부된 것이라고 선언한다.

여기에서 "시민권"(πολίτευμα)은 토마스와 칼뱅의 번역에 반영되어 있는 것처럼 "생활이나 행동의 양식을 공유하는 친밀한 교류 혹은 유대"(conversatio)를 의미한다. 에이디는 이 단어가 "국가 혹은 조직된 연방국"(πολιτεία)과 크게 다르지 않다고 주장한다. 그러면서 이 단어를 로마와 카르타고에 적용한 폴리비우스 사례를 언급한다. 이런 관점에서 보면, 바울은 우리의 국가가 하늘에 있는 하나님의 도성 즉 "위에 있는 예루살렘"(갈 4:26) 도성임을 언급한 것이었다. 바울의 말은 "내 나라는 이 세상에 속한 것이 아니라"(요 18:36)는 예수님의 말씀을 떠올리게 한다. 이에 대해 멜란히톤은 "복음의 목소리가 사멸하는 이생에서 정치적인 국가나 제국을 세우지 않고" "하나님과 나누는

영원한 무제한적 친밀감 속에서 하나의 공동체"를 세운다는 의미라고 한다. 우리는 예수님과 같은 하늘나라 소속이다. 하늘에 있는 우리의 시민권은 복음의 결과이며 그 시민권에 합당한 삶은 복음의 설명이다. 그러므로 칼뱅은 하늘에 시민권을 둔 우리가 "하나님의 영적 왕국 외에는 아무것도 가치 있는 것으로 여기면 안 된다"고 강조한다. 이 세상의 어느 하나에 영원한 가치를 부여하는 순간 복음에 합당한 삶에는 균열과 왜곡이 발생하기 때문이다.

하늘의 시민권은 무엇인가? 우리가 하늘에 속했다는 법적인 소속의 보증이다. 이 시민권은 우리가 구원을 받았으며 장차 낙원으로 가서 영화롭게 될 것임을 확증한다. 그리고 이 시민권의 소유자는 왕이신 하나님 앞에 자유롭게 나아갈 자격도 취득한다. 이는 아들의 신분으로 아버지께 나아가 원하는 모든 것을 구할 자격이다. 그리고 시민권은 우리에게 하늘의 법적인 보호를 제공한다. 우리는 하나님의 주권적인 보호 아래에서 살아간다. 그리고 시민권은 하나님의 나라를 이어받을 상속권의 다른 이름이다. 그리고 시민권의 핵심은 거주와 관련되어 있다. 우리는 하늘의 시민으로 하늘에 영원히 거주할 권리를 가졌으며 이것은 어떤 조건을 유지해야 한다거나 부득이한 일로 취소됨이 없다. 우리의 시민권에 대한 바울의 설명은 그 자체로 충격이다. 로마의 시민권과 비교할 수 없도록 좋은 하늘의 시민권을 우리가 가졌다면 어떤 자격과 신분과 권한을 기준으로 살아야 하겠는가?

그런데 대부분의 사람들은 하늘의 시민권과 땅의 시민권을 동시에 누리고 싶은 욕망에 사로잡혀 있다. 하나님도 사랑하고 재물도 사랑하려 한다. 그러나 예수님은 둘 중의 하나를 사랑하면 다른 하나는 미워하게 된다고 말하신다(마 6:24). 이는 하나님의 도성과 인간의 도성에, 천국의 시민권과 세속의 시민권에 어정쩡한 비율로 양다리를 걸치지 말라는 말씀이다. 차든지 뜨겁든지, 하늘의 시민으로 살든지 세상에 속한 자로 살든지, 우리는 선택해야 한다. 하나님을 사랑하여 세상의 원수가 될 것인지, 아니면 세상을 사랑하여 하나님과 십자가의 원수가 될 것인지를 결단해야 한다. 바울은 하늘을 본향으로 삼고 땅을 나그네의 거처라고 인식했다. 이러한 바울의 인식을 따라, 테르툴리아누스도 "천상적인 예루살렘 시민인 너희는 이 세상에서 이방인일 뿐이라"고 했다. 그레고리 대제는 "우리의 외적인 삶의 집이 몸이 살아가는 건물인 것처럼 생각의 집도 마음이 애정으로 머무는 어떤 곳이라"고 말하면서 위의 것들을 생각해야 한다고 강조한다.

이 구절에 대해 힐라리우스는 우리의 소망이 하늘에 있다는 뜻이라고 해석한다. 그러므로 인생의 끝인 죽음이 경건한 자에게는 소망이고 경건하지 않은 자에게는 소멸이다. 시민권이 하늘에 있는 자에게는 죽음이 어떤 비유로도 설명할 수 없는 복으로서 하늘로의 영원한 복귀이고, 시민권이 땅에 있는 자에게는 죽음이 단순한 소멸보다 더 끔찍한 음부로의 영원한 입성이다. 하늘의 시민권 취득은 먼 미래의 일이 아니라 바울은 현재의 일이라는 취지로 "가지다 혹은 있다"(ὑπάρχω)는 동사의 현재형을 사용한다. 우리는 하늘의 시민권을 지금 소지하고 있기 때문에 우리는 하늘의 시민답게 생각하고 말하고 행동해야 한다. 땅에 발을 디디고 있지만 지금 하나님의 보좌 우편에 계신 그리스도 안에(엡 2:6) 거하는 것처럼 천국의 시민으로 살아가야 한다. 게다가 뉴랜드는 "아직 이 땅에" 머물러 있는 우리가 "이미 천국으로" 간 이들과의 "충만한 연대감"을 가지고 살아야 한다고 강조한다.

그리고 십자가의 친구는 그리스도 예수를 "기다린다"(ἀπεκδέχομαι). 예수님의 다시 오심을 고대한다. 이는 천사들이 "하늘로 올려지신 이 예수는 하늘로 가심을 본 그대로 오"신다(행 1:11)고 예언했기 때문이다. 게다가 예수님 자신도 요한에게 "내가 속히 오리라"고 말하셨기 때문이다. 이에 요한은 "아멘 주 예수여" 어서 오시라(계 22:20)고 간청하며 그분의 오심을 고대한다. 바울도 그분을 기다린다. 빌립보 교회도, 우리도 그분을 기다려야 한다. 땅의 것들을 생각하는 십자가의 원수는 결코 예수님을 기다리지 않고 하늘의 것들을 생각하는 십자가의 친구만 예수님을 오매불망 기다린다. 왜

그러한가? 바울은 우리가 기다리는 그리스도 예수를 "구원자 주"(σωτῆρα κύριον)라고 고백한다. 즉 십자가의 친구에게 예수님은 우리의 구원을 주관하는 분이시기 때문에 그분을 기다린다. 그러나 십자가의 원수에게 예수님은 그들의 심판을 주관하는 분이시기 때문에 그분을 꺼려한다.

우리의 기다림은 두 가지의 방식으로 종결된다. 첫째는 우리가 죽어서 그분에게 가는 방식이고 둘째는 그분이 우리에게 오시는 방식이다. 첫째를 따라서는 시점이 다양하고 둘째를 따라서는 시점이 동일하다. 그러나 때와 기한은 주님의 소관이기 때문에 우리는 시점보다 기다림 자체에 관심을 기울여야 한다. 기다림은 조용한 고통이다. 그러나 기다리는 주체의 인격과 신앙이 기다림의 대상에게 맞도록 숙성되는 과정이다. 그 대상을 향하여 보이지 않는 성장이 일어나는 공간이다. 사랑도 기다림의 공간에서 익어간다. 그리고 예수님을 사랑하고 신뢰하는 사람만 그분을 기다린다. 예수님을 기다리면 바울처럼 지나간 과거에 얽매이지 않고 오늘의 행복에 안주하지 않고 미래 지향적인 삶을 살아가게 된다. 이것보다 더 중요한 것은 그리스도 자신을 바라보고 그분을 중심으로 그분을 위하고 그분을 향하는 그리스도 중심적인 삶을 삶아가게 된다는 사실이다.

21그는 만물을 자신에게 친히 복종하게 하시는 이의 역사를 따라
우리의 낮은 몸을 자기의 영광스런 몸과 합치되게 바꾸실 것입니다

바울은 그리스도 예수를 기다리는 자에게 마지막 날에 이루어질 일을 언급한다. 즉 그때 예수님은 "우리의 낮은 몸을 자기의 영광스런 몸과 일치되게 바꾸실 것"이라고 한다. 태초에 사람의 몸은 하나님의 형상을 담는 그릇으로 지어졌다. 하나님이 보시기에 심히 좋으셨다. 사람과 사람 사이에는 벌거벗고 있어도 전혀 부끄럽지 않을 정도로 사람이 보기에도 위대했

다. 비너스나 다비드 형상보다 더 뛰어났다. 그러나 죄로 말미암아 사람들은 타락했다. 몸도 타락했다. 죽음이 몸에 올라탔고 죽음을 향하여 몸을 움직인다. 노화와 질병은 뿌리칠 수 없는 몸의 불편한 친구였다. 수고와 땀을 뒤덮인 노동의 도구였다. 하지만 몸에 새로운 변화가 일어났다. 바울은 하나님을 기쁘시게 하는 거룩한 산 제물로 우리의 몸을 드리라고 한다. 몸은 또한 하나님의 영이 거하시는 성전이다. 이처럼 죽음과 노동의 몸이 이제는 성전과 예배의 몸으로 바뀌었다. 땅에서는 그렇게 살아간다. 그러나 장차 예수님은 우리의 몸을 육의 몸에서 영의 몸으로 바꾸신다. 낮은 신체를 영광스런 신체로 만드신다.

그런 일을 행하시는 예수님에 대해 바울은 "만물(πάντα)을 자신에게 친히 복종하게 하시는(ὑποτάξαι) 분"이라고 묘사한다. 예수님은 자신에게 "바람과 바다도 순종하"게 만드신다(막 4:41). "불과 우박과 눈과 안개"와 광풍도 과연 "그의 말씀을 따른다"고 시인은 고백한다(시 148:8). 다니엘을 지키시기 위해 주님은 자신의 "천사를 보내어 사자들의 입"도 봉하신다(단 6:22). 주님은 눈에 보이는 가시적인 사물만이 아니라 "이방 나라들이 분노하며 민족들이 헛된 일을 꾸미"고 "세상의 군왕들이 나서며 관원들이 서로 꾀하여" 죽이려고 해도 가볍게 웃으신다(시 2:1-2). "하나님 아는 것을 대적하여 높아진" 모든 사상과 철학과 정신과 이론과 주장을 다 허무시고 "모든 생각을 사로잡아" 자신에게 능히 "복종하게" 만드신다(고후 10:5). 그는 전능한 분이시다.

"만물을 자신에게 친히 복종하게 하신다"는 말은 에베소 교회에 보낸 편지에서 그분을 "만물 안에서 만물을 충만하게 하시는 분"(엡 1:23)이라고 묘사한 것과 유사하다. 진실로 예수님은 만물을 창조하신 분이시고 충만하게 하시는 분이시고 자신에게 복종하게 하는 분이시다. 이처럼 예수님은 만물의 존재와 상태와 목적을 주관하는 분이시다. 이런 예수님은 피조물과 관련된 어떠한 일에 대해서도 불가능이 없으시다. 이는 천사가 남녀의 관계에 근거하지 않은 마리아의 불가능한 수태를 고지할 때 "하나님의 모든 말씀은 능치 못하심이 없"다(눅 1:37)고 말한 것과 동일하다. 시인은 말씀으로 만물이 생기고 명령으로 만물이 견고히 섰다고 고백한다(시 33:9). 말씀이 육신이 되신 예수님도 당연히 모든 일을 능히 행하실 수 있는 하늘과 땅의 모든 권세를 가지셨다. 우리가 가진 "낮음의 몸을"(τὸ σῶμα τῆς ταπεινώσεως) 예수님이 가지신 "영광의 몸과"(τῷ σώματι τῆς δόξης) "합치되게"(σύμμορφον) 바꾸시는 일도 능히 행하신다. 우리가 이 땅과 만물에서 창조와 섭리를 통해 경험하는 하나님의 능력은 종말에 천국에서 경험하게 될 하나님의 놀라운 역사에 비하면 맛보기에 불과하다. 땅의 고난과 하늘의 영광을 족히 비교할 수 없다는 바울의 말은 모든 분야에 적용된다.

현재 우리의 영혼이 거주하는 존재의 집은 육신이다. 이 육신을 바울은 "낮음의 몸"이라고 한다. 칼뱅은 지금의 몸이 우리의 "영원한 거처가 아니라 조만간 무로 돌아갈 사멸적인 장막(caducum tabernaculum)"일 뿐이라고 한다. 정확한 사실이다. 이에 대해 우리는 불의한 자들만이 아니라 경건한 자들도 건강에 심각한 문제가 생겨서 몸이 망가지는 모습을 보면서 확인한다. 병이 없더라도 세월이 흐르면 겉사람인 몸은 낡아진다. 그래서 우리는 몸의 사멸적인 운명을 날마다 경험한다. 그런데도 육신의 운명적인 낡아짐을 저지하고 개선하고 돌이키는 일에 목숨을 거는 자들은 어리석다. 사람들이 앞다투어 육신을 흠모하고 높이며 자랑하는 이 땅에서의 경쟁은 도토리 키재기에 불과하다. 외모만이 아니라 우리는 우리의 혈통이나 학력이나 직위나 권력과 업적도 자랑의 대상이 아님을 명심해야 한다. 예레미야 선지자의 말처럼, 지혜나 용맹이나 부함도 자랑하지 말라(렘 9:23). 바울처럼 우리도 그 모든 것을 배설물로 간주해야 한다.

바울은 "낮음의 몸"을 "영광의 몸"으로 바꾸시는 일이 주님의 "역사를 따라"(κατὰ τὴν ἐνέργειαν) 일어날 것이라고 한다. 이것은 뉴랜드가 말한 것처럼 주님의 "일하심 혹은 효력"을 의미한다. 만물을 지으시고 그 "만물을 자신에게 복종시킬 그리스도의 권능"은 당연히 "부패와 죽음"도 능히 정복한다. 크리소스토무스는 악령들과 천사들을 정복하는 것보다 "몸을 불멸과 불사의 몸으로 만드는 것"이 더 위대한 일이라고 설명한다. "낮음의 몸"을 "영광의 몸"으로 대체하는 것이 아니라 바꾼다는 말의 의미는 무엇인가? "변형하다 혹은 바꾸다"(μετασχηματίζω)는 말은 "무언가를 가지고 외적인 형태에 변화를 일으키는 것"을 의미한다. 힐라리우스는 "하나의 본성에서 다른 본성으로 변화하는 것"이라고 해석한다. 이는 "이전의 본성이 중단되고 그것이 새로운 본성에 굴복하는 것"이라고 표현한다. 이는 "존재의 중단이 아니라 존재함에 있어서의 진보"를 의미한다.

불링거는 바울이 변경될 것이라고 한 말이 "몸의 화체나 멸절이 아니라 변형(transfiguratio)"이기 때문에 몸이 "영으로 바뀌거나 소멸되는 것은 아니라"고 해석한다. 그러나 무스쿨루스는 "변형"(transfiguratio)이 "몸의 본성이 기존의 것과 다른 어떤 것으로 변경되는 것이고 이와 유사한 "재주조"는 "망가진 어떤 것의 본래적인 형태가 회복되는 것"을 뜻하기에 이 두 단어의 어느 것도 우리에게 일어날 미래의 몸을 설명하지 못한다고 한다. 그래서 무스쿨루스는 몸의 "낮음" 즉 몸의 "미천함과 불량함과 저품격"을 주목하며 미래에 변화될 것은 "몸의 본질이나 형상이나 형태(essentia, forma, seu figura)가 아니라 몸의 낮고 약하고 죽어가고 부패하는 상태(conditio)"라고 주장한다. 호돈도 "낮음"이 "모든 사람의 타락, 연약함, 부패함, 죽을 수밖에 없음" 등이라고 설명한다.

장차 우리가 얻게 될 "영광의 몸"은 무엇인가? 데살로니가 교회에 보낸 편지에서 바울은 "예수께서 그의 모든 성도와 함께 강림하실 때 하나님 우리 아버지 앞에서 거룩함에 흠이 없게 하시기를" 소원한다(살전 3:13). 영광의 몸은 거룩함에 흠이 없는 몸이라고 보아도 무방하다. 예수님은 자신이 "아버지의 영광으로" 천사들과 함께 다시 오시는 부활의 때에는 우리가 "하늘에 있는 천사들과 같"아질 것이라고 말하셨다(마 22:30). 천사처럼 변화될 우리에 대하여 바울은 "하늘에 속한 형체"라고 말하면서 그 특성에 대해서는 "썩지 아니할 것"이고 "영광스런 것"이고 "강한 것"이고 "신령한 몸"이며 "하늘에 속한 이의 형상을 입"을 것이라고 설명한다(고전 15:40-49). 우리의 장래에 대해 요한은 주님께서 나타나실 때 우리가 천사처럼 되는 것을 넘어 주님과 같을 줄 안다고 주장한다(요일 3:2). 그러한 변화를 통해 우리는 주님의 "참모습 그대로 볼 것"이라고 한다. 칼뱅은 우리가 취하게 될 영광의 몸이 이 땅에서는 "불가해한 것"(incomprehensibilis)이라고 고백한다.

"합치되게"(σύμμορφος) 만든다는 단어를 주목하고 싶다. 이 단어는 "다른 것과 동일한 형상을 가진다"는 것을 의미한다. 앞에서 바울은 이 단어를 사용하며 예수님의 죽으심과 "합치되어" 어떠한 방법을 쓰더라도 죽음에서 부활에 이르기를 원한다고 고백했다(빌 3:10). 이제 바울은 주님께서 우리의 비천한 몸을 자신이 가진 "영광의 몸"에 "합치되게" 바꾸실 것이라고 선언한다. 우리가 예수님의 죽으심과 합치되면 예수님은 우리의 몸을 자신의 몸과 합치되게 만드신다. 죽음과 영광이 "합치"라는 차원에서 절묘하게 결합되어 있다. 동시에 바울은 이 구절에서 몸의 극단적인 두 상태 즉 "낮음"과 "영광"을 대비한다. 이 대비에는 "낮음"이 아니라 "영광"을 기다리며 영원한 희망 속에서 살라는 바울의 의도가 감지된다. "혈과 육은 하나님 나라를 이어받을 수 없고 또한 썩는 것은 썩지 아니하는 것을 유업으로 받지 못하"(고전 15:50)기 때문에 우리가 영광의 몸을 원한다면 우리는 그리스도 예수의 다시 오심을 기대하며 기다려야 한다. 죽음의 십자가 길을 걸으면서, 하늘의 시민권을 생각하며!

4장. 모든 상황에서 기쁨

빌 4:1-5

¹그러므로 나의 사랑하고 사모하는 형제들, 나의 기쁨이요 면류관인 사랑하는 자들아 이와 같이 주 안에 서라 ²내가 유오디아를 권하고 순두게를 권하노니 주 안에서 같은 마음을 품으라 ³또 참으로 나와 멍에를 같이한 네게 구하노니 복음에 나와 함께 힘쓰던 저 여인들을 돕고 또한 글레멘드와 그 외에 나의 동역자들을 도우라 그 이름들이 생명책에 있느니라 ⁴주 안에서 항상 기뻐하라 내가 다시 말하노니 기뻐하라 ⁵너희 관용을 모든 사람에게 알게 하라 주께서 가까우시니라

¹그러므로 나의 형제들, 사랑하고 사모하는 자들이여, 나의 기쁨과 면류관인 사랑하는 자들이여, 이와 같이 주 안에 서십시오 ²나는 같은 것 생각하기를 유오디아에게 권하고 순두게에게 권합니다 ³그리고 참으로 나의 진실한 동료인 당신에게 구합니다 나와 함께 복음에 힘쓰던 이 여인들을 도와 주십시오 그리고 그 이름들이 생명책에 있는 클레멘드와 나의 나머지 동료들을 도와 주십시오 ⁴주 안에서 항상 기뻐하십시오 내가 다시 말할 것입니다 기뻐하십시오 ⁵여러분의 관용이 모든 사람에게 알려지게 하십시오 주님께서 가까이 계십니다

17   항상 기뻐하기

> ¹그러므로 나의 형제들, 사랑하고 사모하는 자들이여,
> 나의 기쁨과 면류관인 사랑하는 자들이여, 이와 같이 주 안에 서십시오

바울은 마지막 교훈을 위하여 국면을 전환한다. 여기에 쓰인 다양한 호칭들의 열거는 극도의 친밀감을 드러낸다. 호칭은 애정이 만들기 때문이다. 애정이 약하면 호칭은 차갑고 애정이 강하면 호칭은 따뜻하다. 바울이 예수님의 심장으로 사모하는 빌립보 교회의 지체들은 그에게 "형제"이며 "사랑하고 사모하는 자들"(ἀγαπητοὶ καὶ ἐπιπόθητοι)이다. 형제는 가족이다. 가족은 하늘이 맺어준 친분이며 운명을 공유한 관계이며 땅의 어떠한 요인에 의해서도 갈라지지 않는 인연이다. 가족 안에서도 악연이 있겠지만 빌립보 가족은 바울에게 사랑하고 사모하는 자들이다. 사랑함은 하나 됨의 관계를 강조하고 사모함은 현재의 직접적인 만남에 대한 간절하고 절박한 소원의 상태를 강조한다. 사랑과 관련하여 존 길은 바울과 빌립보 교회의 성도들이 "그리스도 안에 속하고 그에게 관심을 가지며 그에 의하여 구속

된 그의 지체이며 그의 형상을 가진 형제로서 육체적인 사랑이 아니라 영적인 사랑으로 사랑하는" 관계라고 설명한다. 이로써 인간적인 이유가 아니라 그리스도 때문에 맺어진 사랑함과 사모함의 관계라는 사실을 강조한다. 교회 공동체에 대한 핵심적인 설명이다.

바울은 빌립보 교회가 자신에게 "기쁨과 면류관"이 된다고 고백한다. 뉴랜드는 "기쁨과 면류관의 차이가 이 세상과 오는 세상의 차이"라고 설명하고, 빌립보 성도들의 "신앙과 사랑"이 지금의 바울과 앞으로의 바울 모두에게 "행복의 토대"라고 주장한다. 데살로니가 교회의 성도들을 향해서도 바울은 "우리의 소망이나 기쁨이나 자랑의 면류관"은 "너희"라고 고백한다(살전 2:19). 바울에게 기쁨과 영광은 맛있는 음식이나 큰 권력이나 높은 지위나 많은 재물이나 위대한 업적이 아니라 사람이다. 그에게는 사람이 이 땅에서 가장 소중하다. 빌립보서 문맥에서 보면, 사람들 중에서도 그리스도 예수의 전부를 본받고자 한 바울을 본받아 천국의 시민권을 가지고 영광의 몸을 사모하며 그리스도 예수를 기다리는 사람이다. 그러나 사람들을 자신의 기쁨과 자랑과 영광으로 삼는 바울은 그들의 배신을 각오해야 한다. 실제로 주님은 당신께서 보시기에 심히 좋게 만드신 아담에 의해 발등이 찍히셨고 당신께서 택하신 이스라엘 백성으로 말미암아 세상에서 조롱과 모독을 당하셨다.

그럼에도 불구하고 주님은 자신의 "모든 즐거움"을 "땅에 있는 성도"에게 두셨으며(시 16:3) 결국 그들을 "모든 민족 위에 뛰어나게 하사 찬송과 명예와 영광을 삼으시고 그가 말씀하신 대로 … 여호와의 성민이 되게" 만드신다(신 26:19). 이런 면에서도 바울은 주님을 본받았다. 바울도 자신의 기쁨과 면류관을 빌립보 교회에 두었기 때문에 그들의 부패와 변질 가능성을 방치하지 않고 모든 민족 위에 뛰어나게 만들기 위하여 함께 있을 때는 직접 가르쳤고 멀리 있을 때는 편지를 써서 교육했다. 골로새 교회에 대해서도 바울은 동일하게 자신의 인생을 교회에 걸었으며 교회를 위하여

"받는 괴로움"도 기뻐했다(골 1:24). 그가 "교회의 일꾼"이 된 이유는 "하나님이 너희를 위하여 내게 주신 직분을 따라 하나님의 말씀을 이루려 함"이라고 고백한다(골 1:25). 말씀을 이룸에 대해서는 "모든 지혜로 각 사람을" 가르쳐서 "각 사람을 그리스도 안에서 완전한 자로 세우려 함"이라고 한다(골 1:28). 이처럼 주님과 바울은 하나님의 백성을 자신의 기쁨과 영광으로 삼는 것에 멈추지 않고 그 백성이 그렇게 되도록 희생하며 노력했다.

기쁨과 면류관을 어디에 두느냐가 인생의 방향과 질을 결정한다. 교회보다 더 기뻐하고 교회보다 더 자랑할 만한 것이 있다면 교회는 뒷전으로 밀려난다. 최소한 목회자는 주님의 교회를 최고의 기쁨과 자랑으로 여김이 마땅하다. 그런 기쁨과 자랑이 되도록 기도와 말씀에 전념하며 올인해야 한다. 그렇지 않을 거라면 하늘의 공무원 직분을 반납해야 한다. 가시적인 교회가 아닌 기관에 종사하는 사람들도 그곳이 하나님 나라가 되도록 사랑과 정의 실천에 올인해야 한다.

바울은 견고히 "서라"(στήκετε)고 빌립보 교회를 권면한다. 바울은 다양한 맥락에서 "서다"는 동사를 사용한다. 고린도 교회에는 "믿음" 안에 서라(고전 16:13)고, 갈라디아 교회에는 이 세상의 그 어떠한 것에 의존하지 말고 "자유"를 가진 자로서 굳게 서라(갈 5:1)고, 데살로니가 교회에는 바울이 그들에게 가르쳐 준 복음의 "규정들" 위에 굳게 서라(살후 2:15)고 권면한다. 우리의 인생과 믿음이 서 있어야 할 가장 안전하고 바람직한 곳은 그리스도 안이기에 바울은 빌립보 교회에는 "주 안에 서라"고 권면한다. 바울은 자신의 목숨을 건 교회를 너무도 사랑하기 때문에 교회가 무너지면 자신이 무너지는 것이어서 교회에게 견고히 서라고 말하였고 영원히 무너지지 않을 최고의 처소는 그리스도 안이기 때문에 "주 안에 서라"고 말하였다. 내가 선 자리가 곧 인생이다. 이 말의 중요성은 태초까지 소급된다. 타락한 아담에게 다가오신 하나님은 "네가 어디 있느냐"고 물으셨다(창 3:9). 아담은 벌거벗은 수치심과 두려움 때문에 숨었다고 답하였다. 그때 아담은 주님 앞에서도 서지 못했는데 우리는 이제 주님 앞만이 아니라 "주님 안"(ἐν κυρίῳ)에서도 선다. 이 얼마나 놀라운 변화와 은총인가? 주 안에 선 인생은 흔들림 없이 온전하고 안전하다.

² 나는 같은 것 생각하기를 유오디아에게 권하고 순두게에게 권합니다

바울은 빌립보 교회를 향해 "주 안에 서라"고 권면한 이유인 것처럼 특정한 두 여인, 즉 유오디아와 순두게를 거명하며 권면한다(쟝 달리는 남성들만 바울 서신을 읽어야 한다는 엉터리 주장의 오류를 이 구절에 근거하여 반박한다). 두 여인은 "주 안에" 서 있지 않기 때문에 거명된 권면의 대상임에 분명하다. 3장 마지막 부분을 고려하면 십자가의 원수가 뿜어낸 독소에 감염된 사람들일 가능성도 있다. 권면의 내용은 "같은 것 생각하기"(τὸ αὐτὸ φρονεῖν)이다. 바울은 화목 중에서도 생각 차원의 화목을 권면한다. 이는 지금 두 여인이 다른 것을 생각하고 있기 때문이다. 하나는 하늘의 것들을 생각하고 다른 하나는 땅의 것들을 생각했을 가능성이 있다. 하나는 주님을 생각하고 다른 하나는 자신을 생각했을 가능성도 있다. 그러나 바울이 두 사람 각각에게 "권하다"(παρακαλέω)는 말을 사용한 것을 보면 두 여인 모두가 땅의 것들과 자신들을 생각했을 가능성도 크다. 앞에서 언급한 것처럼 생각은 인생을 좌우한다. 생각이 하늘을 향하고 주님을 향하면 생명과 평강에 이르지만 생각이 땅을 향하고 자신을 향하는 사람이 도달하는 곳은 사망이다. 생각이 다르면 인생의 종착지가 극과 극으로 갈라진다. 둘 다 자신을 생각하면 당연히 자아라는 각자의 세계로 갈라지고 고립된다. 그래서 바울은 두 사람 다 "같은 것" 즉 땅의 것들이 아니라 하늘의 것들을, 자신이 아니라 주님을 깊이 생각하고 그분 안에 함께 서서 그분을 기다리는 동일한 인생의 방향을 가지라고 권면한다.

예수님의 가르침에 의하면, 형제가 원망들을 만한 일이 있어서 불화하면 하나님은 그들의 예배를 받지 않으신다(마 5:23-24). 같은 취지로 히브리서 저자는 "모든 사람과 더불어 화평함"을 이루지 못하면 "아무도 주를 보지 못"한다고 가르친다(히 12:14). 요한은 "보는 바 그 형제를 사랑하지 아니하는 자는 보지 못하는 바 하나님을 사랑할 수 없"다(요일 4:20)고 단언한다. 교회에 대립과 갈등과 분열이 일어나면 사랑도 마비되고 예배가 거절되고 부흥이 떠나간다. 바울의 권고처럼, 교회의 모든 지체는 "같은 것"을 생각해야 한다. 그러면 사랑이 회복되고 예배가 회복되고 부흥이 찾아온다. 두세 사람이 주님의 이름으로 모인 곳에는 주님도 그 가운데 거하신다(마 18:20). 이는 주님의 이름을 동일한 관심사로 가진 공동체에 임하시는 주님의 약속이다.

"유오디아"(Εὐοδία)라는 이름은 "순탄한 여정"을 가리키고, "순두게"(Συντύχη)는 "운명과 더불어"를 의미한다. 두 여인의 이름처럼 서로의 운명을 섞으며 더불어 나아갈 때 순탄한 여정이 보장된다. 이어지는 문맥을 보면 그들은 바울과 동역하며 빌립보 교회에 큰 영향력을 끼치는 유력한 인물임에 분명하다. 그런데 두 사람이 갈라졌다. 이는 여기에 밝히지 않은 다양한 이유가 있겠지만 주 안에 함께 서지 않았기 때문이다. 두 사람의 갈등과 대립으로 인해 공동체 전체도 주 안에서 서지 못하게 되었고 각 성도는 둘 중의 하나에게 줄을 서야 하는 공동체의 갈라짐이 초읽기에 들어간 상황이다. 이러한 사안의 비중 때문에 바울은 공적인 서신에 개인들의 이름까지 언급해야 했다.

바울은 공동체를 향해 유오디아 편이나 순두게 편이 아닌 "주 안에 서라"고 권하였다. 아무리 바울과 동역한 지도자라 할지라도 대립의 상황에서 특정한 사람을 편드는 일을 하면 모두가 갈라지기 쉽기 때문에 먼저 교회가 준동되지 말고 주 안에 서라고 권면했고 분열의 원인을 제공하는 두 여인의 화해를 권하였다. 동시에 공동체 전체가 주 안에 서라는 권면을 통해 유오디아와 순두게가 함께 주 안에 서지 않으면 공동체가 쪼개질 수 있다는 끔찍한 심각성을 두 여인으로 하여금 자각하게 만들었다. 동시에 바울은 이런 권면을 통해 화해의 본질이 둘 사이의 인간적인 친밀감 회복이 아니라 둘이 함께 그리스도 안에 서는 것임도 가르친다. 갈등과 분열을 오히려 발판으로 삼아 더 깊고 단단한 하나 됨을 향해 나아가야 한다. 칼뱅의 말처럼, "주님 밖에서 맺어지는 모든 연합은 반드시 불행하게 될 뿐만 아니라 하나같이 다 깨어지고 만다." 오직 그리스도 안에서만 남자와 여자, 자유자와 종, 노인과 아이, 부자와 빈자, 유대인과 이방인이 하나가 되기 때문이다.

> ³그리고 참으로 나의 진실한 동료인 당신에게 구합니다
> 나와 함께 복음에 힘쓰던 이 여인들을 도와 주십시오
> 그리고 그 이름들이 생명책에 있는 클레멘드와
> 나의 나머지 동료들을 도와 주십시오

바울은 빌립보 교회의 한 동료에게 유오디아와 순두게를 도와 달라고 부탁한다. 이 동료는 바울이 보기에 교회의 지도자들 사이의 불화를 해결할 유능한 사람이다. 근거는 그가 진실하기 때문이다. 지도층의 분열을 해결할 사람의 유일한 조건은 진실함에 있다. "진실한"(γνήσιος) 사람은 "법적으로 하자가 없는" 사람을 가리킨다. 법적인 문제를 가진 사람은 타인들의 어떠한 문제에 간섭해도 "너나 잘하세요" 같은 냉소만 유발한다. "똥 묻은 개가 겨 묻은 개" 나무라는 격이기 때문이다. 그러나 거리낄 것이 없는 사람은 갈등의 두 주체가 가진 문제를 지적해도 거리낌이 없다. 그리고 연고보다 진실을 추구하는 사람이기 때문에 어느 한 당사자를 편들 가능성도 없다. 게다가 위선이나 가식이 없이 진실하기 때문에 두 당사자도 그에게

속는 게 아닐까의 의심 없이 그의 진실한 중재를 쉽게 수용한다. 이처럼 중재는 진실이 수행한다.

바울은 유오디아와 순두게를 "나와 함께 복음에 힘쓰던 여인들"로 소개한다. 빌립보 지역에서 복음을 처음으로 들은 사람은 남성이 아니라 여성이며 최초의 회심자도 루디아 즉 여성이다(행 16:13-14). 유오디아와 순두게는 아마도 루디아와 더불어 빌립보 교회의 태동기에 "주께서 그 마음을 열어 바울의 말을 따르게 하신"(행 16:14) 일꾼임에 분명하다. 그런데 복음을 위해 힘쓰는 사람들 사이에도 불화가 자주 발생한다. 쟝 달리(Jean Daillé, 1594-1670)는 복음의 일꾼들이 유혹자의 교설에 넘어가 분쟁을 일으키는 사탄의 상습적인 소행에 당황하지 말라고 권면한다. 그러나 주님의 복음은 불화에 담기지 않는 평화의 복음이다. 분쟁과 분열의 모습이 보이면 교회 안에 있는 사람들은 떠나가고 밖에 있는 사람들은 교회를 경계한다. 들리는 복음과 보이는 복음 사이에 모순이 생기면 사람들은 의심하게 된다. 우리는 분열의 원인보다 이로 인한 교회의 무너짐을 주목해야 한다. 무엇이 중요하고 무엇이 우선인가? 주님은 우리를 복음의 증인으로 세우셨다. 증인은 가정이든 직장이든 시장이든 "화목하게 하는 직분"의 다른 이름이다(고후 5:18). 예수님의 말씀처럼, "화평하게 하는 자"가 "하나님의 아들이라 일컬음을 받"기에 합당하다(마 5:9). 하나님의 아들답게 되어야 보여주고 들려주는 복음의 증인 됨이 가능하다. 수감되어 있는 바울은 두 여인의 대립과 갈등이 복음에 심각한 장애물이 된다는 사실을 직감하고 그들의 중재를 "진실한 동료"에게 부탁한다. 그에게 두 여인만이 아니라 클레멘드와 그의 "나머지 동료들"도 도와줄 것을 요청한다.

바울이 자신의 동료 전체에게 도움을 줄 자라고 인정할 정도로 유능한 이 "진실한 동료"는 누구일까? 지혜자의 말처럼 "노엽게 한 형제와 화목"하게 되는 것은 "견고한 성을 취하"는 것보다 어려운 일이기에(잠 18:19) 바울이 도움을 요청한 이 "진실한 동료"는 권위와 인격과 지혜를 골고루 갖춘 사람임에 분명하다. 그런데 바울은 이토록 훌륭한 동료의 이름에 대해서는 침묵한다. 이 동료는 바울이 이름을 부르지 않아도 자신을 지목하고 있다는 사실을 아는 사람이고 빌립보 교회도 인지하는 사람임에 분명하다. 뉴랜드는 바울이 그의 이름을 감춘 것은 이 땅에서의 칭찬이 아니라 하늘의 은밀한 보상을 주목하게 하기 위한 것이라고 해석한다.

다수의 17세기 학자들은 이 "동료"가 이 편지를 배달한 에바브로디도였을 것이라고 주장한다. 그러나 교부들 중에 알렉산드리아의 클레멘스와 유세비우스는 이 동료가 여성이고 바울의 아내라고 주장한다. 하지만 크리소스토무스는 반대한다. 테오도레투스와 칼뱅도 반대하며 바울이 고린도 교회에 보내는 편지(고전 7:8-9; 9:5, 15, 18)에서 자신을 미혼들 중에 넣었다는 사실에 근거하여 이 "동료"가 그의 아내가 아니라는 입장을 개진한다. 동일하게 반대하는 뉴랜드는 반대의 이유로서 "진실한 동료"(γνήσιε σύζυγε)라는 표현에 여성형이 아니라 남성형이 쓰였다는 사실을 제시한다. 그렇다면 이 "동료"는 남자이기 때문에 바울의 아내에 대한 논쟁은 가볍게 종식된다. 아담도 극 중의 한 인물로 간주하는 오늘날의 자유로운 학자들은 바울과 이 남자가 게이였을 것이라는 억측을 부릴지도 모르겠다.

바울은 클레멘드와 나머지 동료들의 "이름들이 생명책에 있다"고 설명한다. 쟝 달리의 설명처럼, 바울은 이들의 이름이 자신의 편지보다 "훨씬 더 중요한 책"으로서 "천국의 명부"에 기록되어 있다는 말을 함으로써 순두게와 유오디아 못지않게 소중한 존재임을 표명한다. 또한 두 여인 중 어느 하나의 이름은 어떤 명단에 올라가고 다른 하나의 이름은 누락되어 갈등이 빚어졌을 가능성도 짐작하게 된다. 그러나 주님은 "너희 이름이 하늘에 기록된 것으로 기뻐"해야 한다고 말하셨다(눅 10:20). 그러므로 우리는 우리의 이름이 하늘의 생명책에 기록되어 있다면 우리의 이름이 대단한 책의 서문이나 기념물의 현판에 들어가지 않더라도, 심지어 구약과 신약에 자신의 이름이 기록되어 있지 않더라도 전혀 서운하지 않다. 세상 사람들은 자신의 이름 석 자 챙기려고 힘껏 다투지만, 하나님의 사람들은 자신의 이름이 지구에서 완전히 지워진다 하더라도 전혀 불쾌하지 않다. 무명으로 살다가 무명으로 떠나가도 좋다. 하지만 세상의 모든 책에, 심지어 표지에, 이름이 기록된다 해도 생명책의 명단에서 빠진다면 가장 슬프고 가장 불행하다. 왜냐하면 "누구든지 생명책에 기록되지 못한 자는 불못에 던져"(계 20:15)지기 때문이다.

하늘의 생명책에 기록된 이름들은 봉인되어 있고 마지막 날에 개봉된다(계 20:12). 그런데도 바울은 이런 생명책에 누군가의 이름이 기록된 것을 어떻게 알았을까? 요한은 하늘에 생명책과 함께 다른 책들도 있다고 증거한다(계 20:12). 요한의 이러한 지식과 증거는 주님께서 그에게 알려 주셨기 때문에 가능했다. 바울의 경우도 동일했다. 생명책의 명단을 그가 확인한 것은 주님의 계시로 말미암은 일이었다. 칼뱅은 하늘의 "생명책"이 하나님의 "영원한 의논"(aeternum consilium)을 뜻한다고 해석한다. 같은 맥락에서, 뉴랜드는 이 생명책이 "영원한 구원으로 예정된 모든 이들의 이름"이 기록되어 있다고 설명한다. 칼뱅은 "하나님 선택을 명확하게 보여주는 표식들에 근거하여(ex signis)" 우리가 "어느 정도는"(utcumque) 판단할 수 있다고 주장한다. 생명책이 열리기 전까지는 그런 표식들을 보이는 사람들을 "하나님의 자녀로 간주해야 한다"고 주장한다. 장 달리도 어떤 사람들의 이름이 생명책에 기록되어 있음을 "그들의 삶에서 믿음과 순종과 사랑과 거룩함과 인내와 다른 은총들과 같은 신적인 입양의 표식들"을 본다면 확신할 수 있다고 주장한다. 열매를 보면 그 나무의 정체성을 파악할 수 있기 때문에 칼뱅과 달리의 주장은 타당하다. 물론 칼뱅의 말처럼 엄밀한 의미에서 하나님의 백성을 아는 것, 양과 염소를 구별하는 것은 하나님의 고유한 권한이다. 우리의 판단은 불완전한 것임을 인정하고 성급한 판단을 경계해야 한다.

⁴주 안에서 항상 기뻐하십시오 내가 다시 말할 것입니다 기뻐하십시오

바울은 지도자의 불화 속에서도 기쁨을 주문한다. 기쁨은 우리 삶의 표면을 스치는 햇살이다. 아침에 눈을 뜨면 창문 너머로 쏟아지는 빛처럼 예고 없이 우리의 하루를 찾아온다. 오래 기다린 친구의 방문, 우연히 듣게 된 좋아하는 노래의 멜로디, 아이들의 웃음, 따듯한 차 한 잔, 길을 걷다가 마주친 한 송이의 꽃, 이 모든 것이 기쁨의 작은 씨앗이다. 그런데 이런 기쁨은 덧없이 왔다가 물러간다. 그것을 붙잡으려 하지만 모래처럼 손가락 사이로 빠져나가 멀어진다. 성경은 더 깊은 기쁨을 가르친다. 감정의 파도 아래, 영혼의 심연에 자리한 기쁨이다. 이 기쁨은 고통이나 슬픔과도 사이 좋게 공존한다. 눈물 속에서도 기뻐하고 십자가를 지면서도 평안하다. 왜냐하면 그것이 상황에 의존하지 않기 때문이다. 그래서 바울은 감옥 속에서도 기뻐하며 그 기쁨을 명령한다. 물론 두 기쁨은 분리되지 않고 얼마든지 연결된다. 일상의 작은 기쁨들은 더 큰 기쁨의 메아리일 수 있기 때문이다. 빵 한 조각을 나누는 것에서 성찬의 기쁨을, 친구와의 대화에서 성령의 임재를 느끼기도 한다. 신학적 기쁨은 공중에 떠 있는 관념이 아니라 구체적인 삶의 순간들 속에서 육화된다. 표면의 반짝임과 깊이의 고요함, 순간의 환희와 영원을 향한 갈망이 서로를 휘감으며 인생을 황홀하게 한다.

기쁨은 생물이다. 바울이 강조하는 기쁨은 이 서신에서 기대와 명령의 수위가 계속해서 올라간다. 첫 번째는 "나와 함께 기뻐하라"(빌 2:18). 개별적인 기쁨이 아니라 공동체적 기쁨을 강조한다. 두 번째는 "주 안에서 기뻐하라"(빌 3:1). 기쁨의 근거를 강조한다. 세 번째는 "주 안에서 항상 기뻐하라"(빌 4:4). 마지막에 추가된 단어는 "항상"(πάντοτε)이다. 이 단어가 들어가면 기쁨은 일회적인 행위가 아니라 지속적인 상태를 의미한다. 땅에서는 이런 기쁨이 가능하지 않다. 땅에서 주어지는 기쁨은 일시적인 기쁨이고 소멸되는 기쁨이고 지나가는 기쁨이고 표면적인 기쁨이다. 한번 스치고 지

나가는 기쁨은 진정한 기쁨이 아니라 신기루에 불과하다. 이 신기루를 경험하면 금방 중독되어 다시 추구한다. 신기루 추구가 반복될 때마다 더 높은 강도의 신기루를 추구한다. 때로는 술을 통해, 때로는 마약을 통해, 때로는 소유물의 증대를 통해, 때로는 섹스를 통해, 더욱 자극적인 쾌락에 매달린다. 이 쾌락은 전도자가 미친 것이라고 평가한 "웃음"이다(전 2:2). 그러나 하나님의 사람들이 누리는 주 안에서의 기쁨은 사람이 주는 기쁨이 아니라 주님께서 주시는 기쁨이고, 과거형 기쁨이 아니라 언제나 현재형 기쁨이고, 밖에서 주입되는 기쁨이 아니라 안에서 솟구치는 기쁨이고, 일시적인 기쁨이 아니라 영원한 기쁨이고, 지나가는 기쁨이 아니라 머무는 기쁨이다.

이 구절에서 토마스는 "참된 기쁨의 네 가지 조건들"을 뽑아낸다. 첫째, 그 기쁨은 인간의 고유한 선이신 하나님께 근거해야 올바르다(rectum). 둘째, 이 기쁨은 지속적인 것(continuum)이어야 한다. 셋째, 이 기쁨은 모든 영역에서 발생하기 때문에 다양하다(multiplicatum). 넷째, 이 기쁨은 쾌락에 압도되지 않고 절제된 것(moderatum)이어야 한다. 이에 더하여 나는 기쁨이 항상 있으려면 그것이 삶이어야 한다고 생각한다. 웃음이 삶이면 숨이 막혀서 곧장 사망한다. 하지만 기쁨이 우리를 찾아와 항상 머물면 삶의 질이 달라진다. 사람이 제공하지 못하고 변경하지 못하고 대체하지 못하는 주님의 기쁨만이 우리로 하여금 항상 기뻐하게 한다. 항상 기뻐하는 비결은 무엇인가? 그런 "주님 안에" 거함이다. 1장에서 살핀 것처럼 세상의 곡식과 새로운 포도주가 풍성할 때보다 더 위대한 기쁨이 주님 안에만 있기 때문이다(시 4:7; 16:11). 주 안이냐 밖이냐의 여부가 인생의 지극한 중대사다. 주님 안에 거한다는 것은 그분의 약속을 믿고 명령에 순종하는 삶을 의미한다.

기쁨의 근거는 무엇인가? 주님이다. 쟝 달리의 설명처럼, 주님은 "하나님의 진노에서 우리를 가리셨고 우리의 죄들을 그의 책에서 지우셨고 생명나무 즉 우리에게 불멸을 제공하는 하늘의 만나를 베푸신" 분이시기 때문이다. 그는 "우리의 모든 적을 무찌른 영광의 왕 다윗이고, 우리를 위해 영원한 불굴의 샬롬을 확립한 솔로몬이고, 우리가 빠진 무지에서 우리를 건지셨고, 우리에게 하나님의 신비들을 보이셨고, 우리의 양심이 신음해야 했던 죄들을 속하셨고, 우리에게 완벽한 평화를 주셨으며, 무덤에서 우리를 건지셨고, 우리에게 하늘의 문을 여셨으며, 첫째 아담이 남긴 불안하고 비참한 경험 대신에 거룩하고 불멸적인 영광과 행복을 주셨으며, 사탄의 노예들을 하나님의 자녀로 만드셨고, 땅의 벌레들을 하늘의 시민으로 만드셨고, 우리를 천사들의 무리 속으로 받으셨고, 성령으로 우리를 인치셨고, 우리를 피조물의 첫 열매들로 만드셨기" 때문이다. 이러한 주님 안에 거하는데 어찌 단 일 초라도 기뻐하지 않을 수 있겠는가!

크리소스토무스는 "기뻐하는 것이 슬픔과 깊이 연관되어 있다"는 역설을 주장한다. 왜냐하면 "자신의 잘못된 행실을 슬퍼하고 자백하는 자가 기쁨으로 충만"하기 때문이다. 이와 비슷하게 아우구스티누스도 이렇게 기도한다. "회개하는 자들로 돌이켜 당신을 구하게 하옵소서. 당신은 그들의 마음, 즉 당신에게 자백하고 당신을 의지하고 당신의 품에서 우는 자들의 심장에 있나이다. 그리고 당신은 그들의 눈물을 부드럽게 닦으시고 그들은 더 많은 눈물을 흘리고 울음 속에서 기쁨에 젖나이다." 교부들의 가르침을 따라 주 안에서 항상 기뻐하는 비결은 날마다 자신의 죄를 자백하며 그 죄의 삯으로서 날마다 죽는다는 심정으로 슬퍼함에 있다.

⁵여러분의 관용이 모든 사람에게 알려지게 하십시오
주님께서 가까이 계십니다

이제 바울은 주 안에서 항상 기뻐하는 자들의 도리에 대해 가르친다. 빌립보 교회의 관용을 모든 사람에게 알려지게 하라고 지시한다. 칼뱅은 이 말이 빌립보 교회로 하여금 고난 중에도 "평정심을 가지고 모든 것을 견디라고 권면하는 것"이라고 해석한다. 그가 이렇게 해석하는 이유는 "관용"(ἐπιεικής)이 "영적인 관용을 가리키는 것으로서 손해를 당해도 쉽게 동요되지 않고 역경을 당해도 쉽게 넘어지지 않으며 계속해서 평정의 상태(aequalem statum)을 유지하는 것" 즉 "온건 혹은 절제"(moderatio)를 뜻한다고 보았기 때문이다. 칼뱅의 말처럼, 바울은 빌립보 교회로 하여금 "매사에 평화롭게 처신하며 상처나 불편을 인내함에 있어서도 자제력을 실행하게 한다."

이에 더하여, 나는 어원적인 뜻을 고려하여 더욱 적극적인 의미로서 "관용"을 "타인과 비슷하게 되어 그에게 자신을 맞추는 마음의 태도 혹은 배려"를 추가하고 싶다. 즉 잘 참아내는 것을 넘어 상대방의 형편에 맞도록 배려하며 그에게 다가가고 그를 수용하는 적극적인 태도가 관용이다. 이런 "관용"을 모든 사람으로 하여금 알게 하라는 것은 대단히 강한 발언이다. 여기에서 주목할 부분은 "알려지게 하라"(γνωσθήτω)는 바울의 수동태 명령이다. 이것은 자신의 관용을 자랑하며 동네방네 소문내서 타인에게 알리라는 명령이 아니라 자신의 인격과 삶을 경험한 타인이 스스로 인지하게 하라는 명령이다. 모든 사람에게 관용이 알려지기 위해서는 실제로 모든 사람에게 관용을 베풀어야 하고 모든 사람을 관용의 대상으로 삼는 일은 친인척을 가리지 않고 관계의 호불호를 고려하지 않고 상황의 유불리를 따지지 않아야 가능하다.

관용에 대한 이런 명령은 순종이 불가능한 일처럼 느껴진다. 그럼에도 불구하고 이 명령이 바울을 통하여 교회에 주어지는 이유는 하나님 자신 때문이다. 하나님은 모든 사람에게 관용을 베푸는 분이시다. 의로운 자만이 아니라 불의한 자에게도, 선한 자만이 아니라 악한 자에게도 비를 내리시고 빛을 비추신다(마 5:45). 하나님의 자녀로 부름을 받아 주 안에서 기뻐하는 사람들도 아버지 하나님을 닮아 모든 자들에게 관용을 베풀어야 한다. 이들은 자신의 기쁨에 취해서 타인들의 사정과 형편을 외면하는 자들이 아니라 오히려 그들의 필요와 처지를 간파하고 관용을 베푸는 자들이다. 비록 타인이 거칠고 부족하고 미숙하고 느리고 무례해도 그를 품고 인내하며 기다려야 한다. 의견이나 이해가 충돌하면 서로의 입장에서 생각하며 서로를 존중하고 포용하고 양보해야 한다. 이는 하나님을 닮지 않은 사람은 흉내도 내지 못할 일들이다.

어려운 일이지만 이러한 관용을 실천한 사람이 있는데 바로 바울 자신이다. 그는 자신의 동포에게 유대인과 같이 되고, 율법 아래에 있는 자들에게 율법 아래 있는 자처럼 되고, 율법 없는 자에게는 율법 없는 자처럼 되고, 약한 자에게는 약한 자처럼 되어 타인의 눈높이에 맞추어 맞춤형 관계를 형성했다(고전 9:20-21). 이렇게 자신을 버리면서 자신을 극복하고 자신을 넘어 타인에게 건너가며 자신을 그에게로 확대한다. 관용을 베풀면 자아가 확대되는 유익을 얻기에 최고의 수혜자는 자기 자신이다. 이처럼 자신을 타인에게 맞추면서 바울은 자신의 관용을 자신의 측근만이 아니라, 믿는 자들만이 아니라, 동포만이 아니라, 모든 사람에게 알려지게 했다. 이러한 관용의 배후에는 만인에 대한 바울의 빚쟁이 의식이 있음을 우리는 주목해야 한다. 헬라인과 야만인과 지혜로운 자와 어리석은 자 모두에게 바울은 복음의 채무자 의식을 가지고 그들을 채권자 대하듯이 존대했다(롬 1:14). 바울처럼 성질이 급하고 과격하고 잔인하고 율법적인 사람도 복음을 듣고 변하여 주 안에서 항상 기뻐하면 모든 사람에게 관용을 보이는 사람으로 변화된다. 바울 자신이 기적의 물증이다.

바울은 "주님께서 가까이 계시다"라는 사실을 추가한다. 이 문장은 앞에 언급된 명령의 동기나 이유일 가능성도 있고 그 명령에 대한 순종의 원동력일 가능성도 있다. 사실 우리가 주 안에 서 있으면 주님께서 우리에게 얼마나 가까운가! 그런데 "가까이 계시다"(ἐγγύς)는 말의 의미는 다양하다. 거룩하신 주님께서 가까이 계시기 때문에 죄를 짓지 말아야 하고 죄를 지었다면 속히 회개해야 한다. 그리고 우리를 보시고 지키시고 이끄시는 전능하신 사랑의 주님께서 가까이 계시기 때문에 우리는 모든 사람을 품어도, 모든 상황을 인내해도, 아무리 낮아져도, 두려움이 없다. 행한 대로 갚으시는 엄중하신 정의의 주님께서 가까이 계시기 때문에 어떠한 사람을 만나도 그에게 무례를 행하지 않고 거짓과 불의를 삼가고 해로운 원수라 할지라도 관용을 보이도록 노력해야 한다. 칼뱅은 주님의 가까이 계심을 "주님의 능력이 대적들의 뻔뻔함을 정복할 것이며 주의 선하심이 그들의 원한을 이긴다"는 뜻이라고 해석한다. 그래서 칼뱅은 우리가 바울의 이 말에서 주님의 임박한 심판과 신속한 도우심을 알고 스스로 원수를 갚거나 두려움에 빠지지 말고 안심할 것을 당부한다. 가까이 계셔서 우리를 "부성애"로 돌보시는 "하나님의 섭리에 대한 무지는 모든 관용하지 못함의 원인이다."

구약은 이러한 해석을 지지한다. 하나님은 모세를 향해 "이리로 가까이 오지 말라"고 말하시며 모세가 "선 곳은 거룩한 땅이니 네 발에서 신을 벗으라"고 명하셨다(출 3:5). 이는 주님께서 가까이 계시면 거룩해야 함을 가르친다. 이사야는 "나를 의롭다 하시는 이가 가까이 계시니 나와 다툴 자가 누구냐"고 기록한다(사 50:8). 이는 이사야 자신 때문이 아니라 그의 곁을 지키시는 주님 때문에 아무리 강력한 대적도 감히 이사야와 다투지 못할 것이라는 고백이다. 이와 유사하게, 시인은 "주께서 내 원수의 목전에서 내게 상을 차려 주시고 기름을 내 머리에 부으셨으니 내 잔이 넘친다"고 고백한다(시 23:5). 주님과 밥상 교제를 나누는 관계의 친밀함 때문에 눈앞에 원수가 있어도 두려움과 걱정이 아니라 기쁨과 평강의 잔이 범람한다. 다른 시인은 주님께서 "자기에게 간구하는 모든 자 곧 진실하게 간구하는 모든 자에게 가까이 하"신다고 고백한다(시 145:18). 여기에서 가까움은 심판이 아니라 자비의 간격이다. 이 구절은 주님의 가까이 하심의 비결이 진실한 간구라는 사실도 가르친다.

주님의 가까이 계심은 종말과도 연관되어 있다. "주의 임하심과 세상 끝에는 무슨 징조가 있"을 것이냐는 제자들의 질문에 예수님은 종말의 다양한 현상들을 열거하신 이후에 "이 모든 일을 보거든 인자가 가까이 곧 문 앞에 이른 줄 알라"고 답하셨다(마 24:33). 누가는 뉘앙스를 달리 하여 "이 모든 일이 일어나는 것을 보거든 하나님의 나라가 가까이 온 줄을 알라"고 기록한다(눅 21:31). 종말과 심판의 임박을 안다면 눈에 보이는 가시적인 대적들의 광기와 위협에 반응하는 분노와 증오와 보복의 삶이 아니라 심판주 되시는 주님 때문에 모든 사람을 불쌍히 여기고 포용하며 주님과 하나님 나라에 합당한 삶을 살아가야 한다. 주님의 가르침을 받은 베드로도 "만물의 마지막이 가까이 왔"기 때문에 다른 무엇보다 "뜨겁게 서로 사랑할" 것을 강조한다(벧전 4:7). 주님의 가까이 오심을 악용하여 시한부 종말론을 떠벌리고 사람들의 영혼과 몸과 재산을 갈취하는 사이비 이단들이 많다. 이들과는 달리, 바울은 종말이 관용의 사랑을 모든 사람에게 실천할 때라고 가르친다.

빌 4:6-9

⁶아무 것도 염려하지 말고 다만 모든 일에 기도와 간구로, 너희 구할 것을 감사함으로 하나님께 아뢰라 ⁷그리하면 모든 지각에 뛰어난 하나님의 평강이 그리스도 예수 안에서 너희 마음과 생각을 지키시리라 ⁸끝으로 형제들아 무엇에든지 참되며 무엇에든지 경건하며 무엇에든지 옳으며 무엇에든지 정결하며 무엇에든지 사랑 받을 만하며 무엇에든지 칭찬 받을 만하며 무슨 덕이 있든지 무슨 기림이 있든지 이것들을 생각하라 ⁹너희는 내게 배우고 받고 듣고 본 바를 행하라 그리하면 평강의 하나님이 너희와 함께 계시리라

⁶아무것도 염려하지 마십시오 오히려 모든 일에 감사함을 따라 기도와 간구로 여러분의 구할 것들을 하나님께 아뢰십시오 ⁷그리고 모든 이해를 능가하는 하나님의 평화가 그리스도 예수 안에서 여러분의 마음과 여러분의 생각을 지킬 것입니다 ⁸끝으로 형제들이여 무엇이 참되고 무엇이 명예롭고 무엇이 정의롭고 무엇이 순결하고 무엇이 사랑할 만하고 무엇이 칭찬할 만한지를, 무슨 미덕이 있고 무슨 기림이 있든지, 여러분은 이것들을 생각하십시오 ⁹여러분이 나에게서 배우고 받고 듣고 본 것을 행하면 평화의 하나님이 여러분과 함께 계실 것입니다

18 하나님의 평화

⁶아무것도 염려하지 마십시오 오히려 모든 일에 감사함을 따라
기도와 간구로 여러분의 구할 것들을 하나님께 아뢰십시오

바울은 주님께서 가까이 계시다고 했다. 그러나 그는 빌립보 교회로 하여금 주님의 가까이 계심에 만족하지 않고 주님의 함께 계심까지 추구할 것을 권면한다. 본문에서 바울은 하나님의 평화보다 평화의 하나님과 함께 있기를 구하라고 가르친다. 그 구체적인 방법들도 가르친다. 먼저, "아무것도 염려하지 말라"(μηδὲν μεριμνᾶτε)고 지시한다. 바울은 염려의 내용을 특정하지 않고 모든 것이 염려의 대상이 아니라고 선언한다. 염려는 우리에게 주는 유익이 하나도 없기 때문에 하지 않는 게 정답이다. 그러나 인생에는 염려할 것들이 산더미 분량인데 그중에서 단 하나도 염려하지 말라는 바울의 말을 들으면 그림의 떡처럼 감칠맛만 나고 현실과는 동떨어져 있어서 불쾌하고 야속하다. 그러나 바울은 지시만 하지 않고 명확한 해법도 제시한다. 바울의 해법은 자신이 창작한 것이 아니라 구약과 예수님의 해

법에 근거한다. 염려하지 않는 비결은 자신에게 염려할 것 없다고 최면을 거는 게 아니라 "네 짐을 여호와께 맡기라"(시 55:22)는 시인의 기록에서 발견된다. 이 기록을 의식하신 것처럼 예수님은 "수고하고 무거운 짐 진 자들아 다 내게로 오라 내가 너희를 쉬게 하리라"(마 11:28)고 답하신다. 예수님의 이 육성을 들은 베드로도 주님께서 세상 끝날까지 우리와 함께 거하시며 우리를 돌보시기 때문에 "너희 염려를 다 주께 맡기라"고 권면한다(벧전 5:7).

물론 인간은 칼뱅의 말처럼 "쇳덩이가 아니기" 때문에 미혹에 흔들린다. 우리가 염려하지 않는 이유는 바울과 베드로의 말처럼 주님의 가까이 계심과 돌보심에 있다. 염려의 내용은 주님의 지적처럼 대체로 "무엇을 먹을까 무엇을 마실까 무엇을 입을까"와 관계되어 있다(마 6:31). 이러한 것들을 염려하지 않아도 되는 이유는 내일 아궁이에 들어가 소각될 들풀도 입히시고 공중의 새들도 먹이시는 주님께서 우리를 입히시고 먹이시기 때문이다(마 6:26-30). 억울한 누명을 쓰고 위압적인 법정에 세워질 때라도 변론의 걱정이 없는 이유는 우리 안에 거하시는 아버지 하나님의 성령께서 우리에게 할 말을 주실 것이기 때문이다(마 10:19-20).

그런데 주님의 돌보심은 우리의 의사와 무관하게 입만 벌리고 있으면 떨어지는 감이 아니고 버튼만 누르면 작동되는 전동기가 아니라 우리가 구하면 그때서야 베푸시는 인격적인 사랑이다. 물론 하나님은 약속이든 명령이든 자신의 모든 말씀을 친히 이루신다. 그러나 우리가 구하여야 이루신다(겔 36:36-37). 그분이 정하신 이 원리는 따르는 게 상책이다. 다만 바울은 우리가 구하되 염려함이 아니라 "감사함을 따라"(μετὰ εὐχαριστίας) 구하라고 가르친다. 어떠한 것도 염려하지 않으려면 모든 일에 감사해야 한다. 크리소스토무스의 말처럼 범사에 감사하는 것은 "모든 슬픔과 모든 나쁜 상황과 모든 고통을 해소하는 묘약"이다. 동시에 그는 "인간이 감사하는 것만큼 하나님을 기쁘시게 하는 것은 없다"고 단언한다. 아타나시우스는 이 구절이 "신자가 감사하는 동안에는 강하다는 것을 바울이 알았기 때문에" 나온 말이라고 설명한다. 그는 관계의 접착제와 같은 감사로 말미암아 하나님과 연합하면 "주님을 통하여 우리는 우리의 대적들을 뚫고 들어가 나의 하나님 안에서 어떠한 담벼락도 넉넉히 넘어갈 것이라"고 확신한다. 바울의 문장에는 "아무 것"(μηδείς)과 "모든 것"(πᾶς)이 절묘하게 대비된다. 염려는 어떠한 것도 하지 말아야 하고 감사의 기도는 모든 것에 대해 실천해야 한다. 인생은 염려가 아니라 감사와 결부되어 있어야 마땅하다.

대체로 감사는 하나님의 확실한 응답에 반응하는 감정의 작용이다. 그런데 바울은 응답 단계가 아니라 응답 이전에 기도하는 단계에서 미리 감사를 언급한다. 이는 염려하지 않음의 배후에 응답 자체보다 하나님을 향한 그의 신뢰가 우선임을 암시한다. 즉 하나님의 응답을 전적으로 신뢰하기 때문에 이미 받은 것처럼 "감사함을 따라" 구하는 게 마땅하다. 이는 하나님께 구할 수 있다는 것 자체도 감사하고 구한 것 이상으로 능히 응답하실 것도 감사하고 감사의 출구가 있다는 것이 감사하기 때문이다. 이것은 억측이 아니라 예수님의 약속에 부합한 해석이다. 주님은 어떠한 것이든 "기도하고 구하는 것은 받은 줄로 믿으라 그리하면 너희에게 그대로 되리라"는 약속을 분명히 남기셨다(막 11:24). 기도의 응답은 기도의 행위에 근거하지 않고 믿음에 근거한다. 당연히 감사도 응답이 아니라 응답 이전에 응답의 주체이신 하나님께 근거한다.

염려하지 않는 비결에서 우리는 염려의 원흉도 발견한다. 즉 믿음으로 주님께 염려를 맡기지 않는 우리 자신의 불신이 염려의 원흉이다. 염려는 외부에서 주어지지 않고 내부에서 발생한다. 즉 염려는 하나님의 능력이나 사랑이나 도우심을 신뢰하지 않는 의심의 아들이다. 믿음으로 우리 안에 거하시는 주님을 의심으로 밀어내면 그 빈자리를 염려가 차지한다. 그러므로 염려는 우리의 환경보다 우리의 내면을 고발한다. 마음의 상태로서 감사와 염려는 우리가 판단의 기준점을 어디에 두느냐에 따라 달라진다. 하나님을 멀리하면 염려가 많아지고 하나님을 가까이하면 염려가 적어진다. 염려할 어떤 일이 생긴다면 평화의 하나님과 멀어져 있다는 신호라고 판독해도 된다. 그런데 루터의 말처럼 "우리 스스로 하나님을 떠나시게 하지 않고서야 누가 그를 우리에게서 떼어놓을 수 있겠는가?" 다른 누구나 다른 무엇도 감히 하나님을 우리 안에서 내보내지 못하고 하나님 자신도 우리를 버리지 않으시고 떠나지도 않으신다(히 13:5). 그렇다면, 하나님을 내보내는 유일한 원흉은 우리 자신이다. 그래서 이사야는 더 구체적인 이유로서 "오직 너희 죄악이 너희와 너희 하나님 사이를 갈라놓았고 너희 죄가 그의 얼굴을 가리어서 너희에게서 듣지 않으시게 함"이라고 증거한다(사 59:2).

이 구절에서 바울은 "알게 하다"(γνωρίζω)는 동사를 사용한다. 그러나 예수님의 말씀에 따르면 아버지 하나님은 우리의 모든 필요를 이미 아신다고 한다(마 6:32). 마치 바울과 예수님의 견해가 충돌되는 것처럼 보이지만, 알게 하는 내용과 아시는 내용이 다르기 때문에 두 견해가 다 합당하다. 의복과 음료와 양식의 필요는 아버지 하나님이 다 아시는 것이기 때문에 구할 필요가 없는 것들이다. 그러나 바울이 하나님께 아뢰라는 것은 우리의 생존과 관계된 것이 아닌 것들이다. 기도의 구체적인 항목들을 밝히지는 않지만 바울이 언급한 "여러분의 구할 것들"(τὰ αἰτήματα ὑμῶν)은 생필품이 아니라 예수님의 말씀처럼 하나님의 나라와 그의 의와 관련된 것들임에 분명하다(마 6:33). 바울은 우리에게 특정한 순간의 특정한 일만이 아니라 "모든 일에" 항상 아뢰라고 한다. 어떠한 일이 있더라도 하나님의 나라와 의에 관한 것들을 먼저 구하고 아뢰어야 한다. 혹시 우리에게 그것보다 더 좋아하는 것들이 있다면 우리의 기호를 교정해 주시라고 기도해야 한다. 옛사람의 욕망에 사로잡힌 상태로 기도하면 입고 먹고 마시게 해 달라는 이방인의 부당한 기도에 집착할 것이 뻔하기 때문이다. 기호의 개선이 기도의 성장이다.

토마스는 당시의 주석(Glossa ordinaria)에 근거하여 "하나님께 아뢰라"는 구절을 세 가지의 의미로 해석하되, 첫째는 "하나님의 현존 안에서 승인되고 소중하고 거룩한 것으로 평가되게 하라"(시 141:2), 둘째는 "구할 바가 하나님께 항상 이른다는 것을 인지하라"(마 6:6), 셋째는 "천사들의 섬김으로 그것들이 하나님께 전해짐을 알라"는 뜻이라고 풀이한다. 첫째는 기도가 하나님께 향기로운 것이어야 하기 때문에 그분의 기준으로 검증된 마땅히 구할 것이어야 하고, 둘째는 아무도 듣지 못하는 골방에서 기도해도 하나님은 은밀한 중에 들으시고 은밀한 중에 갚으시기 때문이고, 셋째는 "향연이 성도의 기도와 함께 천사의 손"으로 하나님께 올려지기 때문이다.

> [7]그리고 모든 이해를 능가하는 하나님의 평화가 그리스도 예수 안에서 여러분의 마음과 여러분의 생각을 지킬 것입니다

여기에서 "그리고"(καὶ)는 쟝 달리의 말처럼 이 구절이 앞 구절들에 의존하고 있음을 나타낸다. 즉 우리가 주 안에서 항상 기뻐하고, 모든 사람에게 관용을 나타내고, 아무것도 걱정하지 않고, 감사한 마음으로 범사에 기도와 간구로 하나님께 마땅히 구할 바를 아뢰면 하나님은 당신의 평화로 우리의 마음과 생각을 지키신다. 아우구스티누스는 "평화가 질서의 평정"이며 "질서의 교란은 평화의 파괴"라고 주장한다. 평화는 본래의 질서로 돌아갈 때 회복된다. 이런 평화를 누가 조성할 수 있겠는가? 모든 인간은 이미 존재 자체로 고질적인 무질서의 상태를 태초부터 지금까지 유지하고 있다. 그래서 질서가 낯설고 무질서가 익숙하다. 평화는 모든 것을 마음대로 다스리실 수 있는 하나님에 의해서만 가능하고 하나님에 의해서만 유지된다. 그래서 "하나님의 평화"(ἡ εἰρήνη τοῦ θεοῦ)라고 한다. 그런데 마음과 생각의 질서를 비롯하여 하나님이 이 세상에서 정하신 모든 질서는 말씀에 기초하고 있다. 그래서 칼뱅은 "하나님의 평화"(ἡ εἰρήνη τοῦ θεοῦ)가 "사물의

현재적인 국면에 의존하지 않고 세상의 다양한 변동들에 굴복하지 않고 하나님의 확고하고 불변적인 말씀에 기초할 때만 불려지는 것"이라고 주장한다. 이러한 주장의 타당성은 "주의 법을 사랑하는 자에게는 큰 평안이 있"다는 시인의 고백에서 확인된다(시 119:165). 예수님은 육신으로 오신 하나님의 법이시다. 그래서 바울의 말처럼, 그 법을 사랑하는 우리의 화평은 예수님 자신이다(엡 2:14). 예수님은 흔들리지 않은 우리의 인생과 신앙의 반석이다. 그러나 예수라는 반석을 벗어난 모든 곳에는 불안함만 있다. 주님께서 온 세상을 그렇게 정하셨다. 온 천하의 모든 상황에서 더듬어 예수님을 찾으라고!

그런데 이 평화는 "모든 이해"(πάντα νοῦν)를 능가한다. 이에 대해 크리소스토무스는 하나님의 평화가 "인간의 모든 지성과 모든 언술을 초월하는 것"이라고 한다. 사실 우리의 "원수나 불의한 자나 우리를 향해 분쟁과 적개심을 보이는 자들과의 평화"는 쉽게 감지된다. 그러나 바울이 말하는 하나님의 평화는 부겐하겐(Johannes Bugenhagen, 1485-1558)의 말처럼 "환란 속에서도 당당하고" "무슨 일이 일어나도 하나님은 우리를 기뻐하실 것이고 모든 것이 합력하여 우리의 구원을 위한 것"이어서 신비롭다. 이는 인간의 상식과 논리가 탐색을 포기하는 내용이다. 그리고 세상의 그 무엇도, 어느 누구도 건드리지 못하는 하나님의 평화는 사람들의 추론이나 논리적인 계산으로 도달하는 결론이 아니라 계시로 알려지는 선물이기 때문에 모든 이해를 능가한다.

아우구스티누스도 고백한다. "여러분이 그 평화에 대해 아무리 많이 생각해도 신체의 무거움 속에 놓인 마음은 그 평화를 상상하는 것조차도 힘듭니다." 츠빙글리는 "육체적 욕망에 따라 만사가 형통하고 성공적일 때 마련되는 세상의 평화"와는 달리 "하나님의 평화는 믿음으로 말미암는 영혼의 평온과 안정과 기쁨"이라고 묘사한다. 이런 묘사는 하나님의 평화가 그리스도 예수의 죽음으로 말미암아 둘 사이의 막힌 담이 허물어져 마련된 것이라고 가르치는 성경에 충실하다. 생명을 건 예수님의 이 사랑에 대해서도 바울은 "지식을 능가하는"(ὑπερβάλλουσαν τῆς γνώσεως, 엡 3:18) 것이라고 설명한다. 사람의 이성이 풀지 못하는 그 사랑의 깊이와 높이와 길이와 너비가 있다고 가르친다. 그것은 오직 하나님의 계시에 의해서만 알려진다. 주님의 사랑도 파악하지 못하는데 어찌 그 사랑으로 마련된 하나님의 평화를 파악할 수 있겠는가! 둘 다 우리의 이해를 넘어선다.

그런데 바울은 하나님의 그 평화가 그리스도 안에서 우리의 "마음과 생각"(καρδίας καὶ νοήματα)을 지킨다고 한다. 하나님의 응답은 우리의 마음과 생각을 지키심에 있다. 응답에 대한 우리의 기대와는 핀트가 살짝 어긋난다. 염려의 원인을 제거해 달라는 기도가 마음과 생각의 변화로 응답이 되기 때문이다. 그러나 염려의 문제가 해결되는 것은 염려의 외적인 요인을 제거함이 아니라 염려하는 우리의 내적인 변화됨에 있다. 마음과 생각을 지키는 것이 얼마나 중요한가? 자신의 마음을 다스리지 못하는 자는 "성읍이 무너지고 성벽이 없는 것"과 같다(잠 25:28)고 지혜자는 경고한다. 마음을 지키지 못하면 생명도 무너진다. 생각을 지키지 못하면 됨됨이도 무너진다(잠 23:7). 사회도 무너지고 국가도 무너진다. 나아가 "모든 지킬 만한 것 중에 더욱 네 마음을 지키라"고 한다. "생명의 근원"이 거기에서 나오기 때문이다(잠 4:23). 모세도 "네 마음을 힘써 지키라"고 했다(신 4:9). 마음을 지키는 구체적인 방법도 언급했다. 즉 주님께서 하늘의 규례와 법도를 주시는 방법으로 이스라엘 민족을 가까이 하시고 "규례와 법도가 공의로운 큰 나라"가 되게 하시는 "그 일들이 네 마음에서 떠나지 않도록 조심"하는 것이었다(신 4:9). 이러한 가르침을 다 아는 바울은 마음을 지키는 비결이 구약의 실체이신 예수님의 마음을 품는 것이라고 이미 언급했다(빌 2:5). 예수님 품기는 "너희의 마음과 너희의 생각을 지"키는 유일한 비결이다. 이 말의 의미에 대해, 존 길은 그리스도 예수로 말미암아 마련된 하나님과 우리의 평화가 우리를 "그리스도 안에서 율법, 죄, 사탄, 세상, 혹은 그들 자신의 마음으로 말미암은 모든 정죄에서 지켜 주신다"는 뜻이라고 풀이한다.

　사람의 마음과 생각은 하나님의 평화에 의해서만 지켜진다. 다른 대체물이 없다. 이해를 능가하는 하나님의 평화가 마음과 생각을 지킨다는 사실이 신비롭다. 칼뱅은 "성경이 사람의 영혼을 대체로 그 기능에 따라(quoad facultates) 마음과 생각으로 나눈다"고 한다. 토마스의 입장과 동일한 칼뱅의 해석에 의하면, "마음은 이해력(intelligentia)을 의미하고 생각은 모든 성향이나 의지(omnes affectus aut voluntates)를 가리킨다." 그런데 사람의 마음과 생각은 늘 불안하다. 죄로 말미암아 내면의 질서가 무너졌기 때문이다. 심지어 믿음의 사람들도 잘 몰라서 갈 바를 알지 못하고(히 11:8), 아이라서 말할 줄도 모르고(렘 1:6), 연약하여 마땅히 구할 바도 알지 못하기(롬 8:26) 때문이다. 그러나 하나님의 평화와 우리의 화평이신 "평강의 주께서 친히 때마다 일마다 너희에게 평강을 주시"면 마음과 생각이 불안에서 해방된다(살후 3:16). 시인은 주님을 "모두의 마음을 지으시"는 분이라고 했고(시 33:15), 바울은 "마음을 살피시는 분"이라고 했고(롬 8:27), 지혜자는 "네 영혼을 지키시는 분"이라고 했다(잠 24:12). 우리는 마음을 만들지도 못하고 살피지도 못하고 지키지도 못하는 사람을 의지하지 말고 마음을 지으시고 생각을 살피시고 지키시는 주님을 의지해야 한다.

　나는 또한 예수님의 가르침과 바울의 말을 연결하고 싶다. 예수님은 하나님의 나라와 의를 먼저 구하라고 하셨고, 그리하면 다른 모든 염려의 분야들이 해결될 것이라고 말하셨다(마 6:33). 염려는 외적인 상황 때문이 아니라 욕구나 추구의 우선수위 문제와 결부되어 있다. 바울은 다른 곳에서 우리가 마땅히 구할 것을 알지 못한다고 지적한다. 욕구의 왜곡이 문제인데 성령께서 그 문제를 교정해 주신다고 가르친다(롬 8:26). 빌립보 교회를 향한 염려의 근절도 이것과 무관하지 않다. 염려의 외적인 요소가 아니라 마음과 생각을 지켜 주신다는 것은 우리가 마땅히 구할 바 하나님의 나라와 의를 먼저 감사한 마음으로 구하면 다른 모든 것이 해결되기 때문에 당연히 염려도 사라진다.

> ⁸끝으로 형제들이여 무엇이 참되고 무엇이 명예롭고 무엇이 정의롭고
> 무엇이 순결하고 무엇이 사랑할 만하고 무엇이 칭찬할 만한지를,
> 무슨 미덕이 있고 무슨 기림이 있든지, 여러분은 이것들을 생각하십시오

바울은 편지의 결론에 이르면서 남은 교훈들을 몰아서 방출한다. 여기에서 "끝으로"(λοιπός)는 "나머지"를 의미한다. 이는 지금까지 언급하지 않았으나 바울의 마음에 오래 고여 있는 나머지 교훈들의 물꼬를 트는 낱말이다. 지금까지 바울은 쟝 달리가 요약한 것처럼 "기독교적 삶의 근본들, 즉 그리스도 예수에 대한 믿음과 섬김, 신자들 사이의 하나 됨과 조화, 그리고 경건 속 인내에 대해 설명했다." 한 문장으로 이루어진 8절과 9절에서 바울은 두 가지의 명령문, 즉 "생각하라"(λογίζεσθε)와 "행하라"(πράσσετε)를 사용한다. 8절에서는 빌립보 교회가 생각해야 할 내용들을, 9절에서는 바울의 모범을 따라 행해야 할 내용들과 하나님의 평화에 관한 약속을 언급한다.

칼뱅은 8절에 열거된 것들이 "인생 전체와 관계된 일반적인 교훈들로 구성되어 있다"고 해석한다. 빅토리누스는 열거된 것들이 서로 보완적인 관계라고 설명한다. 왜냐하면 참된 것은 부패하지 않기에 영예롭고, 참되고 영예로운 것은 올바르고, 올바른 것은 순수하고 순수한 것은 사랑할 만하고 자랑할 만하기 때문이다. 크리소스토무스는 이 모든 요소가 사람들에 대해서가 아니라 하나님에 대해서 그런 것이라고 해석한다. 즉 하나님이 보시기에 사랑할 만하고 칭찬할 만하고 순수하고 참되고 올바른 것을 생각해야 한다. 쟝 달리의 말처럼, 모든 죄에서 구원을 받고 거룩해진 자들의 바른 생각과 바른 행위는 주님께서 이 땅에서 행하신 모든 일들의 "위대한

목적"이다. 가치관이 바뀌고 행동이 달라져야 하나님의 사람이다. 나는 8절과 9절이 하나님의 평화가 우리의 마음과 생각을 지키는 우리 편에서의 구체적인 방법들을 말한다고 생각한다. "끝으로"는 지금 말하는 방법이 마음과 생각 지키기의 나머지 방법들을 가리키는 단어라고 생각한다. 이 방법들을 보면, 마음과 생각을 염려하지 않도록 지키는 비결이 근심과 걱정을 일으키는 외부의 환경을 제거하고 변경하는 것에 있지 않고 우리 자신의 생각을 새롭게 바꾸고 실천하는 것에 있음을 확인한다.

첫째, 무엇이든 "참된 것"(ἀληθής)을 생각해야 한다. 거짓된 것을 생각하면 마음의 평화가 사라진다. 칼뱅은 "참된 것"이 "선한 양심의 진실성과 그 열매"를 뜻한다고 해석한다. 멜란히톤은 "참된 것"이 "오류들의 깔끔한 거부와 더불어 참되고 부패하지 않는 가르침에 대한 확신한 동의와 고백"을 뜻한다고 주장한다. 존 길은 "참된 것"이 "진리의 성경에 부합하고, 복음의 진리에 부합하고, 자연의 법과 빛에 어울리는 것"이라고 설명한다. 여기에서 바울은 참된 것의 범위를 제한하지 않았기 때문에 하나님과 인간과 교회와 세상과 보이는 것과 보이지 않는 모든 것들에 관한 진리를 가리키는 것이라고 이해해도 된다. 범사에 모든 것에서 거짓을 배격하고 진실을 생각해야 한다. 장 달리는 진리가 모든 올바른 행위의 기반이기 때문에 바울이 가장 먼저 언급한 것이라고 분석한다. 참된 것을 생각하면 우리의 생각과 말과 행위에서 거짓과 가식이 사라진다. 인간은 생각하는 쪽으로 살아간다. 그러므로 생각은 인생의 방향을 좌우하기 때문에 교훈의 첫 단추로 제격이다.

둘째, 무엇이든 "명예로운 것"(σεμνός)을 생각해야 한다. 명예롭지 못한 것을 생각하면 마음이 작아진다. "명예로운 것"은 신약에서 목회서신 안에서만 발견되는 단어로서 "정직한, 존경할 만한, 고결한, 존경스런, 유덕한" 등을 의미한다. 칼뱅은 "명예로운 것"이 "모든 불경한 더러움과 거리를 유지하는 것"이라고 해석한다. 제네바 바이블은 "명예로운 것"을 "정직한 것"

으로 번역하고 "당신을 아름답게 하고 거룩한 위엄으로 옷 입히는 것"이라고 설명한다. 쟝 달리는 이것이 "태도의 단정함과 순수성 및 하나님이 우리를 부르신 지고한 소명의 위엄과 관련된 모든 것"을 가리키는 말이라고 한다. 퍼거슨의 해석에 의하면, "명예로운 것"은 타인에게 칭찬과 존경을 일으키게 만드는 요소를 가리킨다. 진실로 하나님의 사람은 믿지 않는 사람들이 보기에도 정직하고 고결하고 단정해서 존경할 만한 사람이 되도록 "경건한 것"을 늘 생각해야 한다. 지혜자는 "많은 재물보다 명예를 택"해야 한다고 가르친다(잠 22:1).

셋째, 무엇이든 "정의로운 것"(δίκαιος)을 생각해야 한다. 불의한 것을 생각하면 마음이 악해진다. "정의로운 것"은 "각 사람에게 그의 내면적 가치에 합당한 영예를 돌리는 것"을 의미한다. 칼뱅은 정의를 "인류의 상호 교류와 관계된 것"으로서 "우리가 타인을 해치지 않고 타인을 사취하지 않는 것"이라고 설명한다. 그러나 존 길은 사람들의 교류만이 아니라 하나님과 사람 사이의 관계에도 적용되는 것이라고 주장한다. 사람에 대해서는 하나님의 형상을 따라 지음을 받았기 때문에 천하보다 귀한 가치와 존엄성을 한 사람에게 돌리는 것이 정의롭다. 하나님에 대해서는 하나님께 합당한 찬양과 경배와 영광과 감사를 그분에게 돌리는 것이 정의롭다. 쟝 달리는 하나님의 법만이 아니라 사람들의 관습과 규정에도 순응하는 사회적인 정의도 구현해야 한다고 강조한다. 시인의 고백처럼, 의로우신 하나님은 의로운 자와 의로운 일을 좋아하는 분이시다(시 11:7). 문제는 "주의 눈 앞에는 의로운 인생이 하나도 없다"는 사실이다(시 143:2). 하나님의 사랑을 받는 의로운 사람 되기의 유일한 비결은 우리가 예수님을 믿음으로 말미암아 의롭다 하심을 얻고 시인의 고백처럼 "주의 의로운 말씀"을 사모함과 생각함에 있다(시 119:106).

넷째, 무엇이든 "순결한 것"(ἀγνός)을 생각해야 한다. 불결한 것을 생각하면 마음이 온갖 이물질로 오염된다. 요한은 주님께서 나타나실 때는 우리가 "그의 참모습 그대로 볼 것이기 때문"에 "주를 향하여 이 소망을 가진 자마다" 주님의 순결함에 대응하는 순결함을 추구해야 한다고 가르친다(요일 3:3). 이런 맥락에서 본다면, "순결한 것"은 간음이나 우상숭배 같은 육적인 더러움과 영적인 불결함의 반대로서 몸으로나 영으로나 주님의 신부다운 순결함을 의미한다. 일반적인 성의 관점에서, 멜란히톤은 순결함을 "모든 방만한 욕정들을 거부하고 순수한 소녀성을 보호하고 합법적인 혼인에 있어서 하나님에 의해 규정된 경계들을 보호하는 덕"이라고 해석한다. 주님께서 보시기에 우리의 생각이 순결하면 우리의 마음과 눈빛과 말과 표정과 몸동작도 순결하고 아름답게 된다. 순결한 것을 생각하는 비결은 "도가니에 일곱 번 단련한 은 같"은 하나님의 말씀(시 12:6)을 주야로 묵상함에 있다. 이 얼마나 놀라운 희망인가! 내면을 파고들어 의식을 장악한 불결함의 문제를 누가 능히 해소할 수 있겠는가! 무엇으로 해소될 수 있겠는가! 대부분의 사람들이 애용하는 해결책은 시간이 흐르면서 망각하는 방식으로 무뎌지고 무마하는 게 고작이다. 그러나 기독교는 명확한 답을 제시한다. 특별히 시인은 하나님의 말씀이 "순결하여 눈을 밝게" 한다고 고백한다(시 19:8). 말씀을 읽고 암기하고 묵상하고 실천하면 시각부터 달라지고 온갖 불결함이 사라진다. 신비로운 말씀의 효능이다. 순결함의 순서에 있어서는 예수님의 교훈처럼 그의 말씀으로 안이 깨끗하게 되면 겉도 깨끗하게 된다(마 23:26).

다섯째, 무엇이든 "사랑할 만한 것"(προσφιλής)을 생각해야 한다. 증오를 촉발하는 것을 생각하면 마음이 미워진다. 마음은 그렇게 예민하다. 성경에서 한번 사용된 이 단어는 "합당한, 기쁘게 하는" 등도 의미한다. 그래서 뉴랜드는 이 단어가 성경에서 "하나님을 기쁘시게 한다는 의미로 쓰인다"고 지적한다. 토마스는 이 단어가 서로에게 끌려서 "우정"(amicitia)에 이르는 근거라고 해석한다. 사랑스런 생각과 말과 행동의 주체를 만나면 지혜자의 말처럼 "형제보다 친밀"한 친구로 발전한다. 나는 뉴랜드의 해석을 선호한다. 우리가 생각해야 하는 것은 하나님께 합당하고 하나님을 기쁘시게 하는 것이어야 한다. 바울은 "주를 기쁘시게 할 것이 무엇인가 시험하여 보라"고 강권한다(엡 5:10). 나아가 그는 "사람을 기쁘게 하려 함이 아니요"(살전 2:4) "몸으로 있든지 떠나든지 주를 기쁘시게 하는 자가 되기를 힘"쓴다고 고백한다(고후 5:9). 우리도 바울처럼 하나님이 보시기에 사랑스런 자녀가 되기 위한 생각에 골몰해야 한다. 보기만 해도 혐오감이 솟구치는 것은 생각에도 닿지 않게 거부해야 한다. 예수님을 가리켜 "이는 내 사랑하는 아들이요 내 기뻐하는 자라"(마 3:17)고 하신 아버지 하나님의 말씀에 근거하여 우리는 예수님을 깊이 생각해야 한다(히 3:1).

여섯째, 무엇이든 "칭찬할 만한 것"(εὔφημος)을 생각해야 한다. 야단맞을 만한 것을 생각하면 반항심이 마음을 차지한다. 이 단어의 어원적인 의미는 "좋게 말하는 것"과 관련되어 있다. 좋은 평판을 받을 만한 것들을 우리는 생각해야 한다. 칼뱅은 이 구절에서 바울이 "사람들의 판단에 따라 삶을 규제해야 한다고 명령하는 것이 아니라 다만 칭찬받을 만한 선을 행하는 데 헌신해야 한다는 의미일 뿐이라"고 설명한다. 외경 중 집회서는 명성이 "천근의 황금보다 더 오래 남는다"(Sir 41:12)고 한다. 대부분의 사람들은 기독교를 싫어한다. 그러나 하나님의 사람들이 행하는 착한 행실들을 경험하면 태도와 평가가 달라진다. 모세는 이스라엘 백성이 하나님의 규례와 법도를 지켜 행하면 열방이 "이 큰 나라 사람은 과연 지혜와 지식이 있는 백성"이라 칭찬하여 온 땅에 명성이 자자해질 것이라고 했다(신 4:6). 바울은 분명 이런 사실을 의식하고 이 부분을 언급했을 가능성이 높다.

그런데 명성을 만들려고 사주하며 조작을 도모하는 사람들도 있다. 그러나 지혜자의 말처럼 우리는 자신의 입이 아니라 타인의 입과 외인의 입에서 칭찬이 나오도록(잠 27:2) 선행에 헌신해야 한다. 그러나 나는 하나님 앞에서의 칭찬을 더 주목하고 싶다. 바울의 다른 언급처럼 "옳다 인정함을 받는 자는 자기를 칭찬하는 자가 아니요 오직 주께서 칭찬"해 주시는 자이기 때문이다(고후 10:18). 우리는 하나님의 입에서 "착하고 충성된 종"이라는 칭찬을 받을 수 있도록 범사에 항상 그러한 것을 생각해야 한다는 교훈으로 나는 이해한다. 지혜자는 "인자와 진리"가 우리의 인격과 삶에 새겨지면 "하나님과 사람 앞에서 은총과 귀중히 여김"을 받을 것이라고 하고(잠 3:3-4), 베드로는 "믿음의 확실함"을 신적인 칭찬의 이유라고 가르친다(벧전 1:7). 인자와 진리와 신뢰가 명성의 밑천이다.

일곱째, "무슨 미덕"(τις ἀρετή)에 대해서도 이러한 것들을 생각해야 한다. "아름다움 혹은 미덕"을 의미하는 이 "아레테"는 바울이 자신의 편지들 전체에서 유일하게 사용한 단어로서 특정되지 않은 보편적인 "미덕"을 가리킨다. 어원을 살펴보면, "미덕"은 진선미의 근원 되시는 하나님께 가까울 때 형성된다. 그래서 이 단어를 베드로는 우리를 "기이한 빛에 들어가게 하신 이의 아름다운 덕"을 표현하기 위해 사용한다(벧전 2:9). 동시에 믿음의 사람과 관련된 것으로 믿음에 더해져야 하는 것으로서 "덕"을 언급한다(벧후 1:5). 바울은 믿음의 사람이 마땅히 붙들어야 하는 생각의 대상을 앞에서 언급된 여섯 가지의 미덕을 포함한 모든 종류의 미덕 즉 신적인 덕과 인간적인 덕 전체로 확대한다. 덕의 분량은 초라한데 화려한 대접을 기대하는 사람은 미덕의 도둑이다.

어떠한 미덕에 대해서도 우리는 그 안에 진리와 명예와 정의와 정결과 사랑할 만함과 칭찬할 만함의 여부를 생각해야 한다. 쟝 달리는 이 구문에 근거하여 우리가 미덕을 "하나나 둘만 소유한 것으로 족하다고 여기지 말아야 한다"며 미덕의 지경 확대를 권고한다. 나아가 주님께서 우리 안에 다시 창조하신 새사람을 "신적이고 천상적인 미덕들의 어떠한 것도 부족하지 않도록 모든 탁월하고 아름다운 것들로 덧입어야 한다"고 강조한다. 모든 미덕은 낱개로 분리되지 않고 하나의 유기적인 통합을 이루고 있어서 하나의 미덕이 찢어지면 다른 모든 것들도 찢어지기 때문에 모든 미덕의 각각을 동일한 비중으로 소중하게 관리해야 한다.

여덟째, "무슨 기림"(τις ἔπαινος)이 있더라도 이것들을 생각해야 한다. 이 구절에 대해 뉴랜드는 바울이 기림을 "탐하라고 촉구하는 게 아니라 기려도 될 만한 행실을 보이라"는 말이라고 해석한다. 당연히 이 행동은 사람의 박수를 유인하는 것이 아니라 하나님이 보시기에 박수 치실 만한 것이어야 한다. 만약 어떤 기림이 진실이나 명예나 정의나 정결이나 사랑이나 칭찬의 요소들을 구비하지 않았다면 인간적인 기림일 가능성이 높다. 세상의 기림은 경계해야 한다. 이와 관련하여 우리는 "모든 사람이 너희를 칭찬하면 화가 있다"는 예수님의 말씀을 기억해야 한다(눅 6:26). 하나님의 칭찬이 합당한 기림의 본질은 "너희를 사랑하는 자만" 사랑하지 말고, "선대하는 자만" 선대하지 말고, "받기를 바라고" 꾸어 주지 말고, 오히려 "원수를 사랑하고 선대하며 아무것도 바라지 말고 꾸어 주라"(눅 6:32-35)는 예수님의 명령에서 발견된다. 이 명령에 순종하면 하나님의 칭찬만이 아니라 세속 권세들의 칭찬도 주어진다(롬 13:3). 하늘과 땅의 이중적인 기림이 가능하다.

지금까지 언급한 진리와 명예와 정의와 순결과 사랑과 칭찬과 미덕과 기림에 관한 바울의 가르침이 궁극적인 면에서는 위의 여덟 가지 내용은 하나님과 관계되어 있다. 평화의 하나님을 찾으라는 교훈이다. 동시에 모든 대상을 향하여 범사에 적용해도 된다. 하나님을 생각할 때나, 인간을 생각할 때나, 자연을 생각할 때나, 원망이나 불평이나 분노나 증오나 질투나 시기나 다툼이나 분쟁 같은 부정적인 태도가 아니라 그 대상들의 미덕을 발견하고 기리고자 하는 마음으로 그 대상들이 가진 참된 것이 무엇인지, 명예로운 것이 무엇인지, 순결한 것은 무엇인지, 사랑할 만한 것은 무엇인지, 칭찬할 만한 것은 무엇인지, 생각해야 한다. 그러나 사람들은 본성의 망가짐 때문에 하나님을 찾지 않고 하나님의 반대쪽으로 늘 치우쳐져 있고 사랑과 진리를 거스르며 역행한다. 사람들에 대해 공격할 빌미를 찾고 제거할 명분을 찾고 취약점을 드러내기 위해 거짓된 것을 말하고 명예롭지 않은 것을 퍼뜨리고 불의한 일을 도모하고 불결한 짓을 저지르고 미워하고 비방하는 사람들이 많다. 공격하고 파괴할 심산으로 가정이나 교회나 사회를 불문하고 평화를 깨뜨리는 갈등과 대립을 도모한다. 그리하면 개인이나 공동체가 어찌 평화로울 수 있겠는가! 그래서 바울은 인간의 성정에 역행하는 건강한 생각을 명하였다. 우리는 불화의 본성이 고개도 내밀지 못하도록 바울의 이 가르침을 매사에 모든 대상에게 적용하는 일에 전심과 전력을 기울여야 한다. 솔직히 마음의 뚜껑을 열고 거기에 고인 생각의 성분들을 검출해 보면 바울이 열거한 항목들은 없거나 있더라도 미미하다. 그러나 어제보다 오늘은 더 많은 분량의 좋은 생각들을 꾸준히 시도하면, 생각의 키가 날마다 자라간다.

> [9]여러분이 나에게서 배우고 받고 듣고 본 것을 행하면
> 평화의 하나님이 여러분과 함께 계실 것입니다

생각에 대한 권고 이후에 행위에 대한 권고가 이어진다. 바울은 사색적인 신학자인 동시에 실천적인 신학자다. 그가 잘 보여준 것처럼, 기독교 진리는 내적인 인식과 외적인 행위로 구성되어 있다. 교의학과 윤리학은 기독교 진리의 단짝이다. 이는 로마서의 구조에도 잘 반영되어 있다. 바울은 행하여야 할 것이 "나에게서 배우고 받고 듣고 본 것"이라고 제시한다. 빌립보 교회는 하나님의 사람들이 가져야 할 경건의 모델이다. 이는 쟝 달리의 말처럼 그들이 "복음에 대해 집중과 수용적인 태도로 들었으며, 신적인 교훈들을 존중하는 마음으로 받았으며, 그것들을 그들의 마음에 새겼으며, 그것들을 열정과 애착을 가지고 포용했기" 때문이다. 이는 진리의 가르침을 받는 태도의 정석이다. 뉴랜드는 빌립보 교회가 "배운 것"은 초보적인 교육을 가리키고 "받은 것"은 더욱 정확한 가르침을 의미하고 "들은 것"은 친밀한 대화를 가리키고 "본 것"은 바울의 행위를 가리키는 것이라고 해석한다. 존

길은 빌립보 교회가 바울에게서 배운 것은 교리이고 받은 것은 사랑이고 들은 것은 선포된 말씀의 수용이고 본 것은 삶의 본이라고 해석한다.

빌립보 교회도 귀하지만, 바울은 자신의 존재와 말과 삶 전체가 교회를 위한 기독교 진리의 종합적인 교재였다. 칼뱅은 바울에 대하여 입으로만 말하지 아니하고 삶으로도 말하여 삶의 진정성을 통해 가르침의 권위를 얻은 "미덕의 지도자와 사부"(virtutum dux ac magister)라고 평가한다. 바울의 생각과 말과 삶은 하나님의 말씀에 대한 학생의 반응인 동시에 공동체를 가르쳐야 하는 교사의 모범이다. 그는 하나님과 교회 사이에 늘 머물렀다. 그곳에서 그는 하나님을 일평생 배우고 받고 듣고 본 것을 생각하고 실천하는 학생이며 동시에 교회도 동일하게 하나님을 배우고 받고 듣고 보아서 생각하고 실천할 수 있도록 죽을 때까지 가르치고 제공하고 들려주고 보여준 교사였다. 하나님의 교수법을 교회에 그대로 전수했다. 바울은 빌립보 교회를 가르치기 이전에 자신이 먼저 참된 것과 명예로운 것과 정의로운 것과 순결한 것과 사랑할 만한 것과 칭찬할 만한 것을 모든 미덕과 기림에 있어서 생각하고 행하였다. 그래서 쟝 달리는 바울이 "자신의 인격에서 신실한 복음 선포자의 모델을 나타내고 빌립보 교회 안에 있어야 할 참된 제자의 도리를 나타낸" 것이라고 평가한다.

행하면서 가르친 바울은 예수께서 말씀하신 교사의 기본기에 충실하다. 즉 "누구든지 이 계명 중의 지극히 작은 것 하나라도 버리고 또 그같이 사람을 가르치는 자는 천국에서 지극히 작다 일컬음을 받을 것"이지만 "이를 행하며 가르치는 자는 천국에서 크다 일컬음을 받으리라"(마 5:19). 구약도 이런 기본기를 가르친다. 즉 "하나님의 율법에 완전한 학자 겸 제사장"인 에스라는 "여호와의 율법을 연구"하는 것에만 만족하지 않고 그것을 "준행"한 이후에야 "율례와 규례"를 이스라엘 백성에게 가르칠 것을 결심했다(스 7:10-12). 바울은 성경과 예수님의 가르침에 충실한 학생인 교사였다.

생각하고 행한 결과는 무엇인가? "평화의 하나님"이 빌립보 교회와 함께 계심이다. 7절에서 바울은 "하나님의 평화"를 말하더니 이제는 "평화의 하나님"을 언급한다. 7절에서는 "하나님의 평화"가 우리의 마음과 생각을 지켜 주신다고 하였으나 9절에서는 그 평화의 저자이신 하나님 자신이 우리와 함께 계신다고 단언한다. 하나님의 평화보다 평화의 하나님은 더 고귀하다. 당연히 우리는 하나님의 평화보다 평화의 하나님을 더 선호해야 한다. 자비의 하나님, 구원의 하나님, 치유의 하나님을 하나님의 자비와 구원과 치유보다 더 사모해야 한다. 우리의 마음과 생각에 어떠한 염려도 없는 평화는 하나님의 평화가 우리에게 이전되는 방식이 아니라 평화의 하나님 자신이 우리와 함께 계시는 방식으로 주어진다. 뉴랜드는 이 "평화의 하나님"을 풀어서 하나님은 "평화의 아버지"요 그의 아들이신 그리스도 예수는 "우리의 평화"라고 설명한다. 이런 설명에 의하면, 하나님의 평화와 평화의 하나님은 분리됨이 없다. 이를 확장하면, 우리의 영광은 하나님 자신이고, 우리의 기쁨과 즐거움도 하나님 자신이며, 우리의 생명과 빛도 하나님 자신이다. 왜냐하면 하나님을 떠나서는 어떠한 영광도, 어떠한 즐거움도, 어떠한 생명도 없기 때문이다.

칼뱅은 9절이 7절에서 바울이 말하고자 하는 바의 확증 혹은 심화된 뜻이라고 해석한다. 그렇다면 우리가 기도와 간구로 하나님께 아뢴다는 것은 진리와 명예와 정의와 순결과 사랑과 칭찬을 생각하고 행한다는 것과 동일하다. 언어적인 기도와 행위적인 기도는 연동되어 있다. 마음과 입과 몸의 기도는 일치해야 한다. 우리의 마음과 생각을 지켜 주시는 하나님의 방식은 우리가 아래의 것들이 아니라 위의 것들을 생각하는 마음과 행하는 몸 기도의 결과로서 평화의 하나님이 우리와 함께 계심으로 말미암아 하나님의 위대한 평화가 우리의 마음과 생각을 붙들어 주는 방식이다.

쟝 달리는 평화의 하나님에 대한 바울의 이 약속이 "모든 행복의 유일한 원천이신 하나님"이 함께 계시면 어떠한 부족함도 없기 때문에 우리가 가질 "모든 복"을 포함하는 것이라고 해석한다. 나아가 바울의 이 약속은 "하나님이 우리와 함께 계시다"는 말씀과 "내가 세상 끝날까지 너희와 항상 함께 있으리라"는 예수님의 약속(마 1:23; 28:20)과 같은 뜻이라고 주장한다.

빌 4:10-16

¹⁰내가 주 안에서 크게 기뻐함은 너희가 나를 생각하던 것이 이제 다시 싹이 남이니 너희가 또한 이를 위하여 생각은 하였으나 기회가 없었느니라 ¹¹내가 궁핍하므로 말하는 것이 아니니라 어떠한 형편에든지 나는 자족하기를 배웠노니 ¹²나는 비천에 처할 줄도 알고 풍부에 처할 줄도 알아 모든 일 곧 배부름과 배고픔과 풍부와 궁핍에도 처할 줄 아는 일체의 비결을 배웠노라 ¹³내게 능력 주시는 자 안에서 내가 모든 것을 할 수 있느니라 ¹⁴그러나 너희가 내 괴로움에 함께 참여하였으니 잘하였도다 ¹⁵빌립보 사람들아 너희도 알거니와 복음의 시초에 내가 마게도냐를 떠날 때에 주고 받는 내 일에 참여한 교회가 너희 외에 아무도 없었느니라 ¹⁶데살로니가에 있을 때에도 너희가 한 번뿐 아니라 두 번이나 나의 쓸 것을 보내었도다

¹⁰내가 주 안에서 크게 기뻐함은 나를 향한 여러분의 생각함이 이제 드디어 다시 살아났기 때문인데 이에 대하여 진실로 여러분이 생각함이 있었으나 여러분이 기회를 가지지 못했던 것입니다 ¹¹이는 내가 궁핍하기 때문에 말하는 것이 아닙니다 나는 어떠한 형편 속에서도 자족하는 것을 배웠는데 ¹²나는 모든 것에서 그리고 모든 것들에서 비천하게 되는 것도 알고 풍부하게 되는 것도 알아 배부르게 됨과 배고프게 됨과 풍부하게 됨과 궁핍하게 됨에 처하는 비결을 배웠습니다 ¹³나는 나를 강하게 하시는 분 안에서 모든 것들을 할 수 있습니다 ¹⁴그럼에도 불구하고 여러분이 나의 괴로움에 참여한 것은 잘한 것입니다 ¹⁵그러나 빌립보 성도여, 복음의 시초에 내가 마게도냐를 떠날 때 줌과 받음의 일에 참여한 교회가 만약 여러분이 없었다면 나에게 아무도 없었다는 것을 여러분은 아셨습니다 ¹⁶데살로니가에 있을 때도 여러분이 나의 필요를 위하여 한번 그리고 더 보내 주었습니다

19 항상 크게 기뻐하기

¹⁰내가 주 안에서 크게 기뻐함은 나를 향한 여러분의 생각함이 이제 드디어 다시 살아났기 때문인데 이에 대하여 진실로 여러분이 생각함은 있었으나 여러분이 기회를 가지지 못했던 것입니다

바울은 자신이 "주 안에서 크게 기뻐함"에 대해 언급한다. 우리도 그냥 기뻐하지 말고 크게 기뻐해야 한다. "주 안에서"는 우리가 아무리 소리 질러 기뻐하고 힘껏 최대치로 기뻐해도 가식이 아닌 참된 기쁨이 가능하기 때문이다. 그런데 이 구절은 빌립보서 전체가 기쁨의 점증적인 이야기 같은 인상을 제공한다. 바울은 기뻐하고 기뻐하며(빌 1:18), 하나님의 백성과 함께 기뻐하고(빌 2:17-18), 주 안에서 기뻐하고(빌 3:1), 주 안에서 항상 기뻐하고(빌 4:4), 이제 주 안에서 항상 "크게"(μεγάλως) 기뻐한다(빌 4:10). 과연 바울에게 점증적인 기쁨의 끝은 어디인가? 영원한 무한하고 완전한 기쁨이다. 이 기쁨은 "주의 앞에는 충만한 기쁨이 있고 주의 우편에는 영원한 즐거움이 있"(시 16:11)기 때문에 가능하다. 어떤 사람은 슬퍼하고 어떤 사

람은 기뻐한다. 어떤 사람은 작게 기뻐하고 어떤 사람은 크게 기뻐한다. 기쁨은 밀도와 온도와 크기와 분량과 길이에 있어서 다양하다. 나의 기쁨은 어떠한가? 바울은 홀로 기뻐하는 것은 기본이고 더불어 기뻐하는 것도 기본이고 주 안에서 기뻐하는 것은 기본이고 항상 기뻐하는 것도 기본이고 이제는 크게 기뻐한다. 크게 기뻐하는 이유는 누구 때문이고 무엇 때문인가? 빌립보 교회 때문이고 그들의 바울 생각 때문이다. 바울은 이처럼 주님의 교회 때문에 크게 기뻐하는 사람이다. 크리소스토무스의 말처럼 "내가 원기의 회복을 얻었기 때문이 아니라 네가 성장했기 때문이다." 물론 그 배후에는 주님과 그의 복음이 바울의 기쁨을 지탱하고 있다.

바울은 자신을 향한 빌립보 교회의 "생각함"(φρονεῖν)이 이전에도 있었다고 지적한다. 그러나 찾아가고 후원할 기회가 없었기에 그 생각이 실행되지 못한 것일 뿐이라는 설명으로 바울은 빌립보 교회를 위로한다. 2장에서 살펴본 것처럼, 바울과 빌립보 교회 사이에는 너무도 깊은 사랑함과 사모함 때문에 마치 둘이 하나의 몸인 것처럼 서로에게 기쁨과 근심의 근원으로 작용한다(빌 2:25-30). 이 구절도 그런 맥락에서 이해해야 한다. 빌립보 교회는 바울을 사랑하기 때문에 생각으로 그를 항상 더듬는다. 그러면 그의 상태와 필요가 감지된다. 사랑하기 때문에 그의 외로움을 달래려고 감옥으로 달려가고 싶고 그의 배고픔을 달래려고 음식도 제공하고 싶다. 그러나 상황이 녹록지 않아서 오랫동안 실행하지 못하였다. 이에 빌립보 교회는 바울의 어려움을 알면서도 거기에 참여하지 못하니 마음이 더욱 괴롭고 억장이 와르르 무너진다. 그러나 바울은 빌립보 교회를 너무도 사랑하기 때문에 그들의 부실한 후원을 나무라지 않고 오히려 그 교회의 안타까운 심정부터 정확히 헤아린다. 그리고 빌립보 교회의 진심을 알고 있다는 것을 차분하게 확인시켜 준다. 이런 사랑이 서로에게 확인되면 행복의 파도가 서로에게 인다.

생각을 했으나 행하지는 못한 과거와는 달리 "이제 드디어" 상황이 달라졌다. 실행의 때가 이르렀다. 마치 시들어진 나뭇잎이 무성하게 다시 살아나는 형국이다. 하나님은 만사에 작용과 반작용, 기다림과 도래함, 소망과 성취의 때가 있도록 때를 따라 아름답게 만드신다(전 3:11). 그래서 우리는 헤어질 때도, 손해 볼 때도, 아프고 슬플 때도, 조만간 찾아올 반전에 대한 감사를 늘 준비해야 한다. 크리소스토무스는 "다시 살아나다"(ἀναθάλλω)는 바울의 표현이 "책망과 칭찬"을 동시에 뜻한다고 해석한다. 나아가 칼뱅은 책망만 주목한다. 그러나 나는 책망의 요소보다 칭찬과 감사의 요소가 더 강하다고 생각한다. 퍼거슨의 말처럼, 우리가 더 이상 섬길 수 없는 상황이 오더라도 "하나님의 씨앗"은 여전히 남아 있어서 "하나님의 은총을 따라 적시에 싹이 나고 이전의 열매를 결실할 것"이기 때문에 인내하며 기다림이 좋다. 겨울이 되면 나무는 희망의 낙엽이 떨어지고 절망의 가지만 앙상하게 드러난다. 그러나 봄이 되면 모든 게 깨어나고 돋아나고 결실하는 것처럼 우리의 사랑과 섬김도 봄을 기다린다. "드디어"(ποτέ)는 바울을 어떻게 해서라도 돕고 싶어 하는 빌립보 교회의 간절함을 잘 드러낸다. 동시에 빌립보 교회가 소망의 성취로 인해 기쁨이 회복되는 것을 애타게 기다린 바울의 간절함도 잘 드러낸다. 우리의 인생에서 "드디어"의 시점은 언제이고 무엇을 위한 도래인가? 그 시점은 사람마다 다르기 때문에 서로 비교하지 말자.

> 11이는 내가 궁핍하기 때문에 말하는 것이 아닙니다
> 나는 어떠한 형편 속에서도 자족하는 것을 배웠는데

바울은 지금 자신이 궁핍하여 그 궁핍의 해소를 위해 말하는 게 아님을 명시한다. 산불처럼 급속하게 번지는 오해의 불씨를 조기에 제압하는 바울의 신속한 언급은 지혜롭다. 빌립보 교회의 성숙한 신앙과 희생적인 섬김

때문에 절대로 오해가 발생하지 않을 것이라는 확신은 금물이다. 그 공동체 안에는 바울을 괴롭히고 제거하고 싶어 하는 일부의 적대적인 사람들이 있기 때문이다. 그들이 바울의 말에서 비방의 꼬투리를 잡아 이슈를 만들고 분란을 일으켜 공동체를 어지럽게 할 공산이 크다는 사실을 바울은 정확히 인지하고 있다. 그래서 자신의 "궁핍함"(ὑστέρησις) 해소를 위한 말이 아님을 밝혀야만 했다. 모든 말에는 내용만이 아니라 의도도 중요하다. 정확하고 올바른 말 속에 자신의 어두운 욕망과 은밀한 유익을 숨기는 사람들이 많기 때문에 귀에 들린 말의 액면가만 보고 성급하게 판단하지 않도록 주의해야 한다. 말의 등도 돌아보고 행간도 구석구석 살피는 신중함이 필요하다. 대부분의 사람들은 궁핍할 때 궁핍함을 해소하기 위해 입을 사용한다. 어떠한 말을 해도 자석처럼 후원 요청으로 수렴된다. 그러나 바울은 자신의 궁핍함에 말의 주도권을 넘기지 않았고 사도적인 말의 막강한 효력을 알았기에 그 효력의 올바른 방향과 목적 설정에도 신중했다. 지도력이 클수록 지극히 사소한 말 한 마디의 실수가 일으키는 부정적인 파장은 막대하기 때문이다.

사실 바울이 궁핍하지 않은 것은 아니었다. 감옥에서 어찌 풍요로울 수가 있겠는가! 그럼에도 불구하고 그가 궁핍함에 휘둘리지 않을 수 있었던 비결은 자족이다. "자족하는 것"(αὐτάρκης εἶναι)은 특정한 외부 조건의 충족에 의존하지 않는 만족의 기술이다. 바울은 "어떠한 형편 속에서도"(ἐν οἷς) 자족하는 것을 배웠다고 한다. 그의 기분은 분야를 가리지 않고 범사에, 즉 재물이나 건강이나 명성이나 사역이나 지식의 유무와 정도에 좌우되지 않고 항상 기뻐하고 범사에 감사하며 기꺼이 만족한다. 자족은 바울이 다른 서신에서 밝힌 것처럼 "경건에 큰 유익"이다(딤전 6:6). 삶의 형편이나 건강이나 사회적 지위에 유익한 것이 아니라 하나님 앞에서의 신앙과 인격과 삶에 크게 유익하다. 어떠한 형편 속에서도 자족하면 하나님과 이웃을 원망하지 않고 불평하지 않고 시기하지 않고 경쟁하지 않고 분노하지 않고 증오하지 않을 것이기 때문이다.

나는 "배웠다"(ἔμαθον)는 그의 말에 근거하여 바울이 만족하지 못한 시절이 있었다고 추정한다. 바울이 만족하지 않았던 것은 건강에 관한 것이었다. 자신의 "육체에 가시 곧 사탄의 사자"가 불만의 이유였다(고후 12:7). 바울은 그 가시를 제거해 달라고 하나님께 세 번이나 간구했다. 그러나 하나님의 답변은 차가운 거부였다. "내 은혜가 네게 족하도다(ἀρκεῖ)"(고후 12:9). 이 답변에서 하나님은 충분함 혹은 만족의 중요성을 밝히셨다. 사도의 기도에 대한 하나님의 응답하지 않으심도 은총의 한 형식이다. 이것을 사람들은 불쾌하게 생각한다. 그러나 바울은 하나님의 은혜가 자신에게 족하다는 응답에서 가치관의 혁신을 경험하고 보편적인 자족의 비결을 깨우쳤다. 그는 만족의 출처가 자신의 상태나 상황에 있지 않고 하나님께 있다는 깨달음(고후 3:5)에 이르렀다. 당연히 반응도 달라졌다. 하나님의 답변을 듣고 "크게 기뻐"하며 모든 사람에게 불만의 근거라고 할 "여러 약한 것들에 대하여 자랑"까지 했다(고후 12:9). 수업료는 컸으나 배움의 유익이 그것을 압도했다. 아마도 바울은 자신의 육체에 박힌 가시도 넓은 의미에서 은혜라고 이해했을 가능성이 높다. 사탄의 가시도 은혜라면 은혜로 분류되지 않을 무엇이 있겠는가! 이러한 경험을 계기로 바울은 빌립보 교회를 향해서도 자신이 모든 형편에 대처하는 만족의 비결을 배웠다고 당당하게 고백한다.

> 12나는 모든 것에서 그리고 모든 것들에서 비천하게 되는 것도 알고
> 풍부하게 되는 것도 알아 배부르게 됨과 배고프게 됨과
> 풍부하게 됨과 궁핍하게 됨에 처하는 비결을 배웠습니다

바울은 자신이 만족의 비결을 배운 영역들에 대해 언급한다. "모든 것에

서 그리고 모든 것들에서" 만족하는 비결을 배웠다고 한다. 뉴랜드의 분석처럼, "모든 것에서"(ἐν παντὶ)는 "개별적인 차원에서 취하여진 각각"을 가리키고 "모든 것들에서"(ἐν πᾶσιν)는 "집합적인 차원에서 취하여진 전부"를 뜻한다고 해석한다. 이 표현에서 우리는 바울이 모든 영역의 모든 개별적인 사안에서 만족의 비결을 배웠다는 사실을 확인한다. 이러한 비결의 배움 때문에 바울은 범사에 감사했고 항상 기뻐했고 그렇게 사는 게 하나님의 뜻이라고 가르쳤다(살전 5:16-18). 분야와 사안을 막론하고 만족의 비결을 배웠다는 것은 모든 시대의 모든 교회에게 강력한 도전이며 본받아야 할 모델이다. 만족도 생물이다. 범위와 정도에 있어서 계속해서 자라가야 한다. 우리 각자에게 만족의 키는 얼마인가?

바울은 "비천하게 되는 것"(ταπεινοῦσθαι)과 "풍부하게 되는 것"(περισσεύειν)을 알았다고 한다. 여기에서 바울은 적음에서 오는 비천함과 많음에서 오는 풍부함을 대조한다. 우리는 주변에서 비천함만 알다가 갑자기 풍부함을 경험한 졸부의 광기도 경험하고 풍부함만 알다가 비천함에 처하여 절망에 주저앉는 사람의 원망과 탄식을 목격한다. 두 극단에 대처하는 비결을 모두 아는 사람은 희귀하다. 바울은 자족을 배운 영역은 말하지만 자족의 구체적인 방법에 대해서는 침묵한다. 뉴랜드에 따르면, "가난을 인내로 견디는 것"이 비천함에 대처하는 방법이고 "부함을 절제로 견디는 것"이 풍부함에 대처하는 방법이다. 바울의 비결에 대해 크리소스토무스는 "바울이 궁핍할 때나 풍부할 때나 한결같다"고 평가하고 "전자로 인해 위축되지 않고 후자로 인해 우쭐대지 않는다"고 설명한다. 이런 대조는 비록 뉘앙스는 조금 다르지만 전도자의 글에도 나타난다. 인생은 형통한 날과 곤고한 날로 구성되어 있다. 대부분의 경우에는 형통함도 인생의 절반이고 곤고함도 인생의 절반이다. 곤고할 때마다 우리는 지극히 정상적인 인생의 필수적인 과정을 지나가고 있다고 생각해야 한다. 쟝 달리는 인생을 "한 부분의 올라감과 다른 부분의 내려감이 쉬지 않고 교대하는 바퀴"와 같다고 비유한다. "이 두 가지를 하나님은 병행하게 하사 사람이 그의 장래 일을 능히 헤아려 알지 못하게 하셨"는데, 이때 전도자는 "형통한 날에는 기뻐하고 곤고한 날에는 되돌아보아라"(전 7:14)고 처방한다. 미래를 모르기 때문에 매사에 기쁨과 성찰을 적절하게 사용하는 전도자의 비결도 필요하다. 미래를 다 알면 형통해도 기쁨이 없고 곤고해도 돌아봄이 없다.

크리소스토무스의 진단처럼, "궁핍함은 우리로 하여금 악한 일들을 많이 저지르게 하고 풍부함도 그러하다." 그래서 지혜자는 이렇게 하나님께 기도했다. 자신을 부하게도 말고 빈하게도 말고 오직 필요한 것만 주셔서 부함으로 인해 하나님이 없다고 부정하는 불상사나 빈함으로 인해 도둑질을 저질러 하나님의 이름이 모독을 당하게 만드는 불상사가 생기지 않게 해 주시라고(잠 30:8-9)! 이처럼 지혜자는 하나님의 도우심을 구하는 기도의 대처법을 제시한다. 이러한 기도와 더불어 궁핍함과 풍부함에 대처하는 우리 편에서의 적극적인 비결이 있다면 자족함과 나눔이다.

바울은 자신이 비결을 터득한 두 상황을 다시 각각 두 가지, 즉 "배부르게 됨과 배고프게 됨" 그리고 "풍부하게 됨과 궁핍하게 됨"으로 구분한다. 첫째는 "배부르게 됨과 배고프게 됨"에 대처하는 비결이다. 우리의 인생은 이 두 상태의 지속적인 교차로 분주하다. 그러나 지혜자의 말처럼 "배부른 자는 꿀이라도 싫어하고 주린 자에게는 쓴 것이라도"(잠 27:7) 달기 때문에 지혜로운 대처가 필요하다. "배부르게 됨"($\chi o \rho \tau \acute{\alpha} \zeta \varepsilon \sigma \theta \alpha \iota$)은 "채워지는 것"을 가리킨다. 이는 오병이어 혹은 칠병이어 사건에서 무리가 먹고 배부른 상태를 묘사한 낱말이다(막 14:20). 또한 의에 주리고 목마른 자는 의의 배부름을 얻을 것이라는 묘사에도 쓰인 낱말이다. 음식이든 도덕이든 원하던 것이 채워졌을 때는 자만하지 말고 낭비하지 말고 채워진 내용물 자체에 매료되지 말고 그것을 채우신 하나님을 의식하고 이웃을 도우며 그분에게 감사와 경배를 드리는 처신이 필요하다. 바울은 자신에게 채워진 것이 무엇이든 주로부터 받지 않은 것이 하나도 없다(고전 4:7)는 의식으로 고린도 교회가 "이미 배부르며 이미 풍성하"여 스스로 왕이 되려는 교만에 빠진 상황에서 너희의 배부름과 풍성함은 하나님에 의해 주어진 것이기 때문에 자랑하지 말고 하나님께 감사해야 한다고 가르쳤다(고전 4:6-8).

"배고프게 됨"(πεινᾶν)은 우리의 신체에 심각한 결핍이 발생하는 것을 가리킨다. 이는 예수께서 사십 주야를 금식하여 주리신 상태를 표현할 때 쓰인 낱말이다(마 4:2). 에너지의 고갈은 삶의 마비를 가져온다. 신속한 조치를 취하지 않으면 안 되는 상황에 대처하는 비결은 일용할 양식을 달라고 기도하며 하나님 아버지께 엎드림에 있다. 야고보도 "너희 중에 고난 당하는 자가 있느냐 저는 기도할 것"이라고 했다(약 5:13). 시인의 고백처럼, 하나님은 "주린 영혼에게 좋은 것으로 채"우신다(시 107:9). 채우시는 방법은 양식을 직접 주시거나 "주린 자에게 음식물을 주며 벗은 자에게 옷을 입히"는 의인(겔 18:16)을 보내신다. 욥은 "목마른 자에게 물을 마시게" 하고 "주린 자에게 음식을" 제공한 동방의 대표적인 의인이다(욥 22:7). 이사야는 "주린 자에게 네 심정이 동하며 괴로워하는 자의 심정을 만족하게 하면 네 빛이 흑암 중에서 떠올라 네 어둠이 낮과 같이 될 것"이라고 했다(사 58:10). 하나님은 이런 방식으로 배고픈 자에게도, 배부른 자에게도 놀라운 은총을 베푸신다.

둘째는 "풍부하게 됨과 궁핍하게 됨"에 대처하는 비결이다. "풍부하게 됨"은 동일한 구절에서 두 번이나 사용된 낱말이다. 이에 칼뱅은 앞의 의미가 "탁월하게 됨"(excellere)을 가리키고 뒤의 의미가 "풍성하게 됨"(abundare)을 가리키는 말이라고 해석한다. 질적인 풍부함과 양적인 풍부함을 모두 가리키는 이 낱말의 핵심은 필요 이상으로 넘친다는 사실이다. 이런 상태에 대처하는 비결에 대해 칼뱅은 하나님께 감사하고 하나님이 원하실 때 모든 풍성함을 기꺼이 내놓을 준비를 하고 궁핍한 형제를 보면 그에게 기꺼이 나누어야 한다고 설명한다. 우리의 생명을 비롯하여 건강이나 권세나 재물이나 명예나 사회적인 영향력은 모두 하나님에 의해 맡겨진 선물이다.

버나드의 말처럼, "풍성한 잔치에서 배고픔을 유지하는 것, 옷들로 둘러싸여 있지만 추위를 견디는 것, 영예 속에서도 겸손을 유지하는 것은 위대하고 희귀한 미덕이다." 이런 미덕의 소유자는 어떠한 잔치와 옷들과 영예에 의해서도 미혹되지 않을 것이 분명하다. 버나드의 지적처럼, 포에니 전쟁에서 한니발 장군은 "배고픔과 궁핍함을 견디는 방법은 알았으나 배부름과 풍요함의 비결은 몰라서" 결국 카푸아의 유혹들이 불굴의 한니발을 쇠약하게 만들었다.

"궁핍하게 됨"(ὑστερεῖσθαι)은 "경기에서 뒤처지다, 열등하게 되다, 부족하게 되다, 부족함을 겪다" 등을 의미한다. 이 단어는 다양한 맥락에서 사용된다. 바울은 죄인이 하나님의 영광에 이르지 못한다는 부족함을 설명하기 위해 이 단어를 사용했다(롬 3:23). 그리고 그가 다른 사도들과 비교할 때 자신이 전혀 열등하지 않다는 말에서 사용했다(고후 11:5). 마태는 예수님의 비유에서 모든 율법을 지켰으나 구원에 부족한 것을 알려 달라는 청년의 물음에서 이 단어를 사용했다(마 19:20). 요한은 가나안의 혼인 잔치에서 포도주가 다 떨어진 상황을 설명할 때 이 단어를 사용했다(요 2:3). 인생에는 다양한 종류의 궁핍함이 있다. 누구나 경험한다. 그러나 아우구스티누스의 말처럼, "궁핍함은 모든 인생의 한 조각이나 궁핍함을 아는 것은 위대한 인생의 한 조각이다." 여기에서 안다는 것은 대처법에 대한 체험적인 지식을 의미한다.

바울은 "여러 번 자지 못하고 주리며 목마르고 여러 번 굶고 춥고 헐벗었다"(고후 11:27). 이런 아픈 경험들이 바울을 배고픔과 궁핍함 대처의 전문가로 만들었다. 이것만이 아니라 바울은 피땀이 묻은 노동, 억울한 투옥, 죽을 정도의 매 맞음, 여러 번의 파선, 깊은 바다에서 밤새우기, 강과 강도와 동족과 이방인과 시내와 광야와 거짓 형제들로 말미암는 다양한 위험들을 경험했다. 얼마나 많은 비결들을 배웠을까? 언급된 고난들은 바울을 불행한 인생이 아니라 다른 누구보다 더 단단한 사도로 만들었다. 이것은 바울에게 종교적인 무용담의 소재가 아니라 배고픔과 궁핍함을 겪는 무수한 사람들을 섬기는 유용한 도구였다. 이렇게 훈련된 바울은 "누가 약하면 내가 약하지 아니하며 누가 실족하게 되면 내가 애타지 않았냐"고 고백한다(고후 11:29). 이러한 공감력을 통해 그는 자신의 코드에 맞는 소수가 아니라 "모든 사람에게 종"(고전 9:19)이 되는 선교적 성육신을 죽을 때까지 발휘했다.

¹³나는 나를 강하게 하시는 분 안에서 모든 것들을 할 수 있습니다

바울은 자신이 배운 모든 비결의 비밀을 소개한다. 바울이 어떠한 상황 속에서도 능히 대처할 수 있었던 것은 그를 강하게 하시는 분 안에서 모든 것을 할 수 있기 때문이다. 다른 곳에서 바울은 "그리스도 예수 우리 주"께서 자신을 "강하게 하시는 분"이라고 설명한다(딤전 1:12). 사람만이 아니라 모든 동식물도 스스로 강해지지 못하고 창조자에 의해서만 강해진다. 피조물의 창조주 의존성은 강함과 활동만이 아니라 존재와 의지에도 적용된다. 즉 모든 피조물은 존재와 존속이 모두 그를 힘입어 유지된다. 그가 생명과 호흡과 만물을 베푸시기 때문에 존재하고 기능한다.

문맥을 보면, 주님의 강하게 하심은 주 안에서 항상 크게 기뻐하는 것과 무관하지 않다. 우리는 그냥 강해지지 않고 어떤 조건을 충족할 때 강해진다. "여호와로 인하여 기뻐하는 것이 너희의 힘"(느 8:10)이라는 느헤미야 총독의 말처럼 그 조건이 바로 기쁨이다. 주 안에서 기뻐하는 마음의 즐거움은 지혜자의 말처럼 우리의 인격과 몸과 삶을 강하게 만드는 양약이다(잠 17:22). 그러므로 그분을 항상 크게 기뻐하면 우리는 항상 크게 강해진다. 어떤 한의학 전문가는 우리가 웃고 기뻐하면 몸에서 엔돌핀과 세르토닌 같은 좋은 호르몬이 분비되어 즐거움이 증대되고 기억력도 강화되고 인내력도 향상되고 면역력도 커진다고 분석한다. 기쁨을 넘어 감동까지 하면 엔돌핀의 4,000배 효과가 나타나기 때문에 범사에 감격하면 살라고 권면한다. 그런데 하나님은 좋은 호르몬 전부와도 비교할 수 없는 무한히 위대한 분이시다. 그런 분을 우리가 기뻐하면 영혼의 즐거움과 인내력과 면역력은 얼마나 강해질까?

바울은 자신을 강하게 만드시는 주님 안에서 어떠한 예외도 없이 "모든 것"(pa,nta)을 할 수 있다고 단언한다. 칼뱅은 "모든 것"이 바울의 "소명에 속한 것들의 범주"를 가리키는 말이라고 한다. 물론 바울도 우리 각자가 받은 은사가 다르고 기능도 다르고 역할도 다른 몸의 다양한 지체라고 했다. 그러나 바울이 지금 여기에서 말하고자 하는 것은 이미 주어진 태생적인 은사나 재능이나 소명을 말하지 않고 지금도 강하게 하신다는 현재형(ἐνδυναμοῦντί) 은총이다. 하나님은 충성된 자에게 더 많은 달란트를 계속해서 베푸시고 더 많은 고을을 계속해서 맡기신다. 그래서 나는 "모든 것"을 말 그대로 "모든 것"이라고 이해한다. 이러한 이해는 앞 구절에서 말한 "모든 것에서 그리고 모든 것들에서"라는 바울의 언급과 상응한다. 물론 할 수 있는 "모든 것"은 주님 "안에서"로 제한된다. 주님을 벗어나면 아무것도 할 수 없기 때문이다(요 15:5).

"모든 것들을 할 수 있다"는 말의 의미는 다양하다. 첫째, 주님께는 불가능한 것이 없음을 의미한다. 하나님은 예레미야 선지자를 통해 이런 기록을 남기셨다. "나는 여호와요 모든 육체의 하나님이라 내게 할 수 없는 일이 있겠느냐"(렘 32:27). 둘째, 그런 주님은 자신이 원하시는 자를 누구보다 강하게 만드신다. 주님께서 원하시는 자는 누구인가? "여호와의 눈은 온 땅을 두루 감찰하사 전심으로 자기에게 향하는 자들"을 찾으시고 그에게 능력을 베푸신다(대하 16:9). 구약에서 전심으로 주님을 향하는 자는 신약에서 하나님을 전심으로 의지하는 믿음의 사람을 가리킨다. 셋째, 주님만이 아니라 그가 강하게 하시는 자에게도 불가능이 없다. 그래서 주님께서 이렇게 말하셨다. "믿는 자에게는 능히 하지 못할 일이 없느니라"(막 9:23). 넷째, 우리에게 가능한 일이 있다면 주님께서 우리를 강하게 하셨기 때문이다. 그래서 우리가 무슨 일을 했다면 자랑하지 말고 주님께 감사와 영광을 돌림이 마땅하다. 자신의 됨됨이와 수고가 하나님의 은혜로 이루어진 것이라는 바울의 겸손한 고백은 당연하다(고전 15:10). 이처럼 이 구절에는 하나님을 아는 지식과 그의 은총이 짙게 스며들어 있다.

바울은 모든 것을 "할 수 있었다"는 과거가 아니고, "할 수 있을 것"이라는 미래도 아닌, "할 수 있다"(ἰσχύω)는 현재형을 사용한다. 지금 바울은 투옥되어 있다. 이처럼 가장 열악한 상황 속에서도 자신에게 능력을 주시는 분 안에서는 모든 것이 가능하다. 모든 일의 가능성이 사람의 상태에 의존하지 않고 상황에 의존하지 않고 오직 어제나 오늘이나 영원히 동일하신 주님께 의존하기 때문이다. 그분은 감옥에 갇히실 수 없기 때문이다. 그리고 이 현재형 동사가 영어로는 "I can do"가 아니라 "I can"으로 번역된다. 그래서 "행위" 동사가 아니라 "가능성" 동사이기 때문에 뉴랜드는 이 표현이 "내가 모든 것을 행할 수 있다"는 것보다 더 위대하고 포괄적인 것을 뜻한다고 지적한다. 주님의 권능으로 바울이 할 수 있는 것의 항목에는 행하는 것만이 아니라 당하는 것도 포함되며 말하는 것만이 아니라 침묵하는 것도 포함되며 이루는 것만이 아니라 허무는 것도 포함되며 선을 행하는 것만이 아니라 악을 행하지 않는 것도 포함된다. 즉 실천적인 것만이 아니라 사색적인 것도, 능동적인 것만이 아니라 수동적인 것도, 그 모든 것 이상의 것들도 그에게는 가능하다.

14그럼에도 불구하고 여러분이 나의 괴로움에 참여한 것은 잘 한 것입니다

바울은 혼자가 아니라 공동체와 함께 일하는 것을 선호한다. 주님은 바

울 없이도 얼마든지 혼자서도 일하신다. 자신을 강하게 만드시는 주님으로 말미암아 바울도 혼자 일하는 것이 얼마든지 가능하다. 그러나 주님은 사람과 더불어 일하는 것을 원하신다. 바울도 그런 주님의 기호를 따라 공동체와 일하는 것을 기뻐한다. 그래서 빌립보 교회가 자신의 "괴로움에 참여한 것"이 "잘한 것"이라고 칭찬한다. 우리가 주님과 동역할 때도 즐거운 일만이 아니라 고단한 일에도 참여해야 하듯이, 공동체 안에서도 우리 개개인은 유쾌한 일만이 아니라 괴로운 일에도 참여해야 한다.

바울이 주 안에서 능히 혼자서 모든 것을 할 수 있다는 것은 바울만이 아니라 빌립보 공동체도 안다. "그럼에도 불구하고"(πλὴν) 그들은 바울의 "괴로움"에 참여한다. 여기에서 "괴로움"은 빌립보 교회의 잉여 생필품을 바울에게 나누는 것만이 아니었다. 그들은 바울과 함께 실제로 물품의 나눔만이 아니라 마음의 고난과 아픔의 짐도 나누었다. 이렇게 빌립보 교회가 바울의 괴로움에 참여한 것은 투옥된 바울이 아무것도 하지 못하게 되었기 때문이 아니었다. 바울은 감옥 안에서도 모든 것이 가능했다. 그런데도 교회가 그의 괴로움에 동참한 것은 사도의 영광에도 동참하는 일이었다. 이는 "선지자의 이름으로 선지자를 영접하는 자는 선지자의 상을," "의인의 이름으로 영접하는 자는 의인의 상을 받을 것"이라는 원리에 근거한다(마 10:41). 그래서 바울은 그들의 동참을 "잘했다"(καλῶς ἐποιήσατε)고 칭찬했다. 또한 빌립보 교회가 바울의 괴로움에 참여한 것은 행한 대로 갚으시는 하나님의 섭리와도 무관하지 않다. 골로새 교회에 보낸 편지에 잘 나타난 것처럼 바울은 교회의 괴로움을 방치하지 않고 교회를 위해 "받는 괴로움"을 기뻐한 사도였다(골 1:24). 이제는 교회가 바울의 괴로움에 기꺼이 참여한다. 서로의 괴로움에 참여하는 것이 사랑의 정석이다. 우리가 당한 사망의 괴로움을 주님께서 십자가 위에서 친히 당하셨기 때문에, 우리도 바울처럼 주님의 남은 괴로움을 우리의 육체에 채우기 위해 날마다 서로를 위해 죽고자 함이 마땅하다(고전 15:31; 골 1:24).

¹⁵그러나 빌립보 성도여, 복음의 시초에 내가 마게도냐를 떠날 때
줌과 받음의 일에 참여한 교회가 만약 여러분이 없었다면
나에게 아무도 없었다는 것을 여러분은 아셨습니다

바울은 지금 자신의 괴로움에 참여하고 있는 빌립보 교회가 "복음의 시초"에도 그랬음을 언급하며 칭찬한다. 주님의 부르심을 받은 초기에 바울은 아시아로 가서 복음을 전하고자 했다. 그러나 "마게도냐 사람 하나가 서서" 바울에게 "우리를 도우라"고 부탁하는 환상을 보고 걸음을 마게도냐 지역으로 돌이켰다(행 16:9-10). 빌립보는 "마게도냐 지방의 첫 성"이었기 때문에 그곳을 먼저 방문했고 유럽의 첫 번째 교회를 그곳에 개척했다. 이후로 빌립보 교회가 바울의 선교를 도와주지 않았다면 바울은 아무도 없어서 홀로 괴로움을 당했을 게 분명하다. 누구의 도움도 받지 못하는 사람을 돕는다는 것은 대단한 결정이다. 그가 당하는 괴로움의 독박을 쓸 것까지도 각오해야 하기 때문이다. 일단 돕고자 하는 자가 나타나면 탄력을 받아서 후원에 참여하는 교회들이 서서히 늘어난다. 그러나 빌립보 교회는 당시에 바울을 돕고자 하는 다른 교회가 하나도 없는 상황을 "알았다"(οἴδατε)고 바울은 지적한다. 이는 부담감이 컸을 텐데도 바울의 괴로움에 기꺼이 참여한 빌립보 교회의 순수한 사랑을 증거한다. 바울을 도우려는 개인이나 공동체의 유무와 무관하게 "복음의 시초"부터 그의 괴로움에 참여한 빌립보 교회는 지금까지 그의 괴로움에 한결같이 참여하고 있다.

빌립보 교회가 참여한 구체적인 내용은 "줌과 받음의 일"(λόγον δόσεως καὶ λήμψεως)이었다. 이것의 의미는 고린도 교회와 바울의 관계를 살펴보면 짐작된다. "우리가 너희에게 신령한 것을 뿌렸은즉 너희의 육적인 것을 거두기로 과하다 하겠느냐"(고전 9:11). 이 구절을 보면 바울 일행이 고린도 교회에 선교비 후원을 강제한 것처럼 느껴진다. 심지어 복음 전파의 사례비를 교회에 요구하는 것을 "권리"라고 표현한다. 이것에 근거하여 쟝 달리는

바울을 위한 빌립보 교회의 후원이 "정의의 행위이며 순수한 자선의 행위가 아니라"고 주장한다. 그러나 우리는 바울이 육적인 것 거두기의 당연한 권리를 하나도 쓰지 않았다는 사실도 고려해야 한다(고전 9:12). 이는 복음의 더욱 효과적인 전파를 위함이다. 이런 고린도 교회와 바울의 관계를 볼 때, 아마도 바울은 빌립보 교회에 신령한 것을 주고 그 교회는 바울에게 물질적인 것을 제공했을 것이고, 이러한 줌과 받음의 일은 강요가 아니라 자발적인 선택의 결과였을 것으로 추정된다. 그래서 빌립보 교회가 바울에게 의무를 이행한 것이 아니라 나눔의 일에 "참여한 것"이라고 표현했다.

아우구스티누스는 "자비의 육적인 일이 설교의 영적인 일과 결합되며 평화는 줌과 받음의 균형에서 온다"고 설명한다. 균등하게 분배하는 것은 구약과 신약 모두에서 가르치는 사랑과 정의의 조합이다(레 7:10; 고후 8:14). 쟝 달리의 표현처럼, 바울은 이런 질서를 따라 빌립보 교회에 "복음을 전파하고 하나님의 평화를 전하고 영원한 생명의 복된 것들을 주고" 땅의 것들을 받았으며, 빌립보 교회는 바울의 영적인 도움을 받고 땅의 것들을 그에게 제공했다. 이것은 오늘날 목회자가 교회를 목양하며 사례비를 받는 것과 유사하다. 바울과 빌립보 교회는 줌과 받음을 통한 교제의 대표적인 모델이다. 크리소스토무스의 말처럼, "각자 자신이 가지고 있는 것을 서로 제공하는 방식으로 그들은 교제를 나누었다." 이런 줌과 받음의 교제는 교부의 말처럼 이 "세상에서 시작하고 천국에서 종결된다." 이 땅에서 발생하는 이런 교환의 교제는 하나님의 나라에서 일어날 교제의 체험이고 연습이다.

¹⁶데살로니가에 있을 때도 여러분이 나의 필요를 위하여
한번 그리고 더 보내 주었습니다

바울은 자신이 빌립보에 머물 때만이 아니라 데살로니가 지역에 있을 때도 빌립보 교회가 자신의 필요를 두 번 이상이나 채워 주었다고 언급한다. 데살로니가는 마게도냐 지방의 수도였다. 그곳에서 바울 일행은 유대인의 비열한 계략 때문에 야반도주 상황으로 내몰리며 베레아로 이동해야 했다. 물론 그곳에서 전한 복음의 열매는 풍성했다. 그러나 유대인 무리와 읍장들에 의해 심각한 봉변을 당할 뻔하였다. 다행히 바울 일행은 야손과 다른 사람들의 도움으로 그 위기를 모면했다(행 17:5-10). 그러나 바울이 그곳에서 사역하는 동안에 빌립보 교회는 두어 번의 생필품을 제공했다. 이런 사랑을 실천하기 위해서는 바울의 동선을 주시하며 바울의 필요를 감지하며 다양한 장애물을 넘어 그에게 전달하는 등 다양한 요소들의 철저한 준비가 필요하다. 빌립보 교회는 그 모든 것을 준비했다. 그들은 사도가 눈에 보일 때만이 아니라 떠나 있어서 보이지 않을 때도 그의 필요를 감지하는 촉과 채우려는 사랑을 간직했다. 쟝 달리의 말처럼, 빌립보 교회는 바울을 돕되, 복음의 시초부터 지금까지 자신의 고장에서 도왔고, 데살로니가 지역에서 도왔고, 이 도움은 급기야 "바다를 건너고 네로의 감옥까지 이르렀다." 진실로 지칠 줄 모르는 의리이고, 포기하지 않는 사랑이다.

여기에서 우리는 빌립보 교회가 바울을 후원하되 그를 부자로 만들려는 것이 아님을 주목해야 한다. 그들은 바울의 풍요를 위함이 아니라 그의 "필요를 위하여"(εἰς τὴν χρείαν) 후원했다. 필요한 양식을 구하여야 한다는 자세는 주기도문 안에서도 확인된다. 필요한 양식 이상의 것을 구하지 않아야 한다는 자세는 이스라엘 백성이 광야생활 속에서 체득해야 할 삶의 질서였다. 이러한 질서는 선지자나 사도의 삶에도 적용된다. 바울과 빌립보 교회는 이 질서를 후원의 기준으로 삼아 교류했다. 물론 바울이 데살로니가 교회에 보낸 편지를 보면 사역할 당시에 빌립보 교회의 후원으로 모든 필요가 채워진 것은 아니었다. 그래서 데살로니가 교회에 "폐를 끼치지 않으려고 밤낮으로 일하면서" 복음을 전해야만 했다(살전 2:9; 살후 3:8). 여기에서 우리는 바울이 선교할 때 생계를 위해 자신에게 가용한 노동력을 주야로 사용했고 그렇게 하고서도 부족한 부분만 교회의 도움을 받았다는 사실을 확인한다. 그곳의 교회에서 도움을 받을 권리가 없었기 때문이 아니었다(살후 3:9). 그 권리를 포기하고 일한 이유는 누구든지 일하기 싫어하면 먹지도 말아야 하고 그리스도 안에서는 "조용히 일하여 자기 양식을 먹"어야 한다는 본을 보이기 위함이다(살후 3:10-13). 바울의 모든 필요를 채우지는 못했다고 해서 빌립보 교회의 후원이 폄하되는 것은 아니었다. 오히려 *그것이* 바울과 빌립보 교회의 아름다운 연합과 협력을 가능하게 하는 적당한 정도였기 때문이다.

빌 4:17-23

17내가 선물을 구함이 아니요 오직 너희에게 유익하도록 풍성한 열매를 구함이라 **18**내게는 모든 것이 있고 또 풍부한지라 에바브로디도 편에 너희가 준 것을 받으므로 내가 풍족하니 이는 받으실 만한 향기로운 제물이요 하나님을 기쁘시게 한 것이라 **19**나의 하나님이 그리스도 예수 안에서 영광 가운데 그 풍성한 대로 너희 모든 쓸 것을 채우시리라 **20**하나님 곧 우리 아버지께 세세 무궁하도록 영광을 돌릴지어다 아멘 **21**그리스도 예수 안에 있는 성도에게 각각 문안하라 나와 함께 있는 형제들이 너희에게 문안하고 **22**모든 성도들이 너희에게 문안하되 특히 가이사의 집 사람들 중 몇이니라 **23**주 예수 그리스도의 은혜가 너희 심령에 있을지어다

17나는 선물을 구하지 않고 여러분의 유익을 위해 열매가 풍성하게 됨을 구합니다 **18**나는 모든 것을 충분하게 받아서 풍성함을 가지고 있습니다 여러분이 에바브로디도 편으로 준 것을 받아서 풍족한데 이는 하나님이 받으실 만하고 기뻐하실 감미로운 향기와 제물입니다 **19**그러나 나의 하나님이 그리스도 예수 안에서 영광 가운데 그의 풍성함을 따라 여러분의 모든 필요를 온전하게 채우실 것입니다 **20**하나님 곧 우리 아버지께 영광이 세세 무궁하길, 아멘 **21**여러분은 그리스도 예수 안에 있는 모든 성도에게 문안을 드리세요 나와 함께 있는 형제들도 여러분께 문안을 드립니다 **22**모든 성도들이, 특별히 가이사의 집 사람들 중에 몇이 여러분께 문안을 드립니다 **23**주 예수 그리스도의 은혜가 여러분의 심령과 함께 있기를!

20 더 위대한 기쁨

¹⁷나는 선물을 구하지 않고
여러분의 유익을 위해 열매가 풍성하게 됨을 구합니다

바울은 자신이 지금 빌립보 교회를 칭찬하는 이유가 "선물"을 구함이 아니라고 한다. 이는 11절의 다른 표현이다. 물론 예나 지금이나 타인의 지갑을 여는 최고의 전략은 칭찬이다. 칭찬을 받은 대부분의 사람들은 지갑을 닫으면 지금까지 받은 칭찬이 틀렸다고 자증하는 셈이어서 기부의 막다른 골목으로 내몰린다. 사실 빌립보 교회의 독보적인 섬김과 일관된 후원에 대한 바울의 칭찬은 교회에게 앞으로도 그 기조를 바꾸지 말라는 우회적인 압력으로 해석될 가능성이 높다. 진실로 타인의 후원을 노리는 전략적인 칭찬은 모독이다. 그러나 바울은 타인에 대한 칭찬을 사적인 이득의 방편으로 활용하는 사도가 아니라 오히려 그 반대였다. 바울이 의도한 칭찬의 목적은 빌립보 교회의 유익을 위한 열매가 그들에게 "풍성하게 됨"(τὸν πλεονάζοντα)이었다.

진실로 빌립보 교회의 풍성한 후원은 그들 자신에게 풍성한 유익의 밑천이다. 이에 대하여 칼뱅은 비례성을 강조하며 빌립보 교회가 바울에게 후원한 "지출은 그만큼의 수입이기 때문에 내가 너희에게 받은 정도만큼 너희도 받게 될 것이라"는 뜻이라고 해석한다. 후원이 인간적인 면에서는 지출인데 섭리를 고려하면 잠재적인 수입이다. 예수님의 말씀처럼, 우리가 소유를 팔아 구제하면 "낡아지지 아니하는 배낭을 만드는 것"이고 그 배낭은 "하늘에 둔 바 다함이 없는 보물"이기 때문이다(눅 12:33). 그래서 아우구스티누스는 "의인에게 주어진 기부는 하늘의 보화를 취득하는 것"이라고 해석한다. "당신이 소유할 수 있는 모든 것의 가치"보다 더 고귀한 것을 "네가 얼마나 낮은 가격으로 사는지를" 잊지 말라고 권고한다. 이는 기부가 땅의 소멸되는 가격으로 영원히 소멸되지 않는 가치를 취득하는 일이기 때문이다. 그래서 20대의 꽃다운 목숨을 잃었지만 "영원한 것을 얻고자 영원할 수 없는 것을 버리는 자는 바보가 아니라"는 짐 엘리엇 선교사의 경건한 소신은 진실이다.

여기에서 "유익"으로 번역된 "로고스"(λόγος)는 원래 "이성 혹은 원리"로 번역된다. 즉 "여러분의 이성을 위한 열매"라는 번역도 가능하다. (나아가 "여러분의 로고스" 즉 여러분의 예수님을 위한 열매라는 해석도 가능하다.) 토마스는 "모든 미덕이 이성에 속한다"는 사실에 근거하여 이 구절을 해석하되 빌립보 교회가 얻는 열매가 한편으로 "영혼의 미덕"(virtus animae)과 관계되어 있으며, 다른 한편으로 바울에게 준 것보다 "더 많음"(plus)을 뜻한다고 주장한다. 이는 아우구스티누스의 해석에 기초한다. 아우구스티누스는 바울이 사용한 "선물"과 "유익 혹은 열매"의 의미를 구분하되 "선물이 돈, 고기, 음료, 의복, 은신처, 도움과 같은 필요들을 우리에게 제공하는 사물 자체"라면 "열매는 기부자의 선하고 올바른 의지"라고 설명한다. 이처럼 선물보다 열매는 더 고결하다. 교부의 해석에 따르면, 바울은 선물을 이미 받았고 그 선물을 제공한 빌립보 교회는 앞으로 선하고 올바른 의지를 가질 것이기에 더 풍성하게 된다. 조금 다른 뉘앙스로, 토마스는 "현세적인 사물만 즐기는 사람은 기부자만 바라보나 … 기부자의 유익을 주목하는 자는 미덕과 공의의 열매를 구하는 자이며 그런 자가 목자"라고 해석한다. 목자는 양들의 지갑을 주목하지 않고 그들의 심성에 덕이 쌓이도록 더 높은 가치의 함양을 추구한다. 오늘날 목회자가 성도에게 바라는 가치의 질은 어떠한가?

바울이 받은 선물보다 빌립보 교회의 됨됨이가 더 고귀하다. 이 대목에서 주는 자가 받는 자보다 복되다는 주님의 가르침이 떠오른다. 하나님은 대접하는 자에게 더 좋은 대접을 받게 만드시고 뿌리고 심은 것보다 더 많이 거두게 만드시고 행한 것보다 더 크게 갚으신다. 이런 가르침에 따르면, 빌립보 교회가 바울에게 필요를 대접했기 때문에 그들의 더 큰 필요가 더 많이 채워진다. 쟝 달리는 빌립보 교회의 후원이 바울에게 "무슨 대단한 결과가 아니라"고 한다. "약간의 돈이 삶과 죽음을 초탈하고 세상의 부와 영광을 배설물로 여기는 사람에게 무슨 유익이 되겠는가?" 또한 빌립보 교회가 받은 "영원하고 천상적인 유익," 즉 "주님의 영광과 칭찬"에 비하면 바울에게 제공한 그들의 후원금은 결코 대단하지 않다고 설명한다. 주는 자에게 더 풍성하게 갚으시는 하나님의 섭리 때문에 바울은 빌립보 교회에게 후원 이야기를 꺼냈고, 이 이야기를 통해 그들은 누군가를 위해 더 많은 후원에 힘쓸 것이고 그러면 그들 자신이 더더욱 풍성한 유익을 얻을 것이기 때문에 바울은 "여러분의 유익을 위해 풍성하게 됨을 구한다"는 이타적인 진심을 말하였다.

> ¹⁸나는 모든 것을 충분하게 받아서 풍성함을 가지고 있습니다
> 여러분이 에바브로디도 편으로 준 것을 받아서 풍족한데
> 이는 하나님이 받으실 만하고 기뻐하실 감미로운 향기와 제물입니다

바울은 자신이 지금 선물을 구하는 게 아니라는 이유를 설명한다. 즉 그는 "모든 것을 충분하게 받아서 풍성함을 가지고" 있기 때문이다. 여기에서 "모든 것"은 바울의 모든 필요인 동시에 빌립보 교회가 바울에게 주고자 한 모든 항목을 가리킨다. 모든 필요와 항목에 있어서 바울은 충분하게 받아서 풍성하다. 이는 빌립보 교회가 의도한 후원이 바울에게 충분하고 풍성함을 나타내고 이 일을 수행한 에바브로디도가 도중에 빼돌리지 않고 바울에게 전부를 정확하게 전했음을 나타내고 바울의 형편은 전혀 부족함이 없고 그래서 추가적인 선물의 필요성도 없음을 나타낸다. 부족함이 없고 충만한 사도의 상태를 보면 다윗의 고백이 떠오른다. 하나님이 우리의 목자가 되시면 우리는 부족함이 없다. 그런데 부족함이 없어지는 방식은 형제들 사이의 사랑과 나눔이다. 물론 광야의 만나 사건에서 보이듯이 모든 공급의 원천은 하늘이다. 그러나 그때도 이스라엘 백성에게 부족함이 없었던 것은 많이 거둔 자가 적게 거둔 자에게 나누었기 때문에 가능했다(출 16:17-18). 광야의 나눔을 해석한 바울의 표현처럼, 모든 자들은 자신의 풍족함을 부족한 타인에게 나누고 타인의 풍족함이 부족한 자신에게 주어지는 방식으로 부족함이 없어지고 균등하게 된다(고후 8:14). 이러한 사랑의 나눔은 스펄전의 눈에 "가이사의 법정과 로마 전역에서 최고의 주인으로 군림하던 자아"의 이기적인 규범과 심히 대조된다. 빌립보 교회는 로마의 가치관, 아니 온 세상의 규범을 능가하는 나눔의 "새로운 원리를 따라 움직였다." 이는 그냥 생성된 것이 아니라 "그리스도 예수 안에서의 하나님 사랑이 복음으로 자신들을 바꾼 사도에 대한 사랑을 창출했다."

바울은 빌립보 교회의 후원을 "하나님이 받으실 만하고 기뻐하실 감미

로운 향기와 제물"이라고 평가한다. 이것이 나는 바울이 크게 기뻐한 이유라고 생각한다. 이 장면에서 스펄전은 "궁전에서 높이 세워진 가이사보다 훨씬 더 행복한" 바울을 목격한다. 동시에 바울은 이러한 평가로 빌립보 교회를 지도하고 있다. 즉 교회는 자연인 바울의 궁핍함 때문이 아니라 하나님의 보내심을 받은 사도 바울의 선교적인 필요 때문에 후원으로 참여하는 것이며 이는 사람에게 주어지는 것이 아니라 하나님께 드려지는 제사라고 가르친다. 후원에 있어서 사람과 사람의 일을 주목하지 말고 하나님과 하나님의 일을 위하라고 가르친다. 사도가 하나님과 하나님의 일을 위하지 않으면 후원을 끊으라는 말이기도 하다.

"감미로운 향기"(ὀσμὴν εὐωδίας)는 구약의 제사에서 제물을 불태울 때 나오는 향기로운 냄새를 떠올리게 한다(출 29:25). 후원은 감미로운 향기를 내는 제물이다. 후원은 자신이나 세상을 위하지 않고 하나님을 향하여 드려질 때만 향기로운 제물이다. 빌립보 교회의 후원은 감미로운 향기로 하나님을 기쁘시게 한다. 이것은 빌립보 교회에 주어지는 풍성한 유익 즉 선하고 의로운 의지를 소유하는 것보다 더 큰 유익이다. 아니, 최고의 유익이다. 하나님을 기쁘시게 하는 것은 우리에게 가장 위대한 기쁨이기 때문이다. 하나님을 기쁘시게 하는 향기로운 빌립보의 제물 이야기는 로마서의 예배를 떠올리게 한다. 그곳에서 바울은 하나님을 기쁘시게 하는 거룩하고 산 제물로 우리의 몸을 드리라고 했고 이것이 합당한 예배라고 했다(롬 12:1). 하나님의 일을 위하여 물질을 후원하는 것도 제물인데 바울은 최고의 제물이 우리의 몸이라고 한다. 히브리서 저자의 생각도 바울과 비슷하다. 즉 "선을 행함과 서로 나누어 주기"가 하나님을 기쁘시게 하는 제사라고 가르친다(히 13:16). 바울이 히브리서 저자일 것이라고 추측하게 만드는 대목이다. 심지어 바울 자신은 "몸으로 있든지 떠나든지 주를 기쁘시게 하는 자가 되기를 힘"쓴다고 고백한다(고후 5:9). 이처럼 바울은 최고의 기쁨을 일평생 추구한 사도였다.

어쨌든 주님을 위하여 몸으로 행하는 것과 돈으로 섬기는 것은 모두 향기로운 제사로 분류된다. 이런 제물이 드려지는 번제단은 무엇인가? 칼뱅의 말처럼, "우리의 자원들이 드려져야 하는 희생의 제단들은 가난한 자들과 그리스도 예수의 종들"이다. 성막 안에 있는 물리적인 번제단이 아니라 사람이다. 쟝 달리도 "사람들을 제물이 드려지는 유일한 제단"으로 본다. 이러한 이해의 근거는 예수님의 말씀이다. 즉 "너희가 여기 내 형제 중에 지극히 작은 자 하나에게 한 것이 곧 내게 한 것이니라"(마 25:40). 사랑으로 선을 행하는 제사 방식의 원형도 우리 주님이다. 바울의 고백처럼, 주님은 "우리를 위하여 자신을 버리사 향기로운 제물과 희생 제물로 하나님께 드리"신 분이시다(엡 5:2).

바울을 위한 빌립보 교회의 선행이 하나님께 "감미로운 향기"와 "기쁘시게 하는 제물"인 이유에 대해서는 쟝 달리의 분석으로 충분하다. 첫째, 하나님이 교회에 말씀 증거자와 좋은 것을 나누라고 명하신 분이기 때문이다. 둘째, 선행은 하나님의 선하심의 그림자와 표상이기 때문이다. 셋째, 선행은 성령의 산물이기 때문이다. 넷째, 선행은 하나님이 선한 자들을 은총과 보상으로 응답하실 것이라고 약속하신 일이기 때문이다.

> ¹⁹그러나 나의 하나님이 그리스도 예수 안에서 영광 가운데
> 그의 풍성함을 따라 여러분의 모든 필요를 온전하게 채우실 것입니다

바울은 빌립보 교회의 후원에 대한 하나님의 놀라운 보상을 확증한다. 스펄전은 후원과 보상의 절묘한 차이를 기막힌 화법으로 대비한다. 즉 빌립보 교회는 바울의 필요를 채웠지만, 바울의 "하나님"은 그들의 필요를 채우신다. 그들은 에바브로디도를 통해 선을 행했지만, 하나님은 "그리스도 예수 안에서" 선을 이루신다. 그들은 고단함 중에 나누어 주었지만, 하나님

은 "영광 가운데" 그들의 괴로움을 돌보신다. 그들은 자신의 경제적인 한계를 따라 바울을 도왔지만, 하나님은 "그의 풍성함을 따라" 그들을 도우신다. 그들은 바울의 부분적인 필요를 채웠지만, 하나님은 그들의 "모든 필요"를 채우신다. 그들은 바울의 필요를 겨우 채웠지만, 하나님은 그들의 필요를 "풍성하게" 채우신다.

바울은 하나님의 나라와 의를 위하여 자신을 후원하는 빌립보 교회의 모든 문제를 "나의 하나님"이 해결해 주신다고 확신한다. 바울의 견고한 신뢰를 나타내는 "나의 하나님"(Θεός μου), 이 얼마나 확실한 호칭인가! 바울에게 하나님은 막연한 우주의 조성자와 통치자와 심판자가 아니셨다. 바울은 자신과 하나님의 관계를 이해하되 누군가가 자신을 도우면 하나님이 그에게 갚아 주신다는 경제적인 운명 공동체로 간주한다. 이는 "가난한 자를 불쌍히 여기는 것은 여호와께 꾸어 드리는 것이니 그의 선행을 그에게 갚아 주"신다는 지혜자의 금언과 무관하지 않다(잠 19:17). 하나님은 우리의 원한과 원수도 갚아 주시지만, 우리의 빚도 갚으신다. 심지어 죄라는 최대의 영적인 빚도 갚으셨다. 그렇다면 그분께서 갚으시지 못할 무슨 빚이 있겠는가! 바울은 지금 하나님을 아버지로 여기고 그분께 자신의 모든 것을 전적으로 의탁하고 있다. 하나님은 믿음직한 분이 아니어서 자기가 앞가림을 하지 못하면 심각한 위험이 초래될 것이라는 의심과 불안함이 그에게는 없다.

빌립보 교회의 필요는 "그리스도 예수 안에서" 채워진다. 이 문구에 대해 스펄전은 예수님이 전부이고 그 안에 모든 것들이 있기 때문에 예수님을 얻는 자는 모든 것을 얻는 것이라고 설명한다. 이는 모든 것이 예수님의 공로로 말미암아 주어지기 때문이다. 무엇이든 구하면 주신다고 약속하신 예수님(요 14:14)을 우리가 가진다면 전부를 가진 셈이기 때문이다. 이것이 일반인의 눈에는 터무니없어 보이는데 실제로는 굉장한 사실이다. 나아가 우리는 이 문구에서 빌립보 교회의 필요가 육체적인 것보다 영적인 것임을 확인한다. 영적인 필요는 땅에 속한 것이 아니기 때문에 세상이 주지 못하고 오직 위로부터 그리스도 안에서만 주어진다. 그리스도 안에 있는 것은 무엇인가? 바울은 아버지 하나님이 "모든 충만으로 예수 안에" 계신다고 한다(골 1:19). 그리고 "그 안에는 지혜와 지식의 모든 보화가 감추어져 있다"(골 2:3). 그리고 그리스도 안에는 속죄함이 있고(롬 3:24) 정죄함이 없다(롬 8:1). 이 모든 것들은 교회에 필요하고 그리스도 안에서 주어진다. "영원한 생명"(롬 6:23)과 "믿음과 사랑"(딤전 1:14)과 "하늘에 속한 모든 신령한 복"(엡 1:3)도 그리스도 안에서 주어진다.

우리의 필요는 "영광 가운데"(ἐν δόξῃ) 풍성하게 채워진다. 누구든지 궁핍하면 자신을 도와줄 타인에게 비굴하게 될 가능성이 높다. 절박한 필요 앞에서는 누구나 낮아지기 때문이다. 도움을 주는 사람의 갑질도 감수해야 한다. 때로는 개에게 던지듯이 동전을 바닥에 던지기도 하고, 때로는 무릎을 꿇고 받으라고 하고, 때로는 온갖 욕설과 분노를 쏟아내며 주기도 하고, 때로는 돈으로 얼굴을 때리기도 한다. 도움의 요청이 거절되면 더더욱 비참하게 된다. 도움을 받더라도 반드시 갚아야 하고 이자까지 덧붙여야 하는 경우가 태반이다. 갚고 난 이후에도 도움을 준 타인이 나에게 요청할 수 있는 무료 쿠폰을 그에게 발부해야 한다. 그러나 하나님의 채우심은 "영광 가운데" 일어난다. 하나님은 도움이 필요한 자를 채우시되 그의 마음에 어떠한 수치심과 모멸감과 두려움과 미안함도 일어나지 않도록 수혜자의 심정을 깊이 헤아리며 가장 아름다운 수여자의 품격을 갖추신다. 때로는 땀을 흘리는 방식으로, 때로는 추첨에 당첨되는 방식으로, 때로는 어느 독지가의 관용을 통하여 채우신다. 그래서 도움을 받는 우리도 영예가 유지되고 도움을 주시는 하나님도 영광을 받으신다(시 50:15).

그리고 하나님은 "그의 풍성함을 따라" 필요를 채우신다. 하나님의 풍성함(πλοῦτος)은 이 땅의 도구로는 감지할 수 없고 측량할 수 없을 정도로 무한하다(롬 11:33; 엡 3:8). 하나님은 모든 시대의 사람과 모든 장소의 사람만이 아니라 모든 동식물을 더 먹이시고 채우시고 보존하실 만큼의 무한한 풍성함을 가지셨다. 아무리 퍼 주어도 손실이 없으시고 소진되는 일도 없으시다. 그래서 아끼지 않으신다. 그런 필요가 없으시다. 오히려 지혜를 비롯한 모든 것들을 "모든 사람에게 후히 주시고 꾸짖지"도 않으신다(약 1:5). 그래서 바울도 이 세대의 부자들을 향해 "재물에 소망을 두지 말고 오직 우리에게 모든 것을 후히 주사 누리게 하시는 하나님께 두"라고 가르친다(딤전 6:17). 나아가 바울은 하나님이 베푸시는 "은혜의 지극히 풍성함을 오는 여러 세대에 나타내"는 것(엡 2:7)이 기성세대의 마땅한 사명이며 도리라고 가르친다.

그리고 하나님은 "모든 필요를 풍성하게" 채우신다. 여기에서 "모든 필요"(πᾶσαν χρείαν)는 필요의 모든 종류를 의미하고 "온전하게 채우다"(πληρόω)는 말은 채움의 완전한 상태를 가리킨다. 하나님은 우리의 영적인 필요, 정신적인 필요, 지적인 필요, 사회적인 필요, 경제적인 필요, 신체적인 필요 등을 포함한 모든 필요를 채우신다. 어느 한 가지도 제외됨이 없다. 그러므로 "여호와를 찾는 자는 모든 좋은 것에 부족함이 없"다(시 34:10). 시인은 "모든 좋은 것"(כָּל־טוֹב)이라고 명시한다. 진실로 하나님은 "모든 은혜를" 충만하게 주시고 "모든 일에 항상 모든 것이 넉넉하여 모든 착한 일을 넘치게 하게" 만드신다(고후 9:8). 이런 하나님을 기대하라. 평온한 때의 필요만이 아니라 곤고한 때의 모든 필요도 능히 채우신다. 즉 하나님은 "모든 환난에서 건"지시고 "모든 고난에서 건"지신다(시 34:17, 19). 그리고 "모든 죄악을 사하시며" "모든 병을 고치"신다(시 103:3). 게다가 이 모든 필요를 어설프게 어정쩡한 상태로 채우시지 않고 꾹꾹 누르셔서 빈틈이 하나도 없도록 빼곡하게 채우신다.

하나님은 빌립보 교회의 모든 필요만 채우시지 않고 선행의 여부와 무관하게 다른 모든 사람들과 동식물의 필요도 채우신다. 사람에 대해서는 "만민에게 생명과 호흡과 만물을 친히 주시는 분"이시다(행 17:25). 동식물에 대해서는 공중의 새도 기르시고 들풀도 예쁘게 입히신다(마 6:26-30). 욥기의 기록에 따르면, 하나님은 "수탉에게 슬기를" 주시고 "젊은 사자의 식욕"도 채우시고 "까마귀 새끼"도 먹이신다(욥 38:36-41). 하나님은 태초부터 그러셨다. 모세는 "땅의 모든 짐승과 하늘의 모든 새와 생명이 있어 땅에 기는 모든 것에게는 내가 모든 푸른 풀을 먹을 거리로 주노라"(창 1:30)고 기록한다. (이 모든 생물을 다스리는 권한과 책임은 인간에게 맡기셨다.) 시인도 하나님을 "모든 것을 선대"해 주시고 "그 지으신 모든 것에 긍휼을 베푸시는" 분이라고 고백한다(시 145:9).

[20]하나님 곧 우리 아버지께 영광이 세세 무궁하길, 아멘

바울은 그리스도 안에서 교회의 모든 필요를 풍성하게 채우시는 하나님께 영광을 돌리며 모든 가르침을 끝맺는다. 칼뱅은 이 맺음말을 빌립보 교회의 선물에 대한 종결어로 본다. 그들을 통해 주어진 모든 선물의 궁극적인 공급자는 하나님 자신이기 때문에 그에게 영광을 돌리는 것이라고 해석한다. 하나님께 영광을 돌리는 것은 우리의 모든 필요를 풍성하게 채우시는 은총에 대한 인간의 합당한 반응이다. 동시에 영광은 모든 것을 채우시고 능력을 주셔서 모든 것을 가능하게 만드시는 은총의 최종적인 목적이다. 하나님은 "내 영광을 다른 자에게, 내 찬송을 우상에게 주지" 않으실 것이라고 밝히신다(사42:8). 이 구절을 바울의 관점에서 보면, 주님께서 다른 출처에서 필요가 채워지는 일 없도록 자신의 풍성함을 따라 우리의 모든 필요를 친히 풍성하게 채우시는 일을 결코 중단하지 않겠다는 선언이다. 바울은 어떤 이에게 편지하고 어떤 주제를 다루고 어떤 상황에 처해 있더라도 하나님께 영광 돌리는 이 목적을 추구한다. 기독교 안에서 문화화된 이 마지막 인사말을 통해 그는 하나님의 영광 지향적인 자신의 인생관을 교회에 권유하고 공유한다. 하나님의 영광은 모든 기독교 진리와 교훈과 명령과 권고의 마지막 매듭이다. 하나님의 영광으로 끝맺지 않은 것은 아무리 위대한 진리라고 할지라도 반드시 인간의 자랑과 이익의 교묘한 방편으로 전락한다. 하나님의 영광을 그에게서 뺏으려는 심히 무례한 시도가 전개된다.

바울의 송영에서 주목할 것은 "하나님 곧 우리의 아버지"를 영광의 대상이 여긴다는 사실이다. 앞 구절에서 바울은 "나의 하나님"이 모든 필요를 온전하게 채우시는 분이라고 했다. 그런데 영광을 돌림에 있어서는 "우리의(ἡμῶν) 아버지"로 확대한다. 이는 바울만이 아니라 우리 각자에게 채워진 모든 필요와 관련하여 하나님은 우리 모두가 영광을 돌려야 하는 대상임을 가르친다. 대명사의 의도적인 확장에서 바울의 보편교회 의식이 감지된다.

²¹여러분은 그리스도 예수 안에 있는 모든 성도에게 문안을 드리세요
나와 함께 있는 형제들도 여러분께 문안을 드립니다
²²모든 성도들이, 특별히 가이사의 집 사람들 중에 몇이 여러분께 문안을 드립니다

바울은 로마서와 비슷하게 편지의 끝자락에 문안 이야기를 배치한다. 1세기의 편지에서 알 수 있듯이 문안은 관계의 처음과 나중이다. 그래서 편지의 처음과 나중을 문안이 차지한다. 문안은 서로의 마음을 열고 낯선 관계의 물꼬를 트는 열쇠이며 관계의 지속을 가능하게 하는 아교이며 서로 이어져 있음을 확인하는 표식이다. 이 구절에 언급된 바울의 문안은 고든 피의 구분처럼 세 가지의 요소들로 구성되어 있다. 첫째, 바울은 "그리스도 예수 안에 있는 모든 성도에게 문안을 드리라"고 권고한다. 여기에서 "모든"(πάντα)은 복수가 아니라 단수이기 때문에 집합적인 전부가 아니라

모든 개개인을 의미한다. 문안을 공동체 전체에 드리는 경우도 있겠지만 바울은 빌립보 교회를 향해 모든 성도 개개인을 찾아가는 개별적인 문안을 제안한다. 그리스도 안에 있는 모든 성도 개개인은 한 사람도 예외 없이 문안의 대상이다. 인격적인 교류의 대상이다. 서로의 필요를 채워야 할 사랑의 대상이다. 여기에서 우리는 바울의 보편교회 의식이 그 교회를 구성하는 개개인의 고유한 가치와 존엄성을 무시하지 않는다는 사실을 확인한다. 교회의 각 지체들을 사랑하지 않고서도 "나는 주님의 몸 된 교회를 사랑해"라고 쉽게 말하는 사람들이 많다. 그러나 문안을 나누는 공동체의 참된 사랑은 개별성과 집단성을 모두 요구한다.

둘째, 바울은 자신과 함께 있는 형제들과 더불어 빌립보 교회에게 문안을 드린다고 한다. 여기에서 우리는 당시 바울의 곁에 믿음의 사람들이 있었음을 확인한다. 이름을 밝히지 않아서 특정할 수는 없지만 바울이 감옥에서 혼자가 아니었던 것만은 분명하다. 뉴랜드와 존 길은 바울과 함께한 형제들이 아리스다고, 에바브라, 데마, 디모데, 누가 등일 것이라고 해석한다. 이런 형제들 사이의 문안을 통해 바울은 교회의 관심을 독점하지 않고 형제들과 공유한다. 그리고 하나님의 복음을 위해 수고하는 모든 이들의 동료애와 공동체적 사명감을 고취한다.

셋째, 바울은 모든 성도 중에서도 "가이사의 집 사람들 중에 몇"이 문안을 드린다고 한다. 제네바 바이블은 이들을 로마의 "황제 네로에게 속한 자들"로 이해한다. 아마도 바울이 그리스도 때문에 매임을 받았다는 사실을 알았던 "시위대 안과 밖"(빌 1:13)의 사람들 중에서 믿은 자들일 가능성이 높다. 황제의 궁전에도 성도가 있었다는 바울의 말은 빌립보 교회에 특별한 위로와 감동을 제공한다. 빌립보는 "로마의 식민지"로 황제의 직할 통치를 받는 곳이기에 황제숭배 거부의 정치적 부담이 다른 어느 도시보다 컸다. 그럼에도 불구하고 빌립보 교회는 황제에 대한 배신이나 반역의 오해를 감수하며 예수님을 주님으로 고백하는 믿음의 공동체를 이루었다. 그런데 그곳보다 정치적 민감도가 더 살벌한 로마에도 믿음의 사람들이 있고, 심지어 황제의 집에도 믿음의 사람들이 있다는 것은 빌립보 교회의 귀에 얼마나 반갑고 놀라운 소식인가!

이 문안에 대해, 크리소스토무스는 바울이 가이사의 집 사람들의 문안으로 빌립보 교회에 위로와 도전을 주었다고 해석한다. 합당한 해석이다. 로마의 식민지에 거주해도 믿음의 길이 목숨을 걸어야 하는 좁은 길인데, 로마에 거주하는 자들에게 신앙의 길은 얼마나 더 좁을 것이며, 심지어 가이사의 집에서는 믿음의 길이 얼마나 더 좁겠는가! 가이사의 집 사람들이 예수님을 믿기 위하여 지불해야 하는 희생과 핍박과 생명과 직위와 재산의 포기라는 비용은 지대했을 것이 분명하다. 당시의 황제인 네로는 다른 황제들에 비해 특별히 기독교에 대해 얼마나 포악한 왕이었나! 그런데도 믿음을 지켰다니! 이토록 아름다운 신앙을 소유한 가이사의 집 사람들 몇몇이 일면식도 없는 빌립보 교회에 문안을 드린다는 바울의 말을 들은 빌립보 교회의 심장은 터질 것처럼 기쁘고 감격했을 것임에 분명하다. 자기보다 더 힘든 여건 속에서 믿음의 길을 걸어가는 사람들의 이야기를 들으면 누구인들 감격과 도전을 받지 않겠는가! 이런 반응은 복음의 역사가 일으키는 놀라운 사랑이다.

뉴랜드의 말처럼, 어떤 학자들은 가이사의 집에서 회심한 사람들이 가이사의 친족들일 것이라고 말하고 어떤 학자들은 네로의 스승인 철학자 세네카(Seneca, d.65)와 시인 루카누스(Lucanus, d.65)일 것이라고 추정한다. 특별히 세네카와 관련된 추측에 대하여 칼뱅은 "근거가 없는 억측"이며 세네카가 믿었다는 "증거는 가장 사소한 것이라도 도무지 찾아볼 수가 없다"고 평가한다. 이런 평가의 근거로서 그는 세네카가 "가이사의 집에 속한 자가 아니라 원로원 의원이고 집정관" 신분으로 있었다는 사실을 제시한다.

²³주 예수 그리스도의 은혜가 여러분의 심령과 함께 있기를!

바울은 이제 빌립보 교회에 주님의 은혜를 기원하며 서신 전체를 끝맺는다. 여기에서 세 가지를 주목하고 싶다. 첫째, 헬러만이 언급한 것처럼 "주의 은혜"(ἡ χάρις τοῦ κυρίου)라는 표현은 네로를 가리키며 언급된 말이었다. 그런데 바울은 네로의 자리에 그리스도 예수의 이름을 언급하며 그 시대의 일상적인 표현을 교정한다. 로마와 로마의 식민지인 빌립보가 황제의 직접적인 영향을 받는다는 점을 생각할 때, 당시 로마인의 시각으로 보면 대단히 불온하고 도발적인 교정이다. 그러나 바울은 이 표현으로 서신을 끝맺으며 자신이 섬기는 유일한 주인이 그리스도 예수라는 사실을 명시한다. 빌립보서 또한 바울이 그리스도 예수라는 주인의 종으로서 심부름을 하듯이 쓴 편지임을 확증한다. 둘째, 이 서신은 은혜와 평강의 기원으로 시작되고 은혜의 기원으로 끝맺는다. 은혜가 마치 서신의 시작과 끝이라는 인상을 제공한다. 우리 개개인의 인생도, 기독교의 운명도, 인류의 역사도 그 시작과 끝은 하나님의 은총이다. 사도의 시대와 동일하게 지금도 은혜에서 은혜로 가는 여정의 한 과정이다. 셋째, 바울은 "여러분의 심령"에 은혜가 함께 있기를 기원한다. 여기에서 "여러분"(ὑμῶν)은 복수이고 "심령"(πνεῦμα)은 단수로 표기되어 있다. 바울은 여기에서 교회의 집단성과 개별성을 동시에 언급하며 빌립보 교회가 다양한 개인들로 구성된 것이지만 하나의 마음과 뜻과 생각과 계획과 목적을 가진 그리스도 예수의 한 몸이라는 사실을 암시한다. 은혜가 임하는 곳은 빌립보 성도들의 심령이다. 단수로 표현된 이 심령에 임하기 때문에 빌립보 교회가 하나의 영혼이 되지 않는다면 주님의 은혜가 임하지 않을지도 모른다는 추정도 가능하다. 은혜로 말미암은 교회의 영적인 하나 됨은 하나님의 나라를 섬기는 모든 주님의 종들이 유념해야 하는 섬김의 방향이다. 앞에서 바울은 빌립보 교회의 유익과 열매에 대해 언급했다. "은혜가 여러분의 심령"에 있기를 원한다는 마지막 인사말은 앞에서 해석한 것처럼 그 유익과 열매가 영혼과 관련되어 있음도 암시한다.

빌립보서는 바울의 기쁨 설명서와 같다. 그는 그리스도 예수의 복음 때문에 기뻐하고 또 기뻐했다. 그의 복음 사역에 동참한 빌립보 교회 때문에 그들과 함께 기뻐했다. 인간적인 친밀감과 유익 안에서가 아니라 그리스도 안에서 기뻐했다. 그리스도 안에서 항상 기뻐했다. 항상 그리스도 안에서 크게 기뻐했다. 그 모든 기쁨의 종착지는 하나님을 기쁘시게 하는 것이었다. 하나님을 기쁘시게 하는 우리의 기쁨은 이 세상의 어떠한 기쁨도 대체하지 못하며 그러기 때문에 어떠한 서운함에 의해서도 흔들림이 없는 기쁨이다. 하나님을 기쁘시게 하는 최고의 기쁨으로 기뻐하는 삶 자체가 하나님께 드려지는 예배이며 가장 향기로운 감사의 예물이다.

부록 : 빌립보서 사역 | 한병수

1장

1 그리스도 예수의 종들인 바울과 디모데는 그리스도 예수 안에서 빌립보에 있는 감독들 및 집사들과 더불어 모든 성도에게 [서신을 보냅니다]
2 하나님 우리 아버지와 주 예수 그리스도로부터 은혜와 평화가 여러분께! 2 하나님 우리 아버지와 주 예수 그리스도로부터 은혜와 평화가 여러분께!
3 나는 여러분에 대한 모든 기억으로 인하여 하나님께 감사를 드립니다
4 여러분 모두를 위한 나의 모든 기도에서 항상 기쁨으로 기도를 드림은
5 첫날부터 현재까지 복음을 향한 여러분의 참여 때문입니다
6 내가 확신하는 바로 이것은 여러분 안에서 선한 일을 시작하신 이가 그리스도 예수의 날까지 이루어 주신다는 것입니다
7 내가 여러분 모두를 위하여 이것을 생각하는 것은 내가 마음에 여러분을 가졌고 여러분 모두가 나의 매임과 복음을 변론함과 확정함에 있어서 나와 함께 은혜에 참여한 자들이 되었기 때문에 합당한 것입니다
8 내가 그리스도 예수의 심장으로 여러분 모두를 얼마나 사모하고 있는지는 하나님이 나의 증인이 되십니다
9 내가 기도하는 이것은 여러분의 사랑이 모든 지식과 총명으로 심지어 더욱더 풍성하여
10 [여러분이] 지극히 좋은 것을 분별하고 그리스도의 날까지 진실하고 허물이 없는 것이며
11 예수 그리스도로 말미암아 의의 열매가 가득하여 하나님의 영광과 찬송에 이르는 것입니다
12 그러나 형제들이여 나에게 [일어난] 것들이 도리어 복음의 진보가 되었다는 것을 여러분이 알기를 원합니다
13 즉 내가 그리스도 안에서 매였음이 시위대 전체와 다른 모두에게 명확하게 되었으며
14 주 안에서 확신을 가진 형제들 중 다수가 나의 매임으로 말미암아 두려움 없이 더욱 왕성하게 말씀을 담대히 말하게 되었다는 것입니다
15 어떤 이들은 시기와 다툼으로, 어떤 이들은 착한 뜻으로 그리스도를 전합니다
16 이들은 내가 복음의 변증을 위하여 세워진 것을 알고 사랑으로 하지만
17 저들은 사사로운 야망으로 그리스도를 전하되 나의 매임에 괴로움을 더하게 한

다고 생각하며 순수하지 못하게 [전합니다]

18 그래서 어떻습니까? 겉치레로 하나 진실하게 하나 모든 방식으로 그리스도가 전파되기 때문에 이로써 나는 기뻐하고 또 기뻐할 것입니다

19 이는 이것이 여러분의 간구와 예수 그리스도의 영의 도우심을 통하여 나를 구원에 이르게 할 것을 알기 때문이고

20 아무 일에든지 내가 부끄러움 없이 언제나 그렇듯이 지금도 온전한 담대함을 가지고 삶을 통해서든 죽음을 통해서든 그리스도가 내 몸에서 위대하게 되리라는 나의 간절한 기대와 소망에 따른 것입니다

21 이는 나에게 사는 것은 그리스도이고 죽는 것은 유익이기 때문입니다

22 그러나 만일 육신에서 사는 이것이 나에게 일의 열매라면 나는 무엇을 더 원하는지 알지 못합니다

23 그런데 나는 둘 모두에게 사로잡혀 있습니다 나는 떠나서 그리스도와 함께 있으려는 소원을 가지고 있는데 이는 그것이 훨씬 더더욱 좋은 것이기 때문입니다

24 그러나 내가 육신으로 있는 것이 여러분을 위해서는 더 필요한 일입니다

25 이것을 확신하며 내가 아는 것은 여러분의 믿음의 진보와 기쁨을 위하여 남아서 여러분 모두의 곁에 있다는 것입니다

26 이는 내가 여러분께 다시 옴으로써 내 안에 [계신] 그리스도 예수 안에서 여러분의 자랑이 더 풍성하게 되기 위한 것입니다

27 오직 여러분은 그리스도 복음에 합당하게 사십시오 그래서 내가 와서 여러분을 보든지 떠나 있든지 여러분에 대하여 듣고 싶은 것은 여러분이 복음의 신앙을 위하여 하나의 마음으로 협력하며 하나의 영으로 굳건하게 서 있되

28 어떠한 일에도 대적들로 인해 두려움에 빠지지 않는다는 것입니다 이것이 그들에게는 멸망의 표징이지만 여러분께는 구원의 표징이며 이는 하나님으로부터 난 것입니다

29 그리스도를 위하여 여러분께 은혜롭게 주어진 것은 그를 믿는 것만이 아니라 그를 위하여 고난도 받는 것입니다

30 지금도 여러분이 내 안에서 보고 내 안에서 듣는 그러한 싸움을 여러분도 가지고 있습니다

2장

1 그러므로 그리스도 안에 어떤 권면이나 사랑의 어떤 위로나 성령의 어떤 교제나 긍휼이나 자비가 있다면
2 동일한 사랑을 가지고 뜻을 합하고 하나를 생각하는 여러분은 동일한 것을 생각하여 나의 기쁨을 충만하게 하십시오
3 이기적인 야심을 따라서는 어떠한 것도, 허영을 따라서는 어떠한 것도 하지 말고 겸손한 마음으로 서로를 자신보다 낫게 여기고
4 각자는 자신의 것들만이 아니라 다른 이의 것들도 각각 돌아보며!
5 여러분은 그리스도 예수 안에 있는 이것을 여러분 안에도 품으십시오
6 그는 하나님의 형체 안에 계시지만 하나님과 동등됨을 취할 것으로 여기지 않으시고
7 오히려 자신을 비우시고 종의 형체를 입으시고 사람들의 유사성 안에 계시게 되어 사람 같은 모습으로 보였으며
8 자신을 낮추시고 죽음, 심지어 십자가의 죽음에 이르도록 순종하신 분입니다
9 이러므로 하나님은 그를 지극히 높이셨고 모든 이름보다 뛰어난 이름을 주셨으며
10 하늘에 있는 것들과 땅에 있는 것들과 땅 아래에 있는 것들의 모든 무릎이 예수의 이름에 꿇게 하셨으며
11 모든 입이 예수 그리스도를 주라고 고백하여 하나님 아버지께 영광을 돌리게 하셨습니다
12 그러므로 나의 사랑 받는 이들이여 여러분이 항상 청종한 것처럼 나의 임재만이 아니라 지금 나의 부재에도 더더욱 두려움과 떨림으로 자신들의 구원을 이루어 가십시오
13 하나님은 [자신의] 기뻐하신 뜻을 위하여 여러분 안에서 소원하는 것과 행하는 것을 모두 이루시는 분이시기 때문에
14 모든 일들을 원망과 시비가 없이 하십시오
15 그러면 여러분은 흠 없고 순수하여 뒤틀리고 망가진 사회 가운데서 하나님의 온전한 자녀들이 되고 세상에 별들처럼 빛나게 되는 것입니다
16 생명의 말씀을 붙들며 하십시오 이로써 나의 달음질이 헛되지 않고 수고도 헛되지 않아서 그리스도의 날에 나에게 자랑이 있을 것입니다
17 그러나 만일 여러분의 믿음의 제물과 섬김 위에 내가 전제로 부어진다 할지라

18	도 나는 기뻐하고 여러분 모두와 함께 기뻐할 것입니다
	여러분도 동일한 것을 기뻐하고 나와 함께 기뻐하십시오
19	내가 디모데를 속히 여러분께 보내기를 주 예수 안에서 소망하는 것은 여러분에 대한 것들을 앎으로써 나도 안위를 받으려는 것입니다
20	왜냐하면 여러분에 대한 것들을 진실하게 염려해 줄, 정신이 같은 어떠한 사람도 나에게는 없기 때문이고
21	모두가 예수 그리스도의 것들이 아니라 자신의 것들을 추구하기 때문입니다
22	그러나 디모데의 연단은 여러분이 아십니다 아비에게 [행하는] 자식처럼 그는 복음을 위하여 나와 함께 섬겨 왔습니다
23	그러므로 나는 나를 둘러싼 것들을 면밀히 살피면서 곧 이 사람을 보내고 싶습니다
24	나 자신도 속히 가리라는 것을 주 안에서 확신하고 있습니다
25	그러나 나는 나의 형제요 동료요 전우이며 여러분의 전령이며 나의 필요를 돌보는 자 에바브로디도를 여러분께 보내는 것이 필요한 줄로 여깁니다
26	이는 그가 여러분 모두를 간절히 사모하고 자신이 아프다는 것을 여러분이 들었다는 이유로 근심하고 있기 때문입니다
27	그는 병들어서 죽음에 가까이 [갔으나] 하나님은 그를 긍휼히 여기셨고 그뿐 아니라 나에게도 [긍휼을 베푸셔서] 슬픔 위에 슬픔을 갖지는 않게 하셨습니다
28	그러므로 나는 여러분이 그를 다시 보고 기뻐하게 하고 나도 근심에서 자유롭게 되도록 더욱 빠르게 그를 보냅니다
29	여러분은 주 안에서 모든 기쁨으로 그를 맞이하고 또 이와 같은 자들을 존귀히 여기시기 바랍니다
30	이는 나를 위한 섬김에 있어서 여러분의 부족함을 채우려고 그가 자신의 목숨을 위태롭게 하면서 그리스도의 일을 위하여 죽음까지 다가갔기 때문입니다

3장

1	끝으로 나의 형제들이여 주 안에서 기뻐하십시오 여러분께 같은 것을 쓰는 것이 내게는 수고롭지 않고 여러분께는 안전한 것입니다
2	개들을 주의하고 악한 일꾼들을 주의하고 상해를 주의하십시오

3   이는 하나님의 영으로 섬기고 그리스도 예수 안에서 자랑하고 육체를 신뢰하지 아니하는 우리가 할례파이기 때문입니다.
4   사실 나는 육체에 있어서도 자신감을 가지고 있습니다 만약 누구든지 다른 이가 육체를 신뢰할 만하다고 여긴다면 나는 더 많이 [그렇습니다]
5   여덟째 날의 할례를 [받았고] 이스라엘 민족 출신이고 베냐민 지파 소속이며 히브리인 중의 히브리인이고 율법을 따라서는 바리새인이고
6   열심을 따라서는 교회를 박해하고 율법에 있는 의를 따라서는 흠이 없는 자입니다
7   하지만 어떠한 것들이 나에게 유익들이 되었어도 나는 이것들을 그리스도 때문에 해로 여겼고
8   게다가 나는 나의 주 그리스도 예수에 대한 지식의 위대함 때문에 모든 것을 해로 여깁니다 이는 내가 [그것들을] 배설물로 여겨서 그리스도를 얻기 위함이고
9   그 안에서 발견되려 함입니다 내가 가진 의는 율법에서 난 것이 아니라 그리스도의 믿음으로 말미암은 것이고 그 믿음 위에 하나님으로부터 난 의입니다
10 그와 그의 부활의 권능과 그의 고난에의 참여함을 알고 그의 죽으심에 합치하여
11 어떻게 해서라도 죽은 자들 가운데서 부활에 이르고 싶습니다
12 내가 이미 얻었다는 것도 아니고 내가 이미 온전하게 되었다는 것도 아닙니다 내가 그리스도 예수께 사로잡힌 바 된 그것을 잡으려고 달려가는 것입니다
13 형제들이여 나는 나 자신이 잡았다고 생각하지 않습니다 그러나 한 가지, 즉 뒤에 있는 것들은 잊고 앞에 있는 것들에 이르려고
14 푯대를 따라 그리스도 예수 안에서 하나님이 위에서 부르신 부름의 상을 위하여 달립니다
15 그러므로 온전히 이룬 우리는 누구든지 이것을 생각합시다 그리고 만일 여러분이 다르게 생각하면 하나님은 그것도 여러분께 나타내실 것입니다
16 그러나 우리가 어디까지 이르렀든 그대로 사십시다
17 형제들이여 나를 본받는 자들이 되십시오 그리고 여러분이 우리를 본으로 삼은 것처럼 그렇게 사는 자들을 눈여겨 보십시오
18 내가 여러 번 여러분께 말하였고 지금도 울면서 말하는데, 많은 이들이 그리스도의 십자가의 원수로 살아가고 있습니다
19 그들의 결국은 멸망이요 그들의 하나님은 위장이고 [그들의] 영광은 그들의 부끄러움 속에 있고 땅에 속한 일들을 생각하는 자입니다

20 그러나 우리의 시민권은 하늘에 있습니다 거기에서 [오시는] 구원자 주 예수 그리스도를 기다리고 있습니다
21 그는 만물을 자신에게 친히 복종하게 하시는 이의 역사를 따라 우리의 낮은 몸을 자기의 영광스런 몸과 합치되게 바꾸실 것입니다

4장

1 그러므로 나의 형제들, 사랑하고 사모하는 자들이여, 나의 기쁨과 면류관인 사랑하는 자들이여, 이와 같이 주 안에 서십시오
2 나는 같은 것 생각하기를 유오디아에게 권하고 순두게에게 권합니다
3 그리고 참으로 나의 진실한 동료인 당신에게 구합니다 나와 함께 복음에 힘쓰던 이 여인들을 도와 주십시오 그리고 그 이름들이 생명책에 있는 클레멘드와 나의 나머지 동료들을 도와 주십시오
4 주 안에서 항상 기뻐하십시오 내가 다시 말할 것입니다 기뻐하십시오
5 여러분의 관용이 모든 사람에게 알려지게 하십시오 주님께서 가까이 계십니다
6 아무것도 염려하지 마십시오 오히려 모든 일에 감사함을 따라 기도와 간구로 여러분의 구할 것들을 하나님께 아뢰십시오
7 그리고 모든 이해를 능가하는 하나님의 평화가 그리스도 예수 안에서 여러분의 마음과 여러분의 생각을 지킬 것입니다
8 끝으로 형제들이여 무엇이 참되고 무엇이 명예롭고 무엇이 정의롭고 무엇이 순결하고 무엇이 사랑할 만하고 무엇이 칭찬할 만한지를, 무슨 미덕이 있고 무슨 기림이 있든지, 여러분은 이것들을 생각하십시오
9 여러분이 나에게서 배우고 받고 듣고 본 것을 행하면 평화의 하나님이 여러분과 함께 계실 것입니다
10 내가 주 안에서 크게 기뻐함은 나를 향한 여러분의 생각함이 이제 드디어 다시 살아났기 때문인데 이에 대하여 진실로 여러분이 생각함은 있었으나 여러분이 기회를 가지지 못했던 것입니다
11 이는 내가 궁핍하기 때문에 말하는 것이 아닙니다 나는 어떠한 형편 속에서도 자족하는 것을 배웠는데
12 나는 모든 것에서 그리고 모든 것들에서 비천하게 되는 것도 알고 풍부하게 되

는 것도 알아 배부르게 됨과 배고프게 됨과 풍부하게 됨과 궁핍하게 됨에 처하는 비결을 배웠습니다

13 나는 나를 강하게 하시는 분 안에서 모든 것들을 할 수 있습니다
14 그럼에도 불구하고 여러분이 나의 괴로움에 참여한 것은 잘한 것입니다
15 그러나 빌립보 성도여, 복음의 시초에 내가 마게도냐를 떠날 때 줌과 받음의 일에 참여한 교회가 만약 여러분이 없었다면 나에게 아무도 없었다는 것을 여러분은 아셨습니다
16 데살로니가에 있을 때도 여러분이 나의 필요를 위하여 한번 그리고 더 보내 주었습니다
17 나는 선물을 구하지 않고 여러분의 유익을 위해 열매가 풍성하게 됨을 구합니다
18 나는 모든 것을 충분하게 받아서 풍성함을 가지고 있습니다 여러분이 에바브로디도 편으로 준 것을 받아서 풍족한데 이는 하나님이 받으실 만하고 기뻐하실 감미로운 향기와 제물입니다
19 그러나 나의 하나님이 그리스도 예수 안에서 영광 가운데 그의 풍성함을 따라 여러분의 모든 필요를 온전하게 채우실 것입니다
20 하나님 곧 우리 아버지께 영광이 세세 무궁하길, 아멘
21 여러분은 그리스도 예수 안에 있는 모든 성도에게 문안을 드리세요 나와 함께 있는 형제들도 여러분께 문안을 드립니다
22 모든 성도들이, 특별히 가이사의 집 사람들 중에 몇이 여러분께 문안을 드립니다
23 주 예수 그리스도의 은혜가 여러분의 심령과 함께 있기를!